Brian Navin

# Binnengewässer der Niederlande

## 20 ausgewählte Routen

W0085289

# Edition Maritim

# Vorwort

Seit meiner ersten Segeltour in den Niederlanden im Jahre 1973 ist mein Interesse an dem Land stetig gewachsen.

Das liegt vielleicht daran, daß ich als Wahl-Ostengländer eine Neigung zu diesen freundlichen Leuten mit ähnlichen Segelinteressen habe, die zudem auch noch alle Englisch sprechen.

Außerdem bin ich fasziniert von dieser Landschaft, die zwar dem Marschland von Essex, den Norfolk Broads und dem Wash sehr ähnlich ist, für die die Bewohner aber so viel Zeit und Mühen aufwenden mußten, um sie zu dem zu machen, was sie heute ist.

Nichts in Ost-England ist vergleichbar mit dem außergewöhnlichen Afsluitdijk, der Yachtschleuse in den Krammersluizen oder mit den Hunderten von beweglichen Brücken mitten in dichtbewohnten Gegenden, die sich öffnen, sobald sich ein Mast nur nähert.

Unvergleichbar sind auch die vielen historischen Giebelhäuser und Windmühlen, die alle, trotz der Verwüstung der Niederlande während des Zweiten Weltkriegs, liebevoll erhalten worden sind.

Nun werden sicherlich einige von Ihnen sagen, die Niederlande seien doch nichts weiter als eine riesige „Kunstlandschaft", in der die Natur zugunsten von Städten und technologischen Wunderwerken zurückgedrängt ist, denn darin besteht hauptsächlich der Unterschied zu Englands Küsten. Aber auch diejenigen, die die Natur und den Rhythmus der Gezeiten lieben, kommen in dem großen Gebiet der Waddenzee und den Friesischen Inseln, wo man das Gefühl hat, am Ende der Welt zu sein, zu ihrem Recht.

Schließlich liegen die Niederlande angenehm nahe, und dennoch fehlt auf der Reise dorthin nicht die nötige Prise Abenteuer eines Seeschlags.

Es sind eine Reihe verschiedener Routen möglich. So bin ich 1973 mit meinem kleinen Kimmkieler von Crouch nach Oostende mit einer Überführungscrew gefahren, um dann dort meine Familie zu treffen, die in der Zwischenzeit mit der Fähre nachgekommen war.

Von Oostende aus ließen wir uns Zeit und arbeiteten uns langsam die flandrische Küste bis zur Westerschelde hoch, um dann bis nach Dordrecht ins Land zu fahren.

Den Rückweg machten wir zügig in ein paar längeren Touren bis Calais und querten die Straße von Dover und die Themsemündung in Richtung Crouch.

In den 80er Jahren wählten wir, mit einem schwereren Kielschiff, meist die direkte Route von Harwich über Ijmuiden nach Amsterdam, um dann im Herzen der Niederlande, auf dem Damplatz, hundemüde aber glücklich, mit Kaffee und Genever unseren Urlaub zu beginnen.

Die Pläne der Häfen an der Küste, in Küstennähe und im Ijsselmeer basieren auf Karten, die vom „Chef der Hydrografie" in 's-Gravenhage, Holland, veröffentlicht wurden.

Die Pläne der Binnenlandhäfen stützen sich auf Veröffentlichungen des „Koninklijke Nederlandse Toeristenbond" (ANWB).

Der Autor dankt auf diesem Weg für die freundliche Unterstützung bei einer Reihe von Spezial-Gebieten: Raymond Bronsgest und dem Rijkswaterstaat Verkeerskunde für Öffnungszeiten von Eisenbahnbrücken und Schleusen; Jaap Kuitert und der Abteilung „Watertoerisme" des ANWB für Verzeichnisse, Kartenmaterial und Erklärungen; M.N. Robinson des „Observator B.V." für Jahrbücher und Karten; den Mitarbeitern des „Netherlands Board of Tourism" in London für Ratschläge und Broschüren und den Mitarbeitern der vielen regionalen VVV-Büros an den im Führer beschriebenen Strecken für touristische Tips und Hinweise.

Mein besonderer Dank gilt R. Woolhead, P. Skinner, P. Giles und P. Burton, die so häufig ihre Zeit und Erfahrung zur Verfügung stellten, um in den Jahren 1986 und 1987 die „Teazle" auf allen möglichen Routen über die Nordsee zu segeln. Vielen Dank auch an A.E. Somers, der das Manuskript gelesen hat. Und schließlich bedanke ich mich bei B. Thompson für die vielen Ermutigungen während unserer gemeinsamen Segeljahre.

Ein weiteres Mal bin ich den Mitarbeitern von Imray, Laurie, Norie und Wilson zu tiefstem Dank für deren sorgfältige und gewissenhafte Bearbeitung und Herausgabe meines neuen Buches verpflichtet.

Brian Navin
Southminster, Essex

# Inhalt

# Allgemeines

## Einführung

Das gesamte Netz der befahrbaren Wasserstraßen in den Niederlanden wäre zu umfangreich, um in einem Buch übersichtlich und verständlich dargestellt zu werden, so daß für diesen Führer nur eine Auswahl getroffen wurde.

Diese überschneidet sich teilweise mit dem „North Sea Passage Pilot" desselben Autoren, nämlich in der Beschreibung der Ansteuerungen und Häfen an der Küste.

Zusätzlich werden 18 Routen für Schiffe bis zu einer Höhe von 17 m geschildert (einige davon sind auch mit beträchtlich mehr Höhe zu fahren), und die Routen 10, 11 und 12 sind für Schiffe bis 12,25 m bzw. 14 m und 12 m Höhe gedacht.

Begrenzt wird die Höhe jeweils durch die Durchfahrtshöhen der festen bzw. beweglichen Brücken. Einige wenige bewegliche Brücken haben unter ihrem festen Teil – zumindest für Motoryachten – ausreichende Durchfahrtshöhen, so daß sie ohne Probleme passiert werden können.

Der Großteil der beweglichen Brücken allerdings hat Durchfahrtshöhen von 1 m oder weniger, so daß hier mit Wartezeiten auf die Öffnung der Brücken zu rechnen ist.

Die Einleitung beinhaltet die historische Entwicklung der Wasserstraßen und bietet so einen Rahmen für Ihre Touren-Planung. Ebenfalls im Kapitel „Allgemeines" und im Anhang finden Sie Informationen, Adressen und Erklärungen.

Im jeweils ersten Kapitel (3 bzw. 8) werden Ansteuerungen und Küstenhäfen dargestellt; die folgenden Kapitel bieten ausführliche Informationen zu den vorgeschlagenen Routen und werden durch den historischen Überblick und die Hinweise im Anhang erweitert.

## Peilungen und Richtungen

Die Peilungen sind nach der 360teiligen rechtweisenden Skala angegeben. Die Himmelsrichtungen sind wie gewöhnlich abgekürzt: W für West, N für Nord, NW für Nordwest, NNW für Nord-Nordwest usw.

## Abkürzungsverzeichnis

### Allgemeines

Im Text und in den kleinen Karten werden zur Vereinfachung allgemeingültige Abkürzungen verwendet.

Diese entsprechen den Standard-Abkürzungen der Deutschen Seekarten und den Veröffentlichungen der British Admiralty.

Zur Erläuterung der unten nicht aufgeführten Abkürzungen dient im deutschen Sprachgebrauch die Karte D1 (Zeichen, Abkürzungen, Begriffe in deutschen Seekarten) und im englischen Sprachgebrauch die Admiralty 5011 (Symbols and Abbreviations). Abkürzung der Richtungen s.o.

| dt. Abkürz. | | engl. Abkürz. |
|---|---|---|
| RC.(Aero) | Flugfunkfeuer | Aero RC |
| s. | schwarz | B |
| | Kanal (Funkkanal) | CH |
| F. | festes Feuer | F |
| Blz. | Blitzfeuer | Fl |
| Blz.() | Blitzfeuer mit Gruppen | Fl() |
| gn. | grün | G |
| Std. | Stunde | hr |
| | Durchfahrtshöhe | ht |
| HW | Hochwasser | HW |
| Glt. | Gleichtaktfeuer | Iso |
| kn | Knoten (sm/Std.) | kn |
| Rcht.F. | Richtfeuer | Ldg |
| Lt.Ho. | Leuchtturm | LtHo |
| F.-Sch. | Feuerschiff | LtV |
| NW | Niedrigwasser | LW |
| m | Meter | m |
| sm | Seemeile | M |
| max. | maximal | max |
| Ubr. | unterbrochenes Feuer | Oc |
| Ubr.() | unterbrochenes Feuer mit Gruppen | Oc() |
| r. | rot | R |
| RC | Kreis- od. Flugfunkfeuer | RC |
| RG | Peilfunkstelle | RG |
| r./w. | rot-weiß | RW |
| Stb. | Steuerbord | stbd |
| Bb. | Backbord | |
| t | Tonne (Gewicht) | t |
| VTS | Verkehrstrennungsgebiet | TSS |
| w. | weißer Sektor (in Zusammenhang mit and. Farben), sonst nicht extra angegeben | W |
| W | weiß | W |
| g. | gelb | Y |

### Spezialabkürzungen in den Routenbeschreibungen

| | |
|---|---|
| KP | kanaalpeil (Pegelstand im Kanal) |
| NNW | Niedrigstmögliches Niedrigwasser |
| MHW | mittleres Hochwasser (holl.: GHW = gemiddelt hoogwater) |
| MNpHW | mittleres Nipphochwasser |
| MSpHW | mittleres Springhochwasser |
| MNW | mittleres Niedrigwasser |
| MNpNW | mittleres Nippniedrigwasser |
| MSpNW | mittleres Springniedrigwasser |
| MR | mittlerer Flußpegel im Sommer (holl.: middelbare rivierstand in de zomer = NR–[12–20 cm]) |
| NAP | holl.: normaal Amsterdams peil, dem mittleren Meeresspiegel entsprechender Wasserstand |
| NR | normaler Flußpegel (normaal rivierstand = MR+[12–20 cm]) |
| NL | Niederlande, niederländisch |
| OLW | vereinbarter Flußpegel bei Niedrigwasser (holl.: overeengekomen lage rivierstand) |
| WV | holl.: watersport-vereniging, Wassersport-Club |

## Strecken

Die Strecken werden in Kilometern und Seemeilen angegeben, z.B. 5,2 km / 2,8 sm und gelten für die Entfernung zwischen der vorhergehenden Einrichtung (bzw. Ort) bis zu der unter der Angabe stehenden Einrichtung (bzw. Ort).

## Brücken- und Schleusenöffnungszeiten in den Routenbeschreibungen

*Tag / Monat*   z.B. 1/10–1/4 bedeutet: vom 1. Oktober bis 1. April.

*Tageszeit*   im 24-Std.-Rhythmus, z.B. 0800–1730 bedeutet: von 8 Uhr morgens bis halb 6 nachmittags.

*Wochentag-Abkürzungen*   Mo = Montag, Di = Dienstag, Mi = Mittwoch, Do = Donnerstag, Fr = Freitag, Sa = Sonnabend / Samstag, So = Sonntag; Feiertage sind der 1. Weihnachtstag, Neujahr, Ostermontag, Himmelfahrtstag und Pfingstmontag.

*Öffnungs- bzw. Dienstzeiten*   Die Öffnungszeiten der Straßenbrücken und Schleusen stammen aus „Bedieningstijden van sluizen en bruggen" des „Rijkswaterstaat, Dienst Verkeerskunde", Tel. 0 70/74 48 93.

Die Öffnungszeiten der Eisenbahnbrücken werden hierin nicht angegeben. Einige der großen Straßenbrücken und Schleusen öffnen das ganze Jahr über rund um die Uhr; die meisten aber öffnen während der Mittagszeit und nachts nicht und haben an Wochenenden und im Winterhalbjahr beschränkte Öffnungszeiten.

Ist eine Straßenbrücke neben einer Eisenbahnbrücke, so richtet sich die Öffnung meist nach der letzteren (d.h. beschränkte Öffnungszeiten).

Wie die Erfahrung zeigt, weichen die Öffnungen meist ein wenig vom Zeitplan ab. Doch wenn Sie sich für Ihren Urlaubstörn genügend Muße nehmen und auch gewisse Verzögerungen bei den Öffnungen der Brücken und Schleusen einplanen, so reichen die in den Routenbeschreibungen gemachten Angaben.

Wo immer es möglich ist, allgemeine Regeln für die Öffnung von Eisenbahnbrücken anzugeben, ist dies auch gemacht worden. Sie brauchen aber auf jeden Fall noch die „Openingstijden spoorwegbruggen", die Sie sich in jedem Büro des ANWB besorgen können. Sie gelten meist für ein Jahr von Mai bis Mai, werden aber häufig sehr spät veröffentlicht.

Auch hier müssen Sie mit gewissen Abweichungen von den sehr präzise angegebenen Zeiten rechnen.

Die Öffnungszeiten in den Routenbeschreibungen sind entweder nach Wochentagen oder jahreszeitlichen Perioden geordnet, z.B. **Schiphol-Klappbrücke (Route 8)** Mo–Fr 0500–0630, 1230–1330, 2000–2100; Sa 16/4–16/10 0700–0800, 1230–1330, 1900–2000, 16/10–16/4 0700–0800, 1230–1330, 1800–1900; So und feiertags 16/4–16/10 0800–1030, 1830–2100 (jede volle und jede halbe Std.), 16/10–16/4 geschlossen.

Hier wurde nach Wochentagen geordnet, die jahreszeitlich bedingten Unterschiede sind untergeordnet.

Die Öffnungszeiten von Montag bis Freitag sind das ganze Jahr über gleich. Samstags gibt es Sommer- und Winteröffnungszeiten. An Sonn- und Feiertagen wird nur im Sommer geöffnet, und zwar nur jeweils zur vollen und zur halben Stunde, im Winter bleibt die Brücke an Sonn- und Feiertagen geschlossen.

Ein weiteres Beispiel:

**Prins Hendrikbrug (Route 12)** 16/4–16/10 Mo–Sa 0900–1200, 1400–1600; So und feiertags 0900–1200, 1500–2000. 16/10–16/4 Mo–Sa 0800–1200, 1300–1700; So und feiertags geschlossen.

In diesem Beispiel wurde nach Winter- und Sommeröffnungen unterschieden und die Wochentage untergeordnet. Während des Winterhalbjahres wird die Brücke an Sonn- und Feiertagen nicht geöffnet.

# Gottes Wasser und Gottes Land

„Die Franzosen haben einmal gesagt: Gott hat die Welt erschaffen, aber die Holländer erschufen ihr eigenes Land. Das ist natürlich etwas übertrieben, aber wir meinen, daß die Franzosen durchaus recht hatten." Dieses Zitat stammt aus einer Veröffentlichung des Niederländischen Ministeriums für Transportwesen und Öffentlichkeitsarbeit und ist ein klassisches Beispiel für den berechtigten Stolz der Holländer, die den 1000jährigen Kampf gegen die See erfolgreich abgeschlossen haben.

Von diesem Kampf zeugen die im ganzen Land verbreiteten und sorgfältig erhaltenen Überreste: Ruinen, alte Gebäude und Maschinen, Windmühlen, sogar rekonstruierte Städte und Dörfer. Fast jede Stadt und jedes größere Dorf besitzt sein Museum, das meist nautisch ausgerichtet ist.

Viele dieser Orte liegen in der Nähe der im Buch beschriebenen Wasserwege.

## Terpen und Deiche

Vor 1000 Jahren ließen die Holländer „Gottes Wasser über Gottes Land fließen", um noch einmal die Publikation zu zitieren. Die Anwohner der Rhein-, Maas- und Scheldemündung siedelten auf Warften, um der Flut zu entfliehen. Diese Warften, in Friesland „Terpen", in Groningen „Wierden" genannt, entstanden meist nach und nach aus Müll- und Schlammablagerungen.

Darauf wurden Kirchen und ringförmige Dörfer erbaut, noch heute im N der Provinzen zu sehen.

In Groningen gibt es davon über 1000, z.B. Hogebeintum und Janum N-lich von Birdaard am Dokkumer Ee (Route 18).

In Zeeland befindet sich ein weiteres Ringdorf (Dreischor) zwischen Bruinisse und Brouwershaven am S-Ufer des Grevelingensmeer (Route 4).

Im 10. und 11. Jh. wurden die ersten Deiche gebaut. Anfänglich wurden einige der „Terpen" (Warften) mit Deichen verbunden und die so entstandenen Köge bei Ebbe entwässert. Diese Art der Eindeichung und Landgewinnung setzte sich weit bis ins Mittelalter fort, allerdings ohne, daß wiederholt Katastrophen ausbleiben konnten. Diese geschahen bei jedem mit einer Springtide zusammenfallenden Sturm aus N-licher Richtung, und zwar bis in die heutige Zeit.

Dazu kam, daß man damals weder vom immer weiter absinkenden Land noch vom steigenden Meeresspiegel wußte. Die Folge dieser langsamen Entwicklung war und ist 1 m Landverlust innerhalb von 1000 Jahren.

## Die Entstehung des Biesbosch

In der Nacht vom 18. zum 19. November 1421 brach die St.-Elizabeth-Flut die Deiche und überschwemmte die Grote Waard SO-lich von Dordrecht.

So entstand das Gebiet, das heute als Biesbosch (Binsenwald) bezeichnet wird. In den folgenden Jahrhunderten versandete das Gebiet durch die Strömung von Waal und Maas und wurde zum Anbau von Korbweiden und Schilf sowie zum Fischen benutzt, während in den letzten Jahrhunderten durch Wiedereindeichung Weideland gewonnen wurde.

Im Zweiten Weltkrieg wurde dieses Labyrinth von baumverhangenen Kanälen Unterschlupf des holländischen Widerstands.

Das faszinierende Biesbosch-Museum befindet sich an der S-Seite der Spieringsluis, in der Einfahrt in den Brabantse Biesbosch an der Nieuwe Merwede (Route 12).

## Windmühlen und die Polder des 16. Jahrhunderts

Die ersten Windmühlen wurden Ende des 15./ Anfang des 16. Jh. gebaut.

Vor dieser Zeit wurde das Getreide per Hand oder mit Hilfe von Pferden oder Wassermühlen gemahlen.

Im frühen 19. Jh. wurde die flache Landschaft in allen Teilen des sturmgepeitschten Landes durch die Windmühlen geprägt. Es gab damals ca. 9000 Mühlen, die zum Mahlen, Sägen, Pressen von Ölsamen, Stoffe-Walken, zum Hecheln von Hanf und zum Wasserschöpfen benutzt wurden.

Knapp 1000 sind davon noch heute erhalten. Auf dem 20 Morgen großen Gebiet der Zaanse Schans am O-Ufer der Zaan (Route 14) gibt es eine Reihe von noch arbeitenden Senf-, Säge-, Farb- und Ölmühlen sowie verschiedene andere Gebäude und Handwerksmuseen (Käseherstellung, Backhandwerk und Uhrmacherei), so daß Sie hier einen guten Eindruck vom Arbeitsleben des 19. Jh. in dieser Region gewinnen können.

Auf den im Buch beschriebenen Routen werden Sie noch viele andere Windmühlen zu sehen bekommen.

Vor allem jedoch machten die Windmühlen die Entwässerung der weiten Gebiete der Inland-Seen und der Polder möglich.

In Noord-Holland zwischen Amsterdam und Alkmaar entstanden die ersten drei dieser Polder: der Beemster (1612), der Purmer (1622) und der Schermer (1635). Diese Gebiete sowie eine Reihe von Museen erreichen Sie auf den Routen 14 und 15.

*Typisches Haus im Biesbosch*

## Die Dampfmaschine und der Haarlemmermeerpolder

Die aus England importierte Dampfmaschine beherrschte die nächste Entwicklungsstufe der Landgewinnung.

Im Mittelalter entstand durch Sturmschäden und das langsame Absinken des Landes aus den kleineren Seen SW-lich von Amsterdam ein großer Binnensee, das Haarlemmermeer, der sich immer weiter vergrößerte und auch die Städte Leiden und Haarlem bedrohte.

Wie die Zuiderzee lag auch das Haarlemmermeer 4 m unter dem Meeresspiegel. Es gab Fischerei sowie eine Schiffahrtsindustrie.

Schon 1641 entstand ein erster Plan, mit Hilfe von 180 Windmühlen das Meer trocken zu legen und so die fehlenden 4–5 m Land bis zum Niveau des Meeresspiegels zu gewinnen. Dieser Plan erwies

*Restaurierte Windmühle in Gouwsluis*

sich aber für die damaligen technischen Gegebenheiten als zu ehrgeizig, so daß die Fischerei auch weiterhin und das ganze 18. Jh. hindurch blühen und gedeihen konnte.

König Wilhelm I. (1815–1840) setzte eine Kommission ein, die entschied, daß die von den Engländern erfundene Dampfmaschine dem Landgewinnungsprogramm dienlich und sogar etwas billiger als die Windmühle sei.

Den Ausdruck „Preis-Leistungs-Verhältnis" kannten die Holländer des 19. Jh. wohl kaum, waren sich aber dieses Sachverhaltes bewußt und unterschätzten ihre Aufgabe nicht.

Wie dem auch sei, nachdem 1838 die Entscheidung fiel, wurde das Harlemmermeer bis 1852 trockengelegt. In den drei Jahren des unaufhörlichen Pumpens schafften die drei mit Dampfmaschinen betriebenen Pumpstationen Leeghwater, Lijnden und Cruquius 800 Millionen Kubikmeter Wasser aus dem See in den Ringvaartkanaal.

Dieser verlief auf einem 60 km langen, um den Polder herumführenden Deich. Die Station Cruquius bei Heemstede (Route 9) wurde erst 1933 geschlossen und ist jetzt Museum und Denkmal des Projekts.

Diese Landschaft, entstanden auch durch viele nachfolgende Veränderungen, ist erst 125 Jahre alt.

Hoofdorp (früher Kruisdorp), das heutige Verwaltungszentrum, und Nieuwe-Vennep (früher Venneperdorp) sind zwei der ersten neuen Städte.

Niemand hätte sich 1852 vorstellen können, daß in Schiphol einer der weltgrößten Flughäfen entstehen würde, wo einst Fischerboote über das kabbelige Wasser des Sees fuhren.

# Das Zuiderzee-Projekt

Der weltberühmte Afsluitdijk, der das Ijsselmeer im N von der Nordsee trennt, ist 30 km lang. Über den schnurgeraden Damm führt eine Autostraße; und es gibt ein Restaurant, von dem aus Sie einen Eindruck von den gigantischen Ausmaßen dieses Bauwerks erhalten.

Doch der Damm war nur der Anfang. Stehen Sie in Zuid-Flevoland am Straßenrand, so sollten Sie alles mit einer gewissen Ehrfurcht betrachten, denn vor 1967 war hier nur Wasser; jedes Haus, jeder Garten, jede Hecke, jede Straße liegt 4 m unter dem

Meeresspiegel und hat erst seit der Trockenlegung des Polders die Möglichkeit zu existieren.

Im 12. Jh., während der Blüte des Deichbaus, entstand die Zuiderzee als Folge des ständig steigenden Meeresspiegels und der Vergrößerung des Sees Flevo, der ungefähr das Gebiet des heutigen Flevolands einnahm.

Anfang des 19. Jh. war die Zuiderzee nicht nur ein bedeutendes Fischereigebiet, sondern wurde auch immer mehr von der Handelsschiffahrt genutzt. Schiffe aus Amsterdam wählten die Zuiderzee-Waddenzee-Route von Ij nach Urk um den Enkhuizerzand herum und zum S-lichen Ende des Breezand (auf dem heute der Afsluitdijk verläuft). Von dort aus gab es einerseits die Route Richtung Westen durch das Marsdiep zwischen Texel und Den Helder und andererseits die Route Richtung Nord-Europa durch das Vlie zwischen Vlieland und Terschelling.

Aufgrund dieser Handelsrouten konnte sich das Fischerdorf Amsterdam im 16. Jh. zu einem internationalen Handelszentrum entwickeln, während andere Städte wie Hoorn, Enkhuizen und Kampen ebenso prosperierten wie die auf Fischerei spezialisierten Häfen Marken, Volendam und Urk.

Das Zuiderzee-Museum in Enkhuizen, das sowohl Innen- als auch Außenabteilungen hat, veranschaulicht den vom Seehandel stammenden Wohlstand und besitzt eine wunderbare Sammlung hölzerner Sport- und Fischerboote der Zuiderzee.

Als 1824 der tiefausgebaggerte Noordhollands-Kanaal die Strecke

*Altes Pumpenhaus in Cruquius*

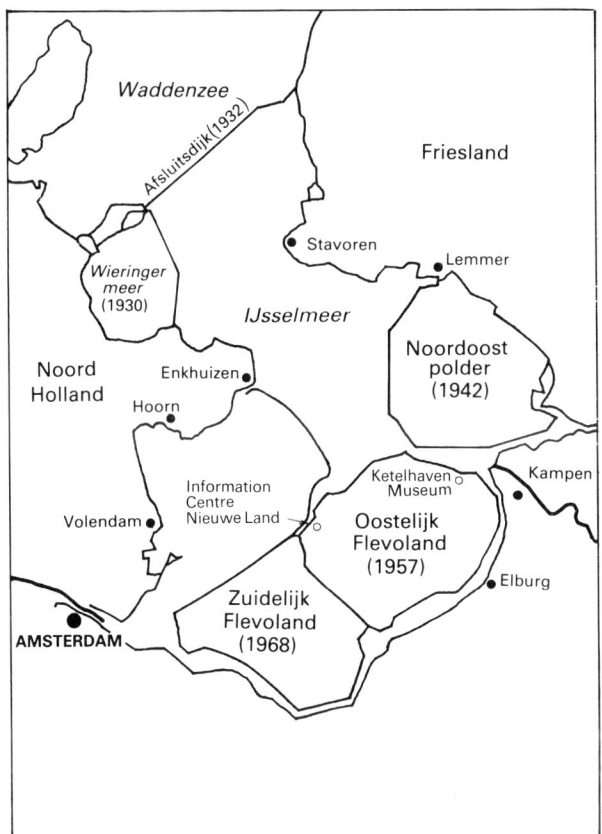

von Amsterdam nach Den Helder verkürzte, verschwanden die größeren Schiffe von der Zuiderzee, und der Handel der kleineren Städte kam zum Erliegen. Dagegen mußten die Kaianlagen von Amsterdam weiter vergrößert werden, als der noch kürzere Noordzeekanaal zwischen Amsterdam und Ijmuiden im Jahre 1876 eröffnet wurde.

Das 1918 in Angriff genommene Zuiderzee-Projekt sollte, bei Minimierung von Dammlänge und Kosten, einen weiteren Beitrag zur Landgewinnung leisten, die Effektivität der Sturmflutsicherung steigern und ein größeres Süßwasserreservoir schaffen.

Dies war eine der ersten von vielen schwierigen, in die Umwelt eingreifenden Entscheidungen, die die aufeinanderfolgenden Regierungen zu treffen hatten, nachdem durch den Dammbau die Salzwasser-Flora und -Fauna vernichtet wurde.

Inzwischen hat sich eine typische Süßwasserflora- und Fauna angesiedelt. Das Ijsselmeer ist sehr fischreich. In den Sommermonaten tritt jedoch häufig eine Algenblüte auf, durch die das Wasser grün gefärbt wird.

Hätte man zur Zeit des Dammbaus etwas von den fatalen Auswirkungen gewußt, wäre anstelle des Afsluitdijk wohl nur ein Schutzdamm gegen Sturmfluten gebaut worden, wie der kürzlich fertiggestellte in der Oosterschelde.

Der erste Plan, entworfen von Hendrik Stevin im Jahre 1667, sah eine Zuiderzee-Waddenzee vor.

Die friesischen Inseln sollten mit Dämmen untereinander verbunden werden, und ein weiterer Damm sollte Het Ij von Amsterdam trennen. Ein kurzer Kanal sollte zwischen der Nordsee und Amsterdam gegraben werden.

Der Minister für Wasserwege und Landgewinnung, Dr. Cornelius Lely, zeichnete seit den 80er Jahren des 19. Jahrhunderts bis 1918 an seinen Plänen. Die Verwirklichung dieses ehrgeizigen Projekts

dauerte länger als erwartet und erforderte die Aufteilung in mehrere Abschnitte, zwischen denen die jeweiligen Regierungen viel Zeit zum Nachdenken und Entscheiden brauchten.

Auch heute befindet sich das Land wieder einmal in so einer Phase der Überlegungen, wie die folgende Auflistung zeigt.

- 1920–24 Bau eines 2,5 km langen Deichs von Noord-Holland zur Insel Wieringen.
- 1925–26 Trockenlegung eines 100 Morgen großen, dreieckigen Test-Polders an der Halbinsel N-lich von Enkhuizen (Andijk).
- 1927–32 Bau des 30 km langen und 90 m breiten Afsluitdijk zwischen Wieringen und Friesland. Die Arbeiten begannen mit einer künstlichen Insel auf halber Strecke und den Siel- und Schiffsschleusen an den beiden Dammenden bei Friesland und Wieringen mit der Absicht, in flacherem Wasser anzufangen und im zunehmend tieferen Wasser weiterzubauen. Die Entwässerungsschleusen ließen allmählich das Salzwasser ab, und das Ijsselmeer wurde durch den Zufluß von Süßwasser aus Flüssen zum Süßwassersee.
- 1927–30 Trockenlegung des Wieringermeerpolders (50 000 Morgen), ein wesentlicher Bestandteil des Dammprojekts.
- 1937–42 Trockenlegung des Noordoost-Polder (120 000 Morgen) während der Besatzungszeit der Deutschen.
- 1950–57 Trockenlegung von Oost-Flevoland (135 000 Morgen)
- 1959–67 Trockenlegung von Zuid-Flevoland (107 500 Morgen), die nun zusammen eine neue Provinz mit dem Verwaltungszentrum Lelystad wurden.
- 1976 Fertigstellung des Houtribdijk. Das S-liche Markermeer war nun abgetrennt und nur noch über Siel- und Schiffsschleusen mit dem Ijsselmeer verbunden. Dieses waren die Vorbereitungen zur Trockenlegung des Markerwaard-Polders.

**Flevoland, die Randmeren und das Markermeer**
Die Niederländische Regierung hat den Beginn der Einpolderung des Markermeeres zur Gewinnung eines weiteren 125 000 Morgen großen Polders verschoben, um Zeit für weitere Debatten zu haben.

Zeit wurde in den Niederlanden schon immer reichlich gebraucht. So benötigte man 60 Jahre bis zur Beendigung des Zuiderzee-Projekts, anstelle der 32 von Lely veranschlagten. Der nächste Polder wird allerdings schon mindestens 1 Billion Gulden kosten. Ist ein Polder trockengelegt, macht der Staat das Land urbar und bearbeitet es für 5 Jahre. Dann verpachtet er es, meist mit nur kurzer Laufzeit, samt Gebäuden an Bewerber mit entsprechenden Fähigkeiten, hauptsächlich an Bauern, die im Rahmen von Stadtvergrößerungen von ihrem ursprünglichen Land vertrieben wurden. In letzter Zeit werden auch Wohngebiete und Industrieansiedlungen geplant, um Bewohner der zunehmend überbevölkerten Region Randstad in Zuid-Holland aufzunehmen, z.B. in Lelystad und Almere.

Um ein Absinken des Grundwasserspiegels in den neuen Poldern und dem angrenzenden Land zu verhindern, ließ man beim Bau der Flevolandpolder einen breiten Wasserstreifen unberührt. Die dadurch entstandenen „Randmeere" haben sich zu einem idealen Wassersportgebiet entwickelt.

So wurden die Randmeren (Route 16) zum Wassererholungsgebiet, das eine behutsam gestaltete Landschaft und eine große Anzahl an Nutzungsmöglichkeiten bietet: auch zum Fischen und für den Bootssport.

Hier finden Sie ein ideales Nebeneinander der alten Zuiderzee-

*Im Oost Flevoland bei Ketelhaven*

Städte wie Spakenburg, Harderwijk und Elburg an den O- und S-Ufern und brandneuen Yachthäfen an den W- und N-Ufern. Auch den Markerwaard-Polder wird, wenn er einmal fertiggestellt ist, eine solche Tiefwasserzone umgeben.

S-lich des PTT-Turms und der Houtribsluizen an der Küste in der Nähe von Lelystad befindet sich das Informations Centre Nieuwe Land (Route 17). Es ist mit den modernsten Hilfsmitteln ausgestattet und bietet eine umfassende Ausstellung über die Entwicklung des Ijsselmeeres und der Polder. Das mondäne Einkaufszentrum von Lelystad, in dem ausgedehnten, grünen vorstadtähnlichen Komplex kaum zu finden, ist beinahe 3 km weiter O-lich.

### Die Schiffswracks der Zuiderzee

Das Ketelhaven-Museum ist für den Yachtsportler von besonderem Interesse (Route 16).

Gezeigt werden Schiffsausrüstungen und verschiedene Wracks, die bei der Drainage der Polder zutage kamen, darunter ein 26 m langes, 7 m breites Frachtschiff aus dem 17. Jh.

Weitere „archäologische" Fundstücke sind die Trümmer der Luftwaffe aus dem Zweiten Weltkrieg.

1930 setzten die im trockengelegten Wieringermeerpolder aufgetauchten 16 Schiffswracks die Wissenschaftler in Erstaunen. Trotz der teilweisen Freilegung konnten sie in keiner Weise identifiziert oder eingeordnet werden.

Wie dem auch sei, seit der Trockenlegung des Noordoost-Polders im Jahre 1942 wurden 350 Schiffswracks an den Oberflächen der neuen Polder gefunden, von denen nur 140 systematisch erforscht werden konnten; die anderen harren ihres Schicksals und werden in der Zwischenzeit sorgsam vor ihrem Verfall bewahrt.

Der besondere Wert dieser Wracks ist die relativ gut erhaltene Inneneinrichtung und das Zubehör, wie Kochgeschirr, Utensilien zum Kalfaten, Werkzeug und Waffen, das nun zum größten Teil im Ketelhaven-Museum ausgestellt ist.

Von weit größerer Bedeutung ist allerdings die Tatsache, daß hier die weltweit einmalige Gelegenheit besteht, Schiffe eines so langen, zusammenhängenden Zeitraums zu untersuchen.

Die ältesten Schiffe stammen aus der Zeit um 1300, als die Zuiderzee noch ein Süßwassersee (zu Zeiten der Römer Flevomeer) war. Erst im späten Mittelalter taucht der Name Zuiderzee auf; Mitte des 17. Jh. wurde die Zuiderzee zum Salzwassergebiet.

# Der Delta-Plan

Dieser neueste Plan ist der Höhepunkt in der Verwirklichung von Wasserbau-Technologie.

Die beiden noch verbleibenden Projekte (darunter der Delta-Plan) wurden, beinahe 30 Jahre nach Aufnahme der Planungen, 1987 abgeschlossen. Die Baukosten betrugen 12,5 Billionen Gulden und kurbelten die niederländische Wirtschaft derart an, daß man nach Beendigung der Bauarbeiten nach weiteren Investitionsmöglichkeiten Ausschau hielt, beispielsweise dem Bau eines Tunnels unter der Westerschelde.

Hauptziel ist wiederum der Schutz gegen die Sturmfluten. Dabei sollen die Kosten durch möglichst „kurze Verteidigungslinien" minimiert werden. Zusätzlich werden dabei sowohl die Schiffahrtsbedingungen im Schelde-Delta, besonders im Nieuwe (Rotterdamse) Waterweg und in der Westerschelde, als auch die allgemeinen Lebensbedingungen in dieser Region verbessert.

Die Sturmflut-Katastrophe von 1953, bei der 1853 Niederländer ihr Leben verloren, war der Auslöser des 1958 aufgenommenen Delta-Plans.

Die früheren Landgewinnungsprojekte an und um die Inseln von Zeeland schufen große Gebiete eingedeichten und unter dem Meeresspiegel liegenden Landes, wie das Gebiet im S der Westerschelde zwischen Breskens und Terneuzen und die weite Seen- und Marschlandschaft O-lich des Haringvliet und des Hollands Diep im S Dordrechts.

Das letztere Gebiet wurde zur Insel Dordrecht und zum Sliedrechtse sowie Brabantse Biesbosch, wobei mehrere Inseln durch Deiche miteinander verbunden wurden.

Der Delta-Plan sah den Schutz der Region vor Sturmfluten auf zwei Arten vor.

Erstens sollten die Deiche entlang der offenen Tidengewässer von Rotterdam / Westerschelde erhöht und verstärkt werden (zu einem

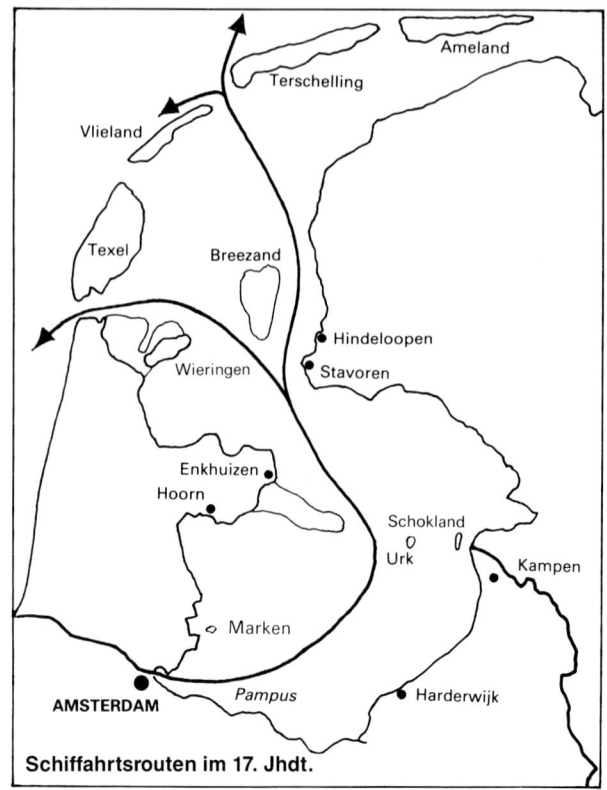

**Schiffahrtsrouten im 17. Jhdt.**

*Sturmflut-Sperrwerk an der Hollandse Ijssel*

späteren Zeitpunkt auch im Bereich der Oosterschelde). Zweitens sollte der Bau von inneren und äußeren Dämmen, von denen einige mit Siel- und Schiffsschleusen ausgestattet sein sollten, Binnenseen schaffen und so die Wirksamkeit der Maßnahmen erhöhen, die Kosten aber verringern.

Die Schleusen des Haringvliet regulieren außerdem den Wasserabfluß des gesamten unteren Rheinbeckens.

Der Wasserstand dieser tidenlosen Seen ist auf N.A.P., also dem „Normaal Amsterdam Peil", und variiert nur um 1–2 Dezimeter. Dadurch verbessert sich die Situation der Sportboot-, aber auch der Handelsschiffahrt.

Zu Beginn der Planungen im Jahre 1958 ergaben sich zwei „kleinere" Probleme. Die Ingenieure hatten keine genauen Vorstellungen, wie ihr Plan zu realisieren war, und bei den Politikern hatte der Aspekt des Umweltschutzes nur einen geringen Stellenwert.

Die Ministerien wurden in immer größere Schwierigkeiten verwickelt; und durch bloßes Ausprobieren passierten einige Fehler, aus denen erst viel später gelernt werden konnte.

Es wurden zunächst die umweltschädigenden Fehler der vorangegangenen Projekte in Angriff genommen und so viel Zeit zur Beseitigung der negativen Aspekte der nachfolgenden gewonnen.

Ein mächtiges Sturmflutsperrwerk in der Hollands Ijssel zwischen Rotterdam und Gauda, das mit einem einzelnen guillotineartigen Tor und einer Schiffsschleuse versehen ist, sollte die Sturmflutgefahr in der am dichtesten besiedelten Region der Niederlande bannen. Dieses erste Projekt im Rahmen des Delta-Plans wurde 1958 abgeschlossen. Der sehr viel später gebaute Damm in der Oosterschelde funktioniert nach demselben Prinzip, hat aber 62 Tore, die für 200 Jahre Lebensdauer konzipiert sind.

Das Tor im Damm der Hollandse Ijssel bleibt meist geöffnet, hat aber nur eine Durchfahrthöhe von MHW + 7,5 m, so daß Sie mit einer größeren Masthöhe durch die Schiffsschleuse (mit beweglicher Brücke) an der W-Seite fahren müssen.

Mit dem 1961 vollendeten 2. Bauabschnitt wurde das Veerse Gat durch den Veersegatdamm von der Nordsee, durch den Zandkreekdamm von der Oosterschelde abgetrennt. Es entstand das tidenfreie Veerse Meer, das für Yachten von der Oosterschelde und von der Westerschelde zu erreichen ist.

Der Wasserstand dieses Salzwassersees entspricht im Sommer

NAP (zomerpeil, 1. April–31. August), im Winter NAP – 0,7 m (winterpeil). Wie auch die anderen tidenfreien Mündungsbecken hat das Veerse Meer eine Vielzahl von äußerst ansprechenden Einrichtungen für die Sportschiffahrt zu bieten (siehe Route 2).

Abschnitt 3, die Abdämmung des sehr viel größeren Haringvliet, dauerte bis 1971. Das Haringvliet verläuft S-lich und parallel zum offenen Tidefahrwasser Nieuwe Waterweg. Die beiden zur Eindeichung notwendigen Dämme bedeuteten gleichzeitig auch die Absperrung des gesamten Abflußsystems der drei Rheinmündungsflüsse Maas, Waal und Lek.

Der Volkerakdamm (Route 3) an der Südseite des Haringvliet enthält 3 Schleusen für die Binnenschiffahrt, Entwässerungsschleusen und eine „Jachtensluis", deren Durchfahrtshöhe durch eine feste Brücke auf NAP +19 m begrenzt ist. Der Damm trennt das Hollandse Diep, das Haringvliet und alle nördlichen Rheinmündungsflüsse vom südlichen Delta.

Der spektakuläre Haringvlietdam (Seite 37) an der Seeseite hat eine Reihe riesiger, halbdrehender, hydraulisch betriebener Schleusentore, die zur Regelung des Wasserstandes bei NW geöffnet werden und eine gefährliche Strömung verursachen.

Auf diese Weise sind die Binnenwasserstände zu kontrollieren und überschüssiges Wasser aus dem Rhein kann abgelassen werden.

Die Schiffsschleuse Goereesesluis im S-Teil des Damms ist kein Hindernis für Yachten mit feststehenden Masten, denn ihre beiden Brücken sind zu öffnen.

Haringvliet, Hollands Diep und Amer führen jetzt Süßwasser, denn sie sind vollständig unabhängig von der Nordsee. Ihr Wasserstand hängt nur noch vom Zufluß von Maas und Waal sowie vom Abfluß durch die Entwässerungsschleusen des Haringvlietdammes ab.

Bei so einer Schleusung kann der Wasserstand innerhalb einer Stunde um 0,5 m gesenkt werden. So kann die normalerweise geringe Strömung im Haringvliet während der Schleusung (in Schleusennähe) bis zu 5,4 kn erreichen.

Eine Reihe von g. Leuchtbaken bezeichnet ca. 350 m vor dem Damm die Schleusen. Es ist jedoch ratsam, sich S-lich der r., das Deltageul-Fahrwasser bezeichnenden Tonnen zu halten, die sich an den Binnenhaven der Hellevoetsluis anschließen.

Diese Vorsichtsmaßnahme ist besonders dann zu empfehlen, wenn mehrere F.r. auf dem Damm anzeigen, daß die Entwässerungsschleusen geöffnet sind.

Die mit der Besichtigung des Inneren einer Schleuse verbundene Haringvliet-Expo ist sehr interessant und kann von der Aqua-Pesch-Marina an der Seeseite der Goereesesluis aus erreicht werden (Seite 38).

Die teilweise Eindeichung des Haringvliet wirkt sich unterschiedlich auf die Tide aus. Im Hollands Diep und in der Maas bis 30 sm oberhalb der Insel Dordrecht, dem 1. Wehr bei Lith, setzt eine minimale Strömung flußabwärts. Hinter dem Biesbosch ist sie nur für Schiffe mit einer Höhe von über 9 m von Interesse, da die Brücken dort nicht zu öffnen sind.

Dagegen hat die Strömung in Spui, Dordtse Kil, Oude Maas und Noord zugenommen, seit nur noch der Nieuwe Waterweg zur Nordsee offen ist. Die Strömung nimmt in Richtung N zu.

Es ist notwendig, den NL-Stroomatlas des jeweiligen Gebietes zu benutzen, denn zu Springzeiten erreicht die Strömung teilweise (z.B. an den Flußgabelungen) Durchschnittsgeschwindigkeiten von 2–3 kn.

Das Delta um 1500

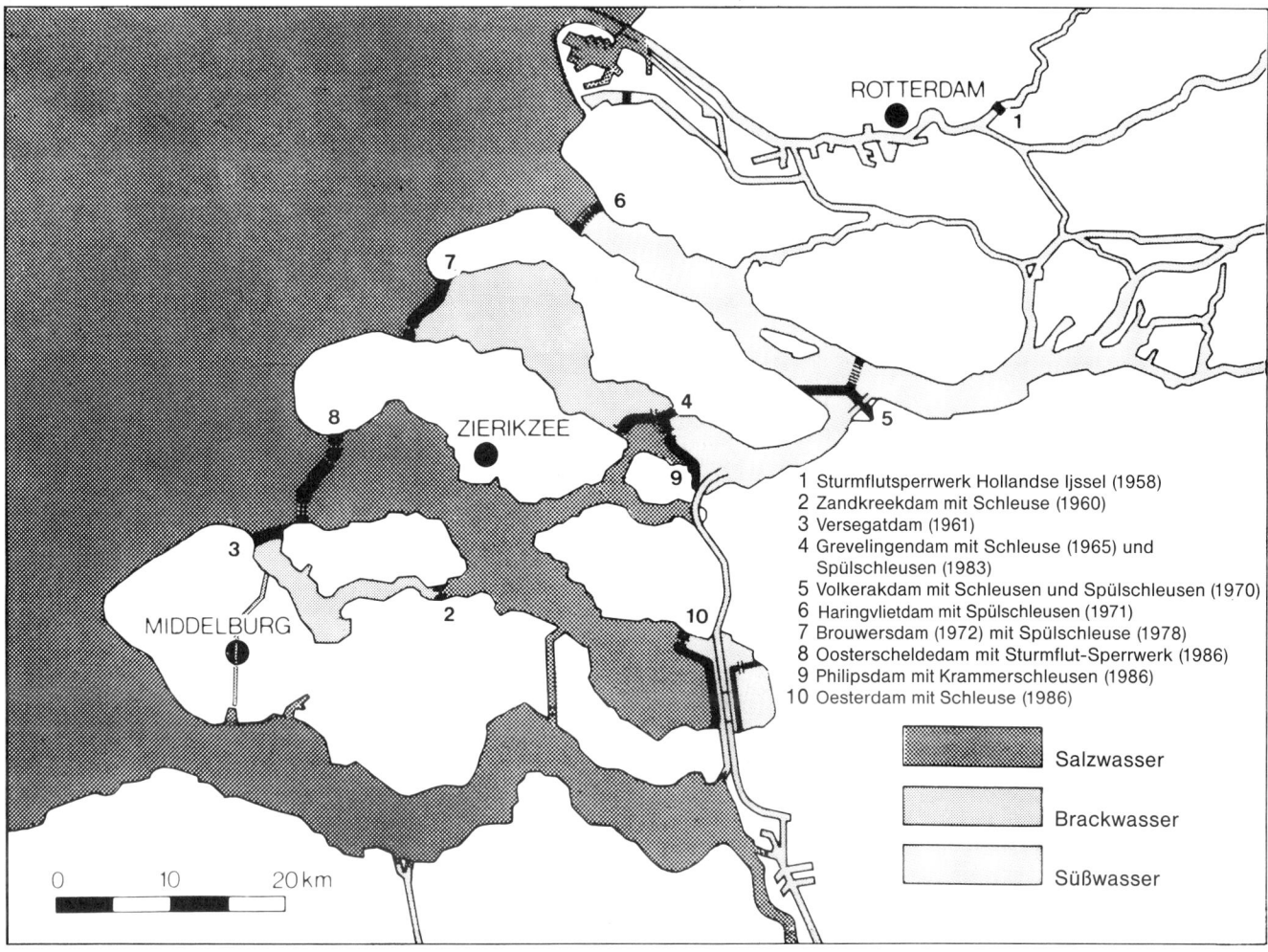

1 Sturmflutsperrwerk Hollandse Ijssel (1958)
2 Zandkreekdam mit Schleuse (1960)
3 Versegatdam (1961)
4 Grevelingendam mit Schleuse (1965) und
  Spülschleusen (1983)
5 Volkerakdam mit Schleusen und Spülschleusen (1970)
6 Haringvlietdam mit Spülschleusen (1971)
7 Brouwersdam (1972) mit Spülschleuse (1978)
8 Oosterscheldedam mit Sturmflut-Sperrwerk (1986)
9 Philipsdam mit Krammerschleusen (1986)
10 Oesterdam mit Schleuse (1986)

Salzwasser

Brackwasser

Süßwasser

*Der Delta-Plan heute*

Der 4. Bauabschnitt dauerte, auch wegen der hitzig geführten Umweltdebatten, länger.

Der Grevelingendam, innerer Damm des Grevelingenmeer und mit nur einer Schiffsschleuse ausgestattet, wurde 1965 fertiggestellt. Der seewärtige Brouwersdam hat keine Schiffsschleuse und war erst 1978, die Siel-Schleusen im inneren Grevelingendam erst 1983 fertig. Der Wasserstand des Grevelingenmeer wird auf NAP − 0,2 m gehalten und variiert nur um ± 10 cm.

Durch die Spülschleusen wird das Wasser ständig ausgetauscht, so daß das Grevelingenmeer Salzwasser enthält. Es ist so sauber, daß man baden, Muscheln ernten und diese mit Genuß verzehren kann.

Auf dem Grevelingenmeer gibt es praktisch keine Berufsschifffahrt. Aber wiederum lassen die Einrichtungen für den Sportschiffer nichts zu wünschen übrig (siehe Route 4).

Im Bauabschnitt 5 sollte eigentlich ein durchgehender Damm die Oosterschelde zu einem stehenden Gewässer machen. 1976 wurde dieser Plan allerdings verworfen, um auch weiterhin Seefische, Muscheln und Vögel im Mündungsgebiet zu erhalten.

Nun sollte der äußere Damm nur noch zum Schutz gegen Sturmfluten dienen und ansonsten die Tiden nicht behindern. Das bedeutete Ausgaben von 5 Billionen Gulden für den mit komplizierten Mechanismen ausgestatteten äußeren Damm sowie noch einmal 2,5 Billionen für die beiden daraufhin nötiggewordenen inneren Dämme.

Der Oesterdam („Austerndamm") begrenzt den O der Oosterscheldemündung und läuft entlang des Schelde-Rhein-Kanals (von Antwerpen zum Volkerak). Der Philipsdam quert die Krammer (den N-lichen Oosterschelde-Zufluß) und stößt auf den O-Teil des Grevelingendam. Diese späteren Dämme haben zusammen eine kanalähnliche Siel-Schleuse, die das Wasser aus den hinter den Dämmen entstandenen Süßwasserseen aufnimmt und bis nach Bath an der Westerschelde führt.

Zusätzlich zu den größeren Schleusen für die Berufsschiffahrt (Krammersluizen) wurde 1987 in den Philipsdam eine spezielle Yachtschleuse (Philipsluis) gebaut, die mit ihrer festen Straßenbrücke die Durchfahrtshöhe auf NAP +17,5 m begrenzt.

Um hinter dem Damm ein Süßwasser-Reservoir zu schaffen, wurden die Schleusen mit Speicher- und Spülbecken ausgestattet, die das Eindringen von Salzwasser während des Schleusenbetriebes verhindern.

Das Sturmflut-Sperrwerk in der Oosterschelde war im wesentlichen 1986 fertiggestellt. Bis zum Abschluß der Bauarbeiten an den beiden inneren Dämmen und der Siel-Schleuse im Jahre 1987 wurde sein Einsatz nur getestet.

In dieser Zeit wurde auch die auf dem Damm verlaufende Straße fertig. Die Delta-Expo auf Neeltje Jans, einer Insel in der Mitte des Sperrwerks, lohnt auf jeden Fall einen Besuch.

Sie brauchen für das Gebiet der Oosterschelde (Routen 1, 2, 3) bis zu den inneren Dämmen den NL-Stroomatlas c, Oosterschelde.

*Die Burgervlot-Brücke über den Noord-Hollandskanaal*

*Zugbrücke über die Spiering-Schleuse*

In der Einfahrt der Oosterschelde schränken die vielen Pfeiler und Inseln des Damms den Wasserdurchlaß erheblich ein, so daß der Tidenhub innerhalb des Damms geringer ist.

Halten Sie sich vom Damm frei, und benutzen Sie nur die ausgetonnten Fahrwasser zur Roompotsluis, der einzigen Einfahrt in die Oosterschelde.

Auch wenn die Schleuse nur einen minimalen Höhenunterschied zu bewältigen hat, werden hier beide Tore geschlossen. Die Straße auf dem Damm führt über eine feste Brücke mit einer Durchfahrtshöhe von NAP +20 m.

Der max. Tidenhub bei Springtide beträgt aber 3,4 m (NAP – 1,7 m – NAP +1,7 m), so daß Ihnen bei einer Masthöhe von mehr als 20 m kaum Spielraum bleibt. Vom 1. 4. – 1. 11. kann auf der Schleuse ein- und ausklariert werden. In der übrigen Zeit ist der Zoll in Vlissingen zuständig.

Nähere Auskunft über die Arbeiten im Mündungsgebiet, Tidenkalender usw. bekommen Sie bei:

Rijkswaterstaat Deltadienst
Afd. Voorlichting Oosterscheldewerken
Van Veenlaan 1
4301 NN Zierikzee
Niederlande
Tel. 0 11 10/80 00 od. 70 58 (tägl. Informationen)

**Gewinn- und Verlust-Rechnung**
Das niederländische Ministerium für Transport und Öffentlichkeitsarbeit hat eine vorsichtige Rechnung aufgestellt, die das Ringen um die Landgewinnung sehr gut veranschaulicht.

| *1200–1900* | *Hektar* |
|---|---|
| Landgewinnung an der Küste | 380 000 |
| Landgewinnung aus Seen | 140 000 |
| Verluste | –567 000 |
| Netto 1900 | –47 000 |
| *1900 bis heute* | |
| Wieringermeer | 20 000 |
| Noordoost-Polder | 48 000 |
| Oost-Flevoland | 54 000 |
| Zuid-Flevoland | 43 000 |
| *Netto* | 118 000 |
| Markerwaard (geplant) | 50 000 |

Während der Netto-Landgewinn nur 3 % der Gesamtfläche der Niederlande ausmacht, mußte das Land um 20 % erhöht werden, um den unerbittlichen Anstieg des Meeresspiegels um 1 m zu kompensieren.

Auch heute darf keine Regierung die Maßnahmen als abgeschlossen betrachten. Denn selbst wenn der Kampf um den nächsten Meter zunächst ein wenig einfacher aussieht (nicht zuletzt wegen der Delta-Arbeiten), so werden die Kosten zum Erhalt der riesigen Bauten des 20. Jh. doch unaufhörlich steigen. Zumindest bedeutet das immer genug Arbeit für die Niederländer, die seit dem Entschluß, ihre „Terpen" (Warften) als nicht mehr ausreichend zu betrachten, nicht mehr über Arbeitsmangel klagen konnten.

*Auf der Ringvaart van de Haarlemmermeerpolder bei Buitenkaag*

# Allgemeine Informationen

## Telefonieren

### Von den Niederlanden in die Bundesrepublik
Wenn Sie von einer öffentlichen Telefonzelle sprechen wollen, benötigen Sie reichlich 1-Gulden-, 25-Cent- und ein paar 2,5-Gulden-Stücke. Die Vorwahlnummer ist 09 49 (09 für internationales Gespräch, 49 für Bundesrepublik). Es folgt dann die regionale Vorwahlnummer ohne die erste 0 und die persönliche Nummer Ihres Gesprächspartners.

### Von der Bundesrepublik in die Niederlande
Die Vorwahlnummer ist 00 31 (00 für internationales Gespräch, 31 für die Niederlande). Es folgt dann die regionale Vorwahl ohne die erste 0 und dann die persönliche Nummer Ihres Gesprächspartners, s.u.

### Innerhalb der Niederlande
Wie auch in der Bundesrepublik, ist zunächst die regionale Vorwahl zu wählen, die stets mit einer 0 beginnt. Wählen Sie die in Kapitel 3 bis 12 angegebenen Nummern, ohne etwas zu verändern. Lassen Sie die regionale Vorwahl weg, wenn Sie sich in der Region / Stadt selbst befinden.

## Touristenbüros

In den Niederlanden ist das Segeln neben Motorbootfahren, Fahrradfahren und Wandern ein integraler Bestandteil der Tourismus-Branche. Deshalb sind die Touristenbüros auch die beste Adresse für Informationen im Wassersportbereich.
In der Bundesrepublik können Sie sich an das
Niederländische Büro für Tourismus
Laurenzplatz 1–3
5000 Köln 1
Tel. 02 21/23 62 62
wenden.

In den Niederlanden gibt es ein engmaschiges Netz von Niederlassungen des VVV (Vereniging voor Vreemdelingenverkeer), dem niederländischen Fremdenverkehrsverein. Die einzelnen Büros unterstehen der jeweiligen regionalen Regierung und werden von ihr finanziell gestützt.
Hier bekommen Sie Tips und Literatur zu lokalen Themen und Regionen, sowie Tickets für Veranstaltungen. Außerdem wird Ihnen bei der Suche nach Unterkunft geholfen.
Im folgenden finden Sie eine Aufstellung der VVV-Büros der Provinz-Zentren, aber beinahe jede kleine Stadt hat ein solches Büro aufzuweisen, das Ihnen gerne ein nettes Zimmer vermittelt, wenn Sie an Bord die Klaustrophobie bekommen haben.

**VVV Groningen**
Naberpassage 3, 9712 JV Groningen

**VVV Friesland**
Stationsplein 1, 8911 AC Leeuwarden

**VVV Drenthe**
Postbus 95, 9400 AB Assen

**VVV Overijssel**
Postbus 500, 7600 AM Almelo

**VVV Gelderland**
Postbus 988, 6800 AZ Arnhem

**VVV Flevoland**
Postbus 548, 8200 AM Lelystad

**VVV Utrecht**
Maliebaan 79, 3581 CG Utrecht

**VVV Noord-Holland**
Rokin 9–15, 1012 KK Amsterdam

**VVV Zuid-Holland**
Markt 85, 2611 GS Delft

**VVV Zeeland**
Postbus 123, 4330 AC Middelburg

**VVV Noord-Brabant**
Postbus 90, 5260 AB Vught

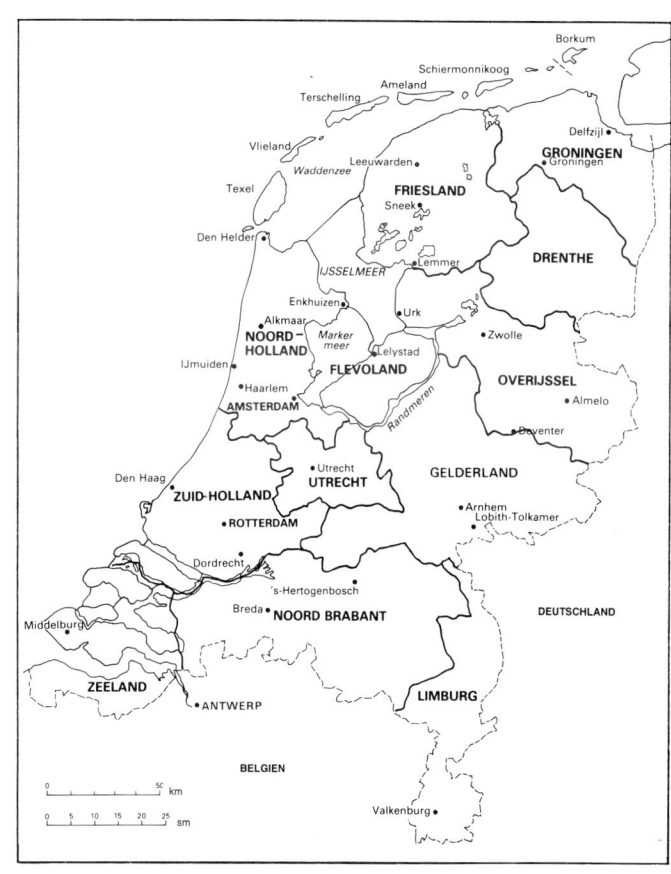

*Die Provinzen der Niederlande*

**VVV Limburg**
Postbus 811, 6300 AV Valkenburg

**VVV Amsterdam**
Postbus 3901, 1001 AS Amsterdam

**VVV Rotterdam**
Stadthuisplein 19, 3012 AR Rotterdam

**VVV Den Haag**
Groot Hertoginnelaan 41, 2517 EC Den Haag

Die Büros haben meistens von Mo–Fr, 0900–1700 sowie Sa 1000–1200 geöffnet, in der Hochsaison häufig zusätzlich abends sowie So nachmittags. Wollen Sie sich schon im voraus informieren, so ist es ausreichend, einen Brief mit „VVV", Name der Stadt, Name der Provinz, Niederlande, zu adressieren und er wird den Adressaten erreichen.

Die niederländische Entsprechung unseres ADAC (sind Sie hier Mitglied, so kommen Sie auch in den Genuß einiger Vorteile der niederländischen Organisation) ist der ANWB, der Algemeen Nederlandse Wegbruickers Bond, einer Vereinigung der Benutzer der niederländischen Straßen und Wasserwege.

Der ANWB gibt Straßenkarten und Karten der Wasserwege heraus und verkauft sie über die VVV-Büros. Eigene ANWB-Niederlassungen gibt es in allen größeren Städten; der Hauptsitz der Organisation ist:

**ANWB**
Wassernaarseweg 220, 2596 EC Den Haag
Niederlande, Tel. 00 31/70/14 14 40

# Adressen für Karten und Jahrbücher

In den Niederlanden gibt es drei große Läden, in denen Seekarten, Jahrbücher und Tafeln verkauft werden:

**Observator B.V.**
Vasteland 18–26, 3011 BI Rotterdam
Tel. 00 31/10/41 30 06 00

**L.J. Harri B.V.**
Prins Hendrikkade 94/95, 1012 AE Amsterdam
Tel. 00 31/20/24 80 35 od. 24 80 36

**Datema-Delfzijl B.V.**
Oude Schans 11, 9934 CM Delfzijl
Tel. 00 31/59 60/1 38 10

In den Niederlanden werden aber auch, ähnlich wie in der Bundesrepublik, von den Yacht-Zubehör-Läden Karten und Bücher vertrieben. Dies sind meist Mitglieder des „nauticring".

# Jahrbücher und Tafeln

**Die Jahrbücher des ANWB**
Die beiden Bände des „Almanak voor watertoerisme" (deel 1 und deel 2) bekommen Sie bei fast allen oben aufgelisteten Adressen. Teil 1 beinhaltet die verschiedenen Regeln der Schiffahrtstraßenordnung, die laut Gesetz jeder Benutzer der Wasserstraßen an Bord haben muß. Der Teil 2 wird jährlich im März herausgegeben, ist gesetzlich nicht erforderlich, aber sehr viel nützlicher als deel 1.

Beide Bände erscheinen in niederländisch. Seit 1988 sind dem Teil 2 allerdings eine 4-sprachige Einleitung sowie eine Liste der Abkürzungen und ein Wörterverzeichnis vorangestellt.

Die deutsche Übersetzung macht diesen Teil vielleicht etwas aufschlußreicher, aber mit etwas Phantasie waren auch die vorherigen Ausgaben zu verstehen. Allgemein ist die Benutzung der alphabetisch geordneten Angaben einfach, doch z. Teil ziemlich zeitraubend. Stichworte, die mit „Ij" bzw. „ij" beginnen (Aussprache „ei"), finden Sie anstelle des „Y", also vor dem „Z".

Die in Teil 2 aufgelisteten Informationen sind meist nach Namen von Dörfern oder Städten geordnet. In Fällen, in denen der Ort nicht zweifelsfrei angegeben werden kann, finden Sie das Gesuchte unter dem entsprechenden Gewässer bzw. Wasserweg (ebenfalls in alphabetischer Reihenfolge).

Die sehr umfassenden Informationen beinhalten die Öffnungszeiten von Straßenbrücken und Schleusen, wichtige Adressen und Telefonnummern, Yachthäfen, Liegemöglichkeiten, Kranmöglichkeiten, Waschsalons, Zollabfertigung, Einfahrtssignale und Schiffahrtsregeln, begrenzte Tideninformationen und einige Hafenskizzen.

Teil 2 enthält ebenfalls die Tidenkalender von Harlingen, Hoek van Holland und Vlissingen sowie die Zeitunterschiede von HW und NW weiterer Häfen, allerdings nicht den Tidenhub.

Die Öffnungszeiten von Eisenbahnbrücken sind nicht angegeben. Dafür finden Sie aber ein Formular, mit dem Sie die „Openingstijden Spoorbruggen" (Öffnungszeiten der Eisenbahnbrücken) des ANWB bestellen können, die jedes Jahr im Juni erscheinen, s.u.

**Öffnungszeiten der Eisenbahnbrücken, ANWB**
Die Broschüre „Openingstijden spoorbruggen" können Sie kostenlos vom ANWB und seinen größeren regionalen Niederlassungen erhalten. Die Broschüre gilt jeweils vom 1. Juni bis 31. Mai. Die Öffnungszeiten stützen sich auf den Jahresfahrplan der Eisenbahn und sind häufig sehr begrenzt. Viele Eisenbahnbrücken liegen neben denen der Autobahn, und ihre Öffnung kann bei einem Binnentörn vielleicht sogar eine ganze Wochenplanung beeinflussen.

Da die Broschüre meist viel später, als zum Beginn des neuen Fahrplans veröffentlicht wird, müssen Sie gezwungenermaßen zunächst mit veralteten Daten arbeiten. Die Daten ändern sich aber meist nur leicht.

**Öffnungszeiten von Schleusen und Brücken**
Die beiden offiziellen, jährlich erscheinenden Pläne, auf die sich auch die ANWB-Veröffentlichungen stützen, sind die „Bedieningstijden van sluizen en bruggen" und „Bedieningstijden spoorbruggen", die Sie direkt beim
Dienst Verkeerskunde van de Rijkswaterstaat
Onderaft. Binnenscheepvaart, Postbus 20906
2500 EX 's-Gravenhage, Niederlande
Tel. 00 31/70/74 48 87 od. 74 48 93
bekommen. Oder Sie wenden sich an eine der drei oben genannten Vertriebsstellen für Bücher und Seekarten.

Auch die offiziellen „Bedieningstijden spoorbruggen" erscheinen erst lange nach Beginn des neuen Eisenbahnfahrplans.

### Tidenkalender

Die „Getijtafels voor Nederland" werden jährlich vom „Ministrie van Verkeer en Waterstaat" herausgegeben und sind über die nautischen Buchläden zu beziehen. Die jährliche Ausgabe beinhaltet von 23 Häfen die HW (hoogwater)- und NW(laagwater)-Angaben, die in MET, also MGZ +1 Std., gemacht werden. Im Sommer (Ende März bis Ende September) ist die Sommerzeit eingeführt, so daß, wie in der Bundesrepublik, mit MET +1 Std. gerechnet werden muß.

Wasserstände sind in cm über (+) NAP bei HW und unter (−) NAP bei NW angegeben. NAP ist der „normaal Amsterdam peil" und entspricht ungefähr dem mittleren Meeresspiegel.

Bei einigen Ausnahmen ist Vorsicht geboten. So ist z.B. der Wasserstand in Dordrecht bei NW über (+) NAP. Die meisten Tiefenangaben in den NL Hydrographischen Karten beziehen sich auf NNW (niedrigstmögliches Niedrigwasser), so daß unten auf den Seiten der „Getijtafels" auch der Wasserstand bei NNW angeführt wird, z.B. NNW = NAP − 256 cm. Ein bißchen Rechnerei und Nachdenken lassen sich leider nicht vermeiden, um die Binnentiefen festzustellen. Auf See ist alles etwas einfacher, s.u.

Ebenso vermerkt sind die Mondstände Neumond (NM), erstes Viertel (EK), Vollmond (VM) und letztes Viertel (LK). Skizzen veranschaulichen die Hoch- und Niedrigwasserzeiten in der Waddenzee und auf den großen Flüssen.

Es fehlt allerdings eine Graphik (wie z.B. in den Admirality charts), die die Wassertiefen zu bestimmten Zeiten zwischen HW und NW veranschaulicht.

### Gezeitenangaben und Strömungen

„Waterstanden en Stromen" veröffentlicht vom „Chef der Hydrographie" und zu beziehen über die nautischen Buchhandlungen, bietet die Tidenberechnungen für die Küste und beinhaltet einen Stromatlas.

Angegeben wird der Tidenhub für 16 Orte im Küstenbereich, einschließlich der Europlatform (N-lich der Eurogeul-Ansteuerung) und der Penzoil-K13A-Plattform (60 sm WNW von Den Helder)-Kennung siehe Deutsches Leuchtfeuerverzeichnis, Band III A.

Die Angaben erfolgen in Dezimetern über NNW in 1-Std.-Abständen für jeden Tag im Jahr und jeden der 16 Orte. Auf der Rückseite finden Sie die Strömungspläne (ebenfalls in 1-Std.-Abständen) für die folgenden vier Gebiete: südliche Nordsee einschließlich Englischer, Friesischer und Westdänischer Küste; Westerschelde; W-liche Waddenzee; O-liche Waddenzee. Angegeben werden auch die HW-Zeiten der entsprechenden Standard-Häfen.

Alle Zeitangaben erfolgen in Ortszeit, d.h. in MEZ (od. MGZ +1 Std.), bzw. Sommerzeit = MEZ +1 Std. (od. MGZ +2 Std.), so daß Sie keine Umrechnung vornehmen müssen.

# Karten

In puncto Seekarten gehören die Niederlande höchstwahrscheinlich zur Weltspitze. Alle nötigen Karten, Stromatlanten und Karten des ANWB sind im Anhang I aufgeführt.

Das ganze Land wird von den NL-Hydrographischen Karten oder den ANWB-Karten abgedeckt. Diese Karten können bei fast allen nautischen Buch- und Zubehör-Läden gekauft werden und sind auch in den Hauptniederlassungen des ANWB zu bekommen.

### Deutsche Seekarten

Die deutschen Seekarten der Küstengewässer erscheinen überwiegend im Maßstab 1:50 000, ausgenommen die Karten über den Nordzeekanaal und einige Scheldekarten, die einen detaillierteren Ausschnitt zeigen. Die deutsche Ijsselmeerkarte zeigt dieses Gewässer auf einem Blatt in 1:150 000, hier ist der niederländische Sportbootkartensatz 1810 in jedem Fall vorzuziehen. Überhaupt: Wer an der niederländischen Küste nur vorbeisegelt, für den reichen die deutschen Karten aus. Wer aber die Schönheiten der Wattenfahrwasser zwischen den Inseln, kleine romantische Häfen oder moderne Marinas ansteuern will, der kann auf die niederländischen Sportbootkarten nicht verzichten. Man achte bei der Gezeitenberechnung aber auf das unterschiedliche Kartennull: Deutsche Seekarten beruhen auf dem Mittleren Spring-Niedrigwasser, die niederländischen benutzen das Niedrigere Spring-Niedrigwasser.

### Englische Admiralty-Karten

Unter den 22 für das Gebiet relevanten Admiralty-Karten sind vier Übersegler im Maßstab 1:250 000 und mehr. Die anderen Karten sind im Maßstab 1:20 000 bis 1:75 000 und haben Nebenkarten der Maßstäbe 1:10 000 bis 1:25 000. Für die Ansteuerungen sind die kleinmaßstäbigen Karten gut zu gebrauchen. Später sind die großmaßstäbigen holländischen Karten den englischen vorzuziehen. Letztere stützen sich natürlich auf die holländischen, werden aber erst später korrigiert. Außerdem werden häufig die Tiefenangaben noch in „fathom" (Faden) genannt und das Kartennull der Admiralty-Karten stimmt weder mit dem der „Getijtafels" noch mit dem in „Waterstanden en Stromen" überein, s.u.

### Niederländische Seekarten

Wie auch die deutschen Seekarten sind die niederländischen nur im Zusammenhang mit der Karte 1 (Zeichen, Abkürzungen, Begriffe) bzw. mit diesen Kenntnissen zu gebrauchen. Sowohl jede Woche als auch alle drei Monate werden Veränderungen und Korrekturen (Berichten aan Zeevarenden) von den Hydrographen veröffentlicht, die einerseits die NL-Seekarten und andererseits die NL-Sportbootkarten betreffen. Die Korrekturen bekommen Sie bei den offiziell autorisierten Karten-Händlern (also auch bei den drei oben angegebenen).

23 Karten kommen für das Gebiet in Frage. Davon sind drei reine Übersegler im Maßstab 1:375 000 oder mehr, drei sind Ansteuerungskarten in Maßstäben von 1:100 000 bis 1:150 000 und die übrigen sind in den Maßstäben 1:20 000 bis 1:75 000 mit einigen, überaus nützlichen Nebenkarten der Häfen. Herausragend in dieser Hinsicht ist die Karte 1351 Ijsselmeer mit nicht weniger als 17 Nebenkarten / Hafenplänen.

### Niederländische Sportbootkarten

Diese Reihe von acht Karten-Heften im Format 38 x 54 cm ist nicht nur für den kleinen Kartentisch von Nutzen. Sie beinhaltet das gesamte holländische Küstengebiet, die Waddenzee, das Ijsselmeer und das Scheldemündungsgebiet.

In den Tidengebieten beziehen sich die Tiefenangaben, wie in den Seekarten, auf NNW und werden in Metern (m) angegeben. Die

Durchfahrtshöhen beziehen sich entweder auf MSpHW oder auf den mittleren Meeresspiegel (= NAP), wie in der 2sprachigen Legende (Holländisch-Englisch) erläutert wird.

Für die tidenfreien Gebiete stehen die Tiefen- und Höhenangaben unter den Kartentiteln. Sie reichen von Spezial-Pegeln in strömungslosen Gewässern, wie z.B. dem Grevelingenmeer (NAP – 0,2 m) bis NAP (OLW – vereinbarter niedriger Flußpegel) für Tiefenangaben und MHW für Durchfahrtshöhen in fließenden / nicht ausschließlich von Tiden beeinflußten Gebieten, wie dem Haringvliet. Genaueres ist den Legenden zu entnehmen.

Es gibt eine Fülle von detaillierten Hafenplänen mit Tiefenangaben sowie kleine, farbige Zeichnungen von vielen Landmarken, Kirchen und Leuchttürmen, die von See aus gut zu sehen sind.

Diese Karten des Hydrographischen Dienstes sind allemal den teilweise unvollständigen und weniger genauen Karten des ANWB vorzuziehen.

### Die Karten des ANWB

Diese Reihe von 18 Karten, „Waterkaarten" von A–S (exkl. Q), deckt die gesamten befahrbaren Binnenwasserwege der Niederlande ab. Ausgeschlossen ist nur das Ijsselmeer, von dem nur kleine Teile abgedeckt sind. Beinhaltet sind der größte Teil von Drenthe, Overijssel, Ost-Gelderland und ganz Friesland.

Leider ist die Legende nur in Holländisch gefaßt; eine Übersetzung kann aber vom ANWB angefordert werden. Tiefenangaben und Durchfahrtshöhen sind in Dezimetern (dm) angegeben und beziehen sich in den strömungsfreien Gewässern auf den örtlichen Kanal-, Polder- oder Wehrpegel sowie auf den Flüssen auf MR (mittl. Flußwasserstand im Sommer). In den Tidengebieten beziehen sich die Tiefenangaben auf MNW, die Durchfahrtshöhen auf MHW und werden in Dezimetern (dm) über (+) oder unter (−) NAP gemacht. Sie stehen in den kleinen Kästchen entlang der Flüsse. Für die ungefähren H- und NW-Zeiten benutzen Sie bitte die Getijtafels, s.o.

### Stromatlanten

Die fünf Hefte des „Stroomatlassen" im Format 30 x 21 cm decken das gesamte Küstengebiet sowie die Flüsse im Tidenbereich ab. Gebietsmäßig decken sie große Teile der Sportbootkarten ab. Die jeweils 26 bzw. 13 Seiten eines Heftes zeigen im 1-Std.-Abstand die Strömungsrichtung und Stärke und beziehen sich zeitlich auf das HW eines Hafens im entsprechenden Gebiet. Zusätzlich zu den Strömungspfeilen erweist sich die gestrichelte Linie als überaus nützlich, die die jeweilige Grenze zwischen auf- und ablaufendem Wasser bezeichnet. Die Farbe des Gebietes mit auflaufendem Wasser ist blau, die des Gebiets mit ablaufendem Wasser weiß.

# Formalitäten und Vorschriften

### Zollformalitäten

Bei Ankunft in den Niederlanden haben Sie sich umgehend beim Zoll zu melden. Warten Sie nicht ab, bis die Beamten zu Ihnen an Bord kommen. Wo eine Zollabfertigung möglich ist, erfahren Sie in der Beschreibung des entsprechenden Hafens ab Kapitel 3. Setzen Sie die gelbe Flagge (Q) und lassen Sie sie oben, bis das Einklarieren abgeschlossen ist.

Sie werden Angaben über das Schiff und den Eigner machen müssen, sowie die „Verklarung" auszufüllen haben, von der Ihnen eine Kopie mitgegeben wird, die Sie für 12 Monate von Einfuhrzoll und Steuern befreit. Die Erklärung ist aufmerksam durchzulesen und zu unterschreiben. Innerhalb der 12 Monate der Gültigkeit können Sie die Niederlande ohne Beschränkungen wieder verlassen und neu einreisen. Benötigen Sie eine Verlängerung, so ist diese vor Ablauf der 12 Monate zu beantragen. Es ist Ihnen in den Niederlanden nicht erlaubt, Ihre Yacht zu verkaufen, zu vermieten oder zu verleihen, ohne die entsprechenden Steuern zu bezahlen.

### Geschwindigkeitsbegrenzungen

In den Küstengewässern und auf den größeren Flüssen sowie in der Waddenzee und im Ijsselmeer gibt es keine Geschwindigkeitsbegrenzung. Auf sehr schmalen Kanälen und solchen, die durch Städte führen, gilt eine Höchstgeschwindigkeit von 3,5 kn (6 km/h). Für größere Kanäle und die anderen Binnenwasserwege gelten Höchstgeschwindigkeiten von 6,5–8 kn (12–15 km/h). Geschwindigkeitsbegrenzungen von max. 5 kn (9 km/h) gibt es in Teilen des Grevelingenmeers, des Haringvliet und des Hollands Dieps, und auf den stark befahrenen Strecken der großen Flüsse gilt eine Höchstgeschwindigkeit von 8,5 kn (16 km/h). Auf einigen Seen gibt es sowohl Geschwindigkeitsbeschränkungen als auch Aufhebungen derselben in den Wasserskigebieten. Beachten Sie hier bitte die entsprechenden Hinweisschilder. Eine ausführliche Aufstellung der Begrenzungen finden Sie in deel 2 des ANWB-Almanaks. In deel 1 und in den Sportbootkarten sind die Hinweisschilder verzeichnet.

### Schiffahrtsvorschriften

Sowohl auf internationaler Ebene (EG), als auch auf nationaler oder lokaler Ebene wurde eine beinahe unübersehbare Menge an Schiffahrtsvorschriften produziert. In den Niederlanden gelten neben den vielen örtlich begrenzten Regeln und Statuten vier Hauptordnungen, die sich auf vier festgelegte Reviere beziehen.

1. Die Internationale Seestraßenordnung (holl.: Zeeaanvaringsreglement, ZAR), die den Sportschiffern aller Nationen bekannt sein dürfte, gilt in den Küstengebieten seewärts der Friesischen Inseln, an der Nordseeküste sowie seewärts der Deltamündung. Außerdem gilt sie überall dort, wo nicht ausdrücklich andere Regeln oder Statuten in kraft gesetzt wurden. Sollte letzteres der Fall sein, so stimmen diese doch größtenteils mit der Internationalen Seestraßenverordnung überein. Jeder Yachtsportler sollte zumindest die Regeln 1 (a), (b) und (c) genau kennen.

2. Die Binnengewässer-Polizeiordnung (holl.: Binnenvaartpolitiereglement, BPR) gilt für die meisten Binnenwasserwege, die Waddenzee, das Ijsselmeer und die Wasserstraßen in Zeeland, sowie für die Scheldemündung, außer der Westerschelde.

3. Das Scheepvaartreglement Westerschelde gilt für die Westerschelde und ist mit der belgischen Regierung vereinbart worden.

4. Rheinschiffahrts-Polizei-Verordnung (holl.: Rijnvaartpolitiereglement, RPR) ist gültig für Lek und Waal oberhalb von Rotterdam und Dordrecht und für den Rhein.

Diese vier Hauptregeln sowie viele der lokalen Regelungen sind im deel 1 des ANWB-Almanaks enthalten. Allerdings stehen sie dort nur auf Holländisch. Das Binnenvaartpolitiereglement ist in einer deutsch-holländischen Synchronausgabe erschienen.

Das Beste für jemanden, der kein Holländisch versteht, ist, die Regeln an Bord zu haben und die Regeln der Internationalen Seestraßenordnung minutiös zu beachten. Besonders die auf schmale Fahrwasser und auf die Manövrierfähigkeit von Schiffen bezogenen Regeln sind hier von großer Wichtigkeit. Beachten Sie die örtlichen Verkehrsschilder, deren bebilderte Aufstellung am Anfang jeder Sportbootkarte mit holländischen und englischen Entsprechungen zu finden ist, und richten Sie sich nach den lokalen Geschwindigkeitsbegrenzungen, die in km/h und der Strecke in Metern (m), für die sie gelten, angegeben werden.

Manövrieren Sie besonders vorsichtig auf stark befahrenen Strecken und an Gabelungen. Segeln Sie nur, wenn Sie genügend Raum zum Ausweichen haben und halten Sie sich ausreichend von anderen Schiffen frei. Halten Sie sich stets an Stb.-Seite und seien Sie bereit, bei Bedarf den Motor sofort anzuwerfen. Diese Vorsichtsmaßnahmen gelten im besonderen für die großen Flüsse zwischen Hoek van Holland, Rotterdam, und Tolkamer / Lubith sowie zwischen Lubith und Wijk bij Duurstede im SO von Utrecht. Zur weiteren Sicherheit sollten Sie einen großen Radarreflektor anbringen.

Im hinteren Teil von Teil 1 unter „Bijlagen" finden Sie eine in niederländischer Sprache verfaßte Liste mit farbigen Illustrationen, die einfach zu verstehen ist und sich auf die Regeln des BPR und des RPR bezieht. Sie beinhaltet Tag- und Nacht-Signale, Schallsignale, Verkehrszeichen, Einfahrtssignale und -feuer von Brücken und Schleusen sowie Tonnen und Pricken. Vieles entspricht der Internationalen Seestraßenordnung, einiges allerdings steht im Widerspruch zu diesen Regeln. Es folgen ein paar der weniger üblichen Regeln:

- Schiffe, die verschiedene Kombinationen blauer Lichter führen, haben gefährliche Fracht geladen.
- Eine Fähre führt grün über weiß (F.gn. über F.w.)
- Ein Schiff, das an Stb. ein Blz.w. und eine blaue Tafel führt, möchte Entgegenkommenden Stb. an Stb. passieren, beispielsweise wegen seines Tiefgangs, beschränkter Manövrierfähigkeit oder der Strömung.
- Rot-weiß-rot gestreifte Tafeln an Brücken oder Wehrtoren verbieten die Durchfahrt. Zwei g. Rauten (od. Feuer) erlauben die Durchfahrt, verbieten aber die Durchfahrt in umgekehrter Richtung. Eine g. Raute (od. F.g.) erlaubt die Durchfahrt in beide Richtungen.
- Eine weiße und eine grüne Raute, beidseitig einer Schleusen- oder Brückendurchfahrt, bedeutet: empfohlene Durchfahrt zwischen den beiden innerwärtigen (grünen) Rauten.
  Eine weiße und eine rote Raute, beidseitig einer Schleusen- oder Brückendurchfahrt, wobei in diesem Fall die w. Rauten innen und die roten Rauten außen liegen, bedeutet: die Durchfahrt ist nur innerhalb der weißen Rauten erlaubt.
- Ein einzelnes oder doppeltes F.r. an Schleusen oder beweglichen Brücken verbietet die Ein- oder Durchfahrt. Ein einfaches oder doppeltes F.gn. erlaubt Ein- oder Durchfahrt.
  F.r. über F.gn. bedeutet, daß die entsprechende Einrichtung sich in Vorbereitung befindet. Blz.gn. bei noch geöffneter Brücke oder offenen Schleusentoren verbietet die Ein- bzw. Durchfahrt, wenn es nicht schon zum Anhalten zu spät ist.
- Wichtige Schallsignale („–" bedeutet lang, 4-Sekunden-Ton;

„." bedeutet kurz, 1-Sekunden-Ton)
–       Achtung!
.       Ich gehe nach Steuerbord.
..      Ich gehe nach Backbord.
...     Ich arbeite rückwärts.
....    Ich bin manövrierunfähig.
.......  Achtung, Kollisionsgefahr!
–.–     Brücke oder Schleuse: bitte öffnen!

# Betonnungssystem und Toppzeichen

Während in der Waddenzee das IALA-Betonnungssystem der Region A gilt, also Spitz-, Stumpf- oder Spierentonnen, die Fahrwasser und Kreuzungen bezeichnen, sind auf den Binnengewässern hauptsächlich rot-grüne Kugel- und Spierentonnen mit Toppzeichen (auch laterale Zeichen) anzutreffen, hauptsächlich im Ijsselmeer und in den Randmeren. Sie bezeichnen Anfang und Ende der Fahrwasser. Rot über grün mit rotem Zylindertoppzeichen bedeutet, daß sich das Fahrwasser an Bb.-Seite der Tonne befindet, die Tonne also bei Einfahrt ins Fahrwasser an Stb. zu passieren ist (bei rotem Zylindertoppzeichen sonst unüblich).

Grün über rot mit spitzem grünen Toppzeichen bedeutet, daß sich das Fahrwasser an Stb.-Seite der Tonne befindet. Mehrfarbige Tonnen mit waagerechten roten und grünen Bändern und runden roten oder grünen Toppzeichen liegen im Fahrwasser und können beidseitig passiert werden.

# Bewegliche Brücken und Schleusen

Normalerweise ist die Fahrt unter Brücken und durch Schleusen kostenlos. Bei einigen Gruppen von Brücken und bei wichtigen Schleusen müssen Sie bis zu 5 Gulden zahlen. Der genaue Preis ist meist auf einer Tafel angegeben.

Manchmal können Sie das Geld in einen, an einer Angelschnur hängenden Holzschuh legen. Meistens bittet der Brückenwärter mit dem Holzschuh allerdings nur um ein Trinkgeld.

Haben Sie auf einer Fahrt mehrere Brücken und Schleusen vor sich, so sollten Sie reichlich Zeit einplanen und schon früh am Morgen losfahren. Seien Sie immer bereit, irgendwo festzumachen und zu warten.

Die veröffentlichten Dienstzeiten werden nicht immer genau eingehalten. Richten Sie Ihren Tagesplan auf die Öffnungszeiten der Haupt-Eisen- oder Autobahnbrücken aus, denn diese sind am strengsten festgelegt. Wenn ausdrücklich empfohlen, sollten Sie sich telefonisch beim Wärter anmelden.

Sind Brücken in den Karten mit BB (beweegbare brug) bezeichnet, so sind sie zu öffnen. Die in Dezimetern angegebene Durchfahrtshöhe (H in den Karten des ANWB) gilt für die geschlossene Brücke. Auch bei einer festen Brücke (vaste brug) wird eine Durchfahrtshöhe vermerkt.

Es gibt verschiedene Arten beweglicher Brücken. Am häufigsten kommt die Zugbrücke (holl.: ophalbrug) vor, die von großen Seitenarmen hochgezogen wird.

*Waddinxveen: Die beeindruckende Hebebrücke*

Die Drehbrücke heißt auf holländisch „draibrug". Die Hebe- oder Hubbrücke (holl.: hefbrug), meist eine Eisenbahnbrücke, gleitet in einem, an zwei Pfeilern aufgehängten Teil nach oben.

Schwimmbrücken (holl.: vlotbrug) bestehen meist aus zwei auf dem Wasser schwimmenden Teilen, die sich in der Mitte treffen. Diese Brückenart ist selten und gibt es beispielsweise in Den Helder über den Noordhollands Kanaal.

Schließlich ist die Klappbrücke zu nennen, die ohne weitere Unterstützungskonstruktionen um einen Drehpunkt nach oben schwingt und beinahe so häufig wie die Zugbrücke vorkommt.

Viele Auto- und Eisenbahnbrücken sind, trotz ihres Gewichts, Hubbrücken. Bei mehr als 6 Beaufort werden sie nicht geöffnet. Auch bei Nebel bleiben besonders die Autobahnbrücken geschlossen.

Häufig gibt es mehrere gleich- oder verschiedenartige Brücken nebeneinander sowie Brücken, die direkt am Schleusenanfang oder -ende liegen, und es gibt Brücken, die in verschiedenen Teilen auf unterschiedliche Weise geöffnet werden.

Die Schleusen lassen sich in zwei Gruppen teilen. Die „keersluis" (Vermerk in der Karte: staat open) ist meist geöffnet und wird nur bei Gefahr einer Sturmflut geschlossen. Sie kommt in den Einfahrtskanälen der Häfen Zierikzee und Stavenisse und sehr häufig in Friesland und Groningen vor.

Der zweite Schleusentyp ist die „schutsluis". Hier müssen Sie richtig durchschleusen, um in ein Gewässer mit einem anderen Wasserniveau zu kommen. Halten Sie lange Leinen und große Fender bereit, um während des Schleusens festmachen zu können. Viele der großen Seeschleusen haben keine spezielle Yachtschleuse und werden von Sport- und Berufsschiffahrt gleichzeitig genutzt, beispielsweise die Oranjesluizen bei Amsterdam zwischen der Ij und dem Noordzeekanaal. Yachten laufen hier nach den großen Schiffen ein und auch nach ihnen wieder aus.

Einige der großen Schleusenanlagen, wie z.B. die Volkerakssluizen (mit spezieller „jachtensluis") sind mit Gegensprechanlagen ausgerüstet, über deren Mikrophone Sie mit den Schleusenwärtern sprechen können, wenn Sie einen bestimmten Knopf betätigen.

Auch ein UKW-Sprechfunkgerät ist beim Anlaufen von Schleusen von Nutzen. Ich werde nie vergessen, wie ich über UKW mit dem „brugwachter" der Roompotsluis sprach und dieser aus dem Fenster des Kontrollturms, das genau auf Höhe meiner Antenne war, herunterrief.

Die Festmachemöglichkeiten in den Schleusen sind ganz unterschiedlich. Manchmal gibt es nur oben auf der Schleuse Poller, zu denen man auf einer Leiter hinaufklettern muß.

Dann gibt es auf verschiedenen Höhen in den Schleusenmauern Klampen zum Belegen und eine weitere Möglichkeit, mit der Sie rechnen müssen, sind Taue oder Ketten, die senkrecht an den Mauern angebracht sind.

Ich habe am liebsten an der Schleusenleeseite festgemacht, so daß der Wind mich noch gegen die Mauer drücken konnte. Das fand ich besser, als in Luv vielleicht vorn oder hinten die Belegmöglichkeiten zu verfehlen und dann quer durch die Schleuse zu treiben.

Meistens bietet es sich an, zuerst die Heckleine festzumachen, besonders bei achterlichen Winden.

Seien Sie aber bei Schleusen und Brücken immer auf Mißgeschicke und Frustrationen gefaßt. Beispielsweise zahlte ich eines Abends 3$^1/_2$ Gulden, um bei Spaardam durchzuschleusen. Mit achterlichem Wind aus SW, beinahe schon Sturm, liefen wir in die Schleuse und atmeten mit Erleichterung auf, als wir endlich mit dem Heck festgemacht hatten, ohne uns die Außenhaut zu zerkratzen. Dann stellten wir allerdings fest, daß die Autobahnbrücke wegen des Sturms nicht geöffnet würde. Da der einzige erreichbare Liegeplatz aber auf der anderen Seite der Schleuse lag, mußten wir nach erneuter Zahlung von 3$^1/_2$ Gulden zurückschleusen, um am nächsten Morgen, als es abgeflaut hatte, noch einmal 3$^1/_2$ Gulden zu bezahlen und dann endgültig durch die Schleuse und Brücke zu fahren.

Spaarndam entpuppte sich aber als liebenswerte kleine Ortschaft und wieder einmal wurden die Vorteile einer gemächlichen Anreise deutlich.

# Feste Brücken und Brückenpegel

Eigentlich kennt jeder den genauen Tiefgang seines Schiffes, aber wer weiß schon um die genau Höhe? In den Niederlanden ist diese Höhe über der Wasserlinie von großer Wichtigkeit, gerade wenn Sie alle Flüsse, Mündungen und Seen erkunden wollen.

Es gibt viele feste Brücken, aber auch die anderen Brücken werden häufig nur widerwillig geöffnet, wenn den Brückenwärtern Ihre Masthöhe als gängig erscheint. Aus der Sicht der von oben schauenden Wärter läßt sich besser entscheiden, ob der Mast unter der Brücke durchpaßt oder nicht, während Sie nach oben schauen und den Mast schon gegen die Brücke stoßen sehen.

Machen Sie sich nicht allzuviele Gedanken über die Durchfahrtshöhen, die in jeder Kartenart anders notiert werden. Sie brauchen die Durchfahrtshöhe auch nicht ganz genau zu errechnen, denn jede wichtige Brücke hat einen Durchfahrtshöhenpegel (holl.: hoogteschaal).

Dennoch sollten Sie sich den günstigsten Zeitpunkt der Durchfahrt überlegen, wenn Ihre Masthöhe im kritischen Bereich ist, also nahe der in der Karte angegebenen Maximal-Höhe liegt.

Machen Sie Ihre Maschine klar, um nicht mit der Strömung gegen die Brücke gedrückt zu werden, wenn Sie sich gerade zur Umkehr entschlossen haben.

Fahren Sie an die in der Karte empfohlene Brückendurchfahrt heran (ist auch mit einem od. zwei gelben Dreiecken bezeichnet), lesen die Durchfahrtshöhe am Pegel, der zumindest an einem, wenn nicht an den beiden die Durchfahrt begrenzenden Pfeiler angebracht ist, ab und fahren dann durch bzw. kehren um.

Der Pegel zeigt in großen Ziffern abwechselnd auf gelbem und schwarzem Grund die Meter der Durchfahrtshöhe an; die Dezimeter-Unterteilungen sind nicht beziffert.

Fahren Sie immer unter dem höchsten Teil der Spanne hindurch. Besonders auf den großen Flüssen stehen manchmal schon 1 km vor der Brücke an Stb. Einzelpegel, die in den Karten des ANWB verzeichnet sind (z.B. Pegel der Eisenbahnbrücke Baanhoek auf Karte K).

Sowohl in diesem Führer als auch im Teil 2 des ANWB-Almanak werden die Durchfahrtshöhen in Metern über NAP von jeder Brücke in Tidengewässern und in Metern über dem entsprechenden Pegel in tidenfreien Gewässern angegeben.

**Durchfahrtshöhen von festen Brücken in Tidengewässern.**

In Tidengewässern orientieren Sie sich am besten an den Angaben des Teil 2 zusammen mit den Getijtafels, um die wahre Durchfahrtshöhe zu ermitteln. Die Angaben in den Sportbootkarten entsprechen jeweils nur den geringsten Durchfahrtshöhen (bei HW). Das folgende Beispiel zeigt, wie die Angaben, hier für die Zeelandbrug über der Oosterschelde, zu nutzen sind. In Teil 2 und in diesem Führer ist zu lesen, daß zwischen Spann Nr. 3 und Spann Nr. 52 jeder Spann unter seiner Mitte eine Durchfahrtshöhe von NAP +15,1 m bietet. SpHW entspricht NAP +1,8 m, so daß die 1,8 m von der Durchfahrtshöhe bei SpHW abgezogen werden müssen. SpNW entspricht NAP – 1,8m, die bei der Durchfahrt bei SpNW zu der NAP-Durchfahrtshöhe gezählt werden. Das bedeutet eine Durchfahrtshöhe von 13,5 m bei SpHW und von 16,9 m bei SpNW. Für die Berechnung der Durchfahrtshöhen bei HW und NW an einem bestimmten Tag zu einer bestimmten Zeit nehmen Sie die entsprechenden Angaben für Zierikzee (HW zu NAP und NW zu NAP) aus den Getijtafels und addieren bzw. subtrahieren sie von den Angaben des Almanaks. Für die Zwischenzeiten benutzen Sie die „Zwölferregel", um die Angaben zu interpolieren. Genießen Sie die von Ihnen errechneten Höhen mit Vorsicht und schenken Sie eher den Höhenpegeln Glauben, die Sie auf jeden Fall zusätzlich peilen sollten. Sie befinden sich am S-lichen und am N-lichen Ende der Brücke.

Außer der Zeelandbrug gibt es nur wenige Hauptbrücken in Tidengewässern, vornehmlich im Gebiet zwischen Hoek und Dordrecht, das von der Sportbootkarte 1809 abgedeckt wird.

**Durchfahrtshöhen von festen Brücken in tidenbeeinflußten und tidenfreien Gewässern**

Die in den ANWB-Karten angegebenen Durchfahrtshöhen stimmen nur annähernd, denn es fehlt ein genauer Zeitplan für die Wasserstände. Die ANWB-Karten decken sowohl die tidenbeeinflußten Flüsse als auch die Kanäle und die eingedämmten Flüsse und Flußmündungen ab.

Tiefenangaben und Durchfahrtshöhen stehen in Dezimetern und müssen noch durch 10 geteilt werden, damit Sie in Metern weiterrechnen können.

Vor die Tiefenangaben ist ein D (diepte), vor die Durchfahrtshöhen ein H und vor die Breiten von Schleusen und Spannen ist ein W gestellt. Es empfiehlt sich, die Angaben anhand derer des Teil 2

zu kontrollieren. Beachten Sie aber immer auch den an der Brücke angebrachten Höhenpegel.

Der ANWB benutzt drei verschiedene Pegel als Grundlage seiner Durchfahrtshöhen. Die Art des Gewässers bestimmt den Pegel („still" oder strömungsfrei, also Kanal, tidenbeeinflußte und nicht tidenbeeinflußte strömende Flüsse).

1. *Strömungsfreie Binnengewässer, wie Seen und Kanäle*
   Sowohl die Tiefenangaben als auch die Durchfahrtshöhen beziehen sich auf einen örtlichen Pegel, den Kanal-, Polder- oder Wehrpegel (holl.: Kanaalpeil, polderpeil, stuwpeil). Die in den Karten gemachten Angaben sind exakt und gelten immer, außer bei ungewöhnlichen Wasserständen. Lesen Sie dennoch den Höhenpegel am Brückenpfeiler ab.

2. *Tidenbeeinflußte Gewässer und solche, die von den Spülschleusen im Haringvlietdamm beeinflußt werden*
   Ein (wenn auch geringer) Tidenhub kompliziert die Berechnung der exakten Durchfahrtshöhe in diesem Gebiet. Die Brückenhöhen in den Karten des ANWB beziehen sich auf MHW; so daß für die meisten Tidenstände eine kleine Sicherheitsspanne bestehen bleibt.
   Die Tidenhübe variieren von 1,5 m in Rotterdam bis ca. 1 m bei Vianen auf der Lek, wo es die ersten Schleusen und Wehre gibt. Auf der Merwede / Waal wird der Tidenhub Richtung O immer geringer: bei Dordrecht beträgt er noch 1 m, in Heesselt, wo die Strömung schon stetig flußabwärts fließt, beträgt er nur noch 0,2 m.
   Das Schleusenprogramm des Haringvlietdam schafft Unterschiede der Wasserstände von durchschnittlich 0,24 m am Tag, unter besonderen Umständen sind es schon mal mehr (bis zu 1 m), so daß Sie unbedingt den Höhenpegel der Harlingvlietbrug berücksichtigen sollten!
   Wenn Ihre Masthöhe im kritischen Bereich liegt, sollten Sie aus Sicherheitsgründen die Brücke um NW/Haringvlietsluizen passieren und Ihren Motor mitlaufen lassen.
   Auf der Lek und der Merwede / Untere Waal können Sie relativ genau Zeit und Durchfahrtshöhe bei NW bzw. HW errechnen, indem Sie die Getijtafels zusammen mit den Durchfahrtshöhen aus dem Almanak und den HW-NAP bzw. NW-NAP-Entsprechungen benutzen. Passieren Sie die Brücken um NW herum. Auch hier treten manchmal außergewöhnliche Wasserstände auf, so daß zusätzlich die Höhenpegel zu beachten sind.

3. *Die Waal*
   Auf der oberen Waal wird der Tideneffekt durch die starke Strömung flußabwärts (1,5–4 kn) wettgemacht. So beziehen sich die Durchfahrtshöhen oberhalb von Heesselt auf MR (holl.: middelbare rivierstand). Dieser ist von Mai bis Oktober gültig und 12–20 cm niedriger, als NR (holl.: noormal rivierstand).
   Die aktuellen Wasserstände liegen irgendwo in diesem Bereich, so daß Sie wieder auf die Höhenpegel angewiesen sind. Ansonsten können Sie meist auch den Aussagen ortskundiger Flußschiffer Glauben schenken.

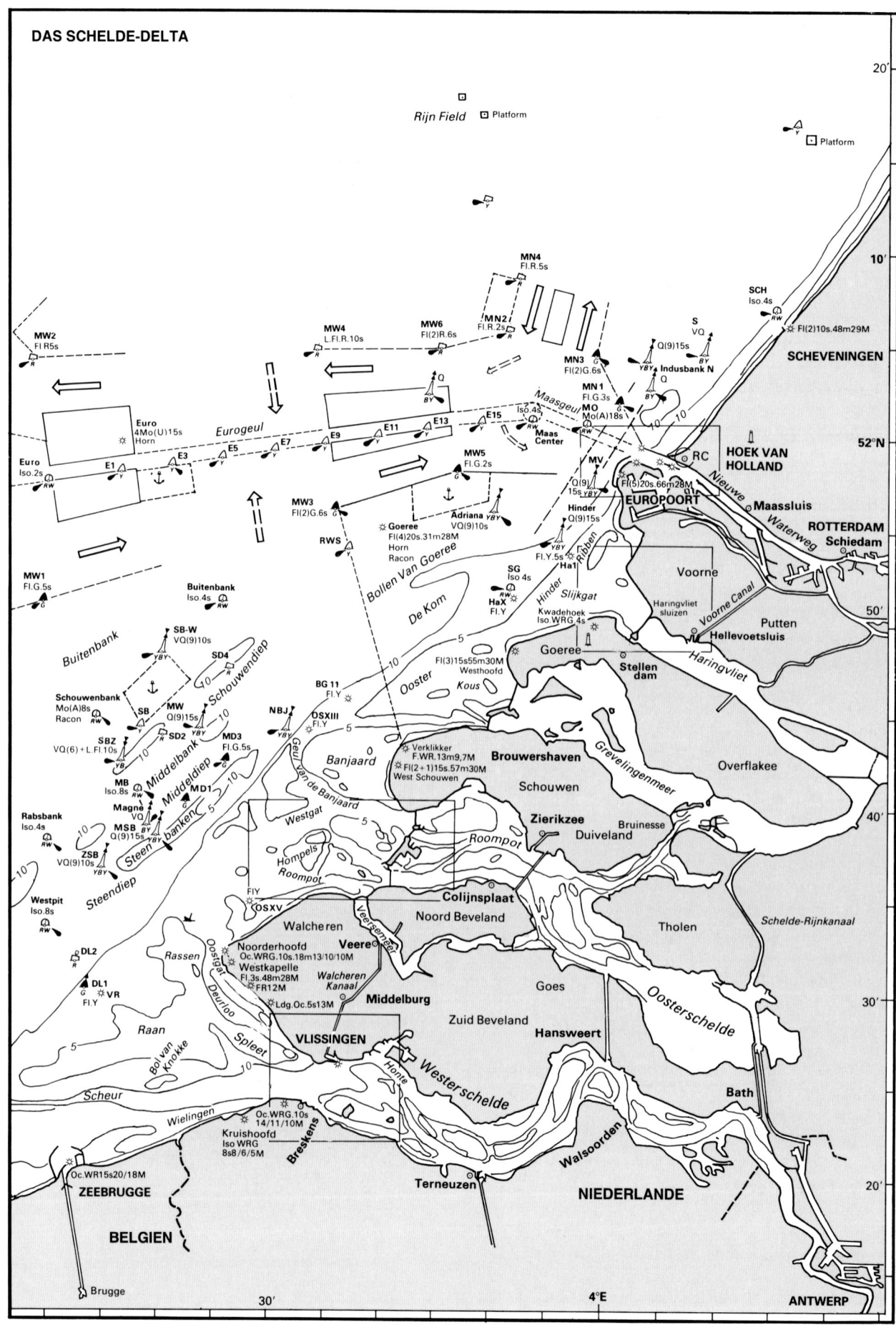

**DAS SCHELDE-DELTA**

# Der Süden

## Ansteuerungen und Häfen des Schelde-Deltas

### Karten
BSH Seekarten D 246, 247, 237, 238, 212, 211, 208, 209, 210
Imray C 30
NL Sportbootkarten 1801, 1803, 1805, 1807, 1809
NL Seekarten 1014, 1035, 1350, 1442, 1444, 1448, 1449

### Tidenatlanten
NL Stroomatlassen HP 15, 16, 19

### Gezeitenunterschiede in Stunden und Minuten

### Ansteuerungen der Westerschelde
(bezogen auf Vlissingen)

| Position | HW | NW |
| --- | --- | --- |
| Westkapelle | −00.24 | −00.12 |
| Cadzand | −00.30 | −00.20 |

### Westerschelde
(bezogen auf Vlissingen)

| Position | HW | NW |
| --- | --- | --- |
| Breskens | −00.05 | −00.02 |
| Terneuzen | +00.21 | +00.02 |
| Hansweert | +01.14 | +00.40 |
| Bath | +01.26 | +01.17 |

### Oosterschelde
(bezogen auf Vlissingen)

| Position | HW | NW |
| --- | --- | --- |
| Roompotsluis | +01.15 | +01.15 |
| Wemeldinge | +01.45 | +01.25 |
| Lodijkse Gat | +01.45 | +01.25 |
| Zipe | +01.35 | +01.25 |

### N-lich der Oosterschelde
(bezogen auf Vlissingen)

| Position | HW | NW |
| --- | --- | --- |
| Ijmuiden | +01.45 | +03.04 |
| Scheveningen | +01.05 | +02.26 |
| Eurogeul Entrance Platform | +00.12 | −00.28 |
| Haringvlietsluizen | +00.16 | +00.06 |

### Nieuwe Waterweg, Nieuwe u. Oude Maas, Noord

| Position | HW | NW |
| --- | --- | --- |
| Maassluis | +02.01 | +00.40 |
| Vlaardingen | +01.57 | +01.15 |
| Rotterdam | +02.02 | +03.13 |
| Spijkenisse | +02.08 | +02.58 |
| Goidschalxoord | +02.44 | +03.14 |
| Puttershoek | +02.50 | +04.00 |
| Alblasserdam | +02.35 | +03.50 |

### Tidenhübe in m
(bezogen auf Vlissingen)

| Position | MSpHW | MNpHW | MNpNW | MSpNW |
| --- | --- | --- | --- | --- |
| Westkapelle | −0,6 | −0,5 | −0,1 | 0,0 |
| Cadzand | −0,1 | −0,2 | +0,1 | 0,0 |
| Breskens | +0,1 | 0,0 | 0,0 | 0,0 |
| Terneuzen | +0,3 | +0,3 | 0,0 | 0,0 |
| Hansweert | +0,5 | −0,6 | 0,0 | −0,1 |
| Bath | +0,8 | +0,9 | 0,0 | 0,0 |
| Ijmuiden | −2,7 | −2,2 | −0,6 | −0,1 |
| Scheveningen | −2,6 | −2,2 | −0,5 | −0,1 |
| Eurogeul Entrance Platform | −2,7 | −2,2 | −0,5 | 0,0 |
| Haringvlietsluizen | −1,8 | −1,7 | −0,6 | 0,0 |
| Maassluis | −2,8 | −2,2 | −0,6 | 0,0 |
| Vlaardingen | −2,7 | −2,2 | −0,6 | 0,0 |
| Rotterdam | −2,7 | −2,2 | −0,6 | −0,1 |
| Spijkernisse | −2,9 | −2,3 | −0,6 | −0,1 |
| Goidschalxoord | −3,4 | −2,8 | −0,5 | 0,0 |
| Puttershoek | −3,4 | −2,8 | −0,5 | 0,0 |
| Alblasserdam | −3,1 | −2,6 | −0,4 | +0,1 |

## Hauptfeuer

| Name | Kennung | Position | Konstruktion |
|---|---|---|---|
| Nieuwe Sluis | Ubr.w/r/gn.10s27m14–10sm | 51°24′5N 3°31′3E | s-w.wgr., achteckiger Eisenturm 055°/r. –084°–w.–091°–gn.–132°–w.–238°– gn.–244°–w.–258°–gn.–264°–r.–292°–w.–055° |
| | Horn(3)30s | 51°24′4N 3°30′4E | Weißer Eisenturm (Rahmenkonstr.) mit braunen Bändern |
| Westkapelle | Blz.3s48m28sm | 51°31′8N 3°26′9E | r. Rundturm m. w. Band |
| Westschouwen | Blz.(2+1)15s57m30sm | 51°42′6N 3°41′6E | Grauer, runder Steinturm mit roten diagonalen Bändern im oberen Teil |
| Westhoofd | Blz.(3)15s56m30sm | 51°48′8N 3°51′9E | r.br., rechteckiger Steinturm |
| Goeree | Blz.(4)20s31m28sm | 51°55′5N 3°40′2E | Rot-weißer Turm (Schachbrettmuster) auf einer auf Pfählen stehenden Plattform, Flugfunkfeuer, Hubschrauberlandeplattform |
| | Nebelhorn(4)30s | | |
| Hoek van Holland Maasvlakte | Blz.(5)20s66m28sm | 51°58′2N 4°00′9E | g-s.wgr., achteckiger Betonturm, sichtbarer Sektor 340°–267° |
| Maasmond Richtfeuer in Linie 112° | | | |
| Unterfeuer | Glt.4s29m21sm | 51°58′9N 4°04′9E | s-w.wgr. Betonturm, sichtbarer Sektor 101°–123° |
| Oberfeuer | Glt.4s46m21sm | 51°58′5N 4°06′0E | Weißer Betonturm mit braunen Bändern, sichtbarer Sektor 101°–123° |
| Hoek van Holland Richtfeuer in Linie 107° | | | |
| Unterfeuer | Glt.r.6s29m18sm | 51°58′6N 4°07′6E | Roter Turm mit weißen Bändern, sichtbarer Sektor 099,5°–114,5° |
| Oberfeuer | Glt.r.6s43m18sm | 51°58′5N 4°08′0E | Roter Turm mit weißen Bändern, sichtbarer Sektor 099,5°–114,5° |
| Europoort Calandkanaal Richtfeuer in Linie 116° | | | |
| Unterfeuer | Ubr.gn.6s29m16sm | 51°57′6N 4°08′8E | Weißer Betonturm mit roten Bändern, sichtbarer Sektor 108,5°–123,5° |
| Oberfeuer | Ubr.gn.6s43m16sm | | Weißer Betonturm mit roten Bändern, sichtbarer Sektor 108,5°–123,5° |
| Feuerschiff Noord Hinder | Blz.(2)10s16m27sm Nebelhorn(2)30s | 52°00′1N 2°51′2E | Roter Rumpf, weißes Band, Flugfunkfeuer, Radar |

## Funkfeuer

| Name | Freq.Kenn. (kHz) | Reichw. (in sm) | Sendefolge | Position |
|---|---|---|---|---|
| Seefunkfeuer | | | | |
| Gruppe Smiths Knoll | 287,3 kHz A2A | | | |
| Feuerschiff Smiths Knoll | SK | 50 | 1 | 52°43′5N 2°18′0E |
| Goeree Leuchtturm | GR | 50 | 2 | 51°55′5N 3°40′2E |
| Feuerschiff Dudgeon | LV | 50 | 3 | 53°16′6N 1°17′0E |
| Cromer Leuchtturm | CM | 50 | 5 | 52°55′5N 1°19′1E |
| Feuerschiff Noord Hinder | NR | 50 | 6 | 52°00′2N 2°51′2E |
| Gruppe Ijmuiden | 294,2kHz A2A | | | |
| Ijmuiden | YM | 20 | 1,4 | 52°27′8N 4°34′6E |
| Hoek van Holland | HH | 20 | 2,5 | 51°58′9N 4°06′8E |
| Leuchtturm Eierland (nur bei Nebel) | ER | 20 | 3,6 | 53°11′0N 4°51′4E |
| Flugfunkfeuer: | | | | |
| Valkenburg/Scheveningen | 364 kHz A2A | | | |
| | GV | 25 | Kont. | 52°05,6′N 4°15′2E |

## Küstenfunkstellen

Radio Scheveningen ist in den ganzen NL über 17 abgesetzte Stationen zu empfangen. Sie wählen den entsprechenden Kanal der Ihnen am nächsten gelegenen Station und rufen Radio Scheveningen. Die für die Routen im S in Frage kommenden Stationen werden im folgenden aufgelistet.

## UKW-Sprechfunkdienst

Kanal 16 wird von „Netherlands Coastguard" überwacht. Nicht als Anrufkanal benutzen.

| Station | UKW-Kanäle | Position |
|---|---|---|
| Goes | **23**[1], 25 | 51°31′N 3°54′E |
| Rotterdam | 24, 28, **87**[1] | 51°53′N 4°27′E |
| Scheveningen | 26, **83**[1] | 52°06′N 4°16′E |
| Haarlem | **23**, **25**[1] | 52°23′N 4°40′E |

## GW-Sprechfunkdienst

Scheveningen (PCH, PCG)

| hört auf | antwortet auf |
|---|---|
| 2520 kHz | 2824 kHz J 3 E |
| 2030 | 1764 |
| 1995 | 2600 |
| 2513 | 1939 |
| 3191 | 3673 |
| 2160 | 1862* |
| **2045**, 2048, | 1890 |
| 2051, 2054 | |
| 2057 | |

* Abgesetzte Station bei Nes (53°24′N 6°04′E)

| Freq.[2] | Sammelanruf (Zeit) | Sturmwarnung (Zeit) | Wettervorhersage (Zeit) | Nautische Warnnachrichten (Zeit) |
|---|---|---|---|---|
| 1862[3] | unger. Std.h+05 | nach Eingang | 0340, 0940 1540, 2140 | 0333, 0733, 1133, 1533, 1933, 2333 |
| 1890 | unger. Std.h+05 | nach Eingang | 0340, 0940 1540, 2140 | 0333, 0733, 1133, 1533, 1933, 2333 |
| 1939 | | nach Eingang | | |
| 2600 | | nach Eingang | | |
| 2824 | | | 0340 | 0333, 2333 |

[1] UKW-Kanal für Sammelanrufe (h+05); Sturmwarnungen (h+05); Wetterdurchsagen um 0005, 0735, 1305, 1905 GLZ (auf Holländisch). Dienstzeit H24 auf allen Kanälen.

[2] Frequenzen, auf denen Sammelanrufe, Sturmwarnungen, Wettervorhersagen und nautische Warnnachrichten (wie aufgelistet) gesendet werden.

[3] Position von 1862 nur auf Nes, 53°24′N 6°04′E. 2182 sendet von Nes und Scheveningen.

## Hauptlandmarken
### Von der belgischen Grenze bis Breskens
Alleinstehendes Hotel bei Wielingen wenig O-lich der Grenze, Leuchtturm Nieuwe Sluis (22 m, s-w.wgr. achteckiger Turm mit weißen Bändern),
Getreidesilo Breskens zwischen West- und Oosthaven.

### Vom N-Ufer der Westerschelde (Vlissingen) bis Noorderhoofd
Vlissingen:   Zwei 125 m hohe Schornsteine 1 sm Richtung Landesinnere am Kanaal door Walcheren, eine Windmühle, Kirchturmspitze der St.-James-Kirche, Leuchtturm Vlissingen (10 m, brauner Eisenturm – Rahmenkonstruktion – an der Einfahrt des Koopmanshavens).
Kaapduinen:   Funkmast sowie 2 Türme der Richtfeuer (14 und 13 m, gelbe rechteckige Steintürme mit roten Bändern).
Leuchtturm Westkapelle (52 m, roter Rundturm mit weißem Band).

### Küste von Walcheren – von Noorderhoofd bis Roompot
Leuchtturm Noorderhoofd (16 m, roter runder Eisenturm mit weißen Bändern),
Kirchturmspitze von Domburg sowie der Wasserturm ganz in der Nähe,
Schornstein in Oosterhoofd,
Kirchturm von Veere sowie Spitze des Rathausturmes.

### Küste von Schouwen (von S nach N)
Aussichtsturm aus Beton,
Leuchtturm West Schouwen (50 m, grauer runder Steinturm mit roten diagonalen Bändern),
Leuchtturm Westhoofd (52 m, r-br. rechteckiger Steinturm),
Kirchturm von Goedereede,
Leuchtturm Kwade Hoek (4 m, gr. Hütte mit roter Laterne).

### Küste von Voorne (von S nach N)
Funkmast (75 m, mit F.r. bezeichnet) NO-lich von Zwarte Hoek,
Kirchturm von Oostvoorne.

### Maasvlakte und Hoek van Holland
2 Schornsteine (175 m, mit F.r. bezeichnet),
Leuchtturm Maasvlakte (62 m, g-s.wgr. achteckiger Turm).
Einfahrtsfeuer von Europoort,
Türme an der Einfahrt nach Maasmond (31 m, orangefarbene Türme mit braunen Bändern), Nieuwe Zuiderdam und Nieuwe Noorderdam, beide mit Hubschrauberlandeplattformen,
Kirchtürme von 's-Gravenzande, Monster und Ter Heijde.

# Küstenansteuerungen

Im Delta-Gebiet gibt es zwei freie, offene Einfahrten zu den beiden größten Hafenkomplexen Europas, die der Europoort/Nieuwe Waterweg und Antwerpen/Westerschelde bilden. In dem Gebiet dazwischen liegen die beiden Schleuseneinfahrten von Haringvliet und Roompot. Einklarieren ist in Maassluis möglich (aber nicht im Berghaven), an der Roompotsluis, in Vlissingen, Breskens und bei der Goereesesluis am Haringvliet. Die drei Hauptschwierigkeiten für Sportboote, die eine der vier Einfahrten anlaufen wollen, sind die Sandbänke, das Wetter und der Schiffsverkehr.
Gebiete mit Wassertiefen von weniger als 5 m und vielen trockenfallenden Sänden erstrecken sich W-wärts und S-wärts von den Hauptinseln im küstennahen Gebiet:

Bollen nahe Europoort (Voorne), der Ooster vor Goeree, der Banjaard vor Schouwen, der Rassen und der Raan vor Walcheren. Quer davor erstrecken sich drei weitere Bänke mit 7–8 m Tiefe, die für Yachten erst ab 4 Windstärken gefährlich werden. Die Schouwenbank ist davon die nördlichste. Weiter S-lich folgen die Thornton-, Rabs- und Middelbank, die sich zwischen der Ansteuerung der Westerschelde und Schouwen erstrecken. Und als letzte wäre die Steenbank vor der Roompotsluis zu nennen, die mit teilweise weniger als 5 m Wassertiefe absolut zu meiden ist.

### Das Wetter

Die vorherrschend SW-lichen Winde, aber auch die NO-lichen wehen parallel zur Küste bzw. parallel zu den der Küste vorgelagerten Inseln und Bänken sowie quer zu den Einfahrten. Die SW-lichen Winde haben die Tendenz, sich in Küstennähe zu verstärken, was sich besonders in den Ansteuerungen und Einfahrten auf den S-Seiten von Westerschelde, Oosterschelde und Haringvliet (im Slijkgat) auswirkt. Die Einfahrt nach Maasmond (Hoek) kann besonders unangenehm werden, wenn SW-liche Winde und Ebbstrom gegeneinander stehen. Bei starken NW-lichen Winden sollte die Einfahrt allerdings ganz gemieden werden. Günstig ist es, ungefähr 2 Std. vor HW Maasmond einzulaufen. Zu dieser Zeit läuft dann aber auch ein Großteil der Berufsschiffahrt ein. Die Ansteuerung von Oosterschelde oder Haringvliet über die äußeren Bänke sollte ebenfalls nicht bei starken, parallel zur Küste verlaufenden Winden sowie starken auflandigen Winden erfolgen. Sind Sie allerdings schon innerhalb der äußeren Bänke, so bieten diese einen gewissen Schutz. Bei viel Wind oder Nebel in großem Küstenabstand zu bleiben, ist auch nicht unbedingt empfehlenswert, denn dann befinden Sie sich im Bereich des Verkehrstrennungsgebietes und des starken Berufsschiffahrtsverkehrs. Es ist also notwendig, passendes Wetter abzuwarten.

Nebel tritt selten auf und ist hauptsächlich im Frühling und Frühsommer zu erwarten. Aufgrund des starken Schiffsverkehrs wird er zur besonderen Gefahr. Bei gemäßigten Wind- und Seebedingungen sollten Sie unbedingt die Möglichkeit nutzen, in flachem Wasser mit größtmöglichem Abstand zum Schiffsverkehr zu ankern. Im Scheldemündungsgebiet sowie an der belgischen Küste ist dies meist möglich.

### Verkehrstrennungsgebiet, Landmarken und Feuer

Aufgrund des hohen Verkehrsaufkommens wurde das Scheldemündungsgebiet navigationstechnisch bestens ausgestattet. Die beiden großen Fahrwasserkreuzungen bei Noord Hinder und Maas Center dienen zur Einfädelung des Schiffsverkehrs zum Europoort und stellen besondere Gefahrenzonen dar. Die Sportschiffahrt sollte das gesamte Verkehrstrennungsgebiet sowie die Gefahrenzonen unbedingt meiden und, wenn notwendig, nur auf dem kürzesten Weg queren. Das gesamte Gebiet ist sehr gut ausgetonnt und befeuert. Die Leuchtfeuer der Inseln haben alle eine große Reichweite, es gibt viele Leuchttonnen sowie eine Reihe von Leuchtbaken (befeuert mit Blz.g.5s) im Abstand von 3–5 sm, die sich unweit der 5-m-Linie über das ganze Gebiet erstrecken.

### Gefahrenzone Maas – empfohlene Route für Yachten

Von N kommende Yachten müssen die Maas-Gefahrenzone queren. Hier kreuzen sich die N-S- bzw. O-W verlaufenden Hauptfahrwasser. Das letztere führt direkt in die Einfahrt von Maasmond (Hoek). Inmitten der Gefahrenzone liegt ein kreisrundes Gebiet von 1 sm Durchmesser, das allen, außer der tiefgehenden Berufsschiffahrt, verboten ist. Es heißt Maas Center, ist im S mit einer Leuchttonne (Glt.w/r.4s) bezeichnet und ist von flachgehenden Schiffen und Yachten wie ein Kreisverkehr zu benutzen. Nach einer Nordseeüberquerung dürfen Yachten die Maasmündung nicht direkt anlaufen. Es ist empfehlenswert, die speziellen Yachtrouten zu benutzen. S-lich von Europoort ist das die Küstenverkehrszone. Aus Richtung NO und Scheveningen bleiben Sie außerhalb des Maas-Noord-Verkehrstrennungsgebiets und laufen Europoort direkt an oder queren den Maasgeul bei der Reede in der für Sportboote empfohlenen, 1,5 sm breiten Zone, die in der NL-Sportbootkarte 1801 verzeichnet ist. Folgen Sie den offiziellen Ratschlägen, so klappt das Queren vorzüglich: Rufen Sie vorher Maasmond auf Kanal 3 (UKW) und geben Name, Position und Kurs Ihrer Yacht an, bleiben Sie auf Empfang und kreuzen mit max. Geschwindigkeit und möglichst in Begleitung W-lich der Linie der Leuchttonnen MV und MVN (S-lich der Einfahrt) sowie N (Indusbank) den Maasgeul.

### Funkfeuer und Wettervorhersagen

Noch ist das gesamte Gebiet ausreichend mit Seefunkfeuern ausgestattet (siehe S. 30). Es ist allerdings damit zu rechnen, daß sie innerhalb der nächsten Jahre eingestellt werden. Von den beiden Gruppen liegen vier einzelne (Scheveningen mit dem nahen Flugfunkfeuer, Hoek, Goeree und Feuerschiff Noord Hinder) ungefähr auf einer Linie und eignen sich somit nicht für eine Ortsbestimmung. Die anderen fünf liegen weiter außerhalb. Radio Scheveningen im N der Mündung ist das Zentrum eines außergewöhnlich engen Netzes von UKW-Sendern. Es ist außerdem eine Spezialstation von NAVAREA I, die häufig das regionale Wetter, Gefahren und andere nautische Warnungen in das NAVTEX-System füttert. Radio Scheveningen sendet auf UKW eine Wettervorhersage in holländischer Sprache, auf Mittelwelle eine auf Englisch und Holländisch. Zusätzlich ist die Seewettervorhersage von BBC 4 für das Gebiet Thames dienlich.

### Rettungswesen (s. im Anhang)

Ein direkter Zugang zu den Rettungsstationen ist natürlich der Kanal 16 (UKW). Zusätzlich zur Küstenwache ist das Gebiet mit 4 Seenotrettungskreuzern ausgestattet, die in Breskens, Burghsluis, Goereesluis/Haringvlietdam und Hoek van Holland stationiert sind. Die meisten Stationen besitzen auch Rettungsboote für den küstennahen Bereich. Weiterhin gibt es für eben diesen Bereich Rettungsbootstationen in Cadzand nahe der Grenze in Belgien und in Outdorp innerhalb des Brouwersdam.

### Tidenstrom und Flußströmungen

Weit draußen N-lich vor der Westerschelde ist der Tidenstrom leicht zu errechnen. In Küstennähe ist das weitaus schwieriger. Auf See läuft die Strömung Richtung NO ab 2 Std. vor HW Hoek van Holland und wechselt Richtung SW 4 Std. nach HW Hoek. Bei jedem Tidenwechsel gibt es eine Periode geringerer Strömung (Stauwasser).

In Küstennähe werden die aus den Einfahrten von Maasmond und der Oosterschelde laufenden Strömungen von dem Tidenstrom auf See abgeblockt. Die Tidenwechsel werden so verzögert, und es entstehen längere Zeiten mit geringer Strömung. Bei Hoek van Holland bedeutet das ein verlängertes NW: 4,5 Std. auflaufend und 7,5 Std. ablaufend Wasser. Der Tidenstrom in die Einfahrt von

Maasmond / Hoek beginnt 2,5 Std. vor HW Hoek, der auslaufende Strom setzt ab 2,5 Std. nach HW Hoek (in Rotterdam 3 Std. nach HW Hoek). Im Slijkgat vor Haringvlietdam und im Brouwerhavensche Gat vor dem Brouwersdam ist der Ablauf ähnlich: die einlaufende Strömung setzt 3–3,5 Std. vor HW Hoek bis zum Wechsel 2–3 Std. nach HW Hoek.

Westerschelde: In der Westerschelde entsprechen die Strömungsverhältnisse denen aller ins Meer fließenden Flüsse. In Nieuwe Sluis an der S-Seite der Einfahrt beginnt der Flutstrom 8 Std. vor dem Einsetzen des Ebbstroms bei Antwerpen (45 sm flußaufwärts), so daß die Reise flußauf einfacher wird, bei der Fahrt flußab aber nur 4,5 Std. die Tide mitläuft. Auf See vor der Westerschelde kehrt sich das Verhältnis um: 9 Std. setzt die Strömung aus der Einfahrt in Richtung Kwintebank (30 sm), aber nur 3,5 Std. strömt die Flut in die entgegengesetzte Richtung.

Oosterschelde: Die Ansteuerung ist sehr breit und kurz (25 sm). Strömungsbeginn ist jeweils ±1/2 Std. HW und NW Zierikzee. Die Praxis wird zeigen, ob sich die computererrechneten Voraussagen bewahrheiten (aus Stroomatlas HP 15).

Daraus ergibt sich, daß aufgrund der Tidenströmung eine Reise Richtung S sehr viel einfacher gemacht werden kann. So können Sie die 30 sm lange Passage von der Goereesluis (Haringvlietdam) um Goeree und Schouwen herum zur Roompotsluis mit einer 7 Std. mitlaufenden Ebbe und schließlich mit dem in die Oosterschelde setzenden Flutstrom machen, wenn Sie etwa 3,5 Std. nach HW Hoek starten. In die entgegengesetzte Richtung läuft der Strom max. 5 Std. mit, wenn Sie z.B. 2–3 Std. vor HW in Zierikzee losfahren, um mit 2–3 Std. Ebbstrom aus dem Roompot zu laufen und dann den ganzen Flutstrom Richtung N zu nutzen. Sie

sollten sich auf jeden Fall einen Zeitplan für die gesamte Route zwischen Vlissingen und Hoek machen, und zwar für beide möglichen Reiserichtungen.

# Die Ansteuerungen der Westerschelde und die Einfahrt

**Strecke:** 32 sm von der Tonne Kwintebank bis nach Breskens. Abgesehen von der Küstenansteuerung bei querlaufender Flutströmung ist die direkte Passage Harwich–Feuerschiff West Hinder eine gute Route. Dabei wird Noord Hinder im S sowie das Verkehrstrennungsgebiet West Hinder jeweils rechtwinklig gekreuzt, und Sie können dann am äußeren Rand des letzteren bis zur Tonne Kwintebank fahren. Von hier ist es am leichtesten, nach Zeebrugge zu fahren. Von der äußeren Einfahrt des neuen Zeebrugger Hafens, die Sie queren, beginnt das ausgetonnte Fahrwasser der S-lichen Westerschelde nahe des Leuchtturms Nieuwe Sluis Richtung Breskens oder Vlissingen. Die Rückfahrt kann im selben Fahrwasser oder N-lich des Scheur-Fahrwassers und dann im N des Verkehrstrennungsgebiets West Hinder erfolgen.

Von der Kwintebank bis Nieuwe Sluis an der Westerschelde sind es 30 sm. Die Strecke ist also mit einer Tide gut zu schaffen. Allerdings schlägt die Tide vor der Nieuwe Sluis 2,5 Std. früher um als bei der Kwintebank, so daß die Reise in umgekehrter Richtung

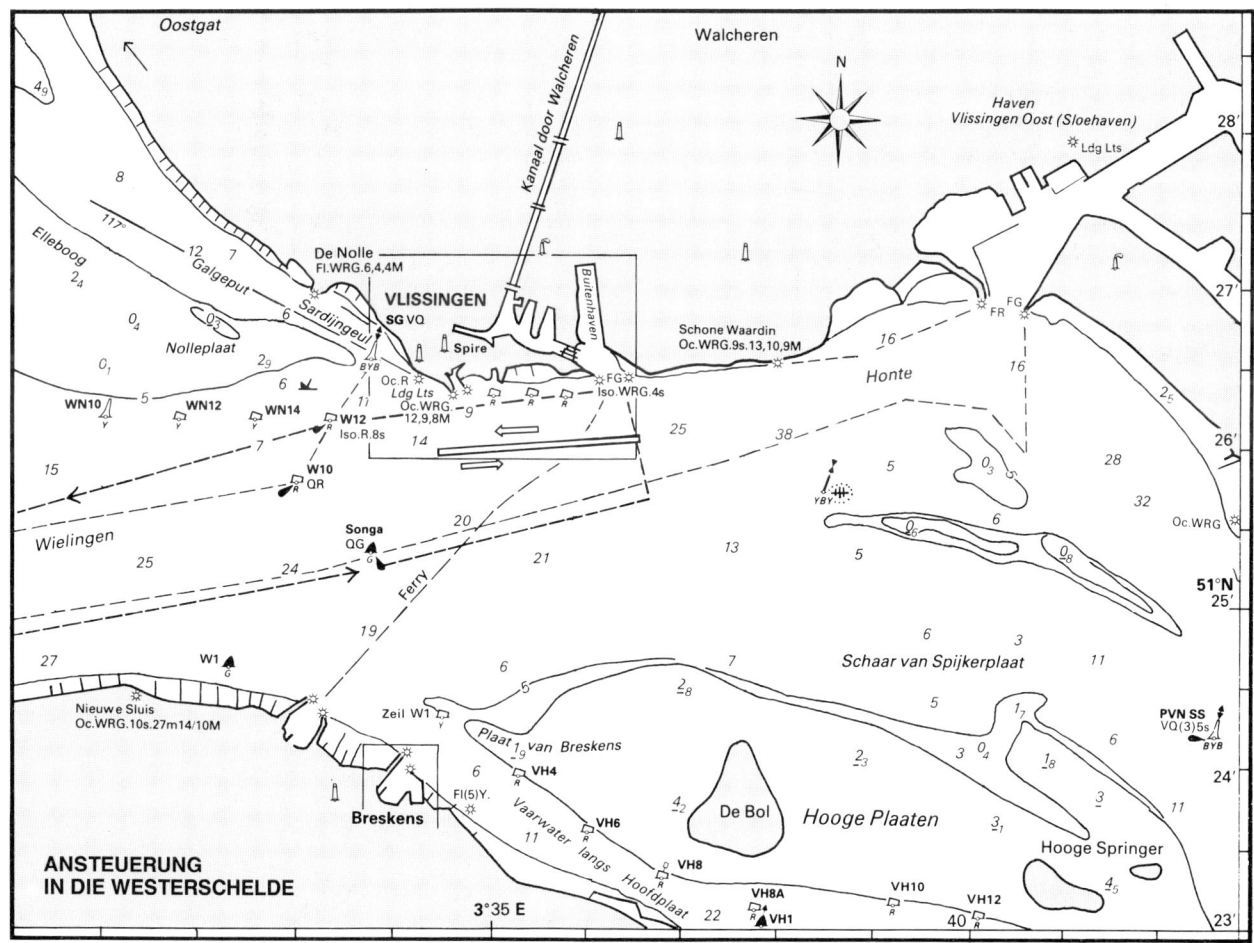

einfacher wird: Wenn Sie 1 Std. nach HW Vlissingen losfahren, läuft der Strom Richtung Kwintebank gute 9 Std. mit.

Laufen Sie dagegen in die Westerschelde, so wird Ihnen auf der Strecke nach Nieuwe Sluis ein Umschlagen der Tide nicht erspart bleiben. Die Strömung Richtung O setzt an der Kwintebank 2,5 Std. vor HW Vlissingen ein, der W-wärts setzende Strom an der Nieuwe Sluis beginnt schon 1,25 Std. nach HW Vlissingen, so daß Sie max. 3–4 Std. mitlaufenden Flutstrom haben. Auf diese Stunden sollten Sie jedoch auf keinen Fall verzichten, denn die Strömung bei Ebbe ist sehr stark. Die in der Ansteuerung der Westerschelde liegenden Sände Raan und Rassen bewirken eine sehr starke Tidenströmung von durchschnittlich 4 kn bei Springtide. Die Flut bei Nieuwe Sluis setzt 5 Std. vor HW Vlissingen ein.

Die Flußeinfahrt ist tief (10–20 m). Ein mit Leuchttonnen bezeichneter Tiefwasserweg trennt die Reeden Wielingen N und S und führt bis zur Gefahrenzone vor Vlissingen (Haven Oost). Er wird von sehr vielen Seeschiffen und Lastkähnen benutzt. Eine große Anzahl von Seeschiffen wartet vor der Einfahrt auf Reede. Von See kommende Yachten laufen meist durch die S-liche Reede am Leuchtturm Nieuwe Sluis vorbei und kreuzen dann das Fahrwasser im rechten Winkel in Richtung Vlissingen. Die beiden Schornsteine im Inland sowie eine Windmühle und die Turmspitze der Kirche St. James sind gute Landmarken. Die Fähre Breskens–Vlissingen quert hier ebenfalls den Fluß.

Halten Sie immer nach Schiffen Ausschau und seien Sie klar bei Maschine, um eventuell schnell ausweichen zu können. Im Prinzip ist es möglich zu segeln, denn das Ufer ist, bis auf ein paar Industrieansiedlungen, wenig bebaut.

# Vlissingen

## Tidenhub
MSpHW 4,8 m, MSpNW 0,4 m, MNpHW 3,9 m, MNpNW 1,0 m.

## Sprechfunk (UKW)
Schelde Informations Service, Sprechfunk Vlissingen, auf Kanal 9 zu erreichen. Die Schleusen haben Kanal 22, Tel. 0 11 84/1 23 72. Vlissingen Radio sowie der Hafenmeister sind auf Kanal 14 zu erreichen, Informationen werden jede h+25 gesendet.

## Verkehrssignale
Vor Einlaufen ist die Absprache über UKW wünschenswert. Signalstelle auf der S-Mole gibt folgende Zeichen: r. Flagge/F.r. verbietet das Einlaufen (der Hafen ist geschlossen), r. und gn. Flagge/F.r. und F.gn. verbietet Schiffen mit mehr als 6 m Tiefgang das Einlaufen.

## Zoll
Der Zoll befindet sich im Westerhavenweg nahe der Schleuse, Tel. 0 11 84/8 46 00.

## Einfahrt und Versorgungsmöglichkeiten
Fahren Sie durch die 400 m breite, mit F.r. und F.gn. befeuerte Einfahrt in den Buitenhaven. Beachten Sie die Fähren (Olau-Line und Richtung Breskens), die N-lich der Schleusen festmachen. Die Schleusen haben rund um die Uhr Dienst, und Verkehrssignale sowie Lautsprecher regeln die Einfahrt. Während der Wartezeit können Sie an den Pfählen der S-Mole festmachen. Ist der Wasserstand +NAP+3,20 m oder der Schleusenfall +3,25 m, wird nicht geschleust. Fahren Sie an den beiden Binnenhaven-Becken vorbei an Stb. Richtung Kanal. Vor der Brücke an Stb. liegt der Yachthafen des WV Watertoerisme Schelde, Tel. 0 11 84/6 59 12, Tiefe 3–4 m.

In der kleinen Marina liegen Sie mit Bug und Heck an Schlengel und Pfählen. In der Hauptsaison ist es hier häufig voll, doch läßt sich meist noch ein Platz finden. Der Hafen bietet mit Toiletten, Duschen, Helling sowie Kranmöglichkeiten bis 10 t und einer Dieseltankstelle beste Versorgungsmöglichkeiten. In der Nähe befindet sich ein Schiffsausrüster und ein Waschsalon. Das Stadtzentrum ist einen halbstündigen Fußmarsch entfernt. Die Stadt ist ein guter Ausgangspunkt für eine Fahrt durchs Land (über den Kanaal door Walcheren ins Veerse Meer). Es müssen nur die meist offenstehende „keersluis" sowie mehrere bewegliche Brücken passiert werden. Die Öffnungszeiten können Sie im Yachthafen erfahren.

Der Visserhaven ist zu einem sehr schönen Yachthafen ausgebaut worden. Er ist von der Einfahrt des Koopmannshaven bei jedem Wasserstand, unabhängig von den Gezeiten, durch eine Schleuse zugänglich, die vom 1. 5. – 1. 10. offensteht. Drempeltiefe bei LLWS 1,0 m. Pegel an der Binnenseite. Die Brücke über der Schleuse steht nachts offen und wird tagsüber vom Hafenmeister

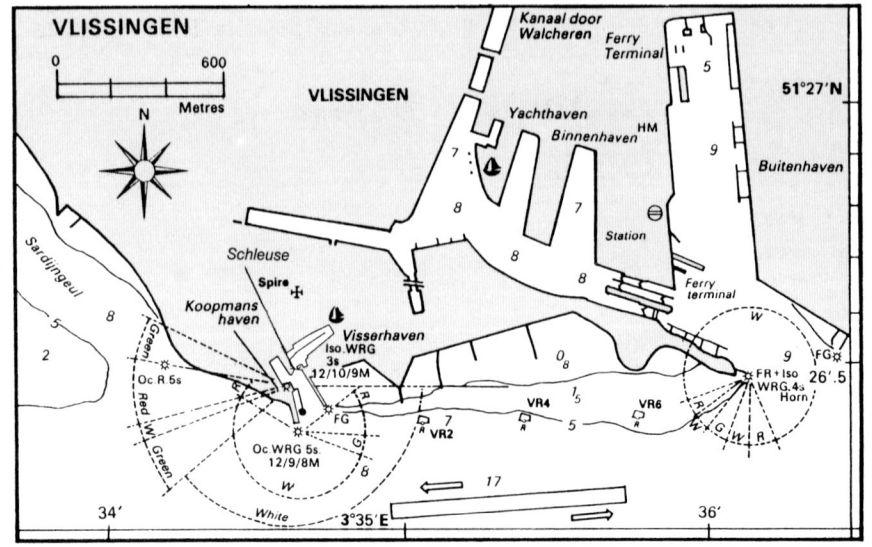

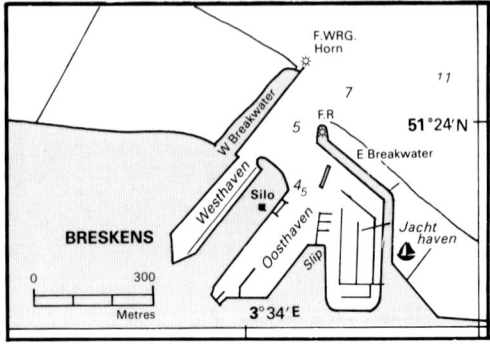

bedient. Der Hafen ist mit Schwimmstegen, einer Bootstankstelle (D) und sanitären Anlagen ausgerüstet. Dieser Hafenkomplex ist aufgrund der Stadtnähe und der Ausstattung dem derzeitigen im O vorzuziehen.

Wenn Sie Walcheren von Vlissingen aus über Sardijngeul, Galgeput und Oostgat sowie das Roompot-Fahrwasser runden wollen, so nehmen Sie den Stroomatlas HP 15 zur Hilfe. In dieser Richtung werden Sie irgendwann gegen die Tide laufen müssen, während die Reise in umgekehrter Richtung gut mit einer Tide zu schaffen ist.

# Breskens

Es gibt weder Verkehrssignale noch Sprechfunk.

### Zoll
Der Zoll ist im Deltahoek 7 zu finden, Tel. 0 11 72/26 10, Dienstzeiten: 0700–2100.

### Einfahrt und Versorgungsmöglichkeiten
Das große, am Hafen stehende Gebäude mit dem Silo-Turm ist eine weithin sichtbare Landmarke. Fahren Sie am Fährhafen vorbei in den nächsten Hafen (O-lich) an Stb.-Seite. Am O-Ende befindet sich der städtische Yachthafen, Tiefe 1–3 m. Achten Sie auf die Fischkutter, die dieselbe Einfahrt benutzen. Die Marina, Tel. 0 11 72/19 02, ist mit allen nur denkbaren Versorgungseinrichtungen ausgerüstet, einschließlich eines Waschsalons, dem Traum jeder Bordfrau. Kranmöglichkeiten gibt es bei der nahen Werft Standfast Construction B.V., Tel. 0 11 72/17 97. Die Stadt mit Vorortcharakter ist ganz in der Nähe und hat eine ansprechende Einkaufsstraße.

# Ansteuerung und Einfahrt in die Oosterschelde

**Strecke:** 16 sm von der Tonne Middelbank bis zur Roompotsluis. Neben den küstennahen Ansteuerungen aus Richtung Vlissingen sowie Haringvliet, ist auch die Ansteuerung direkt von der Nordsee möglich, allerdings nur bei gutem Wetter. Kreuzen Sie S-lich von Feuerschiff Noord Hinder das Verkehrstrennungsgebiet und nehmen Kurs auf eine der Tonnen, die die äußeren Bänke bezeichnen.

Vorzuziehen ist die Ansteuerung über die Tonne Middelbank. Es ist die dritte in einer von NW nach SO verlaufenden Reihe von fünf Leuchttonnen. Bei Nacht sind sie unmöglich zu verfehlen: Tonne Schouwenbank mit Mo(A)8s, Tonne SBZ (Untiefentonne S), r/w. Tonne Middelbank (Glt.8s), Tonne Magne (Untiefentonne N, Wracktonne 9,6 m) und Tonne MSB (Untiefentonne W). Sie liegen in Linie 149,5° des Richtfeuers von Leuchtturm Westkapelle (Oberfeuer, Blz.3s28sm) und Leuchtturm Noorderhoofd (Unterfeuer, Ubr.w/r/gn.10s13–10sm, Bereich des w. Sektors).

Das Oosterschelde-Mündungsgebiet hat eine Breite von 14 sm. Die Roompotsluis ist aber nur durch eines der beiden ausgetonnten Fahrwasser zu erreichen. Die einzige Landmarke im N (tagsüber nur bei guter Sicht auszumachen) ist der Leuchtturm Schouwen (50 m, diagonal rot-weiß gestreift). Im S sind bei guter Sicht der Leuchtturm Noorderhoofd (nur 16 m, r. Turm mit w. Band)

und der Leuchtturm Westkapelle (52 m, rechteckiger Steinturm mit r. Oberbau, guckt nur wenig über den Deich hinaus) zu sehen. Nachts dagegen sind die Leuchttürme mit ihren Reichweiten von 30, 13 und 28 sm überaus hilfreich. Weitere Landmarken sind ein paar herausragende Kirchtürme, im besonderen der Kirchturm mit benachbartem Wasserturm bei Domburg NO-lich von Westkapelle.

Von der Tonne Middelbank fahren Sie in Linie 149,5°. Achten Sie auf die folgenden Tonnen. Bei der Tonne MSB, die die Steenbanken bezeichnet, haben Sie eine Tiefe von nur 6 m. Sollten mehr als 4–5 Bft das Befahren der Steenbanken zu gefährlich machen, ist bei entsprechender Windrichtung ein Umweg möglich.

O-lich der Steenbanken können Sie zwischen 2 Routen, die die Hompels-Bank umgehen, wählen. Beide sind mit in geringem Abstand ausgelegten Fahrwassertonnen bezeichnet. Zusätzlich gibt es einige g. Baken sowie Untiefentonnen. Die Fahrt durch Westgat und Oude Roompot ist auch bei Nacht möglich, denn unter den Fahrwassertonnen sind viele Leuchttonnen. Das Roompot-Fahrwasser ist nur bei Tageslicht zu befahren. Am Ende fahren Sie durch einen mit Untiefentonnen bezeichneten Teil in Richtung N zur Schleuse.

Für die 16 sm von der Tonne Middelbank bis zur Roompotsluis benötigen Sie etwa 3 Std. Die ins Roompot setzende Flut beginnt 6,25 Std. vor HW Zierikzee (od. 3,25 Std. vor HW Dover), d.h., daß Sie mit der Tide laufen können, wenn Sie 3–6 Std. nach HW Zierikzee bei der Tonne Middelbank sind (je nachdem, wie weit Sie noch in die Oosterschelde fahren wollen). Vor den Bänken setzt der Tidenstrom während dieser Zeit Richtung SW (bis HW Dover), so daß Sie nach Querung des Verkehrstrennungsgebietes weiter nach Bb. halten müssen.

In umgekehrter Richtung beginnt der Ebbstrom 1,25 Std. nach HW Zierikzee (bzw. 4,25 Std. nach HW Dover). Daraus ergibt sich, daß Sie idealerweise in der Zeit von HW Zierikzee bis 3 Std. danach die Schleuse verlassen und etwa 3 Std. später die Middelbank erreichen, vielleicht um dann mit der SW-lichen Strömung Richtung Verkehrstrennungsgebiet Noord Hinder S zu laufen.

Nach Abschluß der Dammbauarbeiten wird eine geringere Tidenströmung erwartet: im Oude Roompot bedeutet das 2,4 kn (früher 4 kn), in den Fahrwassern Keeten, Mastgat und Zijpe 1 kn (früher 3–4 kn und mehr) Strömungsgeschwindigkeit. Sollten sich diese Annahmen bewahrheiten, können Sie schon eher mal, hinter den äußeren Bänken ankernd, eine ungünstige Tide abwarten. Vergewissern Sie sich jedoch vorher der wirklichen Strömungsstärke.

# Roompotsluis und Neeltje Jans

### Sprechfunk (UKW)
Die Roompotsluis ist auf Kanal 18 zu erreichen.

### Einfahrtssignale
Eine Absprache mit der Schleuse über UKW ist wünschenswert. Es gibt, außer den Verkehrssignalen an der Schleuse, keine weiteren Einfahrtssignale.

### Zoll
Vom 1. April bis zum 1. November können Sie in der Roompotsluis

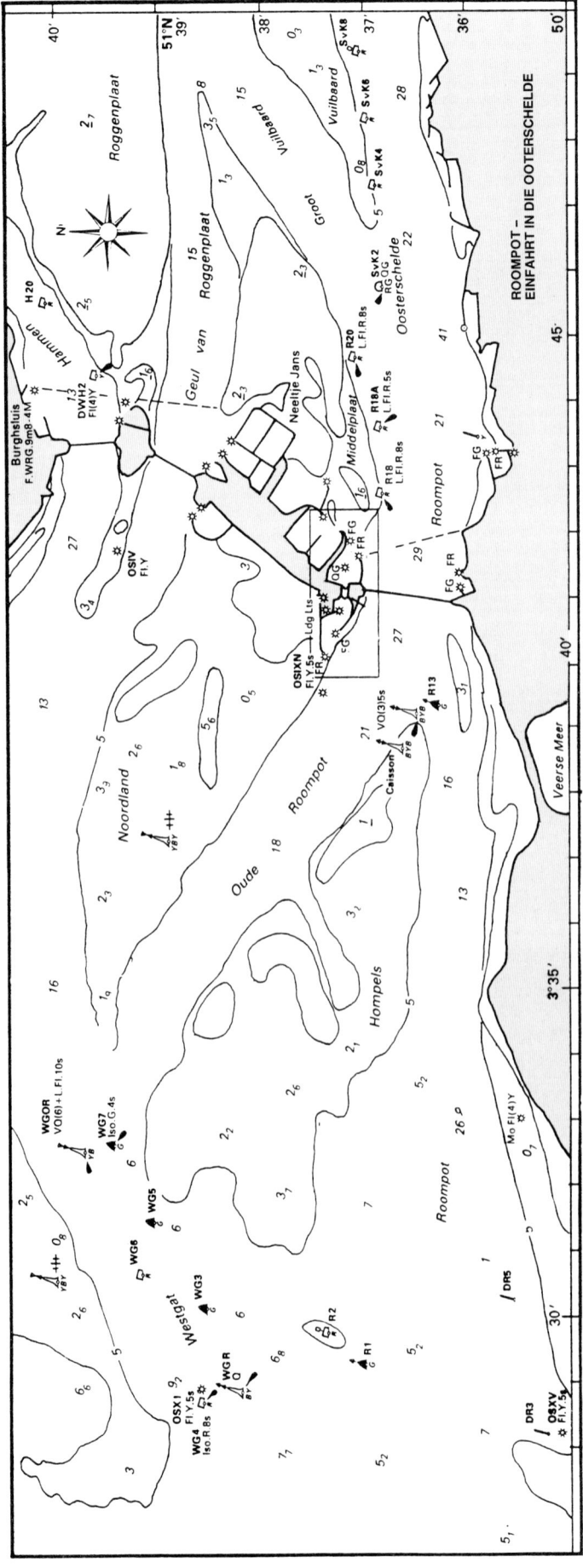

ein- und ausklarieren, Dienstzeit von 0830–2000, Tel. 0 11 15/ 92 65.

### Einfahrt

Die Einfahrt zum Noordland Buitenhaven ist mit einigen Leuchttonnen und -baken bezeichnet. Zusätzlich führt ein Richtfeuer in Linie 73,5° in die mit F.r. und F.gn. befeuerte Hafeneinfahrt. Haben Sie die beiden Einfahrtsfeuer am Ende der hohen, im leichten Bogen verlaufenden Molen passiert, so fahren Sie nach Stb. und dann S-lich um Fkl.r. in die Schleuse. Die Schleuseneinfahrt wird mit Verkehrssignalen geregelt. Auf beiden Seiten der Schleusen gibt es Pontons, an denen Sie während der Wartezeit festmachen können. Die Schleusen öffnen rund um die Uhr, und es gibt 2 Telefone, über die Sie den Schleusenwärter informieren können. Zusätzlich befinden sich beiderseits der Schleusen kleinere Schutzhäfen, die eine gewisse Sicherheit bieten.

Sie werden genug zu tun haben, um nicht die ausgetonnten Fahrwasser zu verlassen oder in die ebenfalls betonnten, in der Karte verzeichneten Gefahrenzonen beiderseits des Damms zu kommen. Im N und S der Insel Neeltje Jans, auf der die DELTA-EXPO eingerichtet wurde, befinden sich mehrere getrennte Häfen, die, mit Ausnahme des „Betonhaven", für Yachten gesperrt sind. Besucher der DELTA-EXPO dürfen den Betonhaven anlaufen und dort an einem für Yachten eingerichteten Schwimmsteg festmachen. Beachten Sie bitte, daß eine feste Brücke über die Roompotsluis führt. Die Durchfahrtshöhe beträgt laut NL-Karten 18,2–18,6 m. Im Almanak deel 2 wird die Durchfahrtshöhe mit NAP +20 m angegeben.

Haben Sie eine Yacht mit einer im Grenzbereich liegenden Höhe von über 18 m, so sollten Sie mit Hilfe eines NL-Tidenkalenders die entsprechende Durchfahrtshöhe errechnen. Der durchschnittliche Tidenhub im Bereich der Schleuse beträgt 2,49 m, MHW entspr. NAP +1,23 m, MNW entspr. NAP –1,26 m. Das bedeutet eine Durchfahrtshöhe von 18,7–21,3 m.

Hinter der Schleuse passieren Sie den mit Fkl.gn. befeuerten Binnenhaven und die innerwärtigen Einfahrtsfeuer, um dann S-lich der mit Tonnen bezeichneten Untiefen hinter dem Damm und später N-lich oder S-lich von Vuilbaard im ausgetonnten Groot Vuilbaard und Roompot nach Zierikzee oder in der Schaar van Colijnsplaat nach Colijnsplaat zu laufen.

# Zierikzee und Colijnsplaat

Siehe Kapitel „Zeeland und das südliche Schelde-Delta", Routen 2 und 3.

# Ansteuerung des Haringvliet und des Slijkgat

Für das Slijkgat benötigen Sie die NL-Sportbootkarte 1801. Dieses spezielle Gebiet ist in keinem Tidenatlas berücksichtigt. Der Tidenstrom ins Slijkgat beginnt 3,5 Std. vor HW Hoek van Holland, der Ebbstrom setzt ab 3,5 Std. nach HW Hoek. Veränderungen dieses Zeitplans ergeben sich durch vermehrte Schleusungen des überschüssigen Wassers aus Maas und Rhein. F.r. auf dem Ha-

*Colijnsplaat*

ringvlietdam zeigen Entwässerungsbetrieb an. Sie sollten auf beiden Seiten des Damms nur in den ausgetonnten Fahrwassern fahren und sich vom Sperrwerk und den durch gelbe Tonnen bezeich-

neten Sperrgebieten fernhalten. Von der r./w. Ansteuerungstonne SG (Leuchttonne) nahe einer mit Blz.g. befeuerten Bake durch das Fahrwasser bis zum Haringvlietdam sind es 7,5 sm. Das Slijkgat ist mit dicht aufeinanderfolgenden Tonnen bezeichnet, viele davon sind Leuchttonnen. Im letzten Teil des Fahrwassers, das zur Einfahrt des Buitenhavens führt, gibt es eine mit Blz.g.5s befeuerte Bake.

# Stellendam

### Sprechfunk (UKW)
Die Goereesesluis ist auf Kanal 20 zu erreichen.
Hafenmeister und Schleusen haben Tel. 0 18 79/10 00.

### Einfahrtssignale
Eine Absprache mit der Schleuse über UKW ist wünschenswert. Außer den Verkehrssignalen der Schleuse gibt es keine Einfahrtssignale.

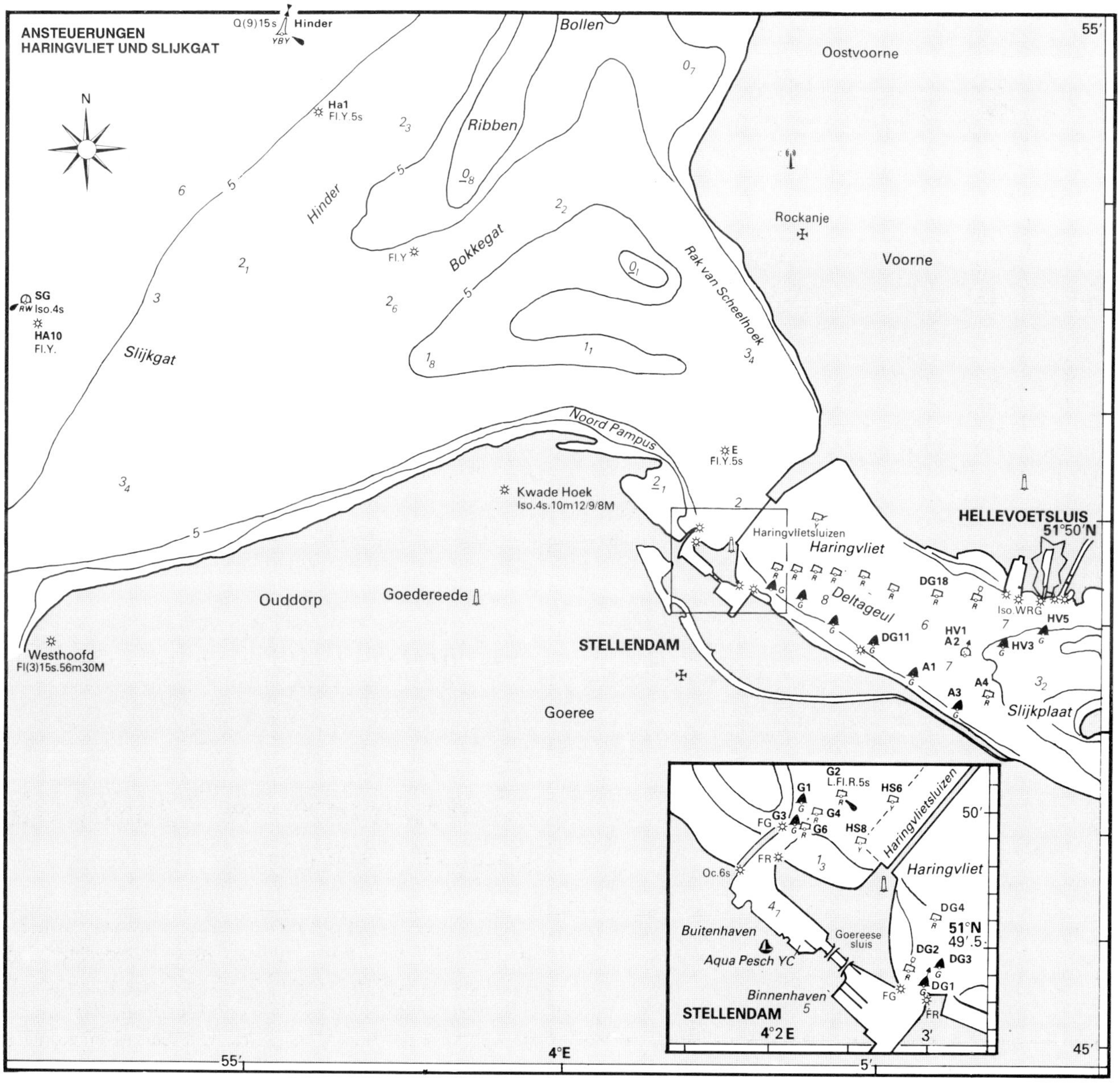

## Zoll

Vom 1. April bis 1. November kann im „Douanekantoor" in Stellendam ein- und ausklariert werden. Dienstzeit täglich 0830–2000.

### Einfahrt und Versorgungsmöglichkeiten

Die Einfahrt befindet sich hinter dem Stb.-Feuer am Ende der hohen W-Mole. Folgen Sie dann der Mole, und fahren Sie hart Bb. am Bb.-Feuer der S-lichen Mole vorbei durch den Buitenhaven zur Schleuse. Hinter der Schleuse folgen Sie der N-Mole und fahren hart Bb. durch die Einfahrt in das ausgetonnte Fahrwasser. Halten Sie dann Kurs O und fahren S-lich der r. Tonnen (einige davon sind Leuchttonnen) hinüber nach Hellevoetsluis.

Beiderseits der Schleuse gibt es Pfähle, an denen Sie während der Wartezeit festmachen können. Über beide Enden der Schleuse führen bewegliche Brücken. Die seewärtige Brücke hat eine Durchfahrtshöhe von NAP +14,3 m und bleibt, wenn möglich, geschlossen. Zögern Sie nicht, den Wärter über Ihre Höhe zu informieren und damit Zweifel auszuschließen. Die 2. Brücke hat eine Durchfahrtshöhe von nur NAP +6,14 m und wird geöffnet. Zeiten: Mo–Do rund um die Uhr, Fr 0000–2200, Sa 0800–2000, sonn- und feiertags vom 1. April bis 1. November 0800–2000, vom 1. November bis 1. April 0800–1000 und 1700–1900.

Auf der seewärtigen Seite im Buitenhaven befindet sich die Aqua Pesch Marina, Mindesttiefe 4,7 m. Toiletten, Duschen, eine Waschmaschine und ein 20-t-Bootslift sind vorhanden, Tel. 0 18 79/26 00. An Wochenenden ist es außerdem möglich, im Fischereihafen im Binnenhaven (Mindesttiefe 5 m) bei einem der Fischkutter längsseits zu gehen.

Der Ort Stellendam ist 3 km entfernt. Dafür haben Sie die Möglichkeit, die Haringvliet-Expo zu besuchen, die ganz in der Nähe der Schleuse ist. Außer einer Führung durch das Innere der Spuisluizen wird ein Film in mehreren Sprachen geboten.

# Maasmond-Einfahrt

## Tidenhub

MSpHW 2,1 m, MSpNW 0,3 m, MNpHW 1,7 m, MNpNW 0,3 m.

## Verkehrsüberwachung und Sprechfunk

Die Ansteuerungen von Hoek van Holland und dem Nieuwe Waterweg sowie den Calandkanaal werden von vier Verkehrs-Kontrollstationen überwacht (die genauen Orte entnehmen Sie bitte den NL-Karten).

*Haven Coördinatie Centrum* (HCC), 51°54'8N 4°25'9E, das Hafenbüro befindet sich N-lich des VCS-Zentrums (s.u.), Tel. 0 10/4 25 14 00 od. 4 25 14 10, sowie Kanal 11 und 14 auf UKW.

*Traffic Centre Hoek van Holland* (VCH/TCH), auf 51°58'9N 4°06'8E, Signalstelle am N-Ufer von Hoek bei km 1030,7, Tel. 0 17 40/3 88 01 od. 3 88 11, 2182 kHz, Kanal 13 auf UKW.

*Traffic Centre Botlek* (VCB), 51°53'5N 4°18'9E, Radarstation auf der W-Seite der Einfahrt der Oude Maas am S-Ufer des Nieuwe Waterwegs bei km 1013,3, Tel. 0 10/4 72 46 00 od. 4 72 46 10, Kanal 13 auf UKW.

*Verkeerspost Hartel* (VPH), Tel. 0 10/4 38 38 98, Kanal 05 auf UKW.

*Traffic Centre Stad* (VCS), auf 51°54'3N 4°25'9E, Radarstation am N-Ufer der Nieuwe Maas zwischen Rotterdam und Schiedam bei km 1005,2, Tel. 0 10/4 25 17 00 od. 4 25 17 10, Kanal 13 auf UKW.

*Verkeerspost Maasboulevard* (VPM), Tel. 0 10/4 13 95 75, Kanal 21 und 81 auf UKW.

Die Ansteuerungen und inneren Wasserwege sind in verschiedene Gebiete, die jeweils einen bestimmten UKW-Kanal haben, eingeteilt und in den NL-Sportbootkarten 1801 und 1809 als solche gekennzeichnet sowie einem der 3 Verkehrszentren (s.o.) untergeordnet. Haben Sie ein UKW-Sprechfunkgerät, sollten Sie sich auf dem Ihrem Gebiet entsprechenden Kanal melden und Ratschläge empfangen (so die Empfehlung des HCC). Es folgt eine Liste der verschiedenen Gebiete einschließlich der Häfen und der entsprechenden UKW-Kanäle:

| Ruf | Kan. | Zentr. | Gebiet |
|---|---|---|---|
| Maas-Ansteuerung, | | | |
| Maasaanloop | 01 | TCH | Äußeres Radargebiet |
| Pilot Maas | 02 | TCH | Äußere Gefahrenzone |
| Maas-Einfahrt, | | | |
| Maasmond | 03[1] | TCH | Innere Gefahrenzone/ Einfahrt |
| Waterweg | 65[1] | TCH | TCH bis km 1023 |
| Europoort | 66 | TCH | S-lich der Einfahrt Europoort |
| Maassluis | 80[1] | VCB | km 1023–1017 |
| Botlek | 61[1] | VCB | km 1017–1011, km 1005 Oude Maas |
| Oude Maas | 62[1] | VCB | km 1005–Lcht-Tn.12 |
| Hartel | 05 | VPH | Teil des Hartelkanaals |
| Eemhaven | 63[1] | VCS | N-liche Maas km 1011–1007 |
| Waalhaven | 60[1] | VCS | N-liche Maas km 1007–1003,5 |
| Maasbruggen | 81[1] | VPM | N-liche Maas km 1003,5–998 |
| Brienenoord | 21[1] | VPM | N-liche Maas km 998–993 |

[1] Dieses sind die Kanäle, die von Yachten benutzt werden, da es nicht ratsam ist, die Maasansteuerung und das Gebiet Pilot Maas zu befahren.

## Einfahrtssignale

Auf der N-Mole gibt es Tidensignale

| | |
|---|---|
| F.gn. F.w. | bedeutet auflaufend Wasser |
| F.w. F.gn. | bedeutet ablaufend Wasser |

Verkehrssignale für Europoort, den Nieuwe Waterweg und die Oude Maas werden von der Radarstation Noorderhoofd gegeben. Yachten erhalten so einen Eindruck von dem, was um sie herum passiert, sollten jedoch nur den über UKW gegebenen Anweisungen folgen.

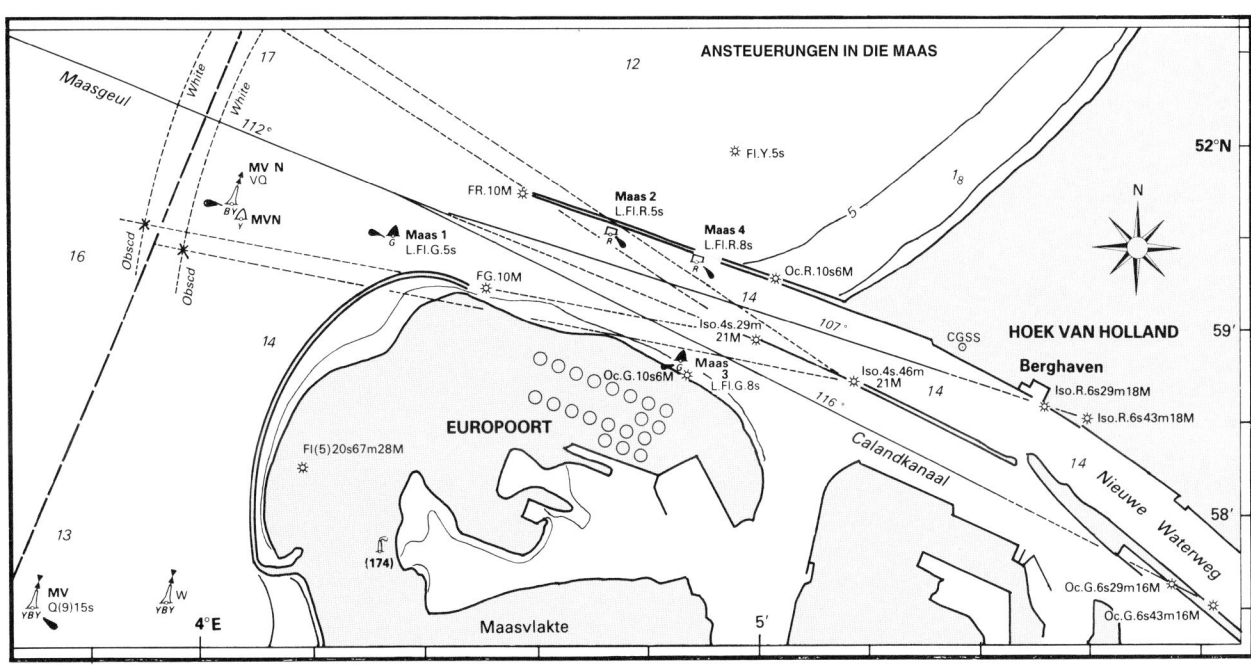

Signale für einlaufende Schiffe

w.                 Station ist im Dienst

r.r.r.
w.                 keine Einfahrt in Europoort oder Waterweg
r.r.r.

r.r.
w.                 keine Einfahrt in den Europoort
r.r.

r.r.
w.                 keine Einfahrt in den Nieuwe Waterweg
r.r.

r.r.
w.                 keine Einfahrt in die Oude Maas
r.r.

Signale für auslaufende Schiffe (von stromaufw.)

w.                 Station ist im Dienst

r.r.r.
w.                 jeglicher Schiffsverkehr Richtung See ist untersagt
r.r.r.

r.r.
w.                 Auslaufen über den Waterweg ist verboten
r.r.

r.r.
w.                 Auslaufen über den Calandkanaal verboten
r.r.

r.
w.                 Auslaufen über den Beerkanaal verboten.
r

## Zoll

Im Berghaven von Hoek van Holland ist keine Zollabfertigung möglich. Weiter flußaufwärts in Maassluis (im Buitenhaven), in Vlaardingen (im Buitenhaven), in Schiedam (Spuihaven) sowie in Rotterdam im Veerhaven können Sie ein- und ausklarieren. Telefonnummern siehe Route 7.

## Ansteuerung und Einfahrt

Die Ansteuerung, gerade wenn Sie weiter als bis zum Berghaven wollen, der für Yachten sehr unbequem ist, ist am günstigsten aus Richtung Scheveningen und Richtung N zu machen. Kommen Sie 2 Std. vor HW Hoek (also ungefähr bei Stauwasser) an der Einfahrt nach Maasmond an, so erwartet Sie auf See SW-lich setzender Tidenstrom, während Sie flußaufwärts Richtung Rotterdam für 4–5 Std. mit Flutstrom rechnen können.

Die Ansteuerung aus Richtung S bedeutet, daß Sie entweder auf See gegen die Tide fahren, um dann in der Einfahrt den vollen Strom mitzulaufen haben, oder daß Sie umgekehrt auf See mit der Tide laufen und den Strom im Nieuwe Waterweg entgegen bekommen.

Beim Auslaufen haben Sie 7,5 Std. Ebbstrom (ab 3 Std. nach HW Hoek in Rotterdam), so daß Sie genug Zeit haben, bis der Flutstrom in den Nieuwe Waterweg setzt (bzw. Richtung N auf See). Wollen Sie auf See in Richtung N weiter, so genügt es, 5 Std. vor HW Hoek in Rotterdam loszufahren, um genau bei Tidenwechsel vor der Einfahrt zu sein und mit der Flut Richtung N zu laufen. Wenn Sie dagegen Richtung S weiter wollen, laufen Sie in Rotterdam 1 Std. nach HW Hoek aus (das bedeutet für 1,5 Std. im Nieuwe Waterweg gegen die Tide zu fahren) und erreichen die Einfahrt mit Ebbstrom, während die Strömung auf See gerade umschlägt und Sie 6,5 Std. S-lich setzende Strömung erwartet.

Die Einfahrt (nach Erlaubnis der Hafenkontroll-Behörden) kann sowohl tags als auch nachts sehr verwirrend sein. Es gibt 3 Richtfeuer in Linie sowie eine Vielzahl von sonstigen Hafen- und Schiffsfeuern, so daß Sie sich schon im voraus damit vertraut machen sollten. Im Grunde ist die Anordnung der Richtfeuer ganz einfach: die mittleren Richtfeuer in Linie 112° bezeichnen den

Splitsingsdam und trennen den Nieuwe Waterweg und Europoort, die Bb.-Richtfeuer (rot) in Linie 107° führen in den Nieuwe Waterweg (in den Sie wollen) und die Stb.-Richtfeuer (grün) führen in den Europoort, den Sie natürlich meiden. Der Nieuwe Waterweg ist eine gerade Großschiffahrtsstraße mit 10–15 m Fahrwassertiefe und steil abfallenden Fahrwasserkanten. Außerhalb des betonnten Fahrwassers befinden sich zahlreiche Unterwasserhindernisse und Untiefen. Deshalb dürfen Yachten auch nicht außerhalb des Fahrwassers fahren.

# Berghaven
# Hoek van Holland

*Tiefe*  3,1–4,5 m.

Die Hafeneinfahrt auf der N-Seite des Nieuwe Waterweg ist mit F.r. und F.gn. befeuert. Dahinter steht das Unterfeuer (r. Turm) des Richtfeuers für den Waterweg. Der Berghaven ist ein Arbeitshafen und wird hauptsächlich von den Patrouillenbooten genutzt. Sie sollten ihn nur bei Crewwechsel (wegen der Nähe zum Fährhafen) und in Notfällen anlaufen. Fragen Sie auf einem der Patrouillenboote, wo Sie anlegen dürfen, und lassen Sie Ihre Yacht nie unbeaufsichtigt. Hafenbüro: Tel. 0 17 47/37 51.

Über andere Häfen und Versorgungseinrichtungen am Nieuwe Waterweg s. „Das nördliche Schelde-Delta", Route 7.

# Zeeland und das südliche Schelde-Delta

## Route 1
## Von Vlissingen über Breskens, Terneuzen und den Kanaal door Zuid Beveland nach Yerseke

### Einführung

Bei der beschriebenen Route handelt es sich nicht um eine landschaftlich reizvolle Strecke, sondern um eine schnelle Fahrt zur Oosterschelde. Zu den Nachteilen dieser Route gehören sicherlich der rege Schiffsverkehr, die starke Strömung sowie eine hohe, steile See bei Wind gegen Strom (in Ufernähe Windverstärkung).
Entlang der Küste der Westerschelde ziehen sich Industriegebiete und Deiche hin. Der Kanal führt durch ödes, tiefliegendes Weideland. Auch der letzte Teil der Route in der Oosterschelde bietet eine ähnlich langweilige Küstenlinie. Trotzdem hat diese Strecke ihre guten Seiten. Dazu gehören der Strand und der Boulevard von Vlissingen, das Denkmal von Admiral de Ruyter, eine Kirche aus dem 14. Jh. und ein Stadttor aus dem 16. Jh.
Breskens ist eine moderne Stadt und hat einen sehr guten Yachthafen mit Klub und Restaurant. Terneuzen mit seinem Labyrinth enger Einkaufsgassen ist eine malerische, typisch holländische Kanalstadt. In Wemeldinge ist zur Abwechslung mal ein relativ ruhiger Liegeplatz zu finden. Und schließlich werden im kleinen, schlichten Yerseke mit seinem lebhaften Fischereihafen besonders gute Austern und Muscheln angeboten.

*Strecke*  57 km / 32 sm
*Brücken*  3 bewegliche
*Schleusen*  2

*Tiden, Durchfahrtshöhen und Tiefenangaben*  Außer dem Kanaal door Zuid Beveland werden Tidengewässer befahren. Die Tiefenangaben beziehen sich auf NNW, die Durchfahrtshöhen auf MSpHW. Im Kanal ist die Bezugsgröße KP. Weitere Angaben finden Sie in Kapitel 3 (Gezeitenströme in Wester- und Oosterschelde). Die starken Gezeitenströme in der Westerschelde müssen unbedingt mit eingeplant werden. In der Oosterschelde sind nach Abschluß des Delta-Plans geringere Strömungen zu erwarten, wenn auch genaue Angaben noch nicht zu machen sind.
*Geringe Tiefen dieser Route*  2,7 m im Springergeul, 1,7 m in der Hafeneinfahrt von Yerseke.
*Seekarten*  Holländische Sportbootkarten Nr. 1803 (Almanak I + II) und Nr. 1805. Zusätzlich Stroomatlas HP 15. Deutsche Seekarten D 208, 209, 210, 211. ANWB-Karten O und S.

## Beschreibung der Route

## Vlissingen (Ansteuerung und Einfahrt)
siehe Kapitel „Ansteuerung und Häfen der Schelde-Mündung"

## Vlissingen-Breskens

Mindesttiefe 6 m. Schelde rechtwinklig überqueren. Breskens ansteuernd hält man sich W-lich der Tonne Zeil Wlg., die S-lich der Plaat van Breskens Tiefen von 0,4 m bezeichnet. Nachts Sektorenrichtfeuer F.w/r/gn. auf der W-Mole der Hafeneinfahrt ansteuern. O-lich des weißen Sektors liegt ein unbezeichnetes Wrack (Tiefe 3 m).

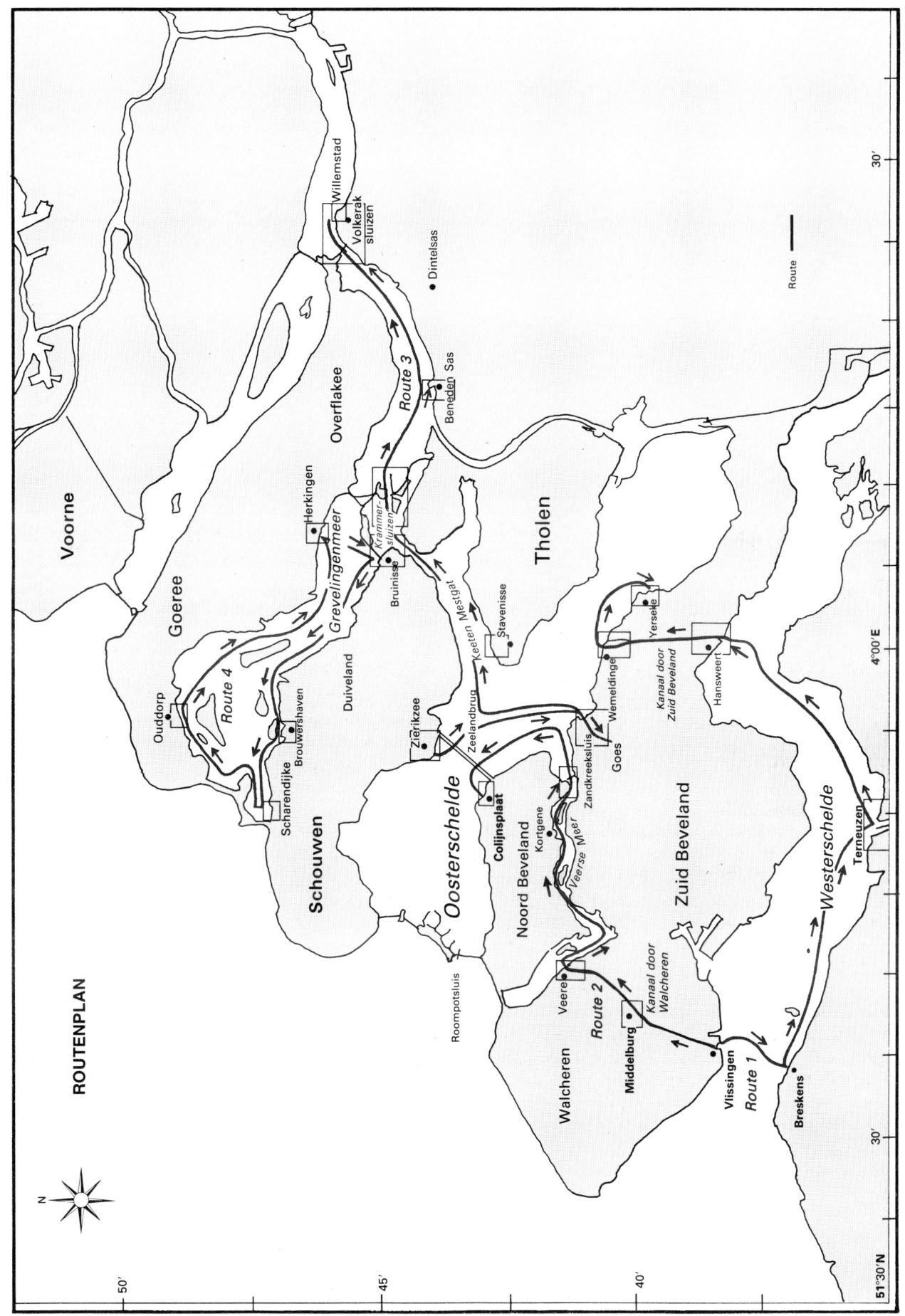

*5,9 km / 3,2 sm*

# Breskens (Ansteuerung und Einfahrt)

siehe Kapitel „Ansteuerung und Häfen der Schelde-Mündung"

# Vaarwater langs Hoofdplaat

Mindesttiefe 5 m. Fahrwassertonnen VH, unbefeuert, deshalb für Ortsunkundige nur tagsüber zu befahren. Untiefen südlich der betonnten Fahrrinne beachten.

# Springergeul

In dem schmalen Fahrwasser zwischen den Sandbänken Hooge Springer und Laage Springer sollte man nicht außerhalb des Tonnenstrichs fahren. Mindesttiefe 4,8 m. Fahrwassertonnen SPR unbefeuert.

*10,9 km / 4,9 sm*

Passieren Sie Tonne PrN-SPR gn., unbefeuert, leicht N-lich.

# Pas van Terneuzen

Mindesttiefe 8 m. Leuchttonnen. Richtfeuer N-lich der Tanks von Dow Chemical mit 125° ansteuern. Großschiffahrtsstraße, beim Passieren des Braakmanhaven und der O- und W-Buitenhaven (gut befeuert) ist Vorsicht geboten.

*8,9 km / 4,8 sm*

# Yachthafen Terneuzen (Einfahrt)

*Tidenhub* MSpHW 5,1 m, MSpNW 0,4 m, MNpHW 4,2 m, MNpNW 1,0 m

*Sprechfunk* (UKW)

Hafen Terneuzen Kanal 11 auf UKW und Tel. 0 11 50/1 21 61. Radarstation Terneuzen auf UKW Kanal 03.

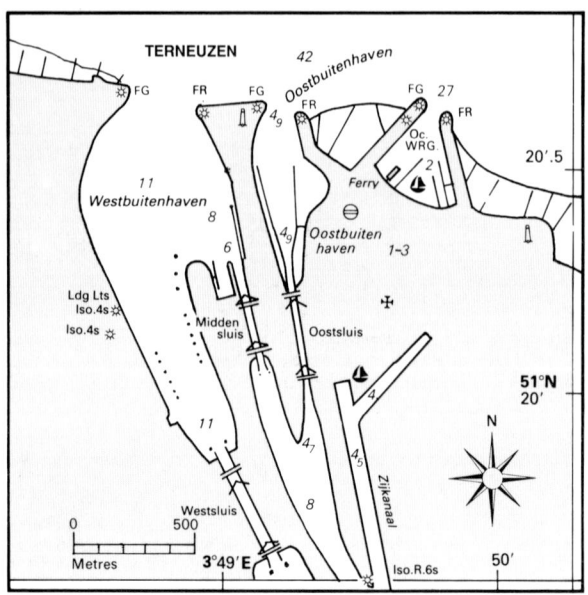

*Signale in der Einfahrt des Veerhaven*

Flagge r. auf W-Mole oder 2 F.r. auf O-Mole verbieten die Einfahrt. Melden Sie sich vor dem Einlaufen in die Schleusen und den Oost Buitenhaven über UKW.

*Zoll* Auf der Seeschleuse (Zeesluis) im „Rijkshavengebouw" Dienstzeit: 0000–2400, Tel. 0 11 50/1 23 77.

*Ansteuerung und Hafeneinrichtungen*

Der Ebbstrom läuft mit 3 und mehr Knoten quer zur Hafeneinfahrt, nur 1/2 Std. nach HW sowie eine 3/4 Std. nach NW ist die Strömung geringer. Fahren Sie an West und Oost Buitenhaven vorbei in den Veerhaven, in dem sich im SO der Yachthafen befindet. Die Einfahrt des Veerhaven ist mit F.r. und F.gn. befeuert, dahinter auf der W-Mole steht ein Richtfeuer Ubr.w/r/gn. 5 s. Der Westbuitenhaven ist für Yachten gesperrt, der Oostbuitenhaven wird zum Durchschleusen in der Oostsluis in Richtung Gent benutzt. Das Yachthafenbüro befindet sich im Grand Hotel Rotterdam, Tel. 0 11 50/9 70 89 oder 9 52 09.

Der Yachthafen hat folgende Einrichtungen: Toiletten, Duschen, Waschmaschinen, Trockner. Es gibt 3 Segel-Klubs: den Royal Belgian SC, den WV Honte und den WV Neusen am Ostanleger. Der WV Neusen hat auch Liegeplätze hinter der Schleuse im Binnenhafen sowie einen 15-t-Kran, Tel. 0 11 50/9 63 31. Die Vermeulen's Jachtwerf B.V. in der Nähe hat einen 12-t-Kran sowie einen 50-t-Bootslift, Tel. 0 11 50/1 27 16 oder 1 31 15 oder 1 28 66. Einkaufsmöglichkeiten befinden sich in der Nähe des Veerhaven.

# Pas van Terneuzen / Overloop van Hansweert

Mindesttiefe 7 m. Leuchttonnen bis Hansweert, zusätzlich in Linie 21,5° Richtfeuer. Großschiffahrtsstraße. Von den Sandbänken an Steuerbord freihalten und trockenfallende Landspitze N-lich von Ossenisse beachten.

*18,3 km / 9,9 sm*

# Hansweert (Ansteuerung und Hafeneinfahrt)

*Tidenhub* MSpHW 5,3 m, MSpNW 0,3 m, MNpHW 4,5 m, MNpNW 0,9 m

*Sprechfunk* (UKW)

Verkeerspost Hansweert (Zufahrt) Kanal 71, Schleuse Kanal 22. Yachten mit UKW-Funk müssen in diesem Bereich während der Anfahrt den Kanal 68 abhören und sich zum Schleusen auf Kanal 22 anmelden.

*Zoll* befindet sich auf den Schleusen, Tel. 0 11 30/17 23.

*Hafeneinfahrt und Hafeneinrichtungen*

Der Ebbstrom läuft mit 3 kn und mehr quer zur Einfahrt. Aufgrund der noch bis 1990 andauernden Bauarbeiten an den Schleusen muß mit Änderungen der Befeuerung der Einfahrt gerechnet werden. Zum jetzigen Zeitpunkt steht ein roter Turm mit weißem Band (Eisenkonstruktion) mit Lt-F. Ubr. r/w/gn. 10 s auf der W-Mole, bei Nebel mit N-F.g. sowie einem Nebelhorn N-S. (4) 30 s. Die O-Mole ist mit F.gn. befeuert.

*Schleuse* Einfahrt zum Kanal door Zuid Beveland durch die Oostsluis, Betriebszeit 0000–2400 (außer bei Wasserständen über NAP + 3,65 m).

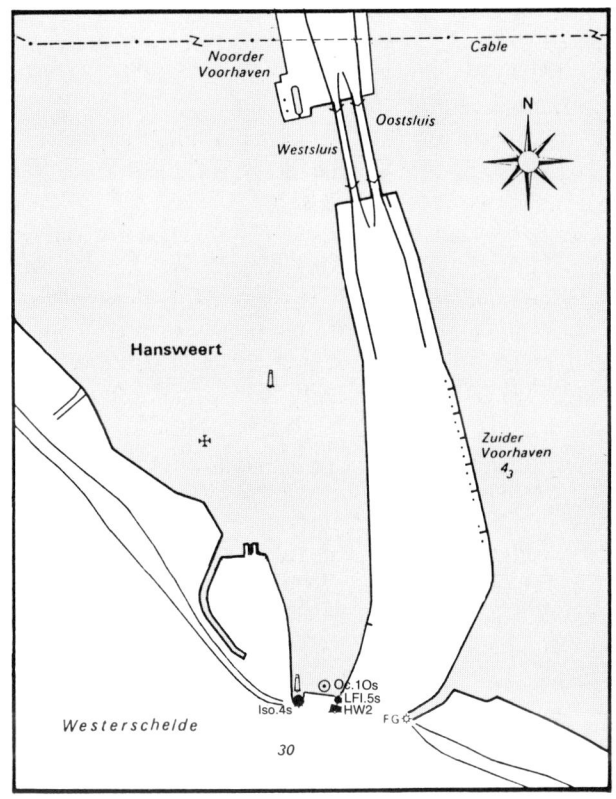

# Kanaal door Zuid Beveland

Mindesttiefe 5 m. Geschwindigkeitsbegrenzung für Schiffe bis 20 qm Wasserfläche 15 km/h, bis 30 qm 12 km/h, darüber 8 km/h. *Achtung*  Bei dem Überwasserkabel beträgt die max. Durchfahrtshöhe KP + 33 m. Ein Radarreflektor ist vorgeschrieben. Fahren Sie in Ufernähe, und lassen Sie das Echolot mitlaufen.

*3,2 km / 1,7 sm*
**Brücke Vlake**  Bewegliche Straßen- und Eisenbahnbrücke mit Durchfahrtshöhe max. KP + 7,5 m. Die genauen Öffnungszeiten stehen in „Openingstijden spoorbruggen" oder sind telefonisch bei den Schleusen in Hansweert und Wemeldinge sowie unter

*Kanaal door Zuid Beveland mit geöffneter Postbrug*

Tel. 0 11 30/14 76 zu erfragen. Die Brücke öffnet meist stündlich für ein paar Minuten, zeitweise auch halbstündlich.

*3,3 km / 1,7 sm*
**Brücke Postbrug**  Öffnung bei Bedarf, max. Durchfahrtshöhe KP + 1,5 m bis KP + 3,6 m.

# Wemeldinge

*Tidenhub*  MSpHW 3,4 m, MSpNW 0,4 m, MNpHW 3,0 m, MNpNW 0,5 m
*Sprechfunk*  (UKW)
Sluis Wemeldinge Kanal 18, Tel. 0 11 92/1 49. Verkeerspost Wemeldinge Kanal 68, Hafenmeister Tel. 0 11 92/14 63.
**Bonzijbrug** Tel. 01 19 12/14 91. Öffnung mit der Schleuse von Mo–Sa 0600–2200, So und feiertags geschlossen.
Liegeplätze im Binnenhaven bei der Westsluis. Toiletten vorhanden.
*Schleuse*  Middensluis (Westsluis wird kaum genutzt), Öffnungszeiten Mo–Sa 0600–2200, So und feiertags geschlossen. Öffnung nur, wenn der Wasserstand der Schelde höher ist als der des Kanals.

*Binnenhaven in Wemeldinge*

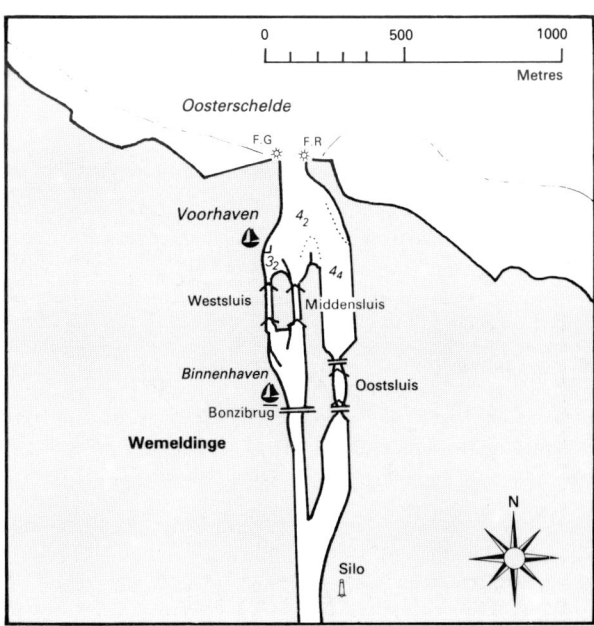

**Oostsluis** öffnet bei Bedarf.

Bei Wasserständen der Schelde von mehr als NAP + 1,9 m und weniger als NAP – 1,9 m und bei einem Unterschied der Wasserstände in Kanal und Fluß von mehr als 2 m öffnet keine der Schleusen. Vorteil der Oostsluis: Man umgeht die Bonzijbrug.

**Voorhaven**   Mindesttiefe 3,2 m.

Städtischer Yachthafen mit Schlengelanlage. MHW entspricht NAP + 1,61 m, MNW entspricht NAP – 1,51 m. Nach Abschluß des Delta-Plans können sich diese Angaben ändern.

*1,4 km / 0,8 sm*

Ausfahrt des Voorhaven, befeuert mit F.r. und F.gn. Nebelsignale: Horn 30 s sowie N-F.g. befinden sich auf der O-Mole. Blz.g. auf W-Molenkopf bedeutet: Schiffe laufen aus, Flagge r. oder 2 F.r. bedeuten: nur einlaufender Verkehr erlaubt.

*Yachtanleger im Voorhaven von Wemeldinge*

# Oosterschelde (Ansteuerung von Yerseke)

Das Fahrwasser nach Yerseke ist bis zu den Häfen bei NW 3 m tief und durchgehend betonnt. Nachts helfen 2 weiße Feuer in Linie (Iso. 4s) von der Leuchttonne O 25 / Svl 12 (Q) mit rw 155° bis vor die Häfen. Die Hafeneinfahrten sind befeuert.

Beachten Sie den teilweise unter Wasser liegenden Steindamm, der von der Ostmole Wemeldinge bis fast zur Tonne O 21 reicht und fahren Sie hier nicht südlich des Tonnenstrichs.

Die Sandbänke zu beiden Seiten des Fahrwassers nach Yerseke sind durch die Betonnung abgedeckt. Gegen Ende der Ebbe und zu Beginn der Flut läuft in dem nur 90 m breiten Fahrwasser ein sehr starker Strom.

*5,2 km / 2,9 sm*

# Yachthafen Yerseke

(Einfahrt zum Oude Vissershaven)

*Tidenhub*   MSpHW 3,5 m, MSpNW 0,4 m, MNpHW 3,1 m, MNpNW 0,5 m

*Sprechfunk*   (UKW)

Städtischer Hafenmeister auf Kanal 9

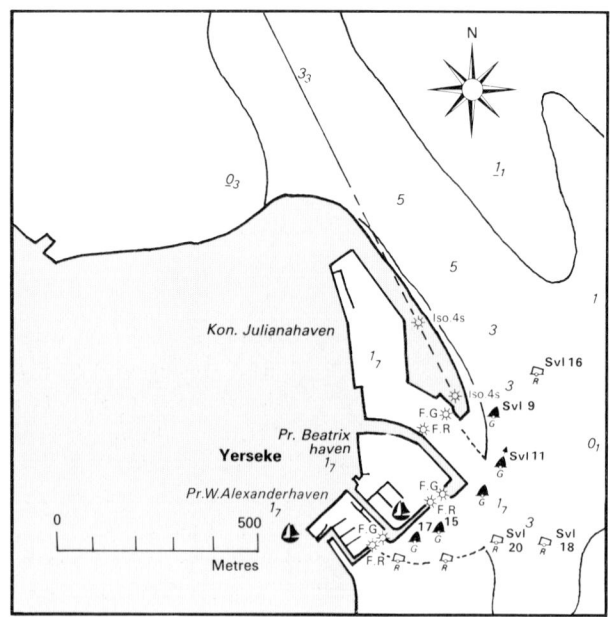

*Hafeneinfahrt und Versorgungsmöglichkeiten*   Mindesttiefe in der Fahrrinne 1,7 m, in den 3 Hafenbecken 1,2 m, so daß Sie bei NW vielleicht im Schlick sitzen werden. Fahren Sie an der Einfahrt des Nieuwe Vissershaven (Kon. Julianahaven, für Yachten gesperrt) vorbei und um die gn. Tonne herum in den Pr. Beatrixhaven (Oude Vissershaven). Einfahrt ist befeuert mit F.r. und F.gn. Die Schlengel befinden sich in der S-lichen Ecke. Toiletten und Duschen sind vorhanden. Der Hafenmeister ist zu erreichen unter Tel. 0 11 31/27 26. Der WV Yerseke besitzt einen 10-t-Kran. Eine weitere Liegemöglichkeit befindet sich im Prins-Willem-Alexanderhaven (Einfahrt befeuert mit F.r. und F.gn.). Hier können Sie nur nach Absprache länger liegen bleiben.

*Yerseke: Koningin Julianahaven*

# Route 2
# Von Vlissingen über den Kanaal door Walcheren und das Veerse Meer nach Colijnsplaat

### Einführung

Dies ist eine landschaftlich reizvolle Strecke, die hauptsächlich durch stehende Gewässer führt, in denen das Navigieren einfach ist. Sie bietet malerische Städte und Dörfer mit den typisch zeeländischen minarettartigen Türmen, Kirchenkuppeln, Giebelhäusern, dem Kopfsteinpflaster und den engen Gassen.

Middelburg, die Hauptstadt Zeelands, wurde im 2. Weltkrieg gänzlich zerbombt, dann aber liebevoll restauriert und zum Teil nach alten Plänen neu aufgebaut. Zu besichtigen sind das Rathaus aus dem 15. Jh. und der 85 m hohe Turm der Abtei, die auch das Zeeland Museum beherbergt. Hier werden örtliche Trachten sowie Schmuck und Werkzeuge der Vorgeschichte ausgestellt.

Veere war früher einmal ein blühender Seehafen am Veere Gat, der vom 15.–18. Jh. Wolle aus Schottland importierte. In den Häusern der alten Kaufleute, auch heute noch „schottische Häuser" genannt, ist ein Museum. In der Grote Kerk befindet sich das Grab des Lords von Veere und seiner Frau Mary Stuart, der Tochter von König James von Schottland (15. Jh.). Auch ein gotisches Rathaus gibt es in Veere noch zu besichtigen.

Colijnsplaat, in dessen Fischereihafen Sie frischen Fisch bekommen können, sowie Kortgene sind eher bescheidene, doch sehr angenehme Ortschaften.

Auf dieser Strecke gibt es sehr gute Versorgungsmöglichkeiten. Allerdings ist es im Sommer sehr voll, so daß man vielleicht einen der vielen Anker- oder Liegeplätze weit ab von der Menge im ruhigen, tidenlosen Veerse Meer aufsuchen sollte.

*Strecke* 46 km / 25 sm

*Brücken* 7 bewegliche

*Schleusen* 1 offene „keersluis", 2 Schleusen

*Tiden, Durchfahrtshöhen und Tiefenangaben* Außer in der Oosterschelde (siehe auch Kapitel 3) tidenlos. Im Kanaal door Walcheren beziehen sich Höhen- und Tiefenangaben auf den Kanalpegel (KP = NAP + 0,9 m), im Veerse Meer auf den Wasserstand im Sommer (VZP = NAP, Pegel in September und Oktober ist NAP – 0,3 m und der Winterpegel von November bis April ist NAP – 0,7 m). In Zandkreek/Oosterschelde beziehen sich die Tiefenangaben auf NNW und die Durchfahrtshöhen auf MSpHW.

*Geringste Tiefen* 2 m in einigen Yachthäfen im Veerse Meer.

*Karten* NL Sportbootkarten 1803 und 1805. Stroomatlas HP 15. Deutsche Seekarten D 209, 211.

# Beschreibung der Route

# Vlissingen (Einfahrt zum VVW Schelde)

siehe Kapitel „Ansteuerung und Häfen der Schelde-Mündung"

**Straßenbrücke Keersluisbrug,** zu erreichen über Kanal 22. Die Schleuse steht offen. Öffnungszeiten Mo–Sa 0600–2200, So und feiertags 0600–2100.

# Kanaal door Walcheren

Tiefgang max. 3,7 m. Die südliche Durchfahrt der Stationsbrug hat nur 2 m Wassertiefe. Tiefergehende Schiffe (Berufsschiffahrt) fahren in beiden Richtungen durch die nördliche Öffnung! Höchstgeschwindigkeit: Bis 20 qm (Länge x Breite in der Wasserlinie) = 15 km/h, bis 30 qm = 12 km/h, darüber 8 km/h.

*1,2 km / 0,7 sm*

**Bewegl. Sloebrug,** Durchfahrtshöhe 5,0 m. Über UKW-Kanal 22 zu erreichen.
Öffnungszeiten wie Keersluisbrug.

*0,8 km / 0,4 sm*

**Brücke Draaibrug Souburg.** Auf Kanal 22 über UKW zu erreichen.
Öffnungszeiten wie Keersluisbrug.

*3,6 km / 1,9 sm*

# Middelburg

**Brücke Schroeburg.** Durchfahrtshöhe 0,6 m. Zu erreichen auf Kanal 22 (UKW).
Wird in der Zeit von 0800 bis 1800 stündlich einmal um h+22 geöffnet. Zusätzlich, wenn mehr als 5 Sportboote warten. Öffnet die Brücke für Berufsschiffe, dürfen Sportboote mit durchfahren.

*0,4 km / 0,2 sm*

**Brücke Stationsbrug** Durchfahrtshöhe 1,4 m. UKW 22.
Öffnungszeiten wie Keersluisbrug, jedoch für Sportboote nicht in den Zeiten 0730–0822, 1240–1322 und 1640–1740. Öffnet die Brücke für Berufsschiffe, dürfen Sportboote mit durchfahren.

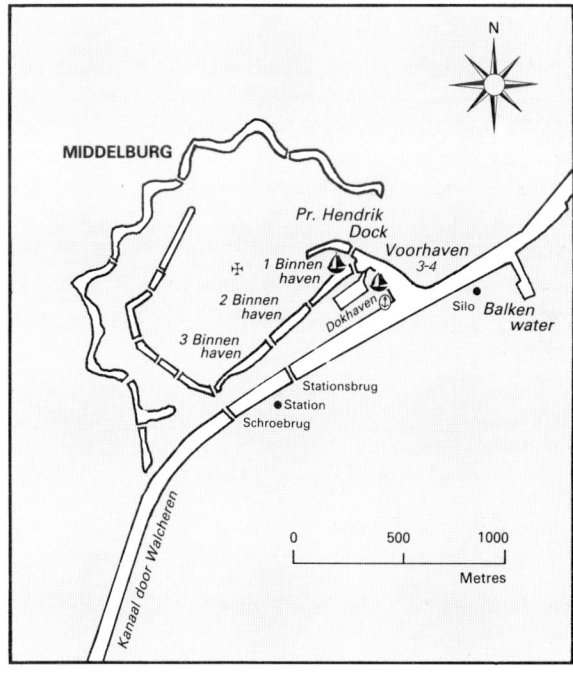

*0,7 km / 0,4 sm*
*Liegeplätze* im Voorhaven für kurzen Aufenthalt (Tiefe 3–4 m). Zum Übernachten fahren Sie durch die bewegliche Spijkerbrug (Durchfahrtshöhe 2,7–3,2 m) in den ersten Binnenhafen. Dort finden Sie die Schlengel des WV Arne sowie Toiletten, Duschen, eine Waschmaschine und einen 5-t-Kran.
Tel. 0 11 80/1 28 78 oder 2 71 80.

*5,8 km / 3,1 sm*
**Schleuse Veere** (große u. kleine Schleuse), auf Kanal 22 UKW zu erreichen. Wartemöglichkeiten auf beiden Seiten.
*Öffnungszeiten* täglich 0500–2330, an So und Feiertagen nur bis 2300 Uhr.
Liegeplätze der Marina Veere am W-Ufer mit Toiletten, Duschen und einem 25-t-Bootslift. Tel. 0 11 81/2 23.

*0,8 km / 0,4 sm*
*Abzweigung* zum Veerse Meer, Einfahrt befeuert mit F.r. und F.gn. Richtung Veere 90 m O-lich der Pricken (Spitze nach unten) an Bb. halten.

# Veerse Meer

Höchstgeschwindigkeit 8,1 kn. Pricken, im N Spitze nach oben, im S Spitze nach unten, bezeichnen die 2-m-Linie rund um den See, Tiefe um die 25 m.

*1,9 km / 1,0 sm*
# Veere

Yachthafen im Stadshaven, Einfahrt befeuert mit F.r. und F.gn., Tiefe 2,6–3,4 m. Im JC Veere sind Toiletten und Duschen. Der

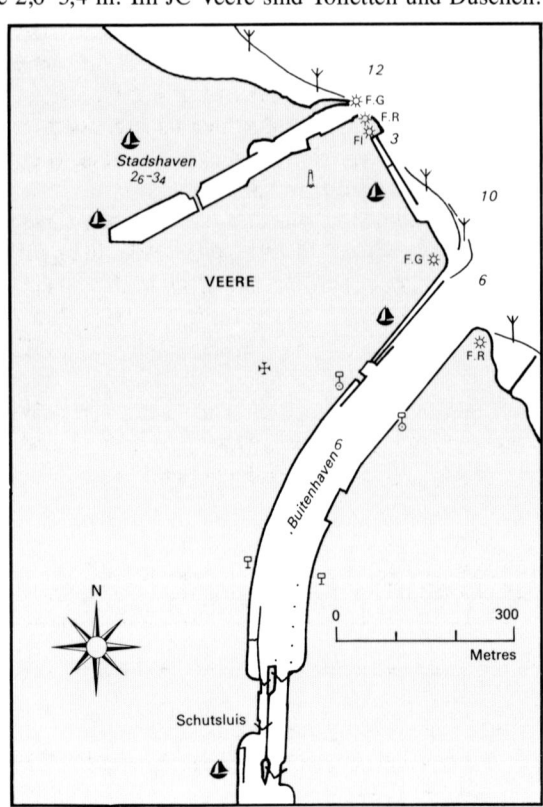

Jachthaven Oostwatering liegt 1,5 km / 0,7 sm NW-lich. Einfahrt befeuert mit F.r. und F.gn., Tiefe 3–5 m, 15-t-Bootslift. Im WV Arne gibt es Toiletten, Duschen und einen 12-t-Kran, Tel. 0 11 81/ 4 84 od. 9 29. Die Yachtwerft Oostwatering hat eine Waschmaschine.

# Veerse Meer

Fahrwasser S-lich und W-lich der Inseln.
*Liegeplätze* Es gibt Schlengel sowie einige empfohlene Ankerplätze, die jedoch häufig im untiefen Bereich (1 m oder weniger) sind.

*4,0 km / 2,2 sm*
Bake mit Glt.r.4s befeuert dicht an Stb. liegenlassen. An Stb. zweigt das Fahrwasser nach Oranjeplaat ab, bezeichnet mit unbefeuerten Stangen und Pricken. Tiefe 2,5 m. O-Lich der Einfahrt von der Spitze der Lemmerplaat freihalten, besonders auslaufend in Richtung NO.

*0,8 km / 0,5 sm*
# Oranjeplaat (Arnemuiden)

Yachthafen Oranjeplaat am Ende des ausgeprickten Fahrwassers. Toiletten, Duschen und ein 10-t-Kran stehen zur Verfügung. Hafenmeister Tel. 0 11 82/12 48, de Arne Tel. 0 11 82/14 19 oder 17 09.

# Veerse Meer (De Omloop)

*Liegeplätze* befinden sich am Fahrwasser O-lich und NO-lich der Inseln. Weitere Schlengel sowie empfohlene Ankerplätze an den O-Enden der Inseln, einige mit bis zu 2 m Wasser. Am O-Ufer des Sees ist De Omloop, ein sichelförmiger, kleiner Hafen mit Schlengeln und einer Tiefe von mind. 2,5 m. Im Hafen de Piet gibt es Liegeplätze an Stegen und an einer Pier.

*5,0 km / 2,7 sm*
*Liegeplätze* Vluchthaven Geersdijk, Einfahrt am N-Ufer O-lich der Bake Glt.gn.4s zwischen Stangen r. und gn., unbefeuert. Tiefe 1,5–3,0 m, Schlengel sowie Toilette vorhanden. Bei O-lichen Winden ungeschützt.

# Veerse Meer (Schelphoek und Sabbingeplaat)

*Liegeplätze* O-lich und N-lich der Inseln. Weitere Schlengel sowie empfohlene Ankerplätze an den S-Küsten der Inseln, einige mit Tiefen bis zu 2 m. Pricken bezeichnen die Kanten der ausgedehnten Untiefen an N- und S-Ufer sowie die Einfahrt zu den Liegeplätzen von Schelphoek und Sabbingeplaat.

*3,9 km / 2,1 sm*
# Kortgene

Yachthafen Delta Marina, Tel. 0 11 08/13 15. Einfahrt (am N-Ufer)

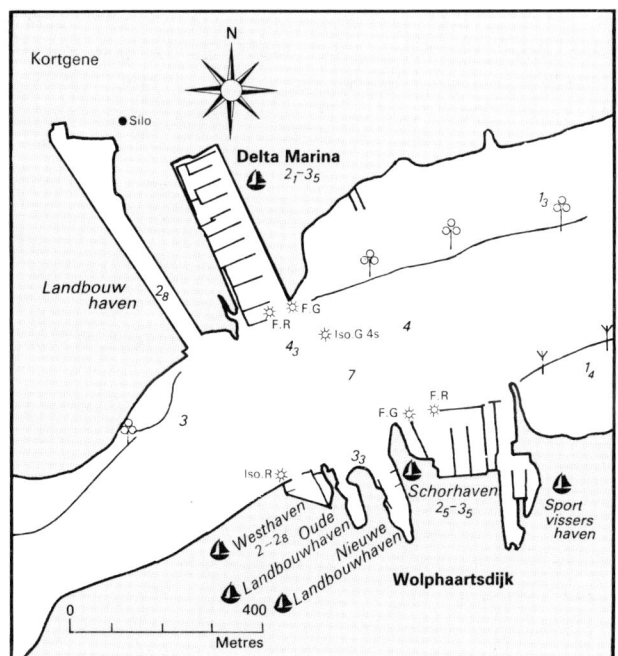

mit F.r. und F.gn. befeuert, Tiefe 2,1–3,5 m. Toiletten, Duschen, Waschmaschine sowie 16-t-Kran können benutzt werden. Bis zum Ort sind es 600 m.

# Yachthafen Wolphaartsdijk

Gebiet mit 6 Häfen am S-Ufer gegenüber von Kortgene. Hafenmeister des Schorhaven und 2 weiteren Häfen unter Tel. 0 11 98/ 15 62. Zum Ort sind es ca. 2,5 km.

# Veerse Meer (östlicher Teil)

Im O-lichen Teil ausgedehnte Untiefen mit z. T. weniger als 2 m Wasser entlang der Ufer.

*3,9 km / 2,1 sm*
*Schleuse und Brücke*  **Zandkreeksluis** und bewegliche Brücke, Durchfahrtshöhe 5,5 m, in Richtung Veerse Meer Einfahrt mit F.r. und F.gn. befeuert.

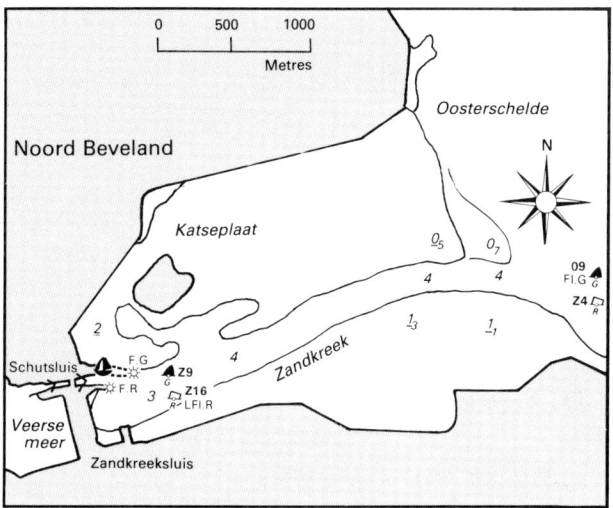

*Öffnung*  rund um die Uhr je nach Bedarf, Wartemöglichkeiten auf beiden Seiten. Über UKW Kanal 18 zu erreichen.

# Zandkreek (tidenabhängig)

Mindesttiefe 4 m, ausgetonnt, befeuert. MHW entspricht NAP + 1,54 m, MNW entspricht NAP – 1,47 m. Angaben können sich nach Abschluß des Delta-Plans ändern.

# Oosterschelde

Mindesttiefe 6 m im Fahrwasser zur Colijnsplaat.

*6,8 km / 3,7 sm*
# Bewegliche Brücke Zeelandbrug

Zu erreichen über UKW Kanal 18 und per Tel. 0 11 10/1 32 37 od. 0 11 99/2 62. Die Brücke steht auf 52 Pfeilern. Zwischen den Pfeilern 3 bis 52 ist die Durchfahrt bei Höhen von NAP + 15,1 m in der Mitte und NAP + 11,5 m möglich. In der Praxis ist die Durchfahrtshöhe der bezeichneten Öffnungen bei Springhochwasser 11,8 m, bei Springniedrigwasser 15,4 m, wobei die Wellenhöhe nicht berücksichtigt ist. Im Zweifel kann man beim Brückenwärter anfragen. Bei eventuellen Unsicherheiten sollten Sie nur die markierten Durchfahrten benutzen, dort die Brückenpegel peilen (nachts beleuchtet) und genau die Mitte der Durchfahrt einhalten. Die Pegel zeigen die Durchfahrtshöhe auf zweidrittel Breite an. An den Seiten sind es 2 m weniger, in der Mitte 1,5 m mehr! Auf der N- sowie auf der S-Hälfte der Brücke gibt es jeweils eine zum Einlaufen und eine zum Auslaufen empfohlene Spanne für die beiden Fahrwasser N-lich und S-lich der Untiefe Vuilbaard. Die Durchfahrtsspannen sind in der Mitte mit F.g. befeuert. Ist kein Schiffsverkehr, können Sie die Ihnen nächste Durchfahrt benutzen. Oder Sie benutzen die bewegliche Brücke auf der N-Seite. Rufen Sie den Brückenwärter 1/2 Std. vorher an!
*Öffnungszeiten*  Vom 16. März bis 1. November: 0700–0707, 0723–0737, 0853–0907, 0923–0937, 0953–1007, 1023–1037 und dann stdl. 53–07 sowie 23–37 bis 2107, dann 2123–2130 (Mo–Fr). Sa, So und feiertags 0900–0907, 0923–0937, 0953–1007, 1023–1037 und dann stdl. 53–07 und 23–37 bis 2107, dann 2123–2130.
Vom 1. November bis 16. März: 0700–0900, 0900–1700 und 1700–2130 an Wochentagen sowie 0900–2130 an Sa, So und Feiertagen. Anmeldung 2 Std. zuvor erforderlich.

*3,2 km / 1,7 sm*
# Yachthafen Colijnsplaat (Einfahrt)

MHW entspricht NAP + 1,43 m, MNW entspricht NAP – 1,26 m.
*Hafeneinfahrt und Versorgungsmöglichkeiten*
Einfahrt mit F.r. und F.gn. auf Pfählen ist sehr eng. Die Tide läuft quer zur Einfahrt. O-Teil nur Fischerhafen mit 2,9 m Tiefe.

Im W-Teil befindet sich der WV Noord Beveland. Tiefe 2,4 m, am W-Ende weniger.

Toiletten und Duschen sind vorhanden. Tel. 0 11 99/7 62. Delta Yacht hat einen 35-t-Bootslift, Tel. 0 11 99/7 76 od. 7 69. Geschäfte in der Nähe.

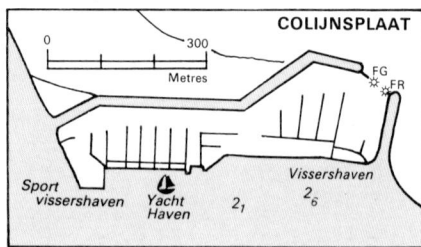

# Route 3
# Von Zierikzee über Goes, Stavenisse und Dintelsas nach Willemstad

## Einführung

Auch dies ist wieder eine sehr schöne Strecke, die teilweise durch Tidengewässer, aber auch durch stehende Gewässer führt. Zwei große See-Schleusen bedingen einen regen Binnenschiffsverkehr. Zierikzee, Goes und Willemstad sind sehr malerische Städte mit vielen kopfsteingepflasterten Straßen, alten Rathäusern und Kirchen, Museen und interessanten Häfen. Zierikzee ist der einzige Tidenhafen dieser Route, in dem man jedoch weit von der Einfahrt weg und somit gut geschützt an den Schlengeln liegt. Früher war die Stadt stark befestigt und drei Stadttore des 14.–16. Jh. stehen noch heute. Das städtische Museum im wunderschönen Rathaus und das maritime Museum in einem alten Gefängnis des 16. Jh. sind zu besichtigen, ebenso der unvollendete, 58 m hohe Monstertoren, den zu erklimmen es sich lohnt.

Goes hat einen hübschen, baumbestandenen Yachthafen und entzückende Liegeplätze mitten in der Stadt. Hier gibt es viele Giebelhäuser, ein Rathaus im gotischen Stil aus dem 18. Jh. und die Grote Kerk aus dem 14. Jh.

Willemstad ist eine von einem Burggraben umgebene Festung, errichtet im 16. Jh. zum Schutz der Einfahrt des Hollands Diep nach Dordrecht. Auch die Befestigungsanlagen aus früheren Zeiten, die deutschen Bunker aus dem 2. Weltkrieg, das Mauritiushuis, heute Rathaus und früher Wohnsitz des Gouverneurs, das Waffenlager und die protestantische Kirche lohnen einen Besuch.

In der Hochsaison sind alle drei Städte stark besucht. Sie werden jedoch immer einen Liegeplatz längsseits eines anderen Schiffes bekommen.

Stavenisse, Benedensas und Dintelsas sind weniger attraktiv. Ein Liegeplatz ist hier leichter zu finden, und die Städte sind gut zu erreichen.

Die Phillipsluis, Yachtschleuse der Krammersluizen, wurde Ende 1987 fertiggestellt. Die Krammersluizen sind für Yachten nur im Ausnahmefall zugelassen. Beachten Sie die Leuchttafeln vor den Zufahrten. Wollen Sie sich allein durch die Volkerasluizen schleusen, dann brauchen Sie sich nicht über UKW zu melden,

sondern benutzen lieber die Sprechanlage auf dem Ponton. Die Schleusen vor Benedensas und Dintelsas stehen offen. Yachten dürfen auch bei „rot" durchfahren.

*Strecke*   73 km / 40 sm
*Brücken*   3 bewegliche im Goes Havenkanaal und 3 feste Brücken mit großen Durchfahrtshöhen oder Ausweichmöglichkeit auf bewegliche Brücken.
*Schleusen*   3
*Tide, Durchfahrtshöhen und Tiefenangaben*
Tidengewässer bis zur Krammersluizen (Philipsdam), nur geringe Strömung. Nach der Schleuse keine Tide mehr. Im Tidengewässer beziehen sich die Tiefenangaben auf NNW und die Durchfahrtshöhen auf MSpHW. Tiefen- und Höhenangaben der inneren Wasserwege beziehen sich auf den Pegel des Goes Havenkanaal (KP = NAP + 0,7 m, steigt allerdings manchmal bis NAP + 1,2 m). Im Hollands Diep entspricht der normale Wasserstand dem NAP.
*Geringe Wassertiefen auf der Strecke*
2,4 m im Zierikzee Havenkanaal, 1,4–1,5 m in Goes, der Hafen von Stavenisse fällt trocken, 2,2 m in der Nähe von Benedensas und 1,5 m in Teilen von Willemstad.
*Karten*   NL Sportbootkarten 1805 und 1807. Stroomatlassen HP 15 und 16. Deutsche Seekarten D 208, 209, 210, 211, 212.

# Beschreibung der Route

# Yachthafen Zierikzee (Einfahrt)

*Tidenhub*
MSpHW 3,0 m, MSpNW 0,3 m, MNpHW 2,7 m, MNpNW 0,4 m.
Höchstgeschwindigkeit 2,7 kn hinter der Keersluis.
Städtischer Hafenmeister Tel. 0 11 10/1 31 74, 2. Hafenmeister und Brückenwärter Tel. 0 11 10/1 47 16.
*Hafeneinfahrt und Versorgungsmöglichkeiten*
Von See kommend ist der riesige, viereckige Sint Levens Mon-

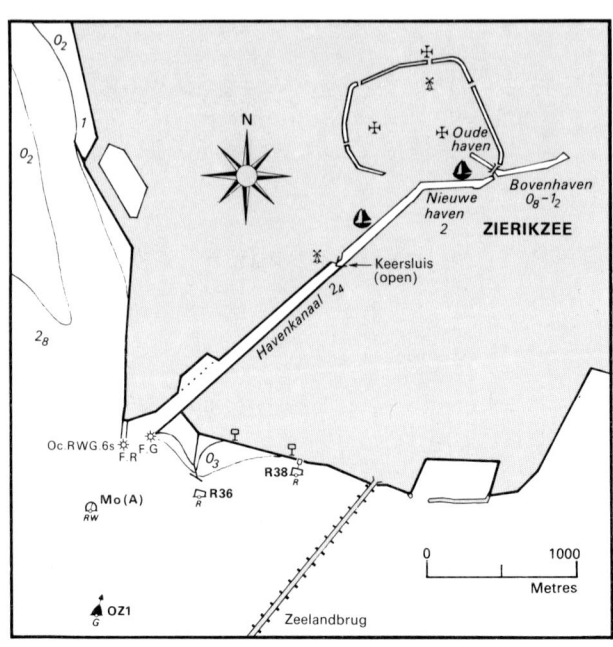

*Zierikzee: Brücke am Oude Haven*

stertoren eine weit sichtbare Landmarke. Wäre damals nicht das Geld ausgegangen, hätte der Glockenturm sogar eine Spitze bekommen.

Die Strömung läuft quer zur Einfahrt, die von SO anzusteuern ist. Baken, befeuert mit F.r. und F.gn., stehen auf den Molen der Einfahrt. Zusätzlich auf der W-Mole steht ein 6 m hoher, runder r. Turm mit w. Band und Feuer Ubr./r/gn.6s. Bei NW-lichen Winden steht eine unruhige See auf die Einfahrt.

Der Havenkanaal (Mindesttiefe 2,4 m) führt durch die dauernd geöffnete Keersluis, die nur bei Wasserständen von mehr als NAP + 1,99 m geschlossen wird. An Bb. folgt der Yachthafen mit 2,5 m Tiefe. Der WV Zierikzee bietet Toiletten und Duschen, Tel. 0 11 10/1 47 00. Weitere Liegeplätze in Richtung Stadt an Bb.-Seite im Stadshaven (Nieuwe Haven) vor der beweglichen Brücke. 2 m Wassertiefe, Schlengel, Tel. s. o., Bootstankstelle (D+B).

Fa. Brucksen hat einen 40-t-Kran, Tel. 0 11 10/1 25 95, Vrijland Watersport hat einen 18-t-Kran, Tel. 0 11 10/1 42 23.

Waschmaschine bei Ria Geluk, Nieuwe Haven 141. Stadt- und Einkaufszentrum in der Nähe.

Fahrt mit Kurs SO zur Zeelandbrug.

*1,7 km / 0,9 sm*
# Brücke Zeelandbrug (beweglich)

Beschreibung der Durchfahrt siehe Route 2.

# Engelsche Vaarwater/ Oosterschelde

Die Fahrwassertonnen tragen die Bezeichnung EV oder O, jede zweite Tonne ist befeuert.

Mindesttiefe 5,3 m. Halten Sie sich frei von der steil abfallenden Vondelingsplaat und den trockenfallenden Sandbänken der Galgenplaat sowie von ihren N-lichen Ausläufern. Beachten Sie den Schiffsverkehr aus dem Zandkreek.

*9,4 km / 5,2 sm*
# Sas van Goes

MHW entspricht NAP + 1,55 m, MNW entspricht NAP – 1,47 m.
*Schleuse* UKW-Kanal 18, Tel. 0 11 00/1 67 44, Zufahrt mit F.r. und F.gn. Vor der Schleuse liegt ein Schwimmsteg, an dem man auf das Schleusen warten, jedoch nicht übernachten darf.
*Liegeplätze* Yachthafen Het Goese Sas an der Binnenseite der Schleuse (WC, Duschen, Strom, Diesel, Bootslift und Slip je 12 t).
*Betriebszeiten der Schleuse* Mo–Fr 0600–2200, Sa, So und feiertags vom 1. Mai–1. Oktober 0800–1200 und 1600–2000, vom 1. Oktober–1. Mai 0700–0900, 1200–1300 und 1700–1800.
Brückenwärter ist zu erreichen über UKW-Kanal 18 oder Tel. 0 11 00/1 67 44.

# Havenkanaal

Wassertiefe in der Mitte max. 3 m, an den Seiten bis auf 1,7 m abnehmend. Höchstgeschwindigkeit 6 km/h.

*2,5 km / 1,2 sm*
*Brücke und Liegeplätze* **Wilhelminabrug** (bewegl.) Durchfahrtshöhe 0,2 m.
*Öffnungszeiten* Mo–Sa 0600–2400, So und feiertags 0700–2200.

*2,3 km / 1,3 sm*
# Goes

**Brücke Ringbrug** (beweglich). Durchfahrtshöhe 1,7 m
*Öffnungszeiten* vom 1. Mai–1. Oktober Mo–Fr stdl. 0700–2100 außer 1200 und Sa 0800, 0900, 1000, 1100, 1700, 1800, 1900 und 2000. Vom 1. Oktober–1. Mai 0600–2200 auf Anfrage.
Yachthafen WV De Werf, Bb. des kleinen Leuchtturms 1,4 m Tiefe, auf Stb.-Seite 2 m.
WC, Duschen, Wasser, Strom, Diesel und Benzin, Clubhaus. Hafenmeister Tel. 0 11 00/1 65 72.

*Yachthafen WV De Werf in Goes*

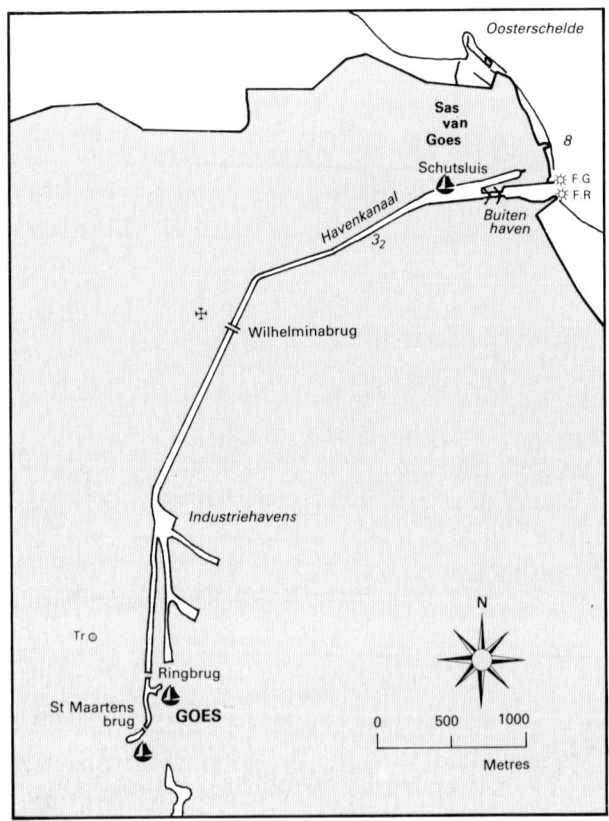

Goes: St. Maartensbrug, die Einfahrt zum Gemeindeyachthafen

*0,4 km / 0,2 sm*

Bewegliche Brücke **St. Maartensbrug,** Zugbrücke, Durch-
fahrtshöhe 2,2 m, Öffnungszeiten wie Ringbrug.
Städtische Liegeplätze mit Toiletten, Duschen und Waschmaschi-
ne. Hafenmeister Tel. 0 11 00/2 78 57.
Im Industriehafen N-lich der Ringbrug steht ein 20-t-Kran.
Fahrt aus dem Havenkanaal wie Einfahrt (s.o.).

*7,8 km / 4,2 sm*
Rote Leuchttonne EV6

# Keeten, Mastgat, Zijpe, Krammer

Tidengewässer, Mindesttiefe des Fahrwassers 6 m. Jede zweite
Fahrwassertonne (KT und K) ist befeuert. Außerhalb des Fahr-
wassers liegen auf beiden Seiten ausgedehnte, flach auslaufende
Sandbänke.

*6,0 km / 3,3 sm*
Leuchttonne gn. KT9 dicht an Stb. passieren, dann direkt auf Stavenisse zuhalten.

*0,5 km / 0,3 sm*

# Stavenisse (Einfahrt / Ansteuerung)

*Tidenhub*  MSpHW 3,1 m, MSpNW 0,3 m, MNpHW 2,8 m,
MNpNW 0,4 m.
Hafenmeister Tel. 0 16 63/28 15.
Die Einfahrt ist schwer auszumachen und nicht befeuert. Das Feu-
er auf der Ostmole hilft kaum bei der Ansteuerung – es gehört zur
Befeuerung der Oosterschelde. Der Drempel der offenstehenden
Schleuse hat bei NW 0,7 m Wasser. Der Hafenkanal und der Hafen
haben bei NW nur etwa 0,4–0,7 m Wasser, fallen also fast trocken.
Das Einlaufen hängt vom Tiefgang des Schiffes ab, ist aber erst bei
halbaufgelaufener Tide (Flut) zu empfehlen.
Der Jachthaven Stavenisse befindet sich am Hafenende im SW,
Toiletten und Duschen sind vorhanden. Einen mobilen 4,5-t-Kran
hat Garage T. J. Struik, Tel. 0 16 63/23 30.

Stadshaven von Goes

*5,2 km / 2,8 sm*

# Oosterschelde
(Einfahrt bei Sas van Goes, tidenabhängig)

Fahren Sie die Strecke durch das Engelsche Vaarwater um die N-
Spitze der Sände zurück, und bleiben Sie in mind. 3 m Tiefe. Halten Sie sich leicht O-lich der r. Tonne EV6 (befeuert).

# Zijpe (Fahrwasser)

Die Fährhäfen sind gesperrt (Bojen mit Leinen verbunden). Im
Vluchthaven Zijpe ist in der Südwestecke ein Steg für Yachten,

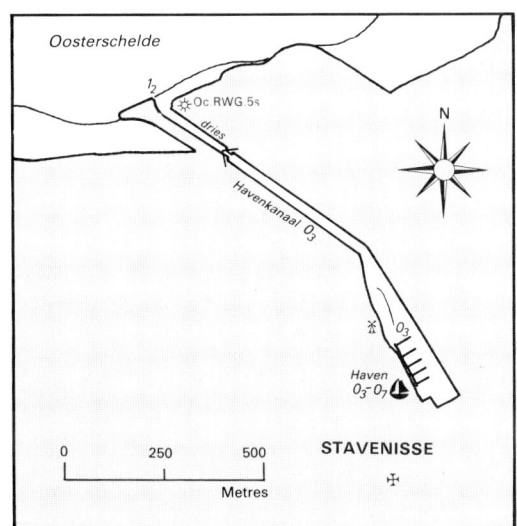

wo man 3 x 24 Stunden kostenlos liegen, das Schiff jedoch nicht unbemannt liegen lassen darf. Der Visserhaven und der Reparatiehaven von Bruinisse sind für Yachten nicht geeignet.
Die Schleuse und das Grevenlingenmeer werden in Route 4 beschrieben.

*12 km / 6,5 sm*
# Philipsdam und Krammersluizen (W-Einfahrt)

*W-lich der Schleusen* MHW entspr. NAP + 1,54 m und MNW entspr. NAP – 1,49 m.
*O-lich der Schleusen* VK (Volkerak-Pegel) = NAP. Die Krammersluizen ist auf Kanal 22 (UKW) zu erreichen. Sportboote müs-

*Krammersluizen: Die nördliche Schleuse (o.), die Jachtensluis (u.)*

sen die neue Yachtschleuse, die Philipssluis, benutzen. Nördlich der Hauptschleuse liegt die mit F.r. und F.gn. befeuerte Einfahrt.
*Öffnungszeiten* Permanenter Dienst in der Hauptschleuse. Die

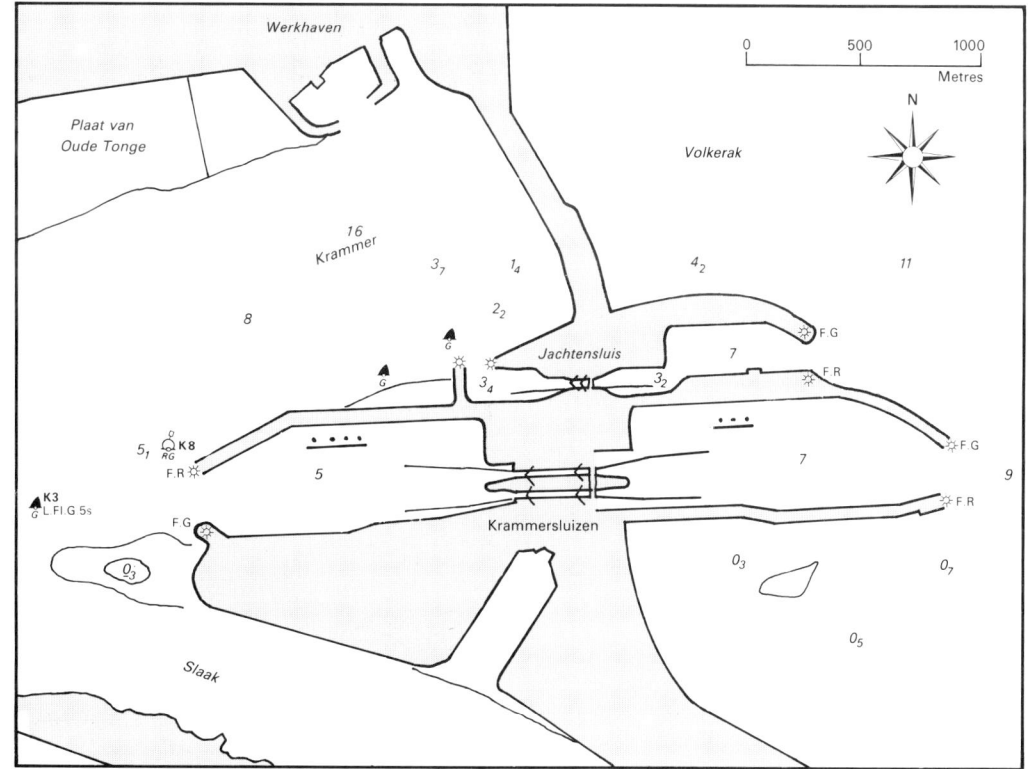

Yachtschleuse öffnet vom 1. April–1. Oktober 0600–2200. Im Winter sowie nachts können die Sportboote die Hauptschleuse benutzen.

Feste Brücke O-lich der Yachtschleuse hat eine Durchfahrtshöhe von NAP + 17,8 m (wird auch angezeigt auf einer automat. Anzeigetafel). Bewegliche Brücke N-lich der Hauptschleuse hat eine Durchfahrtshöhe von NAP + 13,5 m. Feste Brücke S-lich der Hauptschleuse hat eine Durchfahrtshöhe von NAP + 14,5 m.

*3,1 km / 1,7 sm*
Volkerak (O-Einfahrt der Krammersluizen)

# Volkerak (Zoommeer)

Das Volkerak ist ein Teil des neuentstandenen und tidefreien „Zoommeer", dessen Pegel auf NAP gehalten wird. Das Fahrwasser ist durchgehend mit Leuchtbaken bezeichnet und ist Teil der „Schelde-Rijn-Verbindung", die von schnellfahrenden Binnenmotorschiffen bei Tag und Nacht sehr stark befahren wird. Die Ufer bestehen aus flach auslaufenden Sand- oder Schlickbänken. Das Fahrwasser ist über 6 m tief.

*5,5 km / 3,0 sm*
# Benedensas (Einfahrt zum Steenbergse Vliet)

Höchstgeschwindigkeit 4,3 kn. Kanal von 1 km Länge und 2,2 m Tiefe führt bis zur Schleuse. Schlengelliegeplätze sind im N der Halbinsel außerhalb der Schleuse sowie am W-Ufer innerhalb der Schleuse. Dort befindet sich der WV Volkerak. Hafenmeister Tel. 0 16 70/6 52 61. S-lich der Schleuse ist der Jachthaven von Stichting Watersportbelangen De Vliet, Tel. 0 16 76/29 14.

Die Schleuse steht ständig offen. Sportboote dürfen auch dann durchfahren, wenn 2 rote Lichter gezeigt werden.

**WV Volkerak:** WC, Duschen, Wasser und Strom.

**WV de Watersportbelangen de Vliet:** WC, Duschen, Trailer-Slipbahn und Schwimmdock.

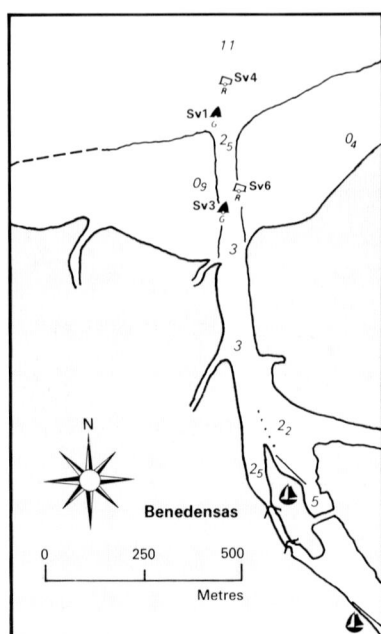

*5,2 km / 2,8 sm*
*Liegeplätze* im Galatheese Haven am N-Ufer. Rote Tonne NV 6 NO-lich passieren, Einfahrt ist auf der S-Mole mit F.r. befeuert. Hafentiefe 0,6–2,1 m. Die Liegeplätze sind im West-Teil.

*4,0 km / 2,2 sm*
# Dintelsas (Einfahrt in den Vluchthaven)

Der Buitenhaven, auf der Karte als „Vluchthafen" bezeichnet, hat für Yachten seine Bedeutung verloren, da die „Manderssluis" ständig offensteht. Yachten dürfen auch durchfahren, wenn 2 rote Lichter gezeigt werden. Manderssluis: UKW-Kanal 20.

Hinter der Schleuse liegen die Yachthäfen „Waterkantships" (WC, Duschen, Diesel, Benzin, Waschmaschine, Propangas, Entsorgung für Chemie-Toiletten) und „ Jachtcentrum Dintelmond" (WC, Duschen, Elektro-Anschluß, Reparaturen aller Art, Slip, Kran bis 400 kg, Bootslift bis 20 t, Entsorgung für Chemietoiletten).

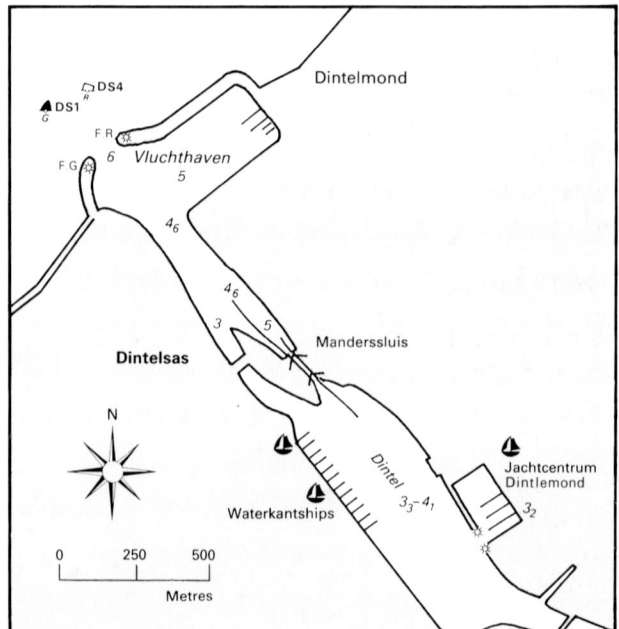

*Jachtcentrum Dintelmond in Dintelsas*

# Volkerak / Hellegat

Das Fahrwasser „Hellegat" führt zur Jachtensluis im Volkerak-damm. Es ist betonnt (HG), aber kaum befeuert. Beachten Sie die Signalbake bei der NV 9.

*4,8 km / 2,6 sm*
# Volkeraksluizen

Einfahrt der Yachtschleuse ist befeuert mit F.r. und F.gn. Öffnung der Schleuse vom 1. April–1. November nach Bedarf, melden Sie sich über die Gegensprechanlage auf dem Schwimmsteg, notfalls benutzen Sie Kanal 69 (UKW).

Vom 1. November–1. April benutzen Sie die Schiffsschleuse (UKW Kanal 18).

Zur Öffnung der Brücke im S der Hauptschleuse über UKW melden.

*Feste Brücke über der Yachtschleuse* Durchfahrtshöhe (normal 18,2 m) wird auf einer Leuchttafel über der Schleuse angezeigt.

*Feste Brücke N-lich der Hauptschleuse* Durchfahrtshöhe NAP + 14,8 m.

*Feste Brücke auf Mitte der Hauptschleuse* Durchfahrtshöhe NAP + 14,8 m.

*Bewegliche Brücke S-lich der Hauptschleuse* Durchfahrtshöhe NAP + 14 m.

Aus der Schleuse kommend fahren Sie ins Hollands Diep (auch Einfahrt in die Schleuse).

*2,8 km / 1,5 sm*
# Willemstad (Einfahrt in den Voorhaven)

Beachten Sie den Schiffsverkehr, wenn Sie die Hauptschleusen und den Willemstad Werkhaven passieren.

*Volkeraksluizen: Die Nordeinfahrt der Jachtensluis*

Die Einfahrt in den Voorhaven ist eng und nur auf der N-Mole befeuert mit F.gn. Im Voorhaven 2–4,5 m Tiefe. Anmeldung im schwimmenden Hafenbüro im Vorhafen. Tel. 0 16 87/32 62 oder 25 76.

Der Binnenhaven ist sehr schön, häufig aber überfüllt, Tiefe 1,6–2,8 m. Im städtischen Yachthafen (1,5–3,2 m tief) befindet sich auch die WV Willemstad. Bootstankstelle im Vorhafen.

Toiletten und Duschen sind in jedem Hafen vorhanden, im Binnenhaven auch ein 1,5-t-Kran der Fa. M. Wiercks, Tel. 0 16 87/28 55. Die Fa. Grubo hat einen Schiffskran.

# Route 4
# Eine Tour durchs Grevelingenmeer

### Einführung

Das Grevelingenmeer bietet einfache Tourenbedingungen, d.h. keine Tide und keinen Schiffsverkehr, schöne Segelmöglichkeiten und sehr gute Versorgungseinrichtungen.

Im Jachthaven Aqua Delta in Bruinisse finden Sie ein Zentrum mit Wohnungen, Läden und Reparaturmöglichkeiten sowie einen Club und ein Restaurant.

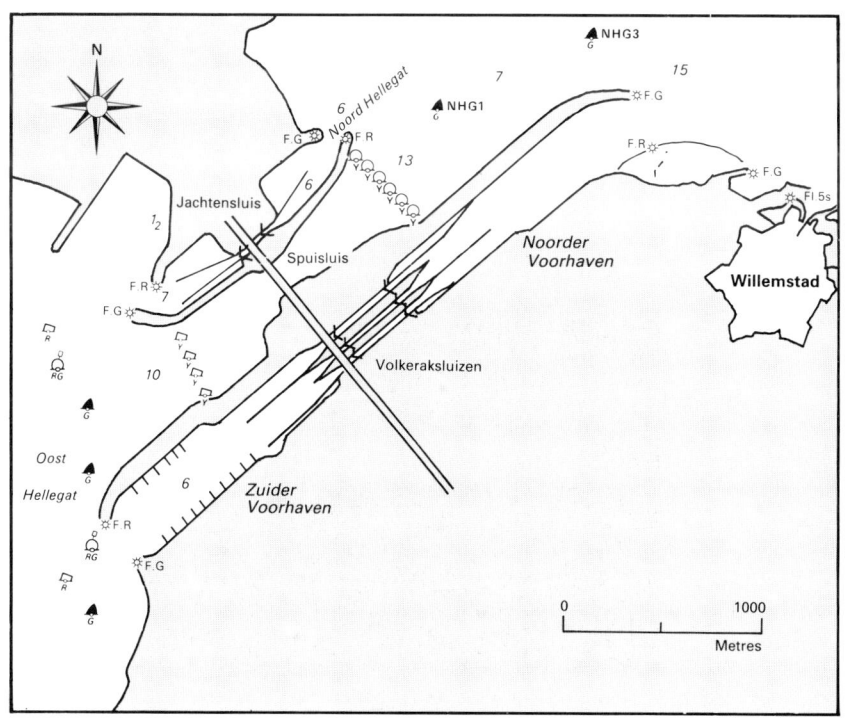

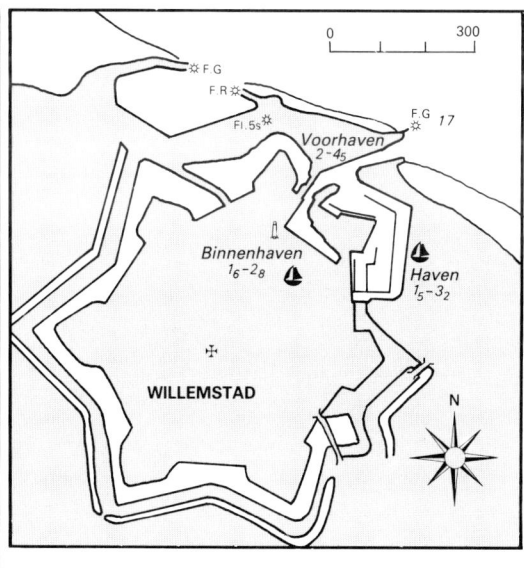

Brouwershaven war früher, wie Veere, ein großer Seehafen am offenen Grevelingen. Es gibt dort einen Marktplatz mit einer Statue des großen Poeten Jacob Catz (16. Jh.), des weiteren ein Rathaus aus dem 16. Jh., eine Kirche des 13. Jh. und natürlich eine Windmühle.

Von Ouddorp, dem Zentrum Goerees, können Sie einen langen Spaziergang zu dem reizenden, dreieckigen Fischereihafen machen. Goeree war einmal eine kleine Insel in der Schelde-Mündung, ist jetzt aber an das Festland (Overflakee) angeschlossen.

Die großen, unbewohnten Schutz- und Sicherungshäfen hinter dem Brouwersdam bieten unberührte Natur, und die nahen Strände an der Nordsee laden zu einem Besuch ein.

*Strecke*   57 km / 31 sm
*Brücken*   1 bewegliche
*Schleusen*   1 (Grevelingensluis)
*Tiden, Durchfahrtshöhen und Tiefenangaben*
Auf der S-Seite des Grevelingendam Tidengewässer, Tiefenangaben beziehen sich auf NNW, Durchfahrtshöhen auf MSpHW. Im Grevelingenmeer beziehen sich beide Angaben auf den Grevelingenpeil GP (entspricht NAP − 0,2 m).
*Geringe Tiefen*   2 m im Brouwershaven Havenkanaal, 1,4 m an der O-Seite des Hafens von Ouddorp und 1,5 m im Herkingen Haven (allerdings 2,1 m im Yachthaven).
*Karten* NL-Sportbootkarte 1805. Deutsche Seekarte D 211.

# Beschreibung der Route

# Grevelingendam

*Tidenhub*  MSpHW 3,2 m, MSpNW 0,2, MNpHW 2,8 m, MNpNW 0,3.
Von der Krammer kommend wählt man das Zuid Grevelingen-Fahrwasser, dessen Tonnen die Bezeichnung ZG tragen. Die Tonnen sind unbefeuert, Fahrwassertiefe 3 m. Ein Sektorenrichtfeuer Glt.w/r/gn.4s befindet sich S-lich der Einfahrt zur Schleuse. Die Schleuseneinfahrt ist befeuert mit F.r. und F.gn.
*Schleuse und Brücke* **Grevelingensluizen** und Zugbrücke, Durchfahrtshöhe 6,4 m.
*Öffnungszeiten*  vom 15. Juni–1. September 0700–2200, vom 1. September–15. Juni 0800–2200. Der Schleusenwärter der Grevelingensluizen ist über UKW-Kanal 22 zu erreichen.

# Grevelingenmeer

Die Fahrgeschwindigkeit ist auf dem gesamten Grevelingenmeer auf 9 km/h begrenzt. Die ausgedehnten Sände entlang der Küsten und um die Inseln herum sind mit Pricken auf der 1,5-m-Linie bezeichnet. Bei Fahrtrichtung von SO nach NW: Pricken mit Spitze nach unten, r. Tonnen an Bb. liegen lassen, Pricken mit Spitze nach oben, gn. Tonnen an Stb. lassen. Im NW parallel zum Brouwersdam stehen Pricken mit Spitze nach oben, gn. Tonnen dammseitig; auf der O-lichen Seite des Fahrwassers Pricken mit Spitze nach unten, r. Tonnen.

Die Tonnen sind nicht befeuert, nur 3 Baken zwischen Bruinisse und Brouwershaven sind Leuchtbaken, und die Hafeneinfahrten sind mit F.r. und F.gn. befeuert. Fahrwassergabelungen sowie die Enden der Sände sind mit r/gn. Tonnen bezeichnet.
Viele Inseln haben Liegeplätze, häufig mit geringen Tiefen (Echolot mitlaufen lassen, siehe auch Sportbootkarten).

# Yachthafen Bruinisse

Yachthafen WV Bruinisse W-lich der Grevelingensluis, Tiefe 4,8 m, Toiletten, Duschen und ein 1-t-Kran sind vorhanden. Hafenmeister Tel. 0 11 13/15 06. Hafenausfahrt befeuert mit F.r. und F.gn., runden Sie r. Tonne GG2 (unbefeuert) N-lich des Hafens, und fahren Sie S-lich in den Jachthaven Aqua Delta.
Jachthaven Aqua Delta, Einfahrt befeuert mit F.r. und F.gn., Tiefe 2,4–3,0 m. Toiletten, Duschen und eine Waschmaschine stehen zur Verfügung. Hafenmeister Tel. 0 11 13/14 85. Der Rowi Watersport B.V. hat einen 16-t-Kran, Tel. 0 11 13/21 95.

Folgen Sie den gn. Fahrwassertonnen Richtung NW.

*Bruinisse: Die Aqua Delta-Marina*

*11,6 km / 6,3 sm*
# Geul van Bommenede

Einfahrt S-lich der r / gn. Tonne G22 / GB1.
Fahrwasser mit Tonnen der Bezeichnung GB verläuft S-lich der Stampersplaat (kleiner Hafen mit 1,5–2,5 m Tiefe) und S-lich von Dwars-in-den-Weg (Stege zum Anlegen), Fahrwassertiefe 8 m.

# Brouwershaven

Umrunden Sie die r. Tonne GB20, die die NW-Spitze der Untiefe bezeichnet, und fahren Sie Richtung SO in den mit r. und gn. Stangen (Toppzeichen, unbefeuert) bezeichneten Kanal. Zunächst Sektorenfeuer F.w/r/gn. ansteuern, später Richtfeuer in Linie 142°. Einfahrtskanal mind. 2,5 m tief.

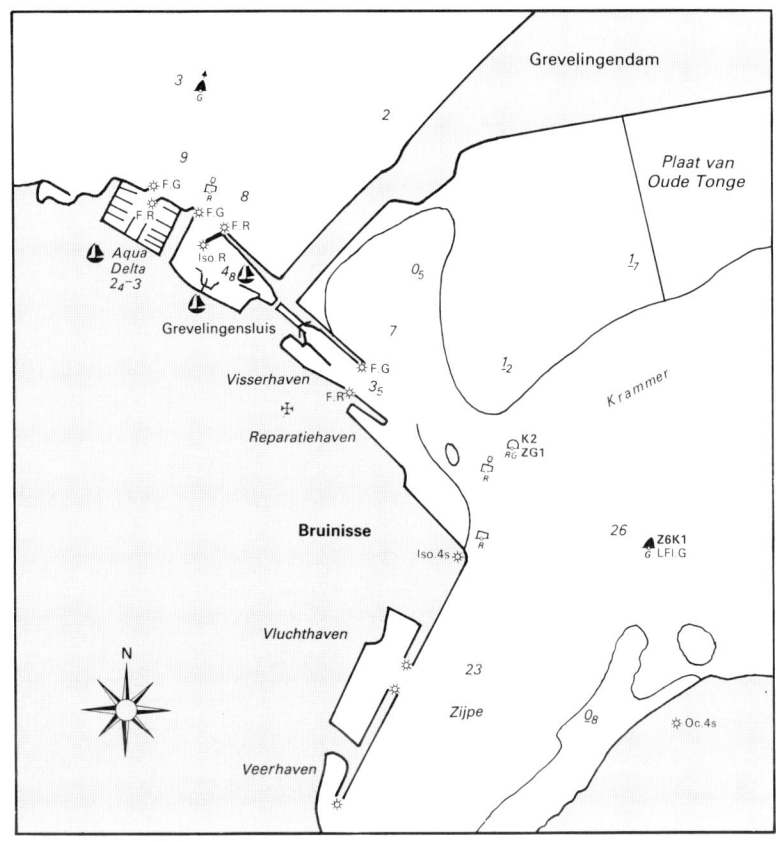

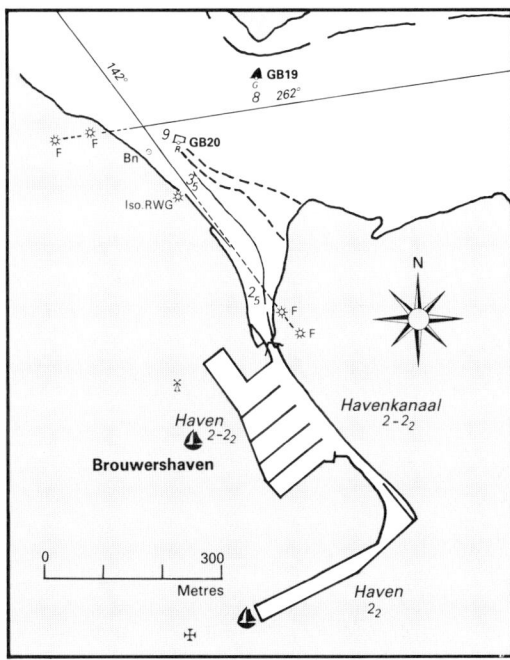

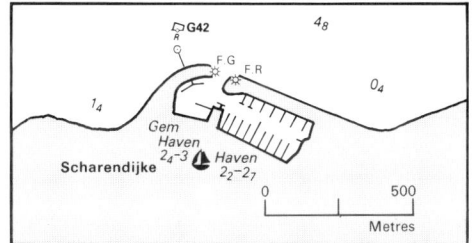

*4,8 km / 2,6 sm*

*Yachthafen* Einfahrt durch die offene Keersluis, 2 m Tiefe an der Schleusenschwelle, im Hafen 2,2 m Tiefe. Der Nieuwe Jachthaven ist an Stb., Schiffe über 12 m Länge machen an den Kopfpfählen fest. Der Oude Haven am Ende des Havenkanaals hat einen Besucherschlengel. WC, Duschen, Waschsalon, Strom, Diesel, Benzin, Kran bis 10 t (Heben mit stehendem Mast), Yachtausrüster, Reparaturen aller Art, Entsorgung für Chemietoiletten.
In Richtung N folgen Sie dem mit GB bezeichneten Fahrwasser.

*2,0 km / 1,1 sm*
# Yachthafen Den Osse

Einfahrt zum Hafen der WV Den Osse befeuert mit F.r. und F.gn., Tiefe 3,8–6 m. Toiletten, Duschen und ein 25-t-Kran sind vorhanden. Hafenmeister Tel. 0 11 19/14 57. Halten Sie sich beim Auslaufen von der Untiefe W-lich der Einfahrt frei.

*3,5 km / 1,9 sm*
# Yachthafen Scharendijke

Befeuerung der Einfahrt mit F.r. und F.gn. Die meisten Liegeplätze befinden sich hinter der 2. Einfahrt an Bb.-Seite. WC, Duschen, Waschräume, Diesel, Benzin, Reparaturen aller Art einschließlich Rigg und Segel, Trailer-Slipbahn bis 5 t, Kran bis 20 t, Entsorgung für Chemietoiletten.
**Haven Middelplaat** Ehemaliger Bauhafen am Brouwersdamm. Die Einfahrt ist mit F.r. und F.gn. befeuert. Keine Einrichtungen. Man liegt 2 x 24 Std. kostenlos.

*Yachthafen Scharendijke*

# Geul van Ossehoek

Steuern Sie auf Kurs ONO zur O-Seite der Kabbelaarsbank. Die flach auslaufenden Sände sind im O durch Pricken mit Spitze nach oben, im N durch Pricken mit Spitze nach unten bezeichnet. Runden Sie die r. Tonne G04 und fahren Sie entlang des Geul van Ossehoek im Fahrwasser mit G0 bezeichneten Tonnen. Fahrwassertiefe 5 m.

*5,0 km / 2,7 sm*

*Liegeplätze* in der neuen Marina Port Zélande, Tiefe 3–5 m, Einfahrt befeuert mit F.r. und F.gn. 600 Liegeplätze mit allen Serviceleistungen.

*1,6 km / 0,9 sm*
*Liegeplätze* im Haven Springersdiep, Tiefe 3–8 m, Anleger und Müllcontainer dammseitig, Einfahrt befeuert mit F.r. und F.gn.

# Springersdiep (Fahrwassertonnen SP)

Halten Sie sich W-lich der Untiefen von Hompelvoet (mit Pricken bezeichnet), Tiefe der Fahrrinne am Rand 3 m.

*5,2 km / 2,8 sm*
# Ouddorp Haven (Einfahrt)

Einfahrt befeuert mit F.r. und F.gn. Tiefe im O-Arm 1,4 m, im W-Arm 2,3 m. WV Goeree ist ansässig. Toiletten, Duschen und ein 10-t-Kran sind vorhanden. Hafenmeister Tel. 0 18 78/15 83.

# Springersdiep (Fahrwassertonnen SP)

Freihalten von den beidseitigen, ausgedehnten Untiefen, die durch Pricken markiert sind. Halten Sie sich N-lich der mit Pricken bezeichneten Untiefe Vlieger.

*Hafen Ouddorp*

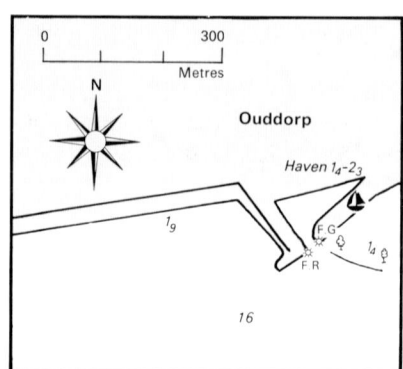

*6,9 km / 3,7 sm*
Rote Tonne SP2 und gn. Tonne SP1.

# Hals (Betonntes Fahrwasser)

Westseite betonnt, Ostseite mit Pricken markiert. Zu beiden Seiten sehr flach.
*7,6 km / 4,1 sm*
Grüne Tonne H1, unbefeuert.

# Geul van Herkingen
(Fahrwassertonnen GH)

Ausgedehnte Sandbank auf der N-Seite des Fahrwassers, mit Pricken bezeichnet.

*3,0 km / 1,6 sm*
Einfahrt nach Herkingen, bezeichnet mit r. und gn. Stangen.

# Herkingen

Herkingen Geul, mit Bb.- und Stb.-Pricken bezeichnet, Solltiefe 2,3 m.

*1,1, km / 0,6 sm*
*Yachthafen* Einfahrt des Herkingen Jachthaven befeuert mit F.r. und F.gn., Tiefe 2,1–2,5 m. Die Marina des WV Herkingen befindet sich an Bb. Toiletten und Duschen stehen zur Verfügung. Hafenmeister Tel. 0 18 76/6 23. Einen 17-t-Kran gibt es bei L.v.d. Velde, Tel. 0 18 76/2 56.

Fahren Sie Kurs SO um die O-Seite der Mosselbank (bezeichnet mit Pricken sowie Tonnen der Bezeichnungen GH und SJ) nach Bruinisse.

*Yachthafen des WV Herkingen*

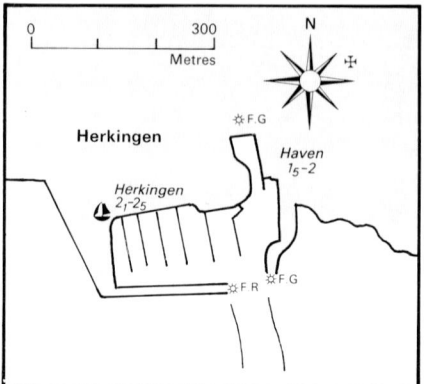

*4,8 km / 2,6 sm*
# Yachthafen Bruinisse

Jachthaven Aqua Delta. Siehe oben unter Bruinisse.

# Das nördliche Schelde-Delta
# Haringvliet und der Rotterdamse Waterweg

## Route 5
## Von Hellevoetsluis über das Spui nach Dordrecht

### Einführung

Diese Strecke verbindet den interessanten Ort Hellevoetsluis mit der Stadt Dordrecht und ist an sich nicht besonders reizvoll. Hellevoetsluis war im 17. und 18. Jh. eine Marinebasis, von der aus Wilhelm III. 1688 lossegelte, um den britischen Thron zu erobern. Heute ist es ein Yachtzentrum mit einer großen Ortschaft, einigen interessanten Häusern, einer Windmühle, einem kleinen Leuchtturm und einem alten, 1804 gebauten Trockendock, das mit Hilfe einer Dampfmaschine arbeitete und seit 1930 stillgelegt ist. Das „Brandweermuseum" (Feuerwehrmuseum) zeigt Exponate der Feuerlöschtechnik aus der Zeit von 1500–1968. Es ist täglich, außer montags, von 1300–1600 geöffnet.

Dordrecht ist die älteste Stadt Zuid-Hollands und liegt an einer der meist befahrensten „Flußkreuzungen" der Welt. Es gibt dort ein faszinierendes Hafenviertel, den Groothoofdspoort-Turm aus dem 17. Jh. am Treffpunkt der 3 Flüsse, die gotische Grote Kerk, viele wunderhübsche Straßen mit Giebelhäusern und zwei Museen. Im Van-Gijn-Museum sind die Maler der Stadt wie z.B. Bols, Van Hoogstraten, Cuyp und Maes ausgestellt, und man erfährt einiges über die Inselgeschichte Dordrechts und über die frühen Polder-Experimente. Wie auch in Amsterdam stehen viele der hübschen Giebelhäuser schon ein wenig geneigt auf ihrem Marschboden-Fundament.

Diese Route führt durch weite, ländliche Gebiete mit vereinzelten Fabriken und einigen angenehmen Liegemöglichkeiten.

Bei den vorherrschenden Windrichtungen kann auf dieser Tour meist gesegelt werden.

*Strecke* 45 km / 24 sm
*Brücken* 4 bewegliche, eine davon ist die Eisenbahnbrücke Dordrecht.
*Schleusen* keine
*Tiden, Durchfahrtshöhen und Tiefenangaben*
In den NL-Sportbootkarten beziehen sich die Tiefenangaben meistens auf OLW. Im Haringsvliet ist OLW = NAP, die Pegel werden auf ca. NAP + 0,25–0,5 m gehalten. Im Hollands Diep liegt die Spanne bei NAP + 0,45–0,65 m, in den N-lichen Tidengewässern (bei MNW bis MHW) liegt die Spanne in der Spui bei NAP + 0,1–0,6 m, und in der Oude Maas bei Dordrecht sind die Wasserstände NAP + 0,1–1,0 m. Durchfahrtshöhen beziehen sich auf MHW.

Die Strömungen sind, besonders in der Oude Maas, sehr stark. Es lohnt sich, sie auszuarbeiten und entsprechend günstige Zeiten abzuwarten. Für eine Yacht beträgt die durchschnittliche Fahrtdauer 5 Std. Entlang den 13 sm des Haringvliet und des Spui fließt der Ebbstrom mit (Richtung NO), auf der Oude Maas fließt er gegenan (Richtung W). Beginn der Ebbe auf beiden Flüssen ungefähr bei HW Hoek + 4¹/₂ Std. Es lohnt sich, die 3 letzten Std. der Ebbe im Spui zu fahren, um dann bei Flutbeginn auf der Oude Maas zu sein, Flutbeginn bei Hellevoetsluis ca. HW Hoek – 2¹/₂ Std. Die Reise in die andere Richtung läßt sich mit Hilfe des Stroomatlas leicht planen. Sie können nicht mit einem unveränderlichen Plan von Ebbe und Flut rechnen, denn die Strömung im N-S-verlaufenden Spui ist auch abhängig vom Schleusen-Programm in Haringvliet. Wenn aus dem Rhein viel Wasser kommt, ebbt es im Spui praktisch gar nicht.

*Geringe Tiefen auf der Strecke*
1,8 m in Teilen des Hellevoetsluis Groote Dok, 1 m in Teilen des Blinckvliet Havens, teilweise 0,6 m in Nieuw Beijerland, teilweise 1,2 m im Oud Beijerland, 1,8 m im Heerjansdam, 0,9 m in Teilen des Puttershoek und 1,8 m in Teilen des Wijnhaven Dordrecht.
*Karten* NL-Sportbootkarten 1807 und 1809, dazu Stroomatlassen HP 15 u. 16. Deutsche Seekarten D 211, 212, 237, 238. ANWB-Karte J.

## Beschreibung der Route
## Hellevoetsluis

**Heliushaven,** Tiefe 3–5 m.
*3 Yachthäfen* befinden sich auf der W-Seite des Heliushavens, Einfahrt befeuert mit F.r. und F.gn., Toiletten und Duschen sind jeweils vorhanden. Bei S-lichen Winden liegt man an den Außenschlengeln sehr unruhig. Der WV Helius hat eine Waschmaschine und einen 10-t-Kran, Tel. 0 18 81/17 03, im WV Hellevoetsluis gibt es einen 2,5-t-Kran, Tel. 0 18 83/1 58 68. WV Haringvliet Tel. 0 18 83/1 40 39.

**Het Groote Dok**
Einfahrt zu De Haaven (3,8–4,8 m tief) nur mit einem Leuchtturm Glt.r/w/gn. 10 s auf der W-Mole befeuert.

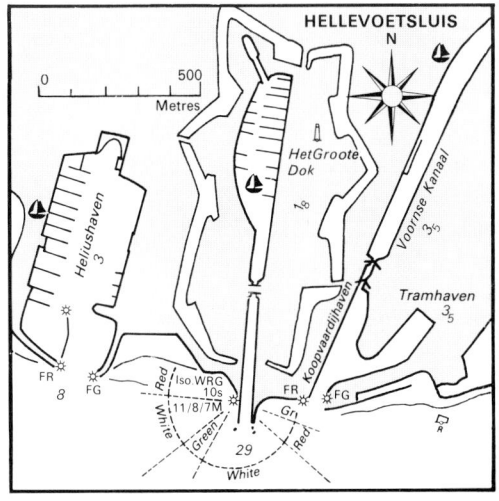

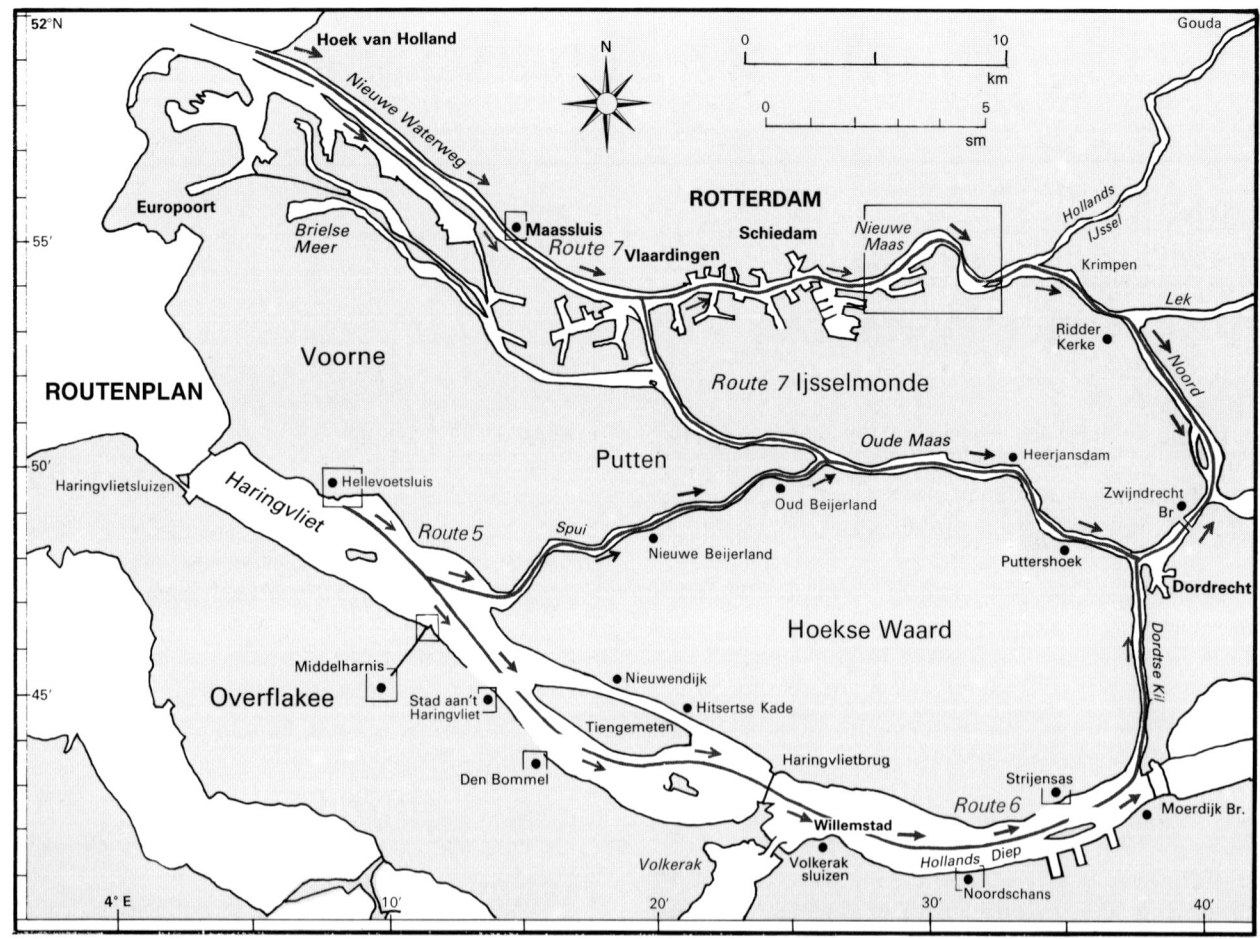

*Liegeplätze* entlang des städtischen Kais, bei S-lichen Winden ungeschützt, im Sommer stehen Toiletten und Duschen zur Verfügung.

*Drehbrücke* Durchfahrtshöhe 1,2–2 m.

*Öffnungszeiten* 1. Oktober–1. April Mo–Fr 0800, 1000, 1130, 1300, 1500 und 1600, Sa, So und feiertags (außer Weihnachten und Neujahr) 1000, 1300 und 1630. 1. April–1. Oktober, Mo–Fr 0800, 0900, 1000, 1100[1], 1130, 1300, 1400[1], 1500, 1600[1], 1630, 1800[1], 1930[2] und 2030[2].

[1] nicht im April.

[2] nicht im April und Mai.

*2 Yachthäfen im Groote Dok* WV Hellevoetsluis, Tel. 0 18 83/ 1 46 40 und Jachthaven Arie de Boom mit Toiletten, Duschen und einem 25-t-Bootslift, Tel. 0 18 83/1 21 66.

## Koopvaardijhaven

Tiefe 5 m, Einfahrt zum Voornse Kanaal, Tiefe 3–4 m, Einfahrt befeuert mit F.r. und F.gn.

*Liegeplätze* nach S ungeschützt, städtischer Anleger auf der W-Seite, im Sommer Toiletten und Duschen vorhanden.

*Schleuse und Brücke* zum Voornse Kanaal, Tramhaven im O ist für Yachten verboten, die Jachtwerft Devo dort hat einen 10-t-Kran, Tel. 0 18 83/1 26 05.

*2 Yachthäfen im Kanaal door Voorne*

Auf der W-Seite N-lich der Schleuse ist der WV Haringvliet, Tel. 0 18 83/1 29 24, auf der O-Seite ist der WV Waterman, Tel. 0 18 83/1 42 57.

*Öffnungszeiten der Brücke und der Schleuse* 1. Oktober–1.

*Hellevoetsluis: Anleger im Koopvaardijhaven*

April, Mo–Fr 0815–1015, 1000, 1100[1], 1130, 1315, 1515 und 1645, Sa, So und feiertags 1015, 1315, 1645. Vom 1. April–1. Oktober, Mo–Fr 0815, 0900, 1000, 1100[1], 1130, 1315, 1400[1], 1500, 1600[1], 1630, 1830[1], 1930[2], 2030[2], Sa, So und feiertags 0815, 0900[1], 1000, 1100[1], 1130, 1315, 1400[1], 1500, 1600, 1630, 1830, 1930[1], 2030[1].

[1] nicht im April.    [2] nicht Weihnachten und Neujahr.

Es befindet sich ein Einkaufszentrum 1,6 km N-lich der Schleuse auf der O-Seite des Kanals.

*Hellevoetsluis: Het Groote Dok*

# Haringvliet

Fahrwassertonnen tragen die Bezeichnung HV, einige sind Leuchttonnen, Pricken bezeichnen die 2-m-Linie der Untiefen. Fahrwassertiefe mind. 3,7 m. Von der Slijkplaat freihalten. Hoornse Hoofden (befeuert mit Ubr.r/w/gn.5s) dicht an Bb. lassen.

# Spui (Fluß)

Die Ansteuerung zum Spui ist mit Tonnen „BN 25–BN 1" bis in das Spui hinein bezeichnet und geht dann über in SP 22–SP 2. Für Revierfremde nachts nicht befahrbar, da nur 2 Tonnen befeuert sind. Wassertiefe 3–15 m. In Innenkurven teilweise sehr flach. Gewundener Gezeitenfluß mit starker, in Richtung und Geschwindigkeit wechselnder Strömung. Der Ebbstrom läuft nach NO bis 3,5 kn. Die Flut läuft nach SW bis 3 kn. Tidenhub beim Haringvliet 0,2 m, bei der Mündung in die Oude Maas 0,9 m.

*12,2 km / 6,6 sm*
Yachthafen Zuidland, mehr als 3 km von der Stadt entfernt. Der WV Blinckvliet befindet sich am N-Ufer, Toiletten, Duschen und ein 8-t-Bootslift stehen zur Verfügung, Tel. 0 18 81/19 91.

*5,0 km / 2,7 sm*
# Nieuw Beijerland

MHW entspricht NAP + 0,85 m, MNW entspricht NAP + 0,15 m.
Der WV Beijerland befindet sich im W-lichen Hafenbecken, Tiefe 1,7–2,1 m. Liegeplätze gibt es auch im O-Becken mit 0,6–1,5 m Tiefe. Hafenmeister Tel. 0 18 17/15 17. Der Hafen ist nahe dem Ortszentrum.

*6,1 km / 3,3 sm*
# Oud Beijerland

MHW entspr. NAP + 0,7 m, MNW entspr. NAP – 0,2 m.
Der Yachthafen des WV Spui befindet sich auf der W-Seite des Hafenbeckens, Tiefe 1,2–1,7 m. Toiletten, Duschen und ein 5-t-Kran stehen zur Verfügung, Tel. 0 18 60/1 41 22. Ortszentrum in Hafennähe.

*1,7 km / 0,9 sm*
# Einmündung des Spui in die Oude Maas

Richtung O tragen die Fahrwassertonnen die Bezeichnung O, r. Tonnen an Bb. lassen. Es gibt einige Leuchttonnen. Die Sände sind mit Leuchtbaken bezeichnet. Alle Untiefen sind sehr gut markiert. Starker Berufsschiffahrtsverkehr. Tidengewässer, der Ebbstrom läuft mit 2 kn und mehr.

*8,5 km / 4,6 sm*
# Heerjansdam

MHW entspr. NAP / 0,95–1,05 m, MNW entspr. NAP – 0,17 – 0,49 m.
*Yachthafen* Jachthaven Oude Maas im N des Hafens, Tiefe 1,8–3,6 m. Toiletten, Duschen und ein 30-t-Bootslift sind vorhanden, Tel. 0 18 57/24 45. Am N-Ufer befinden sich Richt-Feuer (Glt.4s und Glt.6s) für beide Fahrtrichtungen. Zur Stadt 1,5 km.

*3,1 km / 1,7 sm*
# Puttershoek

MHW entspr. NAP + 0,85 m, MNW entspr. NAP + 0,05 m.
*Liegeplätze* im kleinen Gemeindehafen bei der Kirche. Die westliche Mole ist befeuert: Iso. 4s gn. Tiefe 0,9–1,5 m, Stadtnähe.
*Liegeplätze* im Lorregat, beim WV Waterlelie, Einfahrt wird durch Liegeplätze der Binnenschiffe behindert. Tiefe 1–1,4 m.
Fahren Sie weiter auf Kurs W über die Kreuzung Dordtse Kil hinaus.

# Dordrecht

MHW entspr. NAP + 0,9 m, MNW entspr. NAP + 0,1 m. Hafenmeister am Binnenkalkhaven 47, Tel. 0 78/13 42 11 von 0800–1230 und 1330–1700 im Dienst.

*8,7 km / 4,7 sm*
*Bewegliche Eisenbahnbrücke* Durchfahrtshöhe 5,6–6,3 m geschlossen, 44–45,5 m geöffnet. Zu erreichen auf UKW-Kanal 19 jeweils 15 Min. vor bis 15 Min. nach der Öffnung, sonst beim Verkeerspost Dordrecht auf UKW-Kanal 71 od. Tel. 0 78/13 24 21.

*Dordrecht: Blick auf die Straßen-/Eisenbahnbrücke*

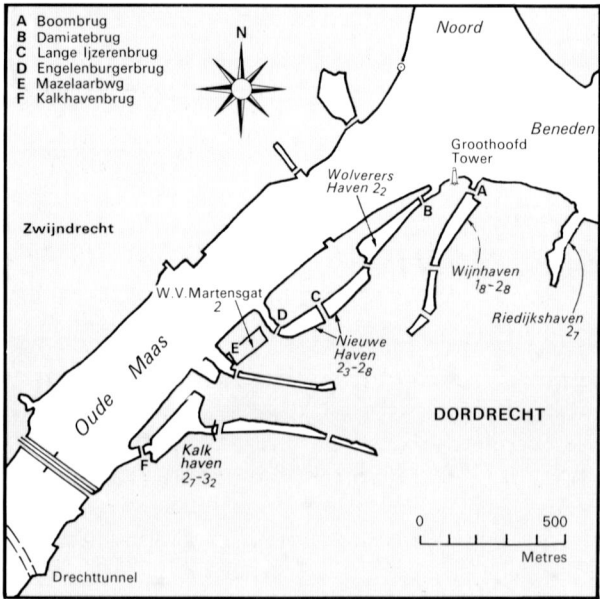

*Öffnung der Straßenbrücke über die Oude Maas in Dordrecht*

*Brückenöffnungszeiten* 1. April–1. November Mo–Sa 0900–1200 und 1400–1900, So und feiertags 0900–1200 und 1500–2000. 1. November–1. April 0800–1200, 1300–1700. Sa 0930–0940, auf Anforderung UKW-Kanal 19.
Tel. 087/13 42 11. So geschlossen.

**Nieuwe Haven / Jachthaven van de Koninklijk Dordtse Roei– en Zeil V,** Tiefe 2,3 m–2,8 m. 2 Yachthäfen befinden sich bei der Engelenburgerbrug und der Lange Ijzerenbrug, Durchfahrtshöhen 2,06 m, Öffnung wie Leuvehaven, Toiletten und Duschen sind vorhanden, Tel. 0 78/13 39 05.

*Öffnungszeiten der Brücken* Abhängig vom Fahrplan. Siehe Broschüre „Openingstijden van spoorwegbruggen" des ANWB. Zu beiden Seiten der Brücken gibt es keine akzeptablen Anlegemöglichkeiten. Die neben der Eisenbahnbrücke liegende Straßenbrücke wird gleichzeitig geöffnet.
Bei geschlossenen Brücken beträgt die Durchfahrtshöhe bei MHW etwa 10,5 m (Pegel sind vorhanden).

Die im folgenden Text beschriebenen Häfen befinden sich am O-Ufer der Oude Maas in Dordrecht. Die Reihenfolge geht, entsprechend der Fahrtrichtung, von S nach N.

**Kalkhaven**
Nur für die Berufsschiffahrt zugelassen.

**Leuvehaven / WV Maartensgat**
auf Stb.-Seite. Bb. durch die Mazelaarsbrug (Drehbrücke, Durchfahrtshöhe 0,7 m), der Brückenwärter ist auch für die Engelenburgerbrug zuständig, deshalb Klingelknopf betätigen. Der Hafen ist klein und ruhig, nur für Schiffe bis 12 m. Duschen und Toiletten sind vorhanden. Hafenmeister Tel. 0 78/13 10 53.

*Dordrecht: Einfahrt zum Wolwevershaven*

**Wolwevershaven,** Tiefe 2,2 m
Durch die Zugbrücke Damiatebrug (Durchfahrtshöhe 1,6 m) kommt man in ein Becken des Handelshafens, geeignet auch für größere Segelschiffe.
*Brückenöffnungszeiten*   wie Leuvehaven

Das Hotel Bellevue und der Groothoofdspoort Turm stehen auf der Landspitze zwischen Wolwevershaven und Wijnhaven.

**Wijnhaven,** Tiefe 1,8–2,8 m
Einfahrt durch die Boombrug, Durchfahrtshöhe MHW + 1,7 m,

*Dordrecht: Hotel Bellevue*

*Dordrecht: Im Wijnhaven*

Öffnung wie Damiatebrug. Im Wijnhaven befinden sich die Yachthäfen der 4 Klubs: WV Drechtstad, WV Het Wantij, WV Tuuredrecht und WV Kraanvogel.

**Riedijkshaven,** Tiefe 2,7 m
Vorübergehende Liegemöglichkeiten an der S-Seite nach Absprache mit dem Hafenmeister Tel. 0 78/13 42 11. Ansonsten Handelshafen. Waschmaschine bei „Joke", Tel. 0 78/14 12 43. Es gibt viele Möglichkeiten, das Schiff aus dem Wasser zu nehmen, siehe ANWB Almanak. 40-t-Bootslift nur im Jachthaven v.d. Heuvel-de-Graaf im 1. Yachthafen am S-Ufer des Flusses Wantij, Tel. 0 78/13 69 11 od. 13 23 19. 25-t-Kran im Jachthaven Westergoot am N-Ufer, Tel. 0 78/16 07 80.

# Route 6
# Von Hellevoetsluis durch Hollands Diep nach Dordrecht

### Einführung (siehe auch Route 5)
Obwohl diese Strecke nach Dordrecht ein wenig länger ist als Route 5, bietet sie dafür aber mehr Möglichkeiten zum Segeln, mehr Liegeplätze mit besseren Versorgungseinrichtungen und als weiteren Pluspunkt das malerische Willemstad.
Middelharnis, das alte Zentrum von Overflakee, hat ein wunderschönes Rathaus aus dem 17. Jh. Overflakee, früher Insel, ist jetzt vollständig mit dem NW-lichen Goeree verbunden und auch im SW mittels der Volkerakschleuse an das Festland angeschlossen.
*Strecke*   50 km / 27 sm
*Brücken*   4 bewegliche, eine davon ist die Eisenbahnbrücke Dordrecht.
*Schleusen*   keine
*Tiden, Durchfahrtshöhen und Tiefenangaben*
Die Strömungen im Haringvliet und im Hollands Diep sind schwach und somit unbedeutend. Im Dordtse Kil gewinnen sie an Stärke, und der Ebbstrom läuft ab Dordrecht mit 2,5 kn und mehr. Die Ebbe (Strömung Richtung N) beginnt HW Hoek van Holland – 6 Std., die Flut HW Hoek + ¹/₂ Std. Näheres siehe Route 5.
*Geringe Tiefen auf der Route*
Im allgemeinen tiefer als 3 m. In allen Häfen außer Hellevoetsluis, Middelharnis und Dordrecht gibt es Untiefen, teilweise sind sie so flach wie in Stad aan't Haringvliet (1,2 m), Den Bommel (1,6 m), De Hitsert (1,6 m), Willemstad (1,5 m), Noordschans (1,8 m) und Strijensas (1,4 m).
*Karten*   wie Route 5.

# Beschreibung der Route
# Hellevoetsluis

Einfahrt in den Heliushaven. Siehe Route 5.

# Haringvliet

Fahrwassertonnen tragen die Bezeichnung HV, davon sind einige Leuchttonnen. Die Untiefen in der Mitte sind mit Pricken auf der 2-m-Linie markiert. Fahrwassertiefe mind. 4,7 m. Halten Sie sich von der Slijkplaat und der Untiefe NO-lich der Einfahrt von Middelharnis frei.

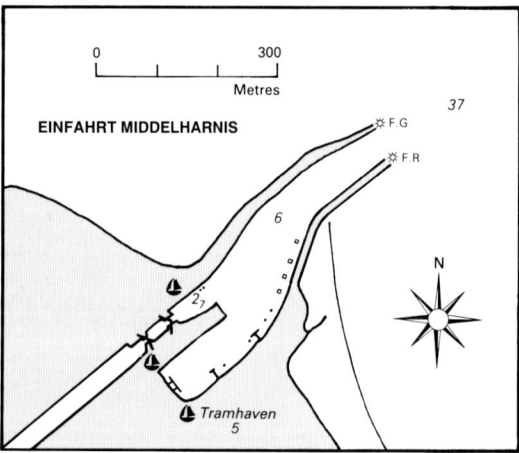

*6,9 km / 3,7 sm*

# Middelharnis (Einfahrt zum Buitenhaven)

N-Mole befeuert mit F.w/r/gn., S-Mole mit F.r.

*Liegeplätze* im Buitenhaven sowie im Tramhaven. Städtische Liegeplätze an Pfählen, nur für kürzeren Aufenthalt; Hafenmeister Tel. 0 18 70/20 68.

Durch eine Schleuse mit einer beweglichen Brücke fahren Sie in den Havenkanaal, Tiefe 3 m.

*Öffnungszeiten* Die Schleuse steht offen. Falls bei Hochwasser (NAP + 0,85 m) geschlossen, wird zu jeder vollen Stunde geschleust im Zeitraum von Mo–Sa 0700–2200, So 0800–2200. Innerhalb dieser Zeiten wird auch ggf. die Brücke über der Schleuse geöffnet. Erreichbar auf UKW-Kanal 12 (Schleuse und Hafenmeister).

Der Havenkanaal hat eine Länge von 2,2 km / 1,2 sm und führt bis ins Zentrum von Middelharnis.

Der Yachthafen befindet sich am Ende des Havenkanaals. Die städtischen Liegeplätze stehen für einen kürzeren Aufenthalt zur Verfügung. Hafenmeister Tel. 0 18 70/20 68.

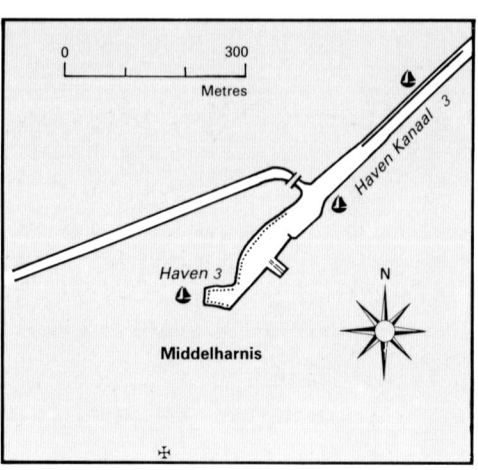

Im Havenkanaal ist der JSF Jachtservice mit einem 20-t-Kran. Hier wie auch im Yachthafen stehen Toiletten und Duschen zur Verfügung. Einen 25-t-Kran hat die Fa. de Groot, Tel. 0 18 70/ 34 58. Eine Waschmaschine gibt es bei Mastenbroek im Achternweg.

# Haringvliet

Fahrwassertonnen mit der Bezeichnung HV markieren das Fahrwasser S-lich der Insel Tiengemeten. Mindesttiefe 4 m.

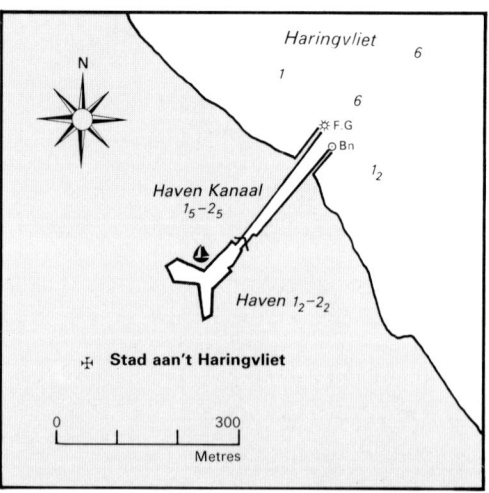

*5,5 km / 3,0 sm*

# Stad aan't Haringvliet (Einfahrt)

Auf der W-Mole F.gn., auf der O-Mole r. Bake, unbefeuert. Die Schleuse bleibt geöffnet. Vor der Schleuse an Bb. Verengung des Havenkanaals. Liegeplätze im W-Becken, Tiefe 1,2–2,2 m.

# Haringvliet

Fahrwasser mit Tonnen der Bezeichnung HV führt S-lich um die Insel Tiengemeten herum. Mindesttiefe 5,5 m.

*3,4 km / 1,8 sm*

# Den Bommel (Einfahrt)

W-Mole befeuert mit F.gn., eine unbefeuerte r/w. Bake steht auf der O-Seite, meist im Wasser. Hafenmeister Tel. 0 18 71/22 24. Im Jachthaven des WV Het Bemmelse Gors stehen Toiletten und Duschen zur Verfügung. Tiefe 1,6–2 m.

# Haringvliet

Weiterfahrt im Fahrwasser S-lich der Insel Tiengemeten, Tonnen tragen die Bezeichnung HV. Lassen Sie die beprickte Kante der Ventjagersplaat im S, die Landspitze und die Untiefen von Tiengemeten im N liegen. Fahrwassertiefe 4,9 m.

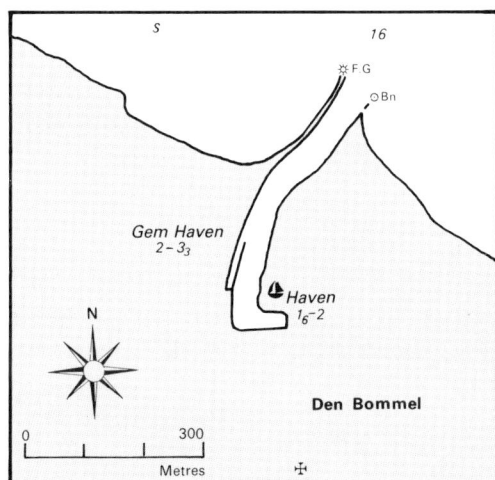

# Nieuwendijk und Hitsertse Kade

Am N-Ufer des Fahrwassers N-lich der Insel Tiengemeten befinden sich die Liegeplätze von Nieuwendijk, Tiefe 1,4–2,2 m. Gegenüber der O-Seite der Insel ist der Jachthaven Hitsertse Kade der WV De Hitsert. Tiefe 1,4–2,2 m, Toiletten und Duschen sind vorhanden. Hafenmeister Tel. 0 18 66/26 05 od. 13 28.

*8,3 km / 4, 5 sm*

# Haringvlietbrug

Zu erreichen auf UKW-Kanal 20 od. Tel. 0 18 62/18 65.
Von 10 Pfeilern getragene, 145 m lange Brücke. Die Pfeiler sind auf der W-Seite befeuert mit F.gn. Pfeiler 2, 3, 5, 8 und 9 haben auf ihrer W-Seite einen Durchfahrtshöhenpegel, Nr. 3, 4, 6, 9 und 10 auf ihrer O-Seite. Bewegliches Teil im N der Brücke, Durchfahrtshöhe zwischen Pfeiler 5 und 6 ist NAP + 14 m, MHW = NAP + 0,7 m, MNW = NAP + 0,5 m, d.h. die wirkliche Durchfahrtshöhe liegt bei 13,3–13,7 m. In der Sportbootkarte wird 12,4 m als sichere Durchfahrtshöhe angegeben. Lesen Sie die Pegel an den Pfeilern ab. Beim geringsten Zweifel ist die bewegliche Brücke zu empfehlen.
*Öffnungszeiten* 1. April–1. November tägl. 0900, 1000, 1100, 1200, 1400, 1500, 1600, 1800[1], 1900[1], 1. November–1. April nur auf Anfrage Mo–Fr 0900, 1000, 1100, 1200, 1400, 1500, 1600, Sa, So und feiertags geschlossen.
[1] außer Mo–Do vom 1. April–1. Juni und vom 1. September–1. November.

# Hollands Diep

Fahrwassertonnen tragen die Bezeichnung HD, jede dritte ist eine Leuchttonne.

*3,7 km / 2,0 sm*

# Willemstad (Einfahrt des Voorhavens)

Siehe Route 3.

# Hollands Diep

Die 1,5-m-Linien der Untiefen sind mit kleinen Tonnen markiert (rot/weiß mit stumpfen Toppzeichen und grün/weiß mit spitzen Toppzeichen).

*5,7 km / 3,1 sm*

# Yachthafen Noordschans (Einfahrt)

Ansteuerung erfolgt über Untiefen von 1,5 m. Unbefeuerte Bake mit r. dreieckigen Toppzeichen steht auf der W-Mole (wird bei HW umspült). An der Wurzel der W-Mole steht ein Richtfeuer Glt.w/r/gn.4s. Auf Bb.-Seite geht es in den Jachthaven Noordschans, Tiefe 1,8–2,4 m. Toiletten, Duschen und ein 30-t-Bootslift stehen zur Verfügung, Tel. 0 16 82/29 44 od. 35 50. Zum Ort 1/2 Std. Fußmarsch. Geradeaus geht es zum Haven van Klundert, der jedoch nur für Boote bis 10 m Länge geeignet ist.

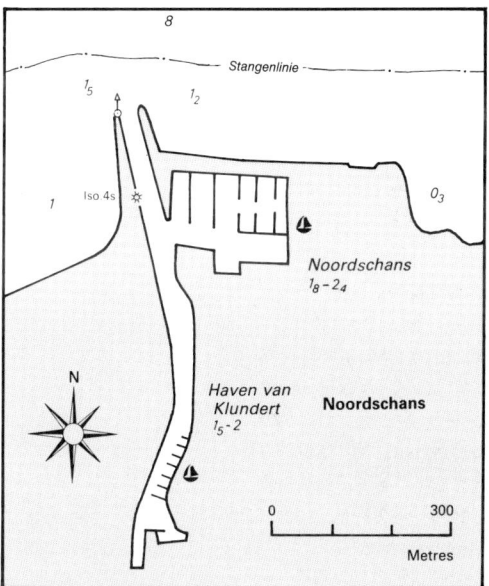

# Hollands Diep

Weiterhin mit HD bezeichnete Fahrwassertonnen. Tiefe mind. 6 m. Halten Sie sich N-lich der Sassenplaat, denn Sportbooten ist die Fahrt durch das Zuid Hollands Diep verboten.

*5,2 km / 2,8 m*

# Yachthafen Strijensas (Einfahrt)

Die teilweise überspülte W-Mole ist befeuert mit F.r., eine r. Bake mit Toppzeichen (Dreieck mit Spitze nach unten) steht auf der ebenfalls teilweise überspülten O-Mole. Die Fahrrinne (Tiefe 1,6 m) ist auf beiden Seiten mit unbefeuerten Baken bezeichnet. Ein Richtfeuer Ubr.r/w.5s befindet sich am Anfang der W-Mole. Westhaven 1,8 m tief. Im Oostelijke Haven (Tiefe 1,4–1,8 m) ist der Jachthaven Strijensas mit allen notwendigen Service-Einrichtungen. Tel. 0 18 54/21 82. Der Ort befindet sich ganz in der Nähe.

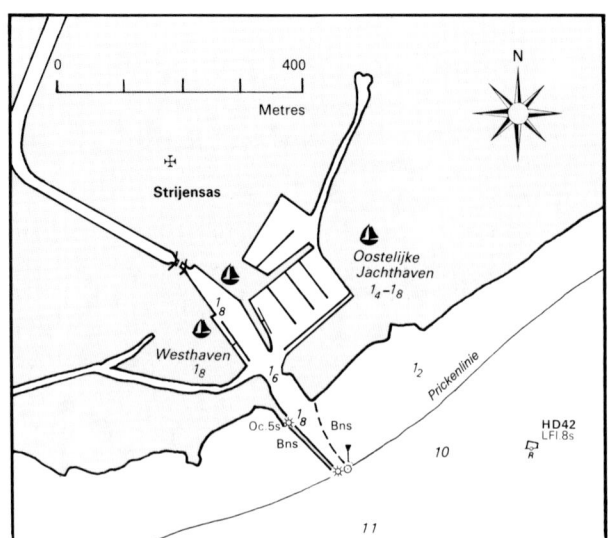

# Moerdijk

OSO-lich von Stijensas am S-Ufer befindet sich ein großer, offener Hafen mit Liegeplätzen im S-Teil an der Kaimauer und nach Absprache mit dem Hafenmeister, Tel. 0 16 83/28 34 od. 23 02. Entfernung zum Ort 10 Min.

# Hollands Diep

Markiert mit Tonnen der Bezeichnung HD, Fahrwassertiefe mind. 6 m.

*2,0 km / 1,1 sm*
# Dordtse Kil (Einmündung)

Tidengewässer mit sehr starken Strömungen, siehe Einführungen in Routen 5 und 6. Einfahrt zwischen r/gn. kugelförmiger Leuchttonne D7 / HD48 und einem Sektorenfeuer Iso r/w/gn.6s Richtung N in den zunehmend industrialisierten Kanal. Das Fahrwasser ist nur spärlich betonnt, jedoch durchgehend mit Festfeuer-Paaren rot und grün sowie mehreren, sehr hellen Feuern in Linie (auch am Tage sichtbar) versehen und wird von Schiffen bis 20.000 BRT in dichter Folge und mit hoher Geschwindigkeit befahren. Die Ufer bestehen aus Steinböschungen. Fahrwassertiefe mind. 8 m.

Auf der ganzen Länge ist das Ankern verboten. Kleine Fahrzeuge müssen nachts und bei schlechter Sicht einen Radarreflektor führen.

Im Notfall kann der Overlighaven „de Wacht" angelaufen werden. Dann muß über UKW-Kanal 71 oder Tel. 078/13 24 21 der Verkeerspost Dordrecht informiert werden.

*9,3 km / 5,0 sm*
# Oude Maas (Einmündung)

Stb. halten. Weiterfahrt wie Route 5.
Brücke Dordrecht Eisenbahn- und Straßenbrücke, siehe Route 5.

# Route 7
# Von Hoek van Holland über Rotterdam nach Dordrecht

### Einführung
Dies ist keine reizvolle Strecke, sondern eine schnelle Durchfahrt nach Dordrecht. Das Hauptfahrwasser ist 10–15 m tief, hinter Rotterdam nur 4–10 m. Die Fahrwasserkanten steigen steil an. In unmittelbarer Ufernähe ist mit Geröll und Steinen zu rechnen. Es handelt sich hier um die verkehrsreichste Wasserstraße der Welt. Kleine Fahrzeuge dürfen nur an der Steuerbordseite im Fahrwasser (nicht außerhalb!) fahren, wenn sie mit einem Motor ausgerüstet sind, der eine Mindestgeschwindigkeit von 6 km/h ermöglicht und ständig einen Radarreflektor führen.

Viele Schlepper, Schuten etc. fahren von allen Seiten, häufig aus uneinsehbaren Ecken ins Fahrwasser, während im Hauptfahrwasser die größeren Schiffe permanent überholen. Wollen Sie das Fahrwasser queren, so tun Sie dies rechtwinklig und so schnell wie möglich.

Bedienen Sie sich des **Verkehrs-Leitsystems** (Seite 38) und lassen Sie sich ggf. (auch bei Notfällen) von den Verkehrslotsen beraten.

Auf der Strecke kommen Sie nach Maassluis, einer angenehmen, herrschaftlichen Stadt inmitten dieser Industrieregion, wo Sie den alten Fischereihafen und die Kircheninsel bewundern können. Vlaardingen war früher ein sehr bedeutender Fischereihafen und besitzt heute noch einen malerischen Fischmarkt sowie ein Fischmuseum und sogar noch ein Rathaus aus dem goldenen Zeitalter der Holländer, dem 16. Jh. Und wenn Sie Genever mögen: Schiedam ist das Zentrum der Geneverherstellung.

Rotterdam wurde nach dem Zweiten Weltkrieg wiederaufgebaut, ist nun das regionale Einkaufszentrum und hat einen schönen Park und angenehme Boulevards in der Nähe des Veerhaven.

Den Euromast, 170 m hoch, dürfen Sie bei Ihrem Besuch auch nicht auslassen: Ein Außenfahrstuhl bringt Sie nach oben, wo Ihnen ein atemberaubender Ausblick und ein Restaurant geboten werden.

*Strecke* 50 km / 27 sm
*Brücken* 5 bewegliche
*Schleusen* keine
*Tiden, Durchfahrtshöhen und Tiefenangaben*
Durchweg Tidengewässer, siehe auch Kapitel „Ansteuerungen und Häfen der Schelde-Mündung". Die Tiefenangaben beziehen sich auf NNW, die Durchfahrtshöhen auf MHW. Die Strömung läuft mit Geschwindigkeiten bis zu 4 kn, besonders bei Ebbe und in der Nähe der Einfahrt nach Hoek. Wollen Sie diese Strecke in einem Stück fahren, so fahren Sie in Hoek 2 Std. vor HW Hoek los, so daß der Flutstrom 5,5 Std. mitläuft, bis Sie nach 22 sm und 5 sm vor Dordrecht die Noord herunterfahren; dann mit der Ebbe weiter. Erreichen Sie nicht durchschnittlich 5 kn Geschwindigkeit, so müssen Sie am Anfang oder am Ende der Strecke ein Stück gegen die Tide laufen.

In umgekehrter Richtung starten Sie 5 Std. nach HW Hoek in Dordrecht, so daß Sie 5,5 Std. den Ebbstrom mitlaufen haben. Es zahlt sich aus, etwas früher loszufahren und gegen die letzte, schwächere Flutströmung zu laufen, um dann mit der letzten Ebbe in Hoek anzukommen.

Den gleichen Zeitplan sollten Sie einhalten, wenn Sie in eher ländlicher Umgebung die Oude Maas hochfahren wollen und damit auch Rotterdam meiden können.

*Geringe Tiefen auf dieser Strecke*
Meistens tiefes Wasser. Im Spuihaven von Schiedam teilweise 2 m Tiefe, der untiefste Hafen ist der Jachthaven WV Hoogvliet in der Nähe der Spijkenisserbrug an der Spui mit 0,8 m Tiefe.

*Karten*   NL-Sportbootkarte 1809 und Stroomatlas HP 16. Deutsche Seekarten D 237, 238, ANWB-Karte J.

# Beschreibung der Route

# Berghaven / Hoek van Holland

Lesen Sie darüber im Kapitel „Ansteuerungen und Häfen des Schelde-Deltas", ebenso über die Sprechfunkstelle und das Verkehrsleitsystem bis nach Rotterdam.

# Nieuwe Waterweg

Leuchtbaken und Leuchttonnen bezeichnen das Fahrwasser.

*10,9 km / 5,8 sm*
# Maassluis (Einfahrt in den Buitenhaven)

MHW 2 m, MNW 0,4 m.
Hafenmeister (bei der Eisenbahnbrücke) Tel. 0 18 99/1 28 52 oder auf UKW-Kanal 80 zu erreichen.
*Zoll*   Mo-Fr 0800–1645, zu erreichen über den Hafenmeister und UKW-Kanal 80 oder Tel. 0 10/4 76 16 66.

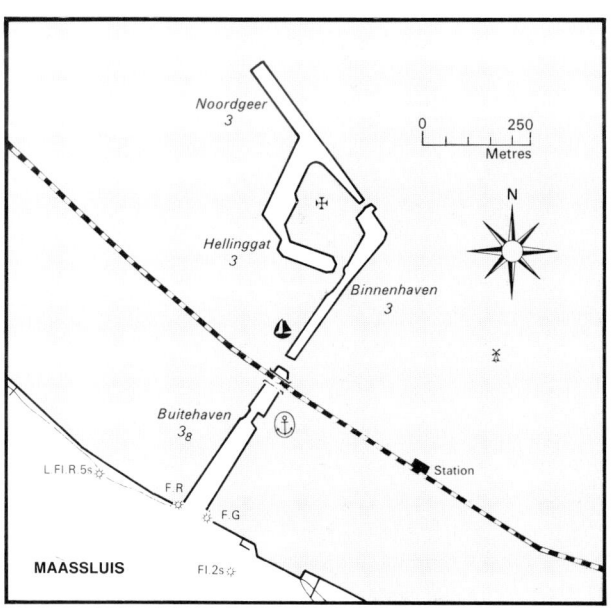

*Einfahrtssignale*   Einfahrt des Buitenhaven befeuert mit F.r. und F.gn.
F.r. unter F.gn. heißt: Einfahrt teilweise blockiert,
alle Lichter F.r. heißt: Einfahrt verboten.
*Schleuse und 2 Brücken*   Weiterfahrt durch die gewöhnlich geöffnete Keersluis zur Eisenbahnbrücke (Durchfahrtshöhe 1,1 m) und dann in den Binnenhaven (mind. 3 m tief).
*Öffnungszeiten der Brücken*   Mo-Fr 0545–0700, 0900–1630 und 1800–2100, Sa 0645–0700 und 0830–1300, So und feiertags geschlossen, jeweils 10 Min. vor jeder halben und jeder vollen Std. entsprechend den Zügen.
*Liegeplätze*   an den Hafenmauern des Binnen- und des Buitenhaven.

*5,7 km / 3,1 sm*
# Einmündung Oude Maas

auf Stb.-Seite hinter dem Petroleumhaven

# Abstecher Spui (dann wie Route 5)

Strecke von der Abzweigung Oude Maas bis zur Einmündung des Spui beträgt 10,9 km / 5,9 sm.

*Brücke*   **Botlekbrug,** bewegliche Eisenbahnbrücke mit Durchfahrtshöhe 5,7–6,1 m od. NAP + 8 m. Hubbrücke, Pegel für Durchfahrtshöhe in geöffnetem Zustand auf beiden Seiten.
Öffnung für die Sportschiffahrt: Zu jeder halben Stunde. Sportboote dürfen mit der Berufsschiffahrt durchfahren. Auf UKW-Kanal 18 anmelden und hörbereit bleiben!

Yachthafen N-lich der Spijkenisserbrug am O-Ufer. Hier befindet sich der WV Hoogvliet, Hafenmeister Tel. 0 10/4 16-70 32. Hafentiefe 0,8 m.

*Bewegliche Brücke* **Spijkenisserbrug,** Straßenbrücke, Durchfahrtshöhe 10,9 m od. NAP +12,5 m, Hubbrücke mit Durchfahrtshöhenpegeln auf beiden Seiten. Öffnung für die Sportschiffahrt: Zu jeder vollen Stunde. Sportboote dürfen mit der Berufsschiffahrt durchfahren. Auf UKW-Kanal 18 anmelden und hörbereit bleiben.
*Spezielle Signale*   (gelten auch für die Botlekbrug)
F.r. und F.gn. = keine Einfahrt, in Vorbereitung
2 F.r. = keine Einfahrt, keine Vorbereitung
F.g. = Fahrt in beide Richtungen unter der Brücke möglich
2 F.g. = Durchfahrt möglich, kein Gegenverkehr
F.r/w/r. = zwischen diesen Pfeilern kein Verkehr (gilt nur für die Spijkenisserbrug).

# Weiterführung der Route 7 Nieuwe Maas

Weiterführung des Nieuwe Waterweg, bezeichnet mit Leuchtbaken, Leuchttonnen und unbeleuchteten Tonnen.

*2,1 km / 1,1 sm*
# Vlaardingen (Einfahrt in den Buitenhaven)

MHW 2,0 m, MNW 0,4 m.
Einfahrt befeuert mit F.r. und F.gn. bei km 1010,8. Havendienst, UKW-Kanal 20, Tel. 0 10/4 34 47 00. Der Buitenhaven (Mindesttiefe 3,2 m) bietet keinen Komfort, fahren Sie weiter durch die Keersluis (meist offen, geschlossen nur, wenn Wasserstand der Nieuwe Maas höher als NAP + 1,1 m), unter der Eisenbahnbrücke (Durchfahrtshöhe geschlossen etwa 1 m). Bedienung sehr eingeschränkt (Nachfrage beim Brückenwärter, UKW-Kanal 18), und unter der Prinses Julianabrug (Durchfahrtshöhe 0,8 m, geschlossen, Tel. 0 10/4 34 23 70) durch in den Oude Haven (Mindesttiefe 2,7 m).
*Liegeplätze* befinden sich am O-Kai, WV Vlaardingen Tel. 0 10/4 34 67 86 od. 4 34 95 35 od. 4 74 23 32. Ein 7,5-t-Kran steht bei PVV De Kulk, Tel. 0 10/4 70 92 23.
*Zoll* Mo–Fr 0800–1645, Tel. 0 10/4 35 73 33, zu anderen Zeiten Tel. 0 10/4 76 16 66.

*5,4 km / 2,9 sm*
# Yachthafen Schiedam
(Einfahrt in den Spuihaven)

Am N-Ufer bei km 1007,3. Nur befeuert mit F.r. auf der W-Mauer bei km 1007,2. Yachthafen des WV Nieuwe Waterweg und des Jachtclub Schiedam, Toiletten und Duschen sind vorhanden. Hafentiefe 2–3 m. Waschmaschine 750 m entfernt. Werftgelände und Bootskran in Schiedam, Einfahrt bei km 1006,5.

*Zoll* im Merwehaven, bei km 1006, Marconistraat 105, Tel. 0 10/4 76 16 66.

*5,7 km / 3,2 sm*
# Yachthafen Rotterdam
(Einfahrt zum Veerhaven)

MHW entspr. NAP + 1,2 m, MNW entspr. NAP – 0,45 m.
Haven Coordinatie Centre (siehe Kapitel 3) ist zu erreichen über UKW Kanal 11 und 14 oder Tel. 0 10/4 25 14 00 od. 4 25 14 10.
*Zoll* Mo–Fr 0800–1645, Tel. 0 10/4 76 51 44, ansonsten Tel. 0 10/4 76 16 66.
Der Veerhaven ist am N-Ufer bei km 1001,5 zwischen Westerkade und Willemskade. Einfahrt manchmal schwer auszumachen, da Schleppkähne etc. sie verdeckten. Einfahrt nicht befeuert. Marina Pontons des Kon. R und ZV (Königlicher Ruder- und Segelklub) De Maas, Toiletten und Duschen stehen zur Verfügung, Tel. 0 10/4 13 76 81 für Liegeplätze, Tel. 0 10/4 13 85 14 (Klub).
Händler für Yachtzubehör sind in der Stadt zu finden. Eine 10-t-Helling gibt es bei Jachtwerf de Hudson, Vroesenkade 160, Tel. 0 10/4 66 20 51.

*1,5 km / 0,8 sm*
*2 bewegliche Brücken* im Fahrwasser S-lich der Noordereiland, die **Koninginnebrug** (Klappbrücke mit Durchfahrtshöhe 2,5 m) und eine Eisenbahn-Hebebrücke (Durchfahrtshöhe 7,2 m), zu erreichen auf UKW-Kanal 18.
N-lich der Noordereiland beträgt die Durchfahrtshöhe 8 m (fest).

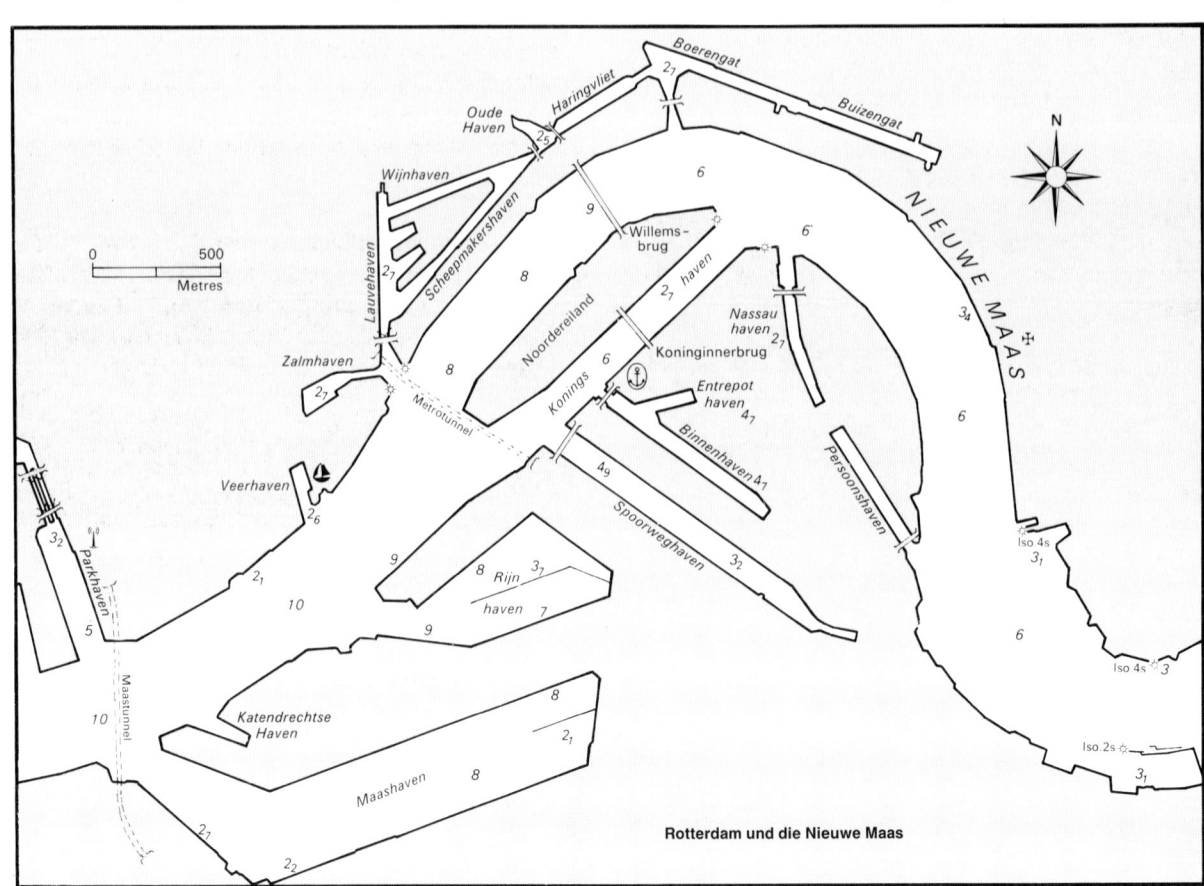

**Rotterdam und die Nieuwe Maas**

*4,4 km / 2,4 sm*
*Bewegliche Brücke* **Brienenoordbrug**, Durchfahrtshöhe im festen Teil NAP + 25,04 m oder 23,8 m. Auf der N-Seite ist die Brücke zu öffnen, Anmeldung 2 Std. vorher ist erforderlich, Tel. 0 10/4 14 26 85 od. 4 14 39 11 oder über UKW-Kanal 20. Keine Öffnung während der Rush-Hour 0700–0845 und 1600–1800.

Yachthafen des WV Ijsselmonde am S-Ufer, gegenüber der Mündung der Hollandse Ijssel, Tiefe 1–2 m, Toiletten und Duschen sind vorhanden, ebenso ein 1,5-t-Kran und eine 15-t-Helling, Tel. 0 10/4 82 83 33.

*1,9 km / 1,0 sm*
Einmündug der **Bakkerskil** an der N-Seite, Fahrwasser ausgetonnt (gn/r. Tonne an Stb., r. an Bb.). An Bb. halten und nach r. Tonne BK 6 auf Bb. in das Slikssloot fahren. An Stb. befindet sich der WV De Hollandse Ijssel mit Toiletten und Duschen. Fahrwassermindesttiefe 1,9 m, Hafen: MHW = NAP + 1–1,25 m, MNW = NAP – 0,35 m.

*3,0 km / 1,6 sm*
Einmündung der **Noord** von Süden, Einfahrt an Bb. mit Leuchtbake bezeichnet, Mindesttiefe 3,6 m, meistens tiefer als 5 m.

*1,7 km / 0,9 sm*
Yachthafen des WV St. Joris, Ridderkerk, am W-Ufer der Noord. N-Ecke der Einfahrt ist mit Glt.gn.4s bezeichnet. Der Yachthafen befindet sich auf der S-Seite des Beckens. Toiletten, Duschen und eine 10-t-Helling stehen zur Verfügung, Tel. 0 18 04/2 33 57. MHW = NAP + 0,97–1,22 m, MNW = NAP – 0,3–0,38 m.

*Rotterdam: Der Euromast vom Coolhaven aus*

*2,3 km / 1,3 sm*
# Yachthafen Alblasserdam
(Einfahrt in den Fluß Alblas)

**Alblas**
MHW = NAP + 1,1.
Einfahrt in die Alblas auf der O-Seite, unbezeichnet. Die Brücke öffnet je nach Bedarf, direkt nach der Brücke an Stb. befinden sich die Yachthäfen WV Alblasserwaerdt (mit Duschen, Tel. 0 18 59/ 1 83 81 oder 1 74 27) und WV Alblasserdam. Hafentiefe 1,4–1,5 m.

# Verkeersbrug Alblasserdam

*Bewegliche Straßenbrücke* (Hebebrücke, Durchfahrtshöhe in geschlossenem Zustand 11,8 m od. NAP + 12,94 m, für viele Yachten möglich). Der bewegliche Teil befindet sich auf der O-Seite (Durchfahrtshöhe hier 6,4 m).
*Öffnungszeiten* Vom 16. April–1. Oktober: Mo–Fr 0930, 1130, 1330, 1530, 1930 und 2130, Sa 0600–2200, So u. feiertags 0830. Sa, So und feiertags nur wenn zwei Yachten warten oder eine Yacht bereits 15 Min. wartet. Beim Brückenwärter (UKW-Kanal 22) kann die genaue Durchfahrtshöhe oder die nächste Öffnungszeit erfragt werden.
Nach Stb. zweigt das Nebenfahrwasser Rietbaan ab. Es ist 2,7 m tief und mündet nach 2,4 km wieder in die Noord ein.

# Yachthafen Dordrecht

Einfahrt in den Wijnhaven von Dordrecht. Siehe Route 5.

*Dordrecht: Blick über die Oude Maas auf die Grote Kerk*

# Zuid Holland – Seen und Kanäle

## Route 8
## Von Rotterdam über Schiphol nach Amsterdam

### Einführung

Für diese Strecke braucht man ein bißchen Zeit. 38 bewegliche Brücken, einschließlich der problematischen Eisenbahnbrücke bei Gouda und einschließlich der nächtlichen Fahrt im Konvoi durch die Nieuwemeersluis und den 14 Brücken mit je einer Eisenbahnbrücke am Anfang und am Ende von Amsterdam, sind zu bewältigen. Aber es gibt viel zu sehen auf dieser Route, die sich durch das typische Holland der Polder und Kanäle schlängelt. Man passiert Seen, Windmühlen und interessante alte Dörfer und Städte. Die letzte Teilstrecke führt dann entlang der aus dem 19. Jh. stammenden Ringvaart van de Haarlemmermeerpolder.

Die Ijssel bietet mit den Städten entlang der Ufer, den Läden, einer Fähre, den Gärten und privaten kleinen Werften einen Einblick in das Leben am Wasser.

In Gouda gibt es einen großen Marktplatz mit einem Rathaus aus dem 15. Jh. und die 1668 gebaute Stadtwaage für Käse (waag) zu sehen. Die Stadt blickt zurück auf eine lange Tradition im Handel mit Stoffen, Pfeifen, Töpfereiprodukten, Ziegelsteinen, Kerzen und Käse. Das städtische Museum, untergebracht im Catharina Gasthuis aus dem 17. Jh., ist einen Besuch wert, und außerdem sollten Sie unbedingt einmal die „Stroopwafels" (Waffeln mit Sirup) aus dieser Gegend probieren.

Alphen aan de Rijn ist eine grüne Stadt, großzügig angelegt und mit viel freiem Raum. Es besitzt einen berühmten tropischen Park mit Vogelhaus.

Die Voraussetzungen für einen Bootsurlaub auf den Seen, dem Braassemermeer und den Westeinder Plassen sowie auf dem Nieuwe Meer bei Amsterdam mit vielen Restaurants, Yachtklubs und interessanten Wohngebieten, sind wirklich erstklassig.

*Strecke*  80 km / 43 sm

*Brücken*  38 bewegliche, einschließlich einer mit einer Durchfahrtshöhe von 25 m in geschlossenem Zustand und einer Haupt-Eisen- und Autobahnbrücke sowie einem ganzen Komplex von Brücken und drei Schleusen.

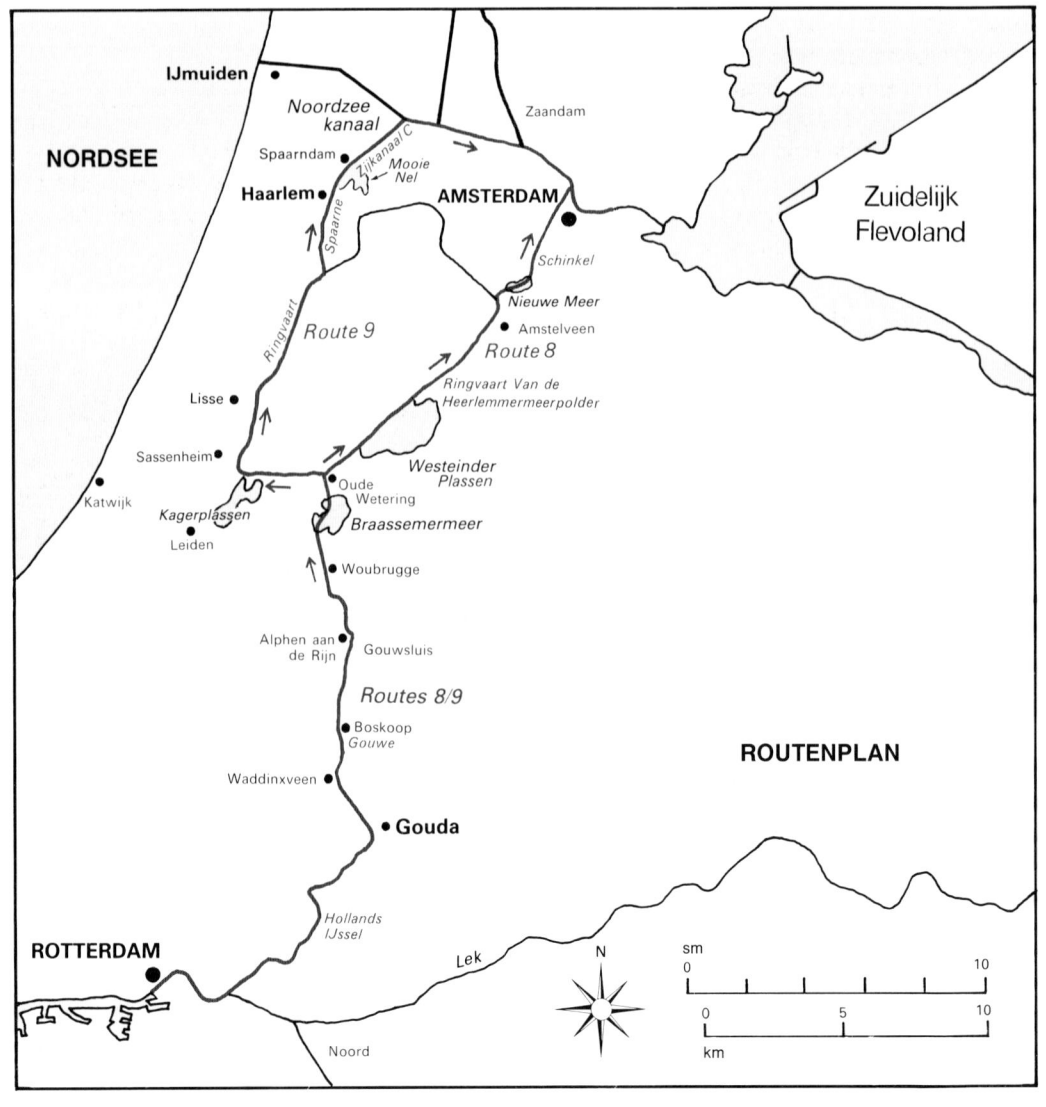

*Kagerplassen: Der Yachthafen bei Buitenkaag*

*Schleusen* 3
*Tiden, Durchfahrtshöhen und Tiefenangaben* Außer den 24 km / 13 sm von Rotterdam nach Gouda auf der Nieuwe Maas und der Ijssel keine Tiden. Im Tidengebiet beziehen sich die Höhenangaben auf MHW, die Tiefenangaben auf MNW. Die Wasserstände liegen zwischen MHW = NAP + 1 m und MNW = NAP – 0,5 m in Rotterdam und MHW = NAP + 1,3 m und MNW = NAP – 0,6 m in Gouda. In den Gewässern ohne Tide beziehen sich Höhen und Tiefen auf den Kanalpegel, den Wehrpegel oder den Polderpegel.
In Rotterdam beginnt die Flut HW Hoek –1/2 Std., die Ebbe in Gouda beginnt HW Hoek + 3 Std., so daß die Strecke während einer Tide bewältigt werden kann. Die Strömung, besonders die Ijssel aufwärts, ist mit normalerweise ca. 1,6 kn ziemlich schwach.

*Geringe Tiefen auf der Strecke* 2,4 m auf der Ringvaart und häufig weniger als 2 m in den kleinen Häfen.
*Karten* ANWB J, H und I, Stroomatlas HP 16.

# Beschreibung der Route

# Rotterdam (Einfahrt des Veerhaven)

Details siehe Route 7.

# Nieuwe Maas

Fahrt auf dem Fluß Richtung O.

*1,5 km / 0,8 sm*
*2 bewegliche Brücke* **Koninginnebrug** und eine Eisenbahn-Hebebrücke, siehe Route 7.

*4,4 km / 2,4 sm*
*Bewegliche Brücke* **Brienenoordbrug,** siehe Route 7, dort finden Sie auch Näheres über den Yachthafen des WV Ijsselmonde.

*1,1 km / 0,6 sm*
# Hollandse Ijssel (Einmündung)

auf Bb.-Seite, Mindesttiefe 3 m.

*2,0 km / 1,1 sm*
*Schleuse und Brücke* Krimpen aan den Ijssel (Sturmflut-Sperrwerk), MHW = NAP + 1,2 m, MNW = NAP – 0,27 m. Durchfahrtshöhe bei MHW etwa 7,5 m, Pegel an der Nordseite der Durchfahrt. Bewegliche Brücke und Schleuse an der Nordseite (UKW-Kanal 22, Tel. 0 10/45 60 44).
*Öffnungszeiten* Mo–Fr 0600–0645, 0900–1600, 1800–2000, Sa 0600–2000, So und feiertags 1000–1230, 1630–1900. 16. Oktober bis 16. April geschlossen.

*3,0 km / 1,6 sm*
# Capelle aan den Ijssel

*Yachthafen am E-Ufer:* Jachthaven 't Zandrak, Tiefe 1,75 m, Tel. 0 10/4 50 34 44. Toiletten, Duschen, ein 3,5-t-Kran sowie ein 30-t-Bootslift stehen zur Verfügung. Ein Waschsalon befindet sich in der Nähe der Cafeteria „Kapiteiskamer".

*11,5 km / 6,2 sm*
# Gouda

Kreuzung an Bb., dann 400 m bis
*Schleuse und 2 bewegliche Brücken* **Julianasluis** und 2 Zugbrücken (Durchfahrthöhen 1,7 m und 3,2 m). Zu erreichen auf UKW-Kanal 18.
*Öffnungszeiten* Mo–Sa 0600–2200, Sa bis 2000, 16. April–16. Oktober 0800–1200, 1300–1700. So und feiertags ganzjährig geschlossen.

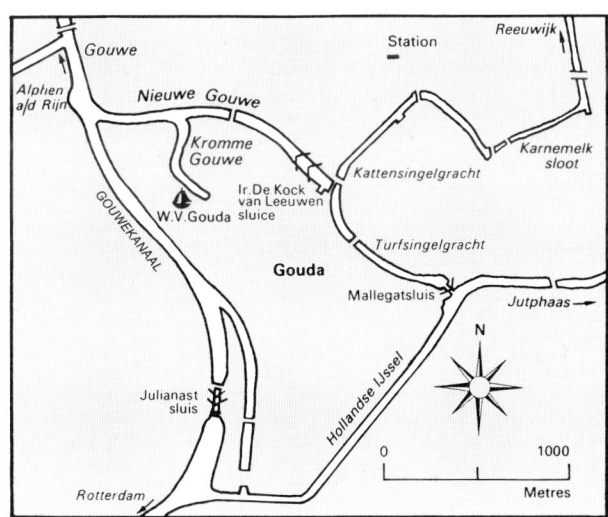

# Gouwe

Höchstgeschwindigkeit 7,3 kn, im Gebiet von Boskoop und in den Stadtkanälen von Gouda nur 4,9 kn. Mindesttiefe 3,1 m.

# Nieuwe Gouwe und Kromme Gouwe

Nach 1,5 km fährt man auf Stb.-Seite in die Nieuwe Gouwe, dort ist nach weiteren 500 m an Stb. ein Yachthafen in der Kromme Gouwe. Beim WV Gouda sind Toiletten und Duschen vorhanden, Tel. 0 18 20/2 06 10. Waschsalons: Lent, Karnemelksloot 84 und Wassen en stomen, Graaf Florisweg 155.

Wenn Sie bereit sind, mehrere bewegliche Brücken und eine Schleuse zu passieren, können Sie direkt in dieser malerischen Stadt in der Turfsingelgracht oder in der Katensingelgracht liegen.

# Gouwe

Hier liegen dicht beieinander eine alte Eisenbahndrehbrücke und eine neue Eisenbahnhubbrücke.

*Öffnungszeiten* Sind noch nicht endgültig festgelegt. Z.Zt. 6 x täglich, Sa 5 x täglich. Siehe Broschüre „Openingstijden van Spoorwegbruggen" oder Tel. 06/91 09 10 20. Beide Brücken werden gleichzeitig bedient. Für Fahrzeuge, die unter der neuen Brücke (geschlossen ca. 7 m) durchfahren können, wird die alte stündlich 1–2 mal für 10 Min. geöffnet. UWK-Kanal 18.

*1,7 km / 0,9 sm*
*Bewegliche Brücke* **Coencoopbrug,** bewegliche Brücke, Durchfahrtshöhe 4,4 m. Zu erreichen auf UKW-Kanal 18.
*Öffnungszeiten* Ganzjährig von Mo 0600 bis Fr 2400, Sa 0600–1800, So u. feiertags 1000–1800. 16. Oktober–16. April So und feiertags geschlossen.

*Die Coencoopbrug in Gouda über die Nieuwe Gouwe*

*3,7 km / 1,9 sm*
# Waddinxveen

*Bewegliche Brücke* Hubbrücke Waddinxveen, Durchfahrtshöhe 2,5 m, zu erreichen über UKW-Kanal 18.
Öffnungszeiten wie Coencoopbrug, Mo ab 0500.

*7,5 km / 4,0 sm*
# Boskoop

*Bewegliche Brücke* Hubbrücke Boskoop, Durchfahrtshöhe

2,5 m, zu erreichen auf UKW-Kanal 18, Öffnung wie Coencoopbrug, Mo ab 0530.

# Otwegwetering

*Bewegliche Brücke und Yachthafen* 1,5 km N-lich der Brücke am W-Ufer fahren Sie an Bb.-Seite durch die Zugbrücke in den Otwegwetering zum WV De Grouwe. Durchfahrtshöhe der Brücke 1,4 m.
*Öffnungszeiten* Mo–Fr 0730–0815, 0945–1130, 1330–1500, 1600–1800, Sa, So und feiertags nach Absprache (über den Yachthafen).

*11,6 km / 6,2 sm*
*Bewegliche Brücke* **Gouwsluis** Eisenbahn-Drehbrücke, Durchfahrtshöhe 1,5 m, über UKW-Kanal 18 zu erreichen.
*Öffnungszeiten* wie alte Eisenbahndrehbrücke über die Gouwe.

*12 km / 6,4 sm*
*Bewegliche Brücke* **Gouwsluis Hubbrücke,** Durchfahrtshöhe 4,4 m, zu erreichen auf UKW-Kanal 18.
*Öffnungszeiten* wie Coencoopbrug.

*Eisenbahnbrücken über die Gouwe bei Gouda*

# Oude Rijn (Kreuzung)

An Bb.-Seite geht es in den Oude Rijn, Höchstgeschwindigkeit 4,9 kn, 2,8 m tief.

# Alphen aan de Rijn

*3 bewegliche Brücken* Zugbrücke (Durchfahrtshöhe 1,6 m, 1,95 m unter dem festen Teil, **Kon. Juilianabrug** (Hebebrücke, Durchfahrtshöhe 4,4 m) und **Albert-Schweitzerbrug** (Hebebrücke, Durchfahrtshöhe 5,5 m).
*Öffnungszeiten* Mo 0600 bis Fr 2200 durchgehend. Sa 0600–1800, So und feiertags 1000–1800. 16. Oktober–16. April So und feiertags geschlossen.

*Kirche (o.) und Albert-Schweitzer-Brücke (u.) in Alphen aan de Rijn*

*Liegeplätze* nur für jeweils 2 Std. am O-Ufer in der Nähe des Stadtzentrums (Hinweisschild). Größere Yachten und Schiffe können am O-Ufer zwischen Juliana- und Alb.-Schweitzerbrug festmachen.

*Waschcenter* Listerlaan 46.
Einen 12-t-Kran hat die Yachtwerft Daniel, Tel. 0 17 20/2 22 19. Die Scheepswerft Kempers hat einen 50-t-Bootslift, Tel. 0 17 20/ 3 13 01.

*Liegeplätze an der Yachtwerft Hollandia in Woubrugge*

# Heimanswetering

Abzweigung der Heimanswetering, Höchstgeschwindigkeit 12 kn, Tiefe 3,1 m. Geht später in den **Woudwetering** über.

*3,8 km / 2,1 sm*
*Bewegliche Brücke* **'s-Molenaarsbrug,** Hebebrücke, Durchfahrtshöhe 4,5 m, auf UKW-Kanal 18 zu erreichen.
*Öffnungszeiten* wie die Brücken in Alphen aan de Rijn.

*2,6 km / 1,4 sm*
# Woubrugge

*Bewegliche Brücke* Hebebrücke Woubrugge, Durchfahrtshöhe 2,5 m, im festen Teil 2,75 m, zu erreichen auf Kanal 18 (UKW).
*Öffnungszeiten* wie Alphen aan de Rijn.
*Liegeplätze* bei einigen Yachtwerften an beiden Ufern des Woudwetering, von N nach S.
*S-lich von Woubrugge* Gebr. v. d. Laan am W-Ufer, 12-t-Kran, Tel. 0 17 29/81 13 od. 81 77.
*S-lich der Woubrug am W-Ufer* Jachtwerf Molenaar, 3,5-t-Kran, Tel. 0 17 29/81 05.
*N-lich von Woubrugge am W-Ufer* Jachtwerf Hollandia, Toiletten, Waschgelegenheiten und ein 5-t-Kran stehen zur Verfügung, Tel. 0 17 29/81 30 od. 82 97.
*An beiden Ufern* Yachtwerf Van Wijk & Zn. mit Toiletten, Duschen, Diesel, S-Benzin und einem 16-t-Kran, Tel. 0 17 29/81 20.

*4,2 km / 2,3 sm*
Kreuzung Paddegat, Einfahrt zum See

# Braassemermeer

Im Fahrwasser Höchstgeschwindigkeit 12 km/h, Tiefe 3,5 m, außerhalb des Fahrwassers meist 2 m tief. Fahrwasser ausgetonnt, r. Tonnen an der W-Seite, gn. Tonnen an der O-Seite. An der W-Ecke der Einfahrt Blz. r. 8s.

*Die Oude Wetering Richtung Braassemermeer*

*Yachthäfen am W-Ufer des Braassemermeers*    Jachthaven W.S.V. Braassemermeer. Watersportcentrum Braassemermeer, 3-t-Kran, Tel. 0 17 13/40 02.

Jachthaven De Brasem    Toiletten, Duschen und ein 2-t-Kran stehen zur Verfügung, Tel. 0 17 13/26 64.

Einen 80-t-Bootslift gibt es bei De Bock en Meijer B.V., Tel. 0 17 13/22 08.

*Yachthafen am O-Ufer in Rijnsaterwoude*    Jachthaven Meerzicht, Toiletten und Duschen sind vorhanden, Tel. 0 17 21/82 04.

### Oude Wetering
*7,7 km / 4,2 sm*
Einfahrt in die Oude Wetering. Gute Einkaufsmöglichkeiten. Man legt direkt vor den Geschäften an. Anlegemöglichkeiten zu beiden Seiten (unruhig/Schwell).

# Ringvaart van de Haarlemmermeerpolder

*1,2 km / 0,6 sm*
Kreuzung Weteringbrug, an Stb. in die Ringvaart.

*9,1 km / 4,9 sm*
Einmündung in die Ringvaart van de Harlemmermeerpolder – nach Stb. abbiegen. Höchstgeschwindigkeit 9 km/h. Tiefgang bis 1,95 m. Darüber, bis 2,3 m, nur mit Sondergenehmigung der Provinzial-Waterstaat. Tel. 023/14 53 00.

Nach 2,1 km Leimuiderbrug, beweglich. Durchfahrtshöhe 2,56 m. Öffnungszeiten: Mo 0500-0730, 0830–1630, 1730–2400,

Di–Fr 0000–0730 und weiter wie Mo, Fr nur bis 2200, Sa 0600–2000, So u. feiertags 0800–1300 und 1400–200. 16. Oktober–16. April: Sa 0600–1900, So u. feiertags geschlossen.

# Westeinder Plassen

Höchstgeschwindigkeit 16 km/h, nach Sonnenuntergang sowie in der Ringvaart-Fahrrinne nur 9 km/h. Mindesttiefe 2,2 m im Grote Poel, 1,6–2 m im Kleine Poel und 2,4 m im N des Ringvaart-Fahrwassers.

Einfahrt Wijde Gat. Das Fahrwasser verläuft weiter entlang des Ufers.

*Yachthäfen im N der Westeinder Plas*    Es gibt 16 kleine Häfen im und in der Nähe des Kleine Poel (Lage siehe Karte), die meisten

*An der Ringvaart bei Westeinder Plas*

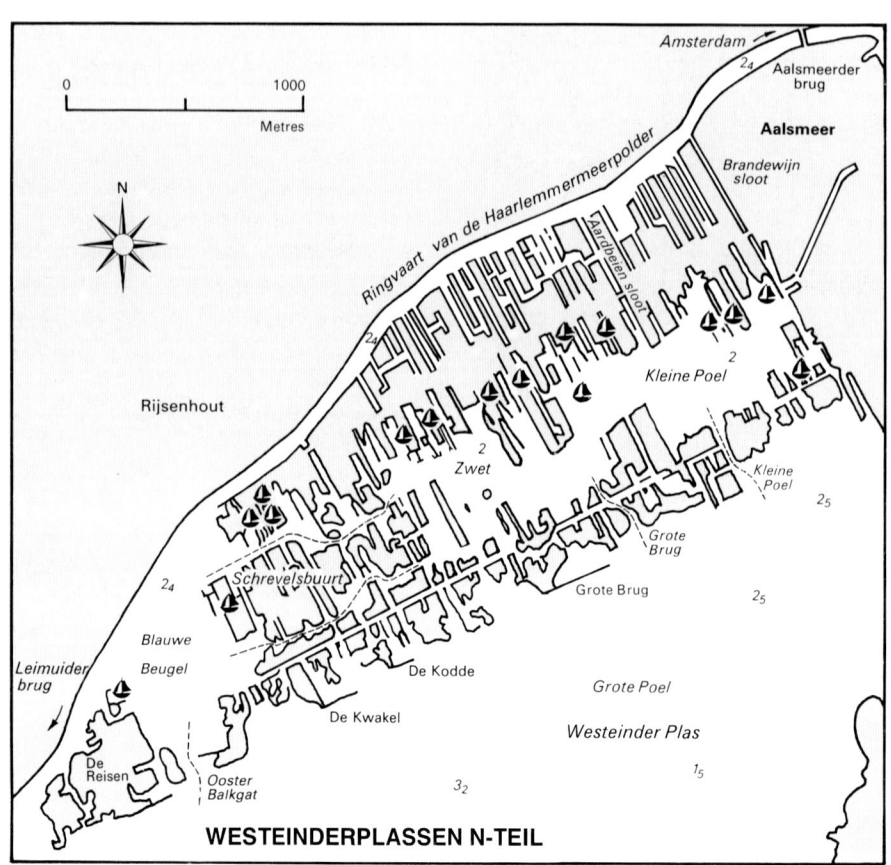

haben Toiletten und Duschen. Es gibt mehrere Möglichkeiten, Schiffe aus dem Wasser zu holen, sogar einen 10-t-Kran bei Eshuis Marine auf der Ringvaart in der Nähe der Aalsmeerderbrug, Tel. 0 29 77/4 06 66.

*Yachthafen im SW des Grote Poel* Jachthaven Princessepaviljoen, Toiletten, Duschen und ein 10-t-Kran stehen zur Verfügung.

*Yachthafen am O-Ufer* Jachthaven de Westeinder in Calslagen, Jachthaven Kempers in Kudelstaart, hier gibt es Toiletten, Duschen und einen 1-t-Kran, Tel. 0 29 77/2 47 90.

Ein Waschsalon befindet sich beim Jachthaven 't Drijfhuis im Recreatiepark Aalsmeer.

# Ringvaart van de Haarlemmermeerpolder

*Bewegliche Brücke* **Hebebrücke Aalsmeer,** Durchfahrtshöhe 2,5 m, Öffnungszeiten wie Leimuiderbrug.

Schiffe mit einer Höhe von mehr als 23 m müssen sich bei der Flugkontrolle Schiphol eine Erlaubnis zur Durchfahrt ins Nieuwe Meer holen, denn die folgende Strecke liegt in der Einflugschneise des Flughafens. Die Erlaubnis ist bei der Provincial Waterstaat Noord-Holland, Tel. 0 23/17 42 42, zu bekommen.

*Bewegliche Brücke* **Bosrandbrug,** Durchfahrtshöhe 1,46 m, im festen Teil 1,73–1,88 m.
*Öffnungszeiten* wie Leimuiderbrug

*Die Bosrandbrücke an der Ringvaart bei Schiphol*

*Bewegliche Brücke* **Drehbrücke Schiphol,** Durchfahrtshöhe 3,45 m.
*Öffnungszeiten* Mo 0500–0730, 0830–1630, 1800–2400; Di–Do 0000–0730, 0830–1630, 1800–2400; Fr 0000–0730, 0830–1630, 1800–2200; Sa 0000–2400. 16. April–16. Oktober 0600–2200, 16. Oktober–16. April 0600–1900; So und feiertags 16. April–16. Oktober 0800–1300, 1400–2100, 16. Oktober–16. April geschlossen.

*0,2 km / 0,1 sm*
**Hebebrücke Schiphol**
Durchfahrtshöhe im festen Teil 7 m, im beweglichen Teil 6,7 m.
*Öffnungszeiten* Mo–Fr 0500–0630, 1230–1330, 2000–2100, Sa 0700–0800, 1230–1330, 1900–2000. So u. feiertags 0800–1030, 1830–2100. 16. Oktober–16. April Sa 1230–1330, 1800–1900. So u. feiertags geschlossen.

# Rieker Plas / Nieuwe Meer

Höchstgeschwindigkeit 7,5 km/h. Im Fahrwasser etwa 3 m tief, nördlich des Fahrwassers bis 40 m tief!
Einfahrt ins Nieuwe Meer bezeichnet mit r. Leuchttonne an Stb. und F.g. an Bb. 3 weitere r. Tonnen führen entlang des S-Ufers.
*Yachthafen* direkt hinter der Einfahrt befindet sich der Jachthaven Driessen. Toiletten, Duschen, eine Waschmaschine sowie ein 25-t-Bootslift und ein 1,5-t-Kran stehen zur Verfügung, Tel. 0 20/15 15 08.
*Yachthafen am N-Ufer* WV Onklaar, Tiefe 2,6 m, Toiletten und Duschen sind vorhanden.
*Yachthäfen am O-Ufer* (von S–N) Watersport B.V. WV De Schinkel, Tel. 0 20/44 57 13. Mehrere andere Yachthäfen und Werften befinden sich im Nebenarm Ijsloot.
WV Koenen hat Toiletten und Duschen.
Jachthaven Het Bosch, Toiletten, Duschen und ein 5-t-Kran stehen zur Verfügung, Tel. 0 20/44 96 96.
WV Amsterdam, Toiletten, Duschen und ein 10-t-Kran sind vorhanden.

# Amsterdam

*Schleuse und 3 bewegliche Brücken* Nieuwemeersluis, dann 14 bewegliche Brücken (12 Straßenbrücken und je eine Eisenbahnbrücke am Anfang und am Ende, Durchfahrtshöhe 5 m bzw. 2,4–3,66 m).
*Öffnungszeiten* Mo–Fr 0000–0700, 0900–1600, 1800–2400, Sa, So und feiertags 0000–0500, 1000–1800, 2100–2400, jedoch nur nach vorheriger Absprache mit dem Schleusenmeister der Nieuwe Meer- oder Westerkanaalschleuse.
Für Schiffe über 5 m Höhe wird ein Nacht-Konvoi durchgeführt. Richtung N Treffpunkt Nieuwemeersluis um 2300, Richtung S Treffpunkt Westerkanaal um 0200. Nähere Anweisungen erhalten Sie bei der Nieuwemeersluis oder bei der Westerkeersluis auf UKW-Kanal 22 oder beim Hafenmeister der inländischen Wasserstraßen in der James Watt Straat 84, Tel. 0 20/5 68 36 83 od. 22 51 13.

*Einmündung in den* **Noordzeekanaal**

Nach Stb.. Siehe Route 13, um Näheres über die Strecke in Amsterdam zu erfahren.

*Nach 1,8 km*
# Amsterdam Sixhaven (Yachthafen)

# Route 9
# Von Rotterdam über Haarlem und den Noordzeekanaal nach Amsterdam

## Einführung

Lesen Sie auch die Einführung zu Route 8. Diese Strecke ist 12 sm länger als die vorherige, und es gilt, ungefähr ebensoviele Schleusen und Brücken zu passieren. Dafür gibt es aber viele Orte und schöne Plätze, die einen Besuch wert sind. Man hat die Möglichkeit, Amsterdam über den Noordzeekanaal anzusteuern und somit den Nacht-Konvoi zu umgehen.

Beachten Sie bei der Planung der Route, daß sowohl die Sassenheimbrücke als auch die Spaarndambrug besonders am Wochenende sehr begrenzte Öffnungszeiten haben.

Wenn Sie das Glück haben, während der Tulpenblüte unterwegs zu sein, so besuchen Sie unbedingt den Keukenhof in Lisse. Auf dieser Teilstrecke haben Sie im O den Blick auf den 4 m tieferliegenden Haarlemmermeerpolder, während auf der W-Seite das Weideland mit dem Kanal auf gleicher Ebene liegt. Das Cruquis-Museum, die alte Dampfmaschinenstation vom Haarlemmermeerpolder, liegt an der Einfahrt nach Heemstede.

Haarlem entstand (laut Gründungsurkunde im 13. Jh.) an einem Netz von Seitenkanälen der Spaarne und ist im N von einem zackig verlaufenden Wall umgeben. Es gibt hier noch einige schöne alte Gebäude zu besichtigen, wie beispielsweise die Armenhäuser mit dem Frans-Hals-Museum. In der Grote Kerk ist das Grab von Frans Hals zu besichtigen; und hier steht auch eine prunkvolle Orgel, auf der einst Mozart gespielt hat. In den ehemaligen Innungshäusern Vleeshal und Vishal werden Gemälde ausgestellt. Außerdem ist das alte Teijlers-Museum sehenswert.

Nach dem anregenden Segeln auf der Noorder Buiten Spaarne oder der Mooie Nel ist es dann sehr angenehm, im Yachthafen des reizvollen Ortes Spaarndam mit seinen schön bemalten Giebelhäusern zu liegen, um später durch die Schleuse in Richtung Noordzeekanaal zu fahren.

Schließlich sollten Sie mit einem Fahrrad und einer guten Kondition den National-Park De Kennemer Duinen erkunden. Dieses zum Teil bewaldete Dünengebiet liegt zwischen Haarlem, Ijmuiden und der Nordsee und ist am besten von der Spaarne bei Haarlem aus zu erreichen.

*Strecke*   102 km / 55 sm

*Brücken*   38 bewegliche Brücken; davon 9 in Haarlem, die, falls nötig, in Reihenfolge geöffnet werden können, sowie 2 Eisenbahn- und 1 Autobahnbrücke.

*Schleusen*   2

*Tiden, Durchfahrtshöhen und Tiefenangaben*   Siehe Route 8

*Geringe Tiefen auf der Strecke*   2,3 m auf der Ringvaart, häufig

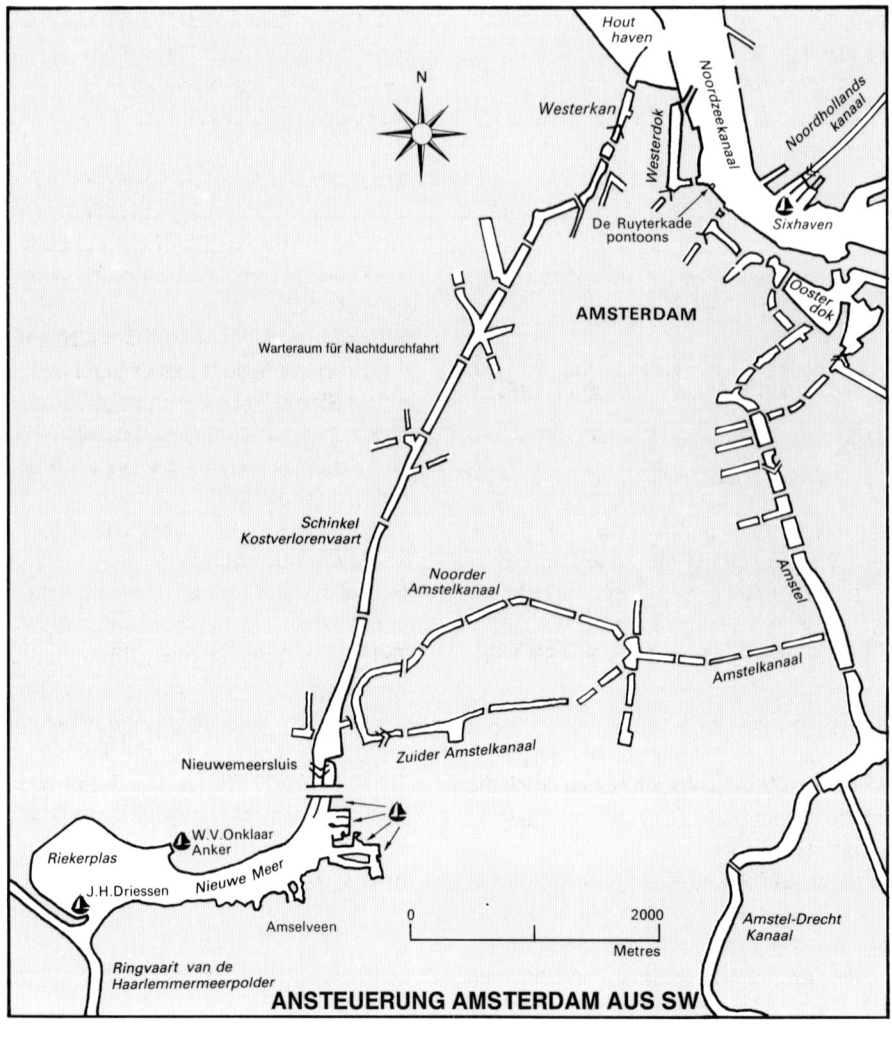

ANSTEUERUNG AMSTERDAM AUS SW

nur 2 m und weniger in einigen Yachthäfen, wie z.B. 1,2 m in Mooie Nel.

*Karten* ANWB, J, H und G. Stroomatlas HP 16.

# Beschreibung der Route

# Rotterdam (Einfahrt in den Veerhaven)

Siehe Route 7.

Lesen Sie in der Beschreibung der Route 8 Näheres über die Strecke von Rotterdam zur Ringvaart van de Haarlemmermeerpolder.

# Ringvaart van de Haarlemmermeerpolder

*9,1 km / 4,9 sm*

Einmündung in die Ringvaart van de Harlemmermeerpolder – nach Bb. abbiegen. Höchstgeschwindigkeit 9 km/h. Tiefgang bis 1,95 m. Darüber, bis 2,3 m, nur mit Sondergenehmigung der Provinzial-Waterstaat. Tel. 023/14 53 00. Gleich nach der Einmündung:

**Weteringbrug,** Durchfahrtshöhe 2,6 m, beweglich.

*Öffnungszeiten* Mo–Fr ganzjährig, täglich von 0600–2200, Sa 0700–2000, 1. September–1. Oktober 0700–2000, 1. Juni–1. September 0700–2100. So und feiertags 0900–1300 u. 1400–2000. 16. Oktober–16. April geschlossen.

*Bewegliche Brücke* **Meerbrug,** Drehbrücke, Durchfahrtshöhe 0,85 m.

*Öffnungszeiten* wie Weteringbrug, außer So und feiertags 1. Juni–1. September 0800–1300, 1400–2100.

# Buitenkaag / Abstecher zu den Kagerplassen

Verschiedene Einfahrten zu den Plassen sind an der S-Seite der Ringvaart gegenüber von Buitenkaag und Huigsloot zu finden. Höchstgeschwindigkeit 12 km/h. Die Tiefen liegen zwischen 1 und 10 m, genauere Angaben finden Sie in der ANWB-Karte. Bei der Fahrt zu den folgenden Liegeplätzen brauchen Sie keine Brücke zu passieren:

*Yachthäfen bei Rijpwetering* befinden sich am O-lichen Ausläufer der Seen, der Koppoel. Zufahrt entweder von der Ringvaart über die Ade (Tiefe 2,4 m) oder über den Kagerplassen durch die Kever (Tiefe 1,5 m) und die Diepenhoek (2,5 m) in die Koeppel (1,6 m). Höchstgeschwindigkeit 3,2 kn.

*Liegeplätze* am Stadtkai, im Jachthaven De Koppoel / V.J. Jonkman (1,6 m), im Jachthaven P. van Haestregt mit 7-t-Kran und bei der Jachtwerf G.J. Zoetemelk (4-t-Kran).

*Yachthafen Sassenheim* Einfahrt vom Dieperpoel im N der Seen in die Sassenheimervaart, Tiefe 2,5 m. Nach 200 m kommt der

*Buitenkaag am Kagerplassen*

Jachthaven Jonkman, Tiefe 1,5 m, Duschen und ein 1/2-t-Kran sind vorhanden, Tel. 0 25 22/1 15 83.

*Yachthäfen in der Nähe der Insel Kaag im N der Seen* Jachthaven Kaagdorp an der S-Seite der Ringvaart vor der Fähre, Tiefe 2 m. Yachthäfen Schuilenburg, 't Kompas, Twee Wilgen, Jachthaven Eympershof mit Duschen, Toiletten und einem 1-t-Kran (Tel. 0 25 24/51 57).

Einen 1,5-t-Kran hat van Asselt, Tel. 0 25 24/42 33. Einen 3-t-Kran gibt es bei Möllers, Tel. 0 25 24/44 94, und einen 1-t-Kran bei V.d. Wansem Service.

Yachthafen Zevenhuizen befindet sich am S-Ufer an der Einfahrt der Zevenhuizervaart, Tiefe 1,4 m.

Im Jachthaven Spijkerboor gibt es Toiletten, Duschen und einen 4-t-Kran, Tel. 0 17 12/88 69. Einen 4-t-Kran hat der Jachthaven De Horizon.

Kaag Sociëteit befindet sich am S-Ufer, ist ein privater Klub und hat begrenzte Liegemöglichkeiten.

Warmond ist auf der SW-Seite der Seen. Höchstgeschwindigkeit 3,9 kn in der Warmonder Leede. Städtischer Hafenmeister Tel. 0 17 11/1 11 92.

Städtische Liegeplätze befinden sich am Kai NO-lich der Brücke sowie auf der Seite 't Joppes und Leedes am Koudenhoorn, dort finden Sie auch Duschen und Toiletten.

*Yachthäfen im N der Stadt* Jachthaven Gebr. Visch, Toiletten und Waschgelegenheiten sowie ein 3-t-Kran sind vorhanden, Tel. 0 17 11/1 03 00.

Im Jachthaven 't Fort gibt es Toiletten, Duschen und einen 2-t-Kran, Tel. 0 17 11/1 92 05.

Im Jachthaven Cieco finden Sie Toiletten und Duschen.

Groote Sloot Jachtbouw Aad Juffermans, Tel. 0 17 11/1 05 48, Toiletten und ein 20-t-Bootslift sind vorhanden.

*Yachthäfen im S der Stadt* der Jachthaven Houweling K.P.M. mit Toiletten, Duschen und einem 25-t-Kran, Tel. 0 17 11/1 02 26, der Jachthaven Lockhorst mit Toiletten und einem 8-t-Kran, Tel. 0 17 11/1 03 78, und der Jachthaven KWV De Kaag im W-Hafen, Tel. 0 17 11/1 00 35, Toiletten, Duschen und ein 2,5-t-Kran sind vorhanden.

Es gibt noch weitere Bootswerften.

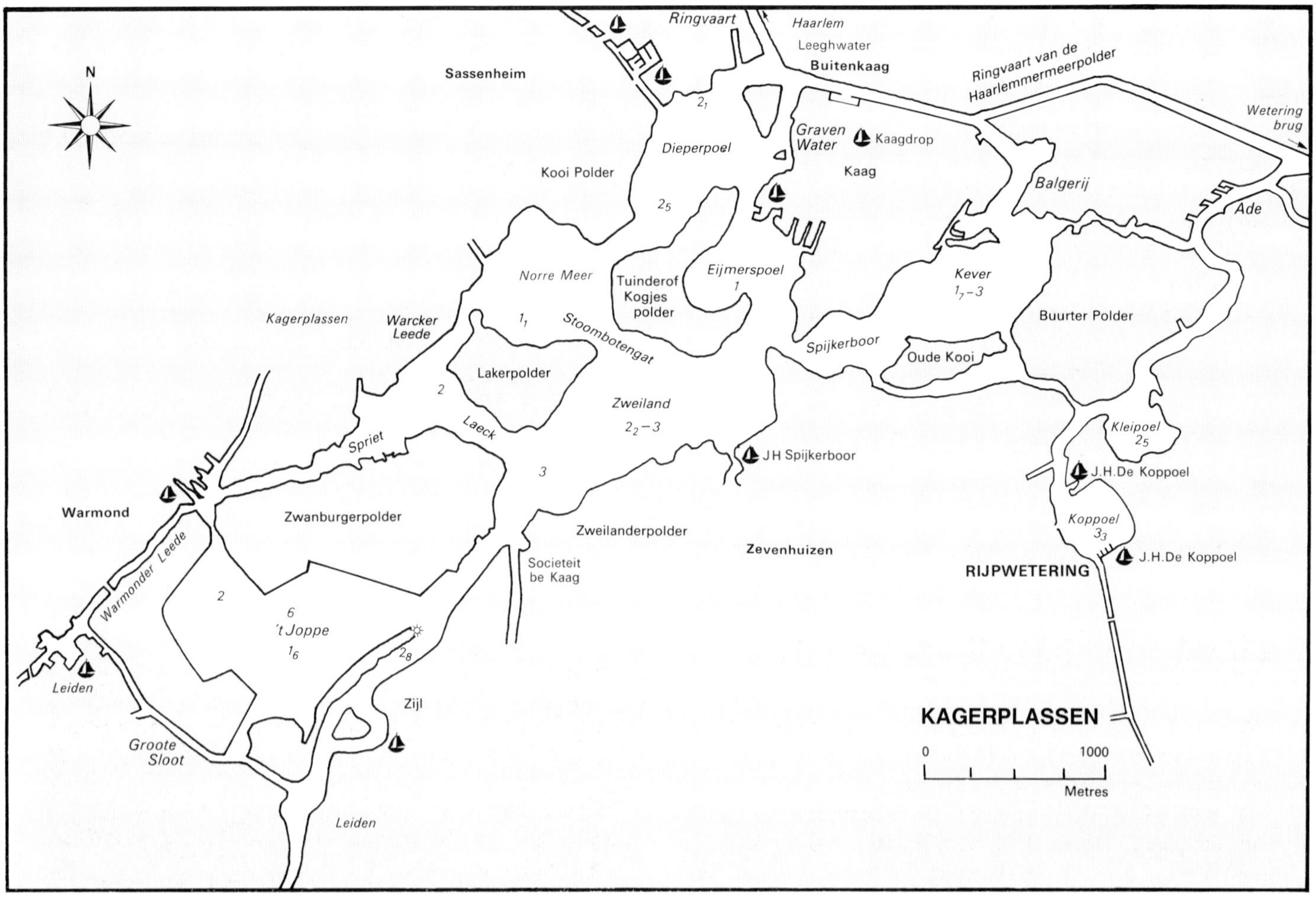

N
Ringvaart
Haarlem
Leeghwater
Buitenkaag
Ringvaart van de Haarlemmermeerpolder
Sassenheim
Wetering brug
Dieperpoel
Graven Water
Kaagdrop
Kaag
Kooi Polder
Balgerij
Ade
Eijmerspoel
Norre Meer
Tuinderof Kogjes polder
Kever
Kagerplassen
Warcker Leede
Stoombotengat
Spijkerboor
Buurter Polder
Oude Kooi
Lakerpolder
Zweiland
Laeck
Spriet
Kleipoel
J H Spijkerboor
J.H.De Koppoel
Warmond
Zwanburgerpolder
Koppoel
Zweilanderpolder
Warmonder Leede
Societeit be Kaag
Zevenhuizen
RIJPWETERING
'tJoppe
Leiden
Zijl
KAGERPLASSEN
Groote Sloot
0
1000
Metres


# Ringvaart van de Haarlemmermeerpolder

Weiterfahrt auf der Ringvaart.
*4,9 km / 2,6 sm*
*2 bewegliche Brücken* Eisenbahn- und Straßen-**Hebebrücken Sassenheim,** Durchfahrtshöhen 4,4 m unter dem beweglichen Teil, 4,7 m unter dem festen Teil. Keine Liegemöglichkeit zwischen den Brücken.
*Brückenöffnungszeiten* Mo–Fr 0600–0713, 1226–1317, 1843–1933; Sa 1013–1103, 1413–1433, 1858–1903; So und feiertags 1713–1717, 1728–1733. Vom 16. Oktober–16. April geschlossen. Bei Nebel oder schlechter Sicht werden die Brücken nicht bedient. Je Öffnung nur eine Durchfahrt in eine Richtung gleichzeitig.

*4,2 km / 2,3 sm*
*Bewegliche Brücke* **Lisserbrug,** Zugbrücke, Durchfahrtshöhe 1 m.
*Öffnungszeiten* Mo–Fr 0700–0730, 0830–1630, 1730–2100, Sa 0900–1700, (16. Oktober–16. April 0900–1400), So u. feiertags 1000–1200, 1630–1830. 16. Oktober–16. April geschlossen.

*4,2 km / 2,3 sm*
*Bewegliche Brücke* **Hillegommerbrug,** Zugbrücke, Durchfahrtshöhe 1 m.

*Die Lisserbrug an der Ringvaart*

*Öffnungszeiten* wie Lisserbrug, ganzjährig, jedoch So 0930–1130 u. 1700–1900.

*3,7 km / 2,0 sm*
*Bewegliche Brücke* **Bennebroekerbrug,** Hebebrücke, Durchfahrshöhe 1,05 m.
Öffnungszeiten Mo–Fr 0700–2100, ganzjährig. Sa 0900–1700, So u. feiertags 0900–1100, 1730–1900.
Yachthafen des WV Merlenhaven im Sportpark ist vom N-Ufer

über einen Nebenarm anzulaufen, der ist nur 1 m tief, 1 km vor der nächsten Brücke. Toiletten und Duschen sind vorhanden.

*3,2 km / 1,7 sm*
*Bewegliche Brücke* **Cruquiusbrug,** Zugbrücke, Durchfahrtshöhe 2,7 m.
*Öffnungszeiten* Mo–Fr 0700–2200; Sa 16. April–16. Oktober 0800–1700; 16. Oktober–16. April 0800–1600; So und feiertags 16. April–16. Oktober 0830–1030, 1800–2030, 16. Oktober–16. April geschlossen.
Das Cruquius-Polder-Museum ist am S-Ufer direkt hinter der Brücke. Auf beiden Seiten der Brücke ist das Ufer befestigt. Beim Anleger Grundberührung vermeiden.

# Zuider Buiten Spaarne
(Abzweigung)

nach Norden, Höchstgeschwindigkeit 9 km bis zur Schouwbroekerbrug 9 km/h, danach durch ganz Haarlem 6 km/h. Tiefe 2,7 m.

# Heemstede und Haarlem

*Liegeplätze* Ein kleiner Hafen ohne Versorgungsmöglichkeiten, Tiefe 1,3 m, befindet sich an der N-Seite des Havenkanaal, der am O-Ufer der Spaarne kurz vor der Brücke abzweigt.
9 bewegliche Brücken. Zuständig ist der Hafenmeister von Haarlem, Tel. 0 23/27 45 56. Der Havendienst ist auf UKW-Kanal 18 zu erreichen. Das Hafenbüro befindet sich am N-Ufer N-lich der Prinsenbrug.
*Bewegliche Brücken von S nach N* **Schouwbroekerbrug** (Zugbrücke, Durchfahrtshöhe 4,3 m), **Buitenrustbrug** (doppelte Zugbrücke, 2,15 m), **Langebrug** (Zugbrücke, 2,2 m), **Melkbrug** (Drehbrücke, 2–2,1 m), **Gravestenenbrug** (doppelte Zugbrücke, 2,55–3,55 m), **Catharijnebrug** (Drehbrücke, 2,4 m), Eisenbahnbrücke (Hebebrücke, 4,5 m), **Prinsenbrug** (Hebebrücke, 2,85 m) und **Waarderbrug** (Zugbrücke, 1,9 m).
*Öffnungszeiten* Alle Brücken Mo–Fr ganzjährig 0900–1600, 1800–2100; Schouwbroekerbrug und Warderbrug auch um 0840 und 1740. Schiffe in Richtung S ab Prinsenbrug und Richtung N ab Buitenrustbrug können bis 2100 alle Brücken nacheinander durchfahren. 16. Oktober–16. April 0900–1400, 16. April–1. Juni und

*Haarlem: Die Melkbrug-Drehbrücke*

1. September–16. Oktober 0900–1700, 1. Juni–1. September 0900–1830. Schiffe, die die Warder- oder Schouwbroekerbrug vor 1400, 1700 oder 1830 passieren, können dann alle Brücken in einem Stück passieren. So und feiertags 16. April–1. Juni und 1. September–16. Oktober: von der Waarderbrug S-wärts 1800 und von Schouwbroekerbrug N-wärts 1700, 1900 ebenfalls in einem Stück, 1. Juni–1. September von der Waarderbrug 1745 und von der Schouwbroekerbrug 1700, 1900 ist die Passage der Brücken nacheinander möglich.
*Öffnungszeiten der Eisenbahnbrücke* Öffnung durch den Haarlem-Hafenmeister. Wochentags in der Hochsaison 1- bis 3mal stdl., die Strecke durch alle 9 Brücken wird bestimmt durch die Öffnung dieser Brücke.
*Liegeplätze* in Haarlem, K.R. und Z.V. Het Spaarne (am W-Ufer der Zuider Buiten Spaarne), am O-Ufer zwischen Gravenstenen- und Melkbrug. Nach Absprache mit dem Hafenmeister kann an vielen Stellen S-lich der Eisenbahnbrücke festgemacht werden.

*Haarlem: Die Eisenbahnbrücke (o.) und die Langebrug (u.)*

*7,4 km / 4,0 sm*
# Noorder Buiten Spaarne

Ab Waarderbrug Höchstgeschwindigkeit 15 km/h, Tiefe 3,5 m.
*Liegeplätze am O-Ufer von S nach N* Haarlemse Jachtclub, Duschen vorhanden. Jachtwerf De Drijver, Toiletten, Duschen, 1-t-

Kran sowie 10-t-Bootslift stehen zur Verfügung, Tel. 0 23/ 37 92 04. Jachtwerf Wetterwille mit 1-t-Kran.

# Mooie Nel

Einfahrt W-lich der Insel, halten Sie sich 25 m vom S-lichen Ufer entfernt. Tiefe 1–10 m. Achtung: an einigen Stellen weniger als 1 m. Der Jachthaven Haarlemse Z.V. befindet sich am O-Ufer des Sees, Tiefe nur 1,4 m, halten Sie sich in der Fahrwassermitte. Im Hafen gibt es Duschen.

Am S-Ende des Sees (nur 1,2 m tief) befinden sich in der Nähe von Penningsveer der Jachthaven Watervrienden.

Der Jachthaven A. Peetoom stellt Toiletten, Duschen, einen 10-t-Kran sowie einen 30-t-Bootslift zur Verfügung.

Außerdem gibt es noch die Yachthäfen Assema und L.J. Poolman.

# Spaarndam

*Yachthafen*   De Rietpol in der N-Ecke der Noorder Buiten Spaarne. Zu den Besucherliegeplätzen fahren Sie nach der engen Einfahrt (mit einem Hausboot an Stb.) sofort S-lich der Schuppen und Büros auf der Halbinsel. Toiletten, Duschen sowie ein 40-t-Kran.

*Spaarndam: Jachthaven de Rietpol (o.); Blick auf die Stadt (u.)*

# Zijkanaal C

Höchstgeschwindigkeit 15 km/h, Tiefe 3,5 m.

*2,9 km / 1,6 sm*
*Schleuse und bewegliche Brücke* **Grote Sluis** (bei SW-lichen Winden ungeschützt) und Zugbrücke (Durchfahrtshöhe 2,35 m). Hinter der Schleuse sind an Bb. Untiefen.
*Öffnungszeiten* Mo–Fr 0600–2200, Sa 0600–2000, So und feiertags 16. April–16. Oktober 0730–1000, 1700–2100, 16. Oktober–16. April 0900–1000, 1600–1700. Es muß Brücken- und Schleusengeld bezahlt werden.
*1,0 km / 0,5 sm*
*Bewegliche Autobahnbrücke* Hebebrücke, Durchfahrtshöhe 6,9 m, wird bei starken Winden und bei schlechter Sicht nicht geöffnet.
*Öffnungszeiten* Mo–Fr 0545–0700, 1200–1300, 2000–2100; Sa

0700–0800, 1200–1300, 1645–1715; So und feiertags 1. April–16. Oktober 0800–0900, 1730–1740, 2040–2050, 16. Oktober–1. April 0900–1000, 1600–1700.
Yachthafen des WV Ijmond am N-Ufer, Toiletten, Duschen und ein 20-t-Kran stehen zur Verfügung, Tel. 0 23/37 50 03.

*2,0 km / 1,1 sm*
*Zugbrücke* (Richtung Buitenhuizen), Durchfahrtshöhe 4,0 m.
*Öffnungszeiten* Mo–Fr 0500–2300; Sa 0500–2100; So und feiertags 1. April–16. Oktober 0700–0750, 0910–1030, 1700–1715, 1800–1815, 2010–2020, 2100–2115, 16. Oktober–1. April 0830–1030, 1530–1730.

*0,2 km / 0,1 sm*

# Noordzeekanaal

nach Stb. einbiegen. Bis Amsterdam (Sixhaven) 15,2 km. Lesen Sie die Beschreibung der Strecke bis Amsterdam in Route 13.

*14,7 km / 7,9 sm*

# Amsterdam Sixhaven

*Das Hafenverwaltungsgebäude in Amsterdam*

# Die großen Flüsse und der Biesbosch

## Route 10
## Von Rotterdam über die Lek und den Nieder-Rhein nach Lobith

### Einführung

Dies ist der bequemste Weg, um Richtung O zu reisen, denn die 3 Hauptschleusen bei Hagestein, Amerongen und Driel mit ihren benachbarten Schleusen vermindern die in Richtung Nordsee fließende Strömung erheblich.

Um sich mit den Schleusenwärtern abzusprechen, brauchen Sie ein UKW-Sprechfunkgerät. Ein kräftiger, verläßlicher Motor ist ebenfalls vonnöten, um dem starken Binnenschiffsverkehr aus ganz Europa auf den großen Flüssen sicher begegnen zu können und auch, um mit der stärkeren Strömung, verursacht durch teilweise oder vollständig geöffnete Wehre, klarzukommen.

Vergewissern Sie sich Ihrer Masthöhe, denn die festen Brücken auf dieser Strecke können nur mit ein wenig mehr als 12 m Höhe passiert werden. Auf dieser Strecke müssen Sie mit vielen Fähren rechnen, die teilweise im Wasser oder, wie z.B. bei Pannerden, als Hängefähre in der Luft das Fahrwasser queren.

Bei Tolkamer/Lobith, km 862,9, finden Sie zum Einklarieren einen soliden „Douanesteiger" in schwellfreier Lage. Bei km 864,3 können Schiffe bis 9,5 m Höhe in die Bijland-Plas einfahren (Yachthafen, Ankerplätze, Bootstankstelle mit weißem Diesel und Benzin). Die nächste Liegemöglichkeit bietet sich auf dem Waal bei km 864, im Hafen von Nijmegen oder am Neder-Rijn, km 883, in Arnhem.

Die Flüsse sind größtenteils mit Leuchttonnen bezeichnet, r. Tonnen begrenzen die N-, gn. Tonnen die S-Seite der Fahrwasser. Auf der Lek und der Waal sind die Tonnenfeuer unterbrochen, auf den W-lichen Flüssen sind es Blitzfeuer.

An den großen Kreuzungen werden die Landspitzen meist mit einem weißen Gleichtakt- oder Blitzfeuer bezeichnet, schmale und rechtwinklige Kreuzungen haben Bb.- und Stb.-Feuer F.r. und F.gn. in den Einfahrten.

Die Landschaft der großen Flüsse ist sehr vielseitig. Es gibt an den Ufern Industrie- sowie Wohngebiete, alte Städte und lange Strecken mit offener Landschaft, großen Weideflächen, Obst- und Gemüsegärten und immer wieder Deiche.

Viele Fähren und eindrucksvolle Straßen- und Eisenbahnbrücken verschiedenster Größe und Bauart sind auf jedem neuen Abschnitt zu entdecken.

Seit ewigen Zeiten ist hier Grenzgebiet, und häufig wurde diese Region zum Kriegsschauplatz Europas. So gibt es eine Reihe faszinierender alter Festungsstädte entlang der Lek und der Waal, und viele von ihnen haben angenehme, kleine Yachthäfen.

In Vianen können Sie einen schönen Spaziergang vom Yachthafen in die malerische, kleine befestigte Stadt mit dem alten Rathaus und der Kirche aus dem 14. Jh. machen. Eine breite Einkaufsstraße führt vom alten Stadttor ins Zentrum der Stadt. Vom Z.V. de Lek auf der anderen Seite des Flusses aus können Sie die sorgsam erhaltene Kanalstadt Vreeswijk im S der neuen Stadt Nieuwegein

besuchen.

Culemborg ist eine weitere Festungsstadt mit einem alten Kanal, einem Rathaus, der Grote Kerk und einem Museum. In Wijk bij Duurstede gibt es eine Burg, eine Windmühle und verschiedene andere alte Gebäude zu besichtigen. Auch Rhenen hat eine Windmühle zu bieten sowie die Reste einer alten Stadtmauer.

Arnhem, Zentrum der Gemeinde Gelderland, wurde im Zweiten Weltkrieg stark zerstört, anschließend aber weitflächig wieder aufgebaut, einige der Gebäude wurden nach altem Vorbild wiedererstellt. Vom Malburgse Haven ist es bis zur John-Frost-Brücke nicht weit zu gehen, die nach dem Kommandeur des Luftlandebataillons benannt wurde, das die Brücke 1944 für einige Tage erfolgreich verteidigte. Im nahen Airborneplein gibt es auch eine Statue von John Frost und in Oosterbeek ein Denkmal, einen englischen Kriegsfriedhof sowie ein Museum mit der ursprünglichen Kommandozentrale dieses Einsatzes.

*Strecke*   133 km / 72 sm

*Brücken, Durchfahrtshöhen*  3 bewegliche Brücken, 8 feste Brücken, Durchfahrtshöhe mind. Pegel + 12,5 m.

Unter bestimmten Bedingungen sind die Wasserstände der Flüsse niedriger, dann erhöhen sich die Durchfahrtshöhen. Mit einer Masthöhe von max. 12,25 m können Sie relativ sicher die Brücken passieren, dennoch sollten Sie vorher immer den Höhenpegel beachten.

*Schleusen*  3

Zeitweilig ist eine direkte Durchfahrt neben den normalen Schleusen möglich. Die Schleusen in Hagestein, Amerongen und Driel kontrollieren den Wasserfluß der Oberen Lek und des Nieder-Rheins. Zusätzlich wird von dort die notwendige Wassermenge durch die Ijssel Richtung N abgegeben, um den korrekten Wasserstand im Ijsselmeer zu halten.

Normalerweise werden die Schleusentore geöffnet, wenn der Wasserstand des Flusses über dem durchschnittlichen Pegelstand liegt. Im NL-Radio wird der Wasserstand von Lobith durchgesagt. Die Wasserstände im Sommer allerdings sind die tiefsten des Jahres, so daß Sie meist die Schleusen benutzen müssen.

*Durchfahrtshöhen*   wenn die Schleusen in Betrieb sind:

Hagstein bei MHW 13,2 m.

Amerogen (bei Pegelstand von Lobith = NAP + 12 m) 12,9 m; wird geöffnet, wenn der Pegel bei Lobith NAP + 11,4 m übersteigt.

Driel (bei Pegelstand von Lobith = NAP + 12 m) 12,1 m; wird geöffnet, wenn der Pegel bei Lobith NAP + 10 m übersteigt.

Aber verzweifeln Sie bei dieser Rechnerei nicht!

Teilweise sind die Fahrwasser zu den Schleusen ausgetonnt, zumindest sind alle befeuert, es gibt Verkehrshinweise zur Nutzung der Schleusentore, und die Durchfahrtsspannen sind in der üblichen Weise bezeichnet (siehe auch Schiffahrtsvorschriften). Vor und hinter jedem der Schleusenkomplexe gibt es Liegemöglichkeiten. Informieren Sie sich über UKW-Kanal 18 in Hagestein und auf Kanal 20 in Amerongen und Driel, nennen Sie gegebenenfalls die Schiffshöhe.

*Tiden, Durchfahrtshöhen und Tiefenangaben*  Der Tideneinfluß ist 29 km / 16 sm flußaufwärts bis Schoonhoven bemerkbar, dort wird der Flutstrom schwächer als die flußabwärts gehende Strö-

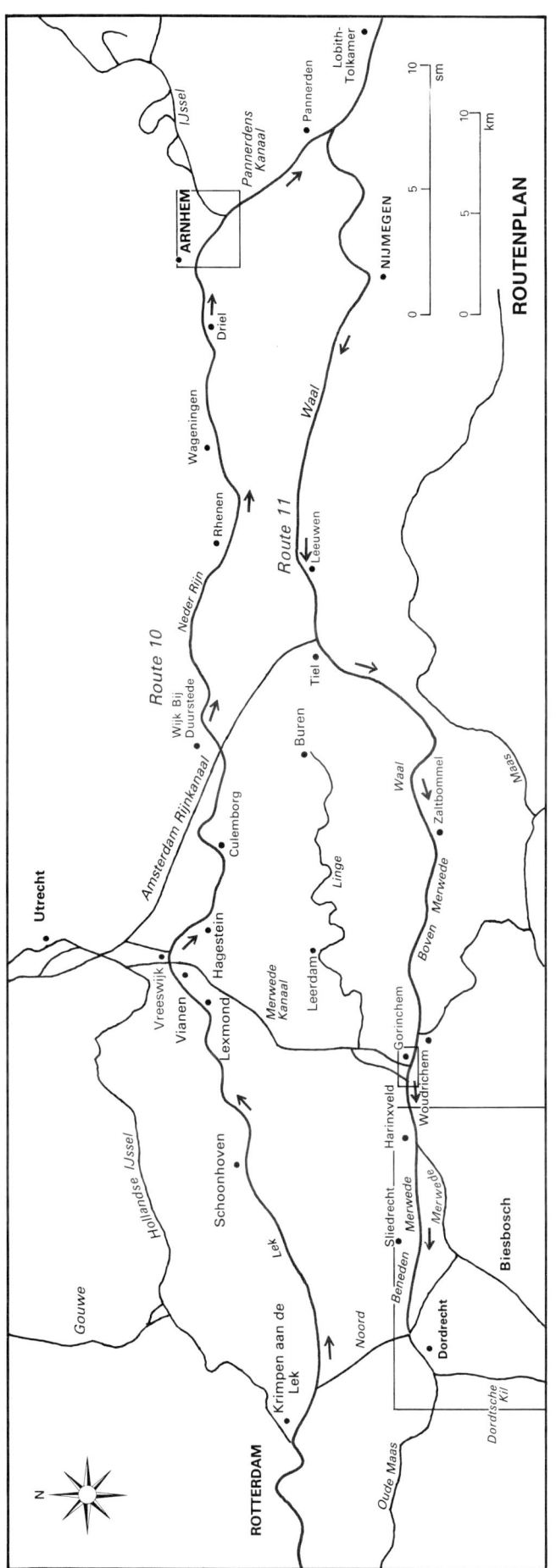

mung. Weitere 23 km / 12 sm wird die flußabwärts setzende Strömung vom Wasserausstoß in Hagestein beeinflußt. Die verbleibenden 81 km / 44 sm werden von den Schleusen kontrolliert, so daß die Strömung flußabwärts in der Stärke variiert. Die Kontrolle beeinflußt durch die Strömung den unteren, nichtkanalisierten Teils der Lek.

*Ein Beispiel*   Der Strom in Wijk bij Duurstede variiert folgendermaßen:

bei voll geöffneter Schleuse 4–5 kn / 2,2–2,7 kn,
bei halb geöffneter Schleuse 3–4 kn / 1,6–2,2 kn,
bei geschlossener Schleuse 0,5–1 kn / 0,3–0,5 kn.

Der Flut- bzw. Ebbstrom bei Rotterdam läuft mit ca. 1,5 kn, so daß es ratsam ist, den Flutstrom flußaufwärts zu nutzen; Flutbeginn HW Hoek – 1 Std. Wenn Sie 1 Std. vorher losfahren, haben Sie genügend Zeit, Hagestein zu erreichen.

Die Höhenangaben der ANWB-Karte sowie der folgenden Beschreibung beziehen sich auf MHW, die Tiefenangaben auf MNW. Ab Hagestein beziehen sie sich auf den Stuwpeil (Wehrpegel), ebenso die sichere Mindestdurchfahrtshöhe. Die Unterschiede zwischen NAP und MHW / MNW werden für den Tidenbereich angegeben, so daß die wirklichen Durchfahrtshöhen errechnet werden können.

*Geringe Tiefen auf der Strecke*   Auf der gesamten Strecke tiefer als 3 m, in einigen kleinen Yachthäfen allerdings nur 1–1,5 m.

*Karten*   ANWB-Karten J, K und L. Der Stroomatlas HP 16 zeigt die Strömungsrichtungen der ersten 9 sm. HW und NW der großen Flüsse bis Hagestein (Lek) und bis Herwijnen (Waal) stehen in den Getijtafels voor Nederland.

# Beschreibung der Route
# Rotterdam (Einfahrt in den Veerhaven)

Näheres in der Beschreibung der Route 7.

# Nieuwe Maas

Fahren Sie auf dem Fluß Richtung O.
*1,5 km / 0,8 sm*
Im nördlichen Fahrwasser 2 feste Brücken (H 8,25 m). Im südlichen Fahrwasser 2 bewegliche Brücken (Koninginnenbrug und Eisenbahnbrücke), siehe Route 7.

*4,4 km / 2,4 sm*
Bewegliche Brücke **Brienenoordbrug** siehe Route 7.

*0,8 km / 0,4 sm*
Einfahrt zum Yachthafen WV Ijsselmonde siehe Route 7.

*1,9 km / 1,0 sm*
Einfahrt zum Yachthafen der WV Krimpen a. d. Ijssel, siehe Route 7.

# Einmündung der Lek

Fahren Sie nach Bb. in den Fluß Lek.

*4,1 km / 2,2 sm*
*Yachthafen*   Krimpen aan de Lek am N-Ufer, Tiefe 1,3 m. Hier befinden sich der Jachthaven WV „Smit-Kinderdijk" ('t Balkengat) mit Toiletten und Duschen, Tel. 0 18 07/1 55 62, sowie der Jachthaven WV De Lek.

*7,8 km / 4,2 sm*
*Yachthafen*   Streefkerk am S-Ufer, Tiefe 1,5 m, der Jachthaven Streefkerk B.V. stellt Toiletten und Duschen zur Verfügung, Tel. 0 18 48/18 28 od. 18 73.

*9,0 km / 4,9 sm*
*Yachthafen*   Schoonhoven am N-Ufer. Durch die normalerweise offene Keersluis fährt man in den WV Zilvervloot, bis 1,2 m Tiefgang geeignet. Weiter im O befindet sich der WV 't Wilgerak, Tiefe 2,5 m, Toiletten und Duschen stehen zur Verfügung.

*15,1 km / 8,2 sm*
*Yachthafen*   Lexmond am S-Ufer, Tiefe 1,5 m. Der WV Lexmond hat einen 6-t-Kran, Tel. 0 34 74/18 96.

# Vianen (Yachthafen)

am S-Ufer, Tiefe 2,6 m. Hier befindet sich der WV De Peiler, es gibt Toiletten und Duschen, Tel. 0 34 73/7 63 56. Die Werft Le Comte-Holland B.V. hat einen 15-t-Bootslift, Tel. 0 34 73/7 19 04.

*4,6 km / 2,5 sm*
*Feste Brücke*   **Vianense Brug,** Durchfahrtshöhe MHW + 13,3 m. MHW entspr. NAP + 1,4 m, MNW entspr. NAP + 0,4 m.

# Vreeswijk / Nieuwegein-Zuid

*Yachthafen*   am N-Ufer, Tiefe 1,65 m, der ZV de Lek hat Toiletten und Duschen. Hafenmeister Tel. 0 34 02/6 29 70.
*Liegeplätze*   Wenn Sie durch die Koninginnensluis fahren kön-

*Vreeswijk*

nen, finden Sie weitere Liegemöglichkeiten auf der W-Seite des Kanals. Unter Umständen können Sie, wenn der Schleusenwärter einverstanden ist, auch im Buitenhaven S-lich der Beatrixsluisen liegen.

*2,8 km / 1,5 sm*
*Feste Brücke*   **Hagesteinsebrug,** Durchfahrtshöhe MHW + 13,8 m. MHW entspr. NAP + 1,4 m, MNW entspr. NAP + 0,4 m.

*1,8 km / 1,0 sm*
*Schleuse*   Wehr und Schleuse Hagestein, erreichbar auf UKW-Kanal 18 oder Tel. 0 34 72/15 44. Weitere Informationen in der Einführung bei „Schleusen".

*Wehr Hagestein (o.); die Lekbrug (u.)*

*5,0 km / 2,7 sm*
# Culemborg

*Feste Brücke*   Eisenbahnbrücke **Culemborg,** Durchfahrtshöhe 12,9 m.
Der Yachthafen des WV de Helling ist nahe der Brücke am S-Ufer. Toiletten, Duschen und eine Waschmaschine sind vorhanden, Hafenmeister Tel. 0 34 50/1 64 93.

*6,4 km / 3,5 sm*
*Yachthafen*   Der Jachthaven Beusichem befindet sich am S-Ufer,

Tiefe 1,5 m. Toiletten, Duschen, Waschmaschine und 7-t-Kran stehen zur Verfügung, Tel. 0 34 53/25 30.

*4,2 km / 2,3 sm*

# Neder-Rijn

Kreuzung des Amsterdam-Rijn-Kanaal mit dem Lek, der ab hier weiter stromaufwärts Neder-Rijn genannt wird. Mit UKW ausgerüstete Yachten sollen sich auf Kanal 13 mit dem „Verkeerspost" in Verbindung setzen und hörbereit bleiben, bis die Kreuzung passiert ist.

*1,6 km / 0,9 sm*

# Wijk bij Duurstede

*Yachthafen* Am N-Ufer in dem alten Flußlauf befindet sich der Jachthaven WV Rijn en Lek, Hafenmeister Tel. 0 34 35/7 30 49, Toiletten und Duschen sind vorhanden.

*2,0 km / 1,1 sm*

# Eiland van Maurik

Einfahrt in den Altarm südlich der Halbinsel „Eiland van Maurik" mit schönen Ankerplätzen, dem Watersportcentrum de Loswal, sowie den Yachthäfen WV Maurik und Eiland van Maurik. WC, Duschen, Waschmaschine, Diesel, Benzin, Slip bis 16 t, Entsorgung für Chemietoiletten.

*1,8 km / 1,0 sm*

# Wehr von Amerongen

*Schleuse* Wehr und Schleuse Amerongen sind erreichbar auf UKW-Kanal 20. Siehe auch Informationen zum Durchschleusen in der Einführung.

*12,0 km / 6,5 sm*

# Rhenen

*Yachthafen* Am S-Ufer ist der Jachthaven WV Midden Betuwe, Tiefe 2 m oder mehr, Toiletten und Duschen sind vorhanden, Tel. 0 88 86/27 72.

*0,7 km / 0,4 sm*

*Feste Brücke* Straßenbrücke **Rhenen,** Durchfahrtshöhe 13,5 m.

*6,0 km / 3,2 sm*

# Wageningen

*Yachthafen* am N-Ufer, Tiefe 2,5 m. Jachthaven R.Z. und M.V. Vada, Toiletten, Duschen und ein 10-t-Kran sind vorhanden, Hafenmeister Tel. 0 83 70/1 59 86 od. 1 45 57.

*8,8 km / 4,8 sm*

*Feste Brücke* Straßenbrücke **Heteren,** Durchfahrtshöhe 13,5 m.

*2,8 km / 1,5 sm*

# Driel (Wehr)

*Schleuse* Wehr und Schleuse Driel, erreichbar über UKW-Kanal 20. Näheres zum Durchschleusen in der Einführung.

*3,5 km / 1,9 sm*

*Feste Brücke* Eisenbahnbrücke **Oosterbeek,** Durchfahrtshöhe 12,5 m.

*4,0 km / 2,2 sm*

# Arnhem

*Feste Brücke* **Roermondspleinbrug,** Durchfahrtshöhe 13,74 bis 15,78 m.

*Arnhem: Der Malburgse-Yachthafen*

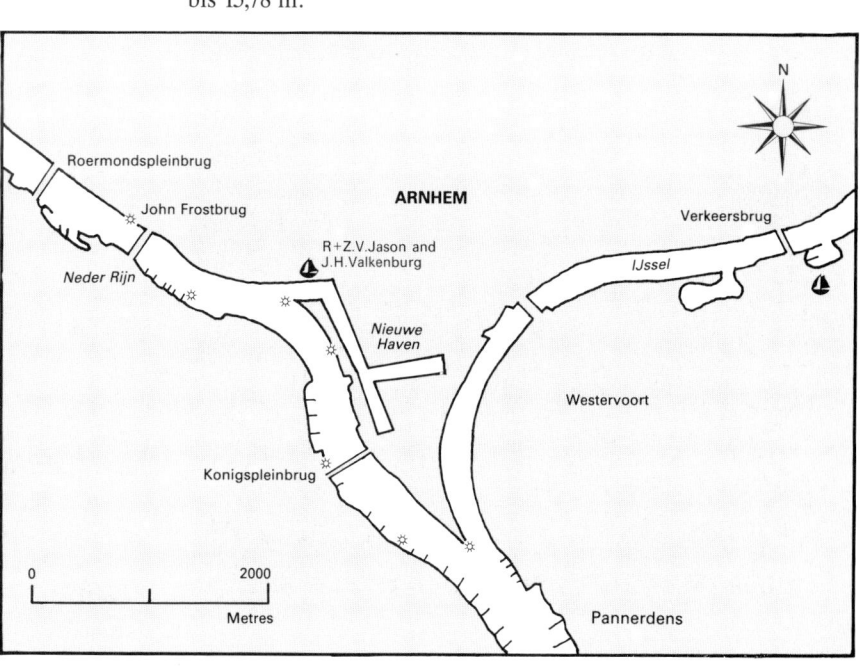

*1,0 km / 0,5 sm*
*Feste Brücke*   **John Frostbrug,** Durchfahrtshöhe 12,6 m.

*1,6 km / 0,9 sm*
Einfahrt zum Malburgs/Nieuwe Haven und den Yachthäfen R. und
Z.V. Jason mit Toiletten, Duschen und einem 1-t-Kran, Tel.
0 85/61 52 07. Desweiteren den Jachthaven Valckenburg mit Toi-
letten und Duschen, Tel. 0 85/61 25 00. Einen 16-t-Kran hat die
Fa Gebr. van Workum, Tel. 0 85/21 60 35.

*1,6 km / 0,9 sm*
*Feste Brücke*   **Köningspleinbrug,** Durchfahrtshöhe 13,9 m.

# Pannerdens Kanaal / Bijlands Kanaal / Boven Rijn

*16,2 km / 8,7 sm*
# Tolkamer / Lobith

*Liegeplätze*   Der „Douanesteiger" ist nur für die Zollabfertigung
vorgesehen. Nach Dienstschluß darf man auch über Nacht liegen-
bleiben, bis Dienstbeginn am anderen Morgen.
Der Vluchthaven wird vollständig von der Berufsschiffahrt genutzt und ist nur als „letzte Rettung" zu empfehlen. Das Watersportcentrum de Bijland hat einen guten Yachthafen, allerdings
geht über die Einfahrt eine feste Brücke mit einer Durchfahrtshöhe von MR (Flußpegel im Sommer) + 9 m. Tel. des Geschäftsfüh-
rers 0 83 65/15 96 od. 16 86 od. 19 24. Ankerplätze, Bootstankstelle mit Diesel, Benzin.

*Tolkamer: Zoll- und Einklarierungsponton*

# Route 11
# Die großen Flüsse – von Lobith über die Waal nach Dordrecht

### Einführung

Lesen Sie auch die Einführung zu Route 10. Auf dieser Rücktour
Richtung W gibt es weder Brücken noch Schleusen, die ein Schiff
bis 12 m Höhe behindern könnten. Die Strömung flußabwärts erhöht sogar noch Ihre Reisegeschwindigkeit. Wenn Sie ein wenig
warten können bzw. sich rechtzeitig bei den Brücken anmelden,
können Sie diese Strecke mit Schiffen bis zu 14,9 m Höhe be-
fahren.
Landschaftlich gleicht diese Strecke der Route 10, nur an den
Ufern der Boven und Beneden Merwede herrscht die industrielle
Bebauung vor. Es gibt viele alte, befestigte Städte mit ein paar,
meist begrenzten Liegemöglichkeiten nahe der Ortszentren.
Nijmegen wurde zu Zeiten der Römer gegründet und steht mit den
Kaisern Karl der Große und Friedrich Barbarossa in Beziehung.
Es wurde häufig belagert und 1944 schon vor der Schlacht um
Arnhem befreit. Das Ufer steigt zum Valkhof, der ersten Festung,
steil an. Wie Arnhem mußte auch Nijmegen nach dem Krieg neu
aufgebaut werden, doch es gibt trotzdem noch viele alte Gebäude
wie z.B. die öffentliche Waage (waag) und den Belvedere Turm
(heute Restaurant mit wunderschönem Blick über den Fluß).
Auch der alte Kleidermarkt sowie Überreste der Stadtmauern sind
erhalten geblieben. Desweiteren sind die Häuser an der Waalkade,
eine Kapelle aus dem 11. Jh. sowie mehrere Museen zu besichtigen.
Tiel ist das Marktzentrum des umliegenden Obstanbaugebietes.
Die Festungsstadt, erbaut im 12. Jh., mußte ebenfalls nach dem
Krieg wiederaufgebaut werden. Überreste der alten Stadtmauern,
die Grote Kerk, ein wiedererstelltes Tor (waterspoort) aus dem 17.
Jh. sowie das unvermeidliche Museum sind aus früheren Zeiten
noch erhalten geblieben.
Zaltbommel ist, wie auch Tiel, eine alte Hansestadt, die das Glück
hatte, den Krieg mit den meisten ihrer historischen Verteidigungs-
anlagen unzerstört zu überstehen. Das Rathaus, die alte Stadtwaage, die Grote Kerk, der Marktplatz sowie das Waterspoort-Tor
sind noch vorhanden.
Die Befestigungsanlagen und der Wallgraben von Gorinchem
stammen meist aus dem 16. Jh. Nicht weit vom WV Merwede können Sie eine interessante Kirche und ein altes Stadttor (Dalem-
poort) besichtigen.
Weiter westlich sind die Ufer größtenteils mit Industrieanlagen bebaut. In Sliedrecht erreicht man den Yachthafen nur durch eine
Einfahrt, die sich direkt neben einem Fabrikgebäude befindet,
und am Ufer liegen haufenweise rostige Schleppkähne und
Kümos.
Angenehm und eindrucksvoll dagegen ist die Kulisse Dordrechts
mit dem Groothoofdspoort (Turm) und dem Hotel Bellevue auf
der vorgelagerten Landspitze.

*Strecke*   115 km / 62 sm
*Brücken, max. Durchfahrtshöhe*   6 feste und 3 bewegliche
Brücken, Durchfahrtshöhe ist max. MR (durchschnittlicher Som-

merpegel) + 14,2 m, so daß die festen Brücken von Schiffen mit einer Gesamthöhe bis 14 m relativ sicher passiert werden können. Die beweglichen Brücken in geschlossenem Zustand können mit einer max. Gesamthöhe von 12 m durchfahren werden (Durchfahrtshöhe entspricht MHW + 12,2 m). Auf jeden Fall sollten Sie die wirkliche Durchfahrtshöhe vor dem Passieren der Brücke an den Höhenpegeln ablesen.

*Schleusen*   keine

*Tiden, Durchfahrtshöhen und Tiefenangaben*

Die Strecke wird nur auf den letzten 8 km / 4 sm von der Tidenströmung beeinflußt, d.h., daß erst ab Sliedrecht der Flutstrom stärker als der ständige, flußabwärts fließende Strom ist. Ab Dordrecht läuft die Flut mit durchschnittlich 1,25, die Ebbe mit 1,75 kn.

In den verbleibenden nicht-kanalisierten Flüssen Waal und Boven Merwede variiert die flußabwärts fließende Strömung zwischen 1,6 kn und 3,8 kn, meist nur zwischen 1,9 kn und 3 kn.

Flußabwärts zu fahren ist also kein Problem, wenn Sie nicht zwischendurch einen Halt machen wollen. Denn zusammengerechnet ergeben der Ebbstrom und die Strömung flußab ca. 6,5 kn Wassergeschwindigkeit über Grund. So brauchen Sie bis nach Dordrecht nie mehr als 10 Std.; und es gehört schon etwas Willenskraft dazu, bei solchen Bedingungen irgendwo anzulegen und den Touristen zu spielen.

Die auf der ANWB-Karte K angegebenen Durchfahrtshöhen beziehen sich auf MHW, die Tiefenangaben auf MNW. Die Angaben in Karte L beziehen sich auf MR (durchschnittlicher Sommerpegel). MR ist ca. 20 cm niedriger als der NR (Durchschnittswert des ganzen Jahres), also beachten Sie immer die Höhenpegel an den Brücken.

*Geringe Tiefen auf der Strecke*

Den Sommer über ist die Waal mind. 4 m tief, in den Yachthäfen ist seltener weniger als 1,5 m Tiefe, meist jedoch 2 m und mehr.

*Karten*   ANWB-Karten K und L.

Strömungsrichtungen ab Dordrecht stehen im Stroomatlas HP 16. Die Getijtafeln geben die ungefähren HW- und NW-Zeiten für alle Orte bis Herwijnen (Waal) an.

# Beschreibung der Route
# Tolkamer / Lobith

(Bundesrepublik Deutschland befindet sich am anderen Flußufer)
Näheres in der Beschreibung der Route 10.
Fahren Sie westwärts, an der Fahrwassergabelung nehmen Sie das Bb.-seitige, die Waal.

# Nijmegen

Verkehrsbüro Tel. 0 88 97/7 45 55 oder UKW-Kanal 68. Hafenbüro zu erreichen auf Kanal 12 UKW, Hafenmeister Tel. 0 80/29 26 96.

*19,7 km / 10,6 sm*
*Feste Brücke*   Straßenbrücke **Nijmegen,** Durchfahrtshöhe MR + 16 m.

*Liegeplätze*   sind im Vluchthaven, am Südufer gleich unterhalb der Brücke zu finden. Mindesttiefe 2,5 m. Der Passantenhaven ist vor Schwell geschützt hinter einer Mole, hinter den dort liegenden Fahrgastschiffen. Die Einfahrt befindet sich am W-Ende der Mole. Man rundet eine Bake und fährt dicht an dem r/w. Pfahl, der das Ende der meist überspülten Mole bezeichnet, in den Hafen. Max. Verweildauer 48 Std. Beachten Sie den Schiffsverkehr und die Strömung beim Einlaufen.

*1,1 km / 0,6 sm*
*Feste Brücke*   Eisenbahnbrücke, Durchfahrtshöhe MR + 14,1 m.
*Liegeplätze*   sind nur im Notfall im Waalhaven zu finden, der normalerweise mit großen Schleppkähnen belegt ist. Sprechen Sie mit dem Hafenmeister.

*Der Passantenhaven in Nijmegen*

*9,0 km / 4,9 sm*
*Feste Brücke*   Straßenbrücke **Ewijk,** Durchfahrtshöhe MR + 15,2 m.

*16,6 km / 9,0 sm*
# Beneden Leeuwen

*Yachthafen*   Er befindet sich am S-Ufer und ist ein weit nach O gehender angenehmer Naturhafen.
Toiletten, Duschen und einen 40-t-Bootslift hat die Fa. Woudenberg, Tel. 0 88 79/12 57. Einen 7-t-Kran gibt es bei der Scheepsrep. Bedr. De Gerlien, Tel. 0 88 79/29 57.

*1,1 km / 0,6 sm*
*Feste Brücke*   **Prins Willem Alexanderbrug,** Durchfahrtshöhe MR + 14,24 m.

*4,2 km / 2,3 sm*
# Tiel

*Yachthafen*   am N-Ufer im Tiel-Haven, Tiefe 5 m, Hafenmeister Tel. 0 34 40/1 29 71. Im WV De Waal gibt es Toiletten und Waschgelegenheiten, Tel. 0 34 40/1 48 34.

*12,0 km / 6,5 sm*
Einmündung des **St. Andries Kanaal,** fahren Sie auf der nach Stb. biegenden Waal weiter. MHW entspr. NAP + 3,47 m, MNW entspr. NAP + 3,34 m.

*8,0 km / 4,3 sm*
# Zaltbommel

*2 feste Brücken*  Straßenbrücke und Eisenbahnbrücke **Zaltbommel** liegen dicht hintereinander. Auf der N-Seite ist die Spanne für den Verkehr Richtung W (Durchfahrtshöhe MHW + 15,25 bis 15,5 m), im S befindet sich die Spanne für den O-wärtigen Verkehr (Durchfahrtshöhe MHW + 14,95–15,45 m). MHW entspr. NAP + 2 m, MNW entspr. NAP + 1,6 m.

*1,2 km / 0,6 sm*
*Yachthafen*  am S-Ufer, Zaltbommel Haven, Tiefe 4 m. Große Yachten legen am Kai an, kleinere laufen in den ZV De Golfbreker an der S-Seite des Hafens.

# Boven Merwede

Kurz vor Gorinchem wird die Waal zur Merwede. Wasserstände bei Herwijnen: MHW entspr. NAP + 1,4 m, MNW entspr. NAP + 1 m.

*Am N-Ufer der Beneden Merwede*

*18,2 km / 9,8 sm*
# Woudrichem

Einmündung mit der Afgedamde Maas an der S-Seite. Der Yachthafen der WV Woudrichem ist durch die 1. Einfahrt am W-Ufer der Afgedamde Maas zu erreichen, Tiefe 1,5 m, Toiletten und Duschen sind vorhanden.

# Gorinchem (Gorkum)

*Yachthäfen*  Bei km 954,7 erreicht man vom 1. Voorhaven durch die Jachtensluis den Linge-Hafen, der ausschließlich für Yachten eingerichtet ist und mitten in der Altstadt jeden Komfort bietet. WC, Duschen, Wasser und Strom, Waschmaschine, Entsorgung für Chemietoiletten.

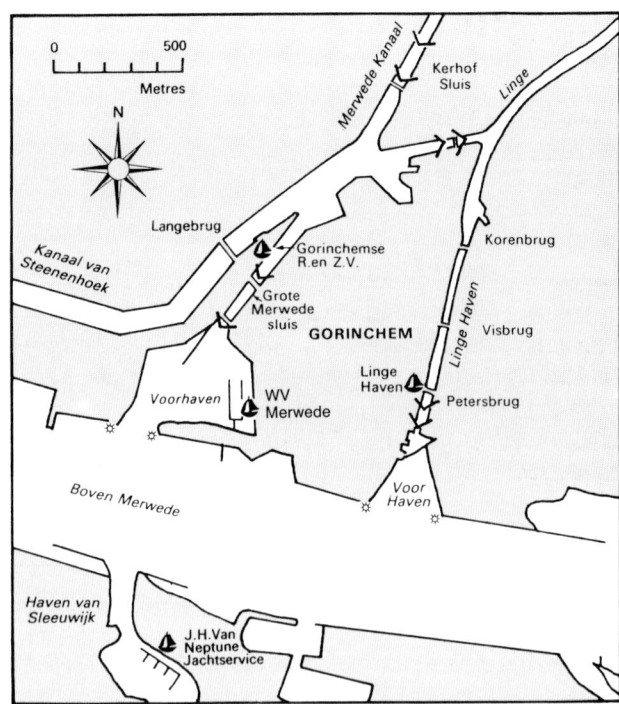

Drempeltiefe der Nieuwe Jachtensluis: 2,47 m bei NW. Betriebszeiten: Mo–Sa 0800–1200, 1200–1300, 1800–2000. So u. feiertags 0900–1000, 1200–1300, 1800–1900.
Im 1. Voorhaven (ohne Schleuse zugänglich) finden Sie Liegeplätze beim WV Merwede (WC, Duschen, Kran bis 6 t) und, östlich davon, im Passantenhaven. Vom 1. Voorhaven erreichen Sie durch die Groote Merweedesluis den Meerwede-Kanal, eine landschaftlich sehr schöne und geruhsam zu fahrende Verbindung nach Vianen am Lek.

*Gorinchem: Blick von der Jachtensluis in den Lingehaven (o.); Brücke über die Boven Merwede (u.)*

# Sleuwijk

Yachthafen am S-Ufer im Oude Veerhaven. Jachthaven Van Neptune Jachtservice bietet Toiletten und Duschen, Tiefe 3 m, Tel. 0 18 33/17 47.

*1,8 km / 1,0 sm*
*Bewegliche Brücke* Straßenbrücke **Gorinchem,** Durchfahrtshöhe im festen Teil an der S-Seite MHW + 12,5 m.
*Öffnungszeiten des beweglichen Teils am N-Ende* Mo–Fr 0600–2100, jedoch nur nach Anmeldung, möglichst 24 Std. vorher, beim Schleusenmeister der Grote Merwedesluis: UKW-Kanal 18 oder Tel. 0 18 30/3 33 08 oder 2 28 65. So und feiertags geschlossen.

*4,2 km / 2,3 sm*
# Beneden Merwede

Abzweigung der Beneden Merwede nach Bb.

*1,0 km / 0,5 sm*
# Hardinxveld

MHW entspr. NAP + 0,78–1,33 m, MNW entspr. NAP + 0,65–0,40 m.
*Liegeplätze* Sie befinden sich am N-Ufer in Boven Hardinxveld. Die Einfahrt des Gemeentehaven ist mit Blz.r. auf der O-Mole bezeichnet, Tiefe 4,5 m, Werftgelände und Möglichkeiten zu Kranen sind in der Nähe, Tel. 0 18 46/1 49 04.

*8,0 km / 4,3 sm*
# Sliedrecht

MHW entspr. NAP + 0,84 m, MNW entspr. NAP + 0,2 m.
*Yachthafen* Er befindet sich am N-Ufer im Gemeentehaven, dessen Einfahrt mit F.r. und F.gn. befeuert ist. Tiefe 3,6 m, städtischer

*Einfahrt nach Sliedrecht*

*Gemeindehafen von Sliedrecht*

Hafenmeister Tel. 0 18 40/1 90 99 oder 1 41 76. Am O-Ende des Hafens befindet sich der WV Sliedrecht mit Toiletten, Duschen und einem 10-t-Kran, Tel. 0 18 40/2 00 73.

Am N-Ufer steht ein Pegel für die Eisenbahnbrücke Baanhoek bei km 971,3.

*1,1 km / 0,6 sm*
*Bewegliche Brücke* Eisenbahnbrücke **Baanhoek,** Durchfahrtshöhe MHW + 12,16 m unter dem festen Teil, unter dem beweglichen Teil im S MHW + 10,4 m.
Die Brücke wird nur nach Anmeldung beim Verkeerspost Dordrecht (mind. 3 Std. vorher) geöffnet. UKW-Kanal 19 oder Tel. 0 78/1 32 24 21.
Ein Höhenpegel der Eisenbahnbrücke Baanhoek befindet sich am S-Ufer (1,5 km / 0,8 sm W-lich der Brücke).

*Eisenbahnbrücke Baanhoek*

*2,5 km / 1,3 sm*
# Papendrecht

MHW entspr. NAP + 0,9 m, MNW entspr. NAP + 0,1 m.
*Bewegliche Brücke* Straßenbrücke **Papendrecht** hat eine Durchfahrtshöhe MHW + 12,5 m unter dem festen Teil im S, MHW + 10,5 m unter dem beweglichen Teil im N, Tel. 0 78/15 15 64.
*Öffnungszeiten* Die Brücke wird nur nach Anmeldung beim

Verkeerspost Dordrecht (mind. 18 Std. vorher) geöffnet. UKW-Kanal 19 oder Tel. 0 78/1 32 24 21.

*1,6 km / 0,9 sm*
*Yachthafen*   am N-Ufer, Tiefe 3 m.
Der WV Papendrecht hat Platz für Schiffe bis 10 m Länge, stellt einen 9-t-Kran zur Verfügung, Tel. 0 78/15 57 56 od. 15 94 76, Büro-Zeit: 1900–1930.

*Papendrecht: Die Straßenbrücke*

*1,1 km / 0,6 sm*
# Dordrecht (Wijnhaven)

Siehe Route 5.

*O-Ansteuerung Dordrecht*

# Route 12
# Eine Tour um den Biesbosch

**Einführung** (siehe auch Kapitel 1 „Gottes Wasser und Gottes Land") Bei dieser Strecke sollten Sie länger verweilen, immer eingedenk der Tatsache, daß selbst bei dem minimalen Tidenhub bei NW darauf zu achten ist, nicht plötzlich festzusitzen. Ankern Sie in den baumverhangenen Kanälen, holen Sie Ihre Angelrute 'raus, beobachten Sie Flora und Fauna und besuchen Sie das Biesbosch-Museum bei Spieringsluis.

Irgendwann müssen Sie dann beim Hafen Dordrecht anrufen, damit zu einem abgesprochenen Zeitpunkt einer der Angestellten herunter kommt, um, natürlich per Hand, die Eisenbahnbrücke Wantij hochzukurbeln. An einem Ankerplatz dürfen Sie höchstens 3 Tage bleiben, dann müssen Sie mindestens 500 m verholen.

In den Seitenarmen der Kanäle gibt es viele schöne Stellen zum Verweilen und Besichtigen, beispielsweise das Besucherzentrum des Erholungsgebietes Merwelanden in einem Kanalarm NO-lich der Wantij oder den einzigen nutzbaren Kanal im Naturschutzgebiet Dordrechtse Biesbosch oder die zahllosen flachen Kanäle des Brabantse Biesbosch zwischen dem Steurgat und dem Gat van den kleinen Hil.

Sie können natürlich auch im riesigen Yachthafen von Drimmelen an der Amer Duschen gehen oder im Yachthafen-Restaurant speisen und dann in dem kleinen Werkendam an der Nieuwe Merwede, 1,5 km vom Yachthafen entfernt, Ihre Vorräte auffüllen.

Eine weitere Route, auch für höhere Schiffe geeignet, umgeht den Sliedrechtse Biesbosch (mit der Eisenbahnbrücke) und führt von Dordrecht O-wärts auf der Beneden Merwede, der Nieuwe Merwede und durch die Biesboschsluis Werkendam direkt in den Brabantse Biesbosch, 14,6 km von Dordrecht entfernt. Alle Brücken, die passiert werden, sind zu öffnen (siehe Route 11).

Die dritte Route von Dordrecht Richtung S auf dem Dordtse Kil, dann O-wärts ins Hollands Diep unter den Straßen- und Eisenbahnbrücken Moerdijk hindurch und von SW in den Biesbosch hinein ist nur für Schiffe mit geringer Höhe geeignet, die Durchfahrtshöhe unter den Brücken beträgt 9,78 m.

Beachten Sie bitte, daß alle möglichen Abstecher und Umwege in die kleinen Nebenarme zwischen Steurgat und Noordergat, ins Maartensgat oder ins Gat van Kampen nicht beschrieben wurden, aber dennoch möglich und empfehlenswert sind.

*Strecke*   57 km / 31 sm
*Brücken, max. Durchfahrtshöhen*   Acht bewegliche Brücken, Durchfahrtshöhe unter der Eisenbahnbrücke Sliedrecht auch geöffnet nur max. 12,2 m, so daß man mit 12 m Höhe diese Route bequem abfahren kann.
*Schleusen*   3
*Tiden, Höhen- und Tiefenangaben*   Höhen- und Tiefenangaben der ANWB-Karte N beziehen sich auf MHW bzw. MNW. Der Tidenhub im beschriebenen Gebiet ist gering (0,7 m in der Wantij und 0,2 m im Biesbosch), so daß es kaum Unterschied bedeutet, die Angaben auf den jeweilig anderen Wasserstand zu beziehen und somit eine größere Durchfahrtshöhe zu bekommen (z.B. Brücke Wantij mit 12,5 m bei NW statt 12,2 m Durchfahrtshöhe) Eine Tidenströmung ist fast nicht zu bemerken. Dafür gibt es eine schwache Strömung flußabwärts in der Amer und in der Nieuwe Merwede, deren Stärke auch von den jeweiligen Schleusungen des Haringvliet und der oberen Flüsse abhängt. Über Strömungen der Beneden Merwede siehe Route 11.
*Geringe Tiefen auf der Strecke*
Für diese Route sind nur flachgehende Schiffe mit max. 1,37 m Tiefgang (4,5 ft), zumindest bei Benutzung der Nebenarme etc. zu empfehlen. In den Hauptfahrwassern können Sie mit ca. 1,5 m Tiefe rechnen, in vielen kleinen Armen häufig weniger als 1 m Wasser.

*Karten*   ANWB-Karten K und N.

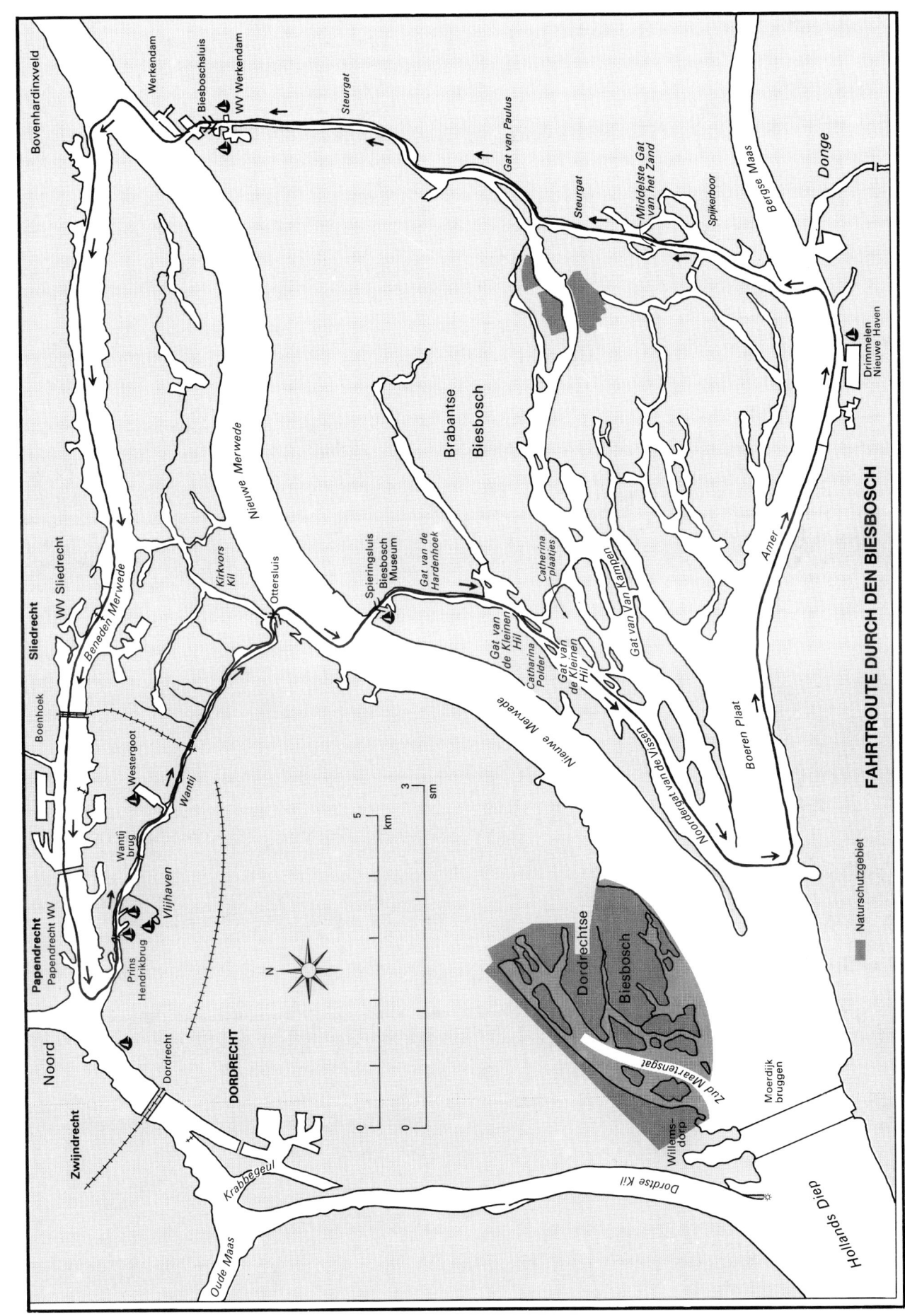

**FAHRTROUTE DURCH DEN BIESBOSCH**

# Beschreibung der Route

## Dordrecht (Wijnhaven)

Siehe Route 5.

Fahren Sie Richtung O und dann an Stb. in die Wantij.

# Wantij

Höchstgeschwindigkeit 4,9 kn, Tiefe 1,8 m bei MNW, max. Höhe 12 m. Die Wantij fließt SW-lich des Sliedrechtse Biesbosch, einem historisch interessanten und malerischen Teil des Biesbosch zwischen der Beneden und der Nieuwe Merwede.

*1,3 km / 0,7 sm*
*Bewegliche Brücke* **Prins Hendrikbrug**, Durchfahrtshöhe MNW + 3,63 m, Tel. 0 78/13 36 37.
*Öffnungszeiten* 16. April–16. Oktober Mo–Sa 0900–1200, 1400–1900, So und feiertags 0900–1200, 1500–2000; 16. Oktober–16. April Mo–Sa 0800–1200, 1300–1700, So und feiertags geschlossen. Zu Verkehrsspitzenzeiten: 0815–0830, 1315–1330, 1615–1645 und 1715–1730 geschlossen.

*Wantij: Die Prins Hendrik-Brücke*

*2 Yachthäfen am S-Ufer* 1. Einfahrt an Stb. Jachthaven Heuvel-de-Graaf mit Toiletten, Duschen, 3-t-Kran und 40-t-Bootslift, Tel. 0 78/13 69 11 od. 13 23 19 sowie 2. Einfahrt an Stb. WV Biesbosch. Tiefe beider Häfen bei MNW 1,5 m.

*2 Yachthäfen* am S-Ufer in der Vlij / Vlijhaven. Am Ende des 1,2 km langen, 1,2 m tiefen Kanals befinden sich der WV Drechtstad und der WV Kievit, Hafentiefe 1,0 m.

*1,4 km / 0,8 sm*
*Bewegliche Brücke* **Wantijbrug**, Durchfahrtshöhe MHW + 5,5 m.
*Öffnungszeiten* 16. April–16. Oktober 0900–1200, 1400–1700 (gilt Mo–Sa, Fr–1900), So und feiertags 0900–1100, 1600–2000, 16. Oktober–16. April Mo–Sa 0900–1200[1], 1300–1700, So und feiertags geschlossen.
[1] 8 Std. vorher anzumelden bei Tel. 0 78/16 44 54.

*Yachthafen* am N-Ufer. Ein 1,3 m tiefer Kanal führt zum Jachthaven Westergoot, Tiefe 3,5 m, Toiletten, Duschen und ein 25-t-Kran stehen zur Verfügung, Tel. 0 78/16 07 80.
*2,2 km / 1,2 sm*
*Bewegliche Brücke* Eisenbahnbrücke und **Wantijfietsbrug** (Fahrradbrücke), Durchfahrtshöhe MHW + 4,3 m geschlossen sowie MHW + 12,2 m geöffnet. MHW entspr. NAP + 0,77 m, MNW entspr. NAP + 0,1 m.
Beide Brücken werden gleichzeitig, jedoch nur nach vorheriger Anmeldung beim Verkeerspost Dordrecht geöffnet. UKW-Kanal 19. Anruf: „Post Dordrecht", Tel. 0 78/13 24 21.

*Wantij: Die Eisenbahn-Hebebrücke*

*2,4 km / 1,3 sm*
# Ottersluis

MHW entspr. NAP + 0,8 m, MNW entspr. NAP + 0,1 m.
*Schleuse* **Ottersluis**, Schleusenschwelle NAP – 2,2 m, Liegeplätze auf beiden Seiten.
*Öffnungszeiten* 1. April–15. Mai und 1. September–1. November täglich 0800–1300, 1400–1700 (Fr, Sa, So und feiertags bis 2100); 15. Mai–1. September täglich 0800–1300, 1400–2100; 1. November–1. April Mo–Sa 0800–1200, 1300–1700, So und feiertags geschlossen. Schleuse ist nicht in Betrieb, wenn der Wasserstand 2 m oder mehr gesunken ist.

# Nieuwe Merwede

MHW entspr. NAP + 0,67 m, MNW entspr. NAP + 0,46 m, Tiefe 4 m. Fahren Sie Richtung S auf der Nieuwe Merwede und queren sie rechtwinklig Richtung Spieringsluis.

*2,0 km / 1,1 sm*
# Spieringsluis

*Schleuse und bewegliche Brücke* Tel. 0 18 35/16 31.
*Drempeltiefe* MNW — 3,25 m, MHW entspr. NAP + 0,75m, MNW entsp. NAP + 0,40 auf der Nieuwe Merwede-Seite.

*Öffnungszeiten*   wie Ottersluis.

Bei Wasserständen im Biesbosch von NAP – 0,3 m und weniger wird nicht geschleust. Wählen Sie die Liegeplätze S-lich der Brücke, wenn Sie das Museum besuchen wollen. Am Kai am N-Ufer können Sie vorübergehend liegen. Der Jachthaven Spieringsluis am S-Ufer ist etwa 1,2 m tief, Tel. 0 18 35/16 33.

*Die Spieringsluis mit Hubbrücke*

# Brabantse Biesbosch

Höchstgeschwindigkeit: In den durchgehenden Fahrwassern (siehe ANWB-Karte N) 9 km/h, sonst nur 6 km/h. Der Grund ist aus weichem Schlick. Der Wasserstand kann bis zu 20 cm absinken, wenn die Spülschleusen des Haringvlietdammes geöffnet werden.

# Gat van de Hardenhoek

Mind. 2,5 m tief (in der mittleren Fahrrinne), nur 1,3 m im Kanal W-lich des Schilfs bei der Sandbank Catharina Polder. Wählen Sie das 3,8 m tiefe Fahrwasser W-lich der Catharinaplaatjes. Fahren Sie nicht aus Versehen bei der Gabelung an Stb. in das nur 1 m tiefe Gat van den Kleinen Hil.

# Noordergat van de Vissen

Mind. 3,9 m tief, Im N sowie im S gibt es unbezeichnete Untiefen

von 1 m und weniger. Fahren Sie mit Echolot um die unbezeichnete N-Seite der Boeren Plaat und der Zuider Jonge Deen und halten Sie sich von der Sandbank (0,6 m) an Stb. des Fahrwassers frei. Peilen Sie achteraus die Liegeplätze und das bewaldete Gebiet und voraus die beiden Baken mit dreieckigen Toppzeichen beiderseits der Durchfahrt in die Amer.

*Die SW-Einfahrt in den Brabantse Biesbosch*

*8,2 km / 4,4 sm*
# Amer

Mindesttiefe 5 m. Nur partielle Geschwindigkeitsbegrenzungen. Queren Sie den Fluß und fahren Sie am S-Ufer O-wärts nach Drimmelen.

*8,8 km / 4,8 sm*
# Drimmelen (Nieuwe Haven)

Einfahrt in den neuen Yachthafen befeuert mit F.r. und F.gn., Tiefe 2,5 m. Toiletten, Duschen und Restaurants sind vorhanden. WV De Amer Tel. 0 16 26/27 88, WV De Biesbosch Tel. 0 16 26/22 64, WV Drimmelen Tel. 0 16 26/33 09. Koordination Tel. 0 16 26/31 66. Einen 25-t-Bootslift gibt es bei Snoek Botenberging, Tel. 0 16 26/24 78.

Der alte Hafen (westlich) wird auch von der Berufsschiffahrt genutzt. Dort findet man Werften, Reparatur und Service-Betriebe, die Wasserschutzpolizei und Gastliegeplätze.

*Drimmelen: Einfahrt zum Nieuwe Jachthaven*

Fahren Sie auf der Amer O-wärts weiter und queren Sie die Amer Richtung Brabantse Biesbosch.

*Drimmelen: Die große Marina am S-Ufer der Amer*

*1,9 km / 1 sm*
# Brabantse Biesbosch (Einfahrt)

Einfahrt Spijkerboor. Höchstgeschwindigkeit 4,9 kn in den Hauptfahrwassern, 3,2 kn in den Nebenarmen. Mindesttiefe 3 m.

*1,6 km / 0,9 sm*
# Middelste Gat van het Sand

Westliches Fahrwasser nach Bb. Mindesttiefe 2,5 m.

*1,5 km / 0,8 sm*
# Steurgat / Nauw van Paulus

Tiefe 3,6m. 5 km bis Biesboschsluis.

*1,9 km / 1 sm*
# Gat van Paulus

An der Gabelung Stb. fahren, Tiefe 2,8 m. Halten Sie sich am O-Ufer und frei von den kleinen Inseln und Schilfgebieten im N-lichen Steurgat.

# Steurgat

Tiefe 3, 6 m. 5 km bis zur Biesboschsluis.

# Werkendam

*Yachthafen* des WV Werkendam befindet sich am O-Ufer vor der Brücke, Tiefe 2,9 m, Toiletten, Duschen und ein 10-t-Kran sind vorhanden, Tel. 0 18 35/16 98.
Der Haven de Steur ist am gegenüberliegenden Ufer, Tiefe 1,5 m,

Duschen und ein Kran stehen zur Verfügung, Tel. 0 18 35/18 12.

*5,9 km / 3,2 sm*
*Schleuse und Brücke* **Biesboschsluis** und Zugbrücke, Durchfahrtshöhe MHW + 4,5 m. Die Schleuse ist über UKW Kanal 13 oder Tel. 0 18 35/15 87 zu erreichen.
Auf der Steurgat-Seite der Schleuse entspricht MHW NAP + 0,35 m, MNW NAP + 0,15 m. auf der Merwede-Seite entspricht MHW NAP + 0,9 m, MNW NAP + 0,6 m. Im Biesboschhaven N-lich der Schleuse gibt es wenig Liegemöglichkeiten für Yachten.
*Öffnungszeiten* 1. April–1. November Mo–Fr 0600–1300, 1400–2100; 1. April–15. Mai und 1. September–1. November Sa, So und feiertags 0800–1300, 1400–2100; 15. Mai–1. September Sa, So und feiertags 0700–1300, 1400–2100; 1. November–1. April Mo–Fr 0600–1200, 1300–2000, Sa 0800–1200, 1300–1900, So und feiertags geschlossen.

Auslaufen durch mit F.r. und F.gn. bezeichnete Einfahrt sowie r. und gn. Tonnen. S-liche Außenmole befeuert mit Blz.gn.10s, ein Richtfeuer führt in die Einfahrt. Fahren Sie an Stb. entlang des O-Ufers, queren Sie den Fluß rechtwinklig und laufen Sie in die Beneden Merwede.

*2,0 km / 1,1 sm*
# Beneden Merwede

Einmündung bei km 962,5. Weiter bis nach Dordrecht (Wijnhaven) noch 15,5 km. Siehe Route 11.
Landspitze des Kop van de Oude Wiel ist mit Blz.10s befeuert.

*15,3 km / 8,3 sm*
# Dordrecht (Wijnhaven)

Details und Versorgungsmöglichkeiten siehe Route 5.

# Der Norden

## Ansteuerungen von Noord-Holland und den Westfriesischen Inseln

*Karten* Imray C 25.
NL-Sportbootkarten 1801, 1811, 1812.
NL Nautische Karten: 1014, 1035, 1037, 1350, 1352, 1450, 1454, 1456, 1458, 1460, 1543, 1546, 1555.
Deutsche Seekarten D 244, 214, 85, 86, 90, 91.
Englische Seekarten BA 112, 122, 124, 191, 1405, 1408, 2182A, 2322, 2593, 3509, 3510, 3761.
*Tidenatlanten* NL Stroomatlassen HP 16, 17, 18, 19.
*Tidenströmungen* **Holländische Küste von Maasmond bis Noorderhaaks** (bezogen auf HW Hoek van Holland und HW Dover)

| Ort | Beginn | | | |
| --- | --- | --- | --- | --- |
| | H. van Holland | | Dover | |
| Einfahrt Maasmond | −02.00 | +04.30 | +01.05 | −04.50 |
| 3 sm W von Ijmuiden | −01.20 | +04.30 | +01.45 | −04.20 |
| Einfahrt Ijmuiden[1] | −02.10 | +03.50 | +00.55 | −05.30 |
| W der Noorderhaaks Ins. | −00.30 | +05.45 | +02.35 | −03.40 |

[1] Beachten Sie den Neerstrom im Bereich des Buitenhven Ijmuiden (weg von / hin zu den Molenköpfen der einzelnen N Einfahrtsmolen), siehe NL Stroomatlas HP 16.

### Friesische Küste und Zeegats

(bezogen auf HW Helgoland und HW Dover)

| Ort | Beginn | | | |
| --- | --- | --- | --- | --- |
| | Helgoland | | Dover | |
| *Auf See* | *NO* | *SW* | *NO* | *SW* |
| W der Noorderhaaks Ins. | +02.45 | −03.30 | +02.35 | −03.40 |
| Äußere Ansteuerung der Ems | −06.00 | +00.20 | +06.05 | HW |

| *Zeegats* | *Flut* | *Ebbe* | *Flut* | *Ebbe* |
| --- | --- | --- | --- | --- |
| Zeegat van Texel (Texel / Festland) | | | | |
| Schulpengat (durchschnittl. 1,5 kn) | | | | |
| (Flut NO) | +03.25 | −03.30 | +03.05 | −03.50 |
| Molengat (durchschn. 1,3 kn) | | | | |
| (Flut SO) | +04.25 | −01.45 | +04.05 | −02.05 |
| Eierlandsche Gat (Texel / Vlieland) | | | | |
| Engelschmangat[1] | | | | |
| (2, 5 kn max.) | +03.00 | −03.00 | +02.40 | −03.20 |
| Zeegat van Terschelling (Vlieland / Terschelling) | | | | |
| Zuider Stortemelk | | | | |
| (2,5 kn max.) | +03.25 | −02.30 | +03.05 | −02.50 |

| Ort | Beginn | | | |
| --- | --- | --- | --- | --- |
| | Helgoland | | Dover | |
| *Auf See* | *NO* | *SW* | *NO* | *SW* |
| Noordgat[2] (max. 1,3 km) | | | | |
| (Flut SW) | −05.00 | HW | −05.20 | −00.20 |
| Vliesloot (max. 2,5 kn) | +03.15 | −02.15 | +03.05 | −02.35 |
| Schuitengat (max. 2 kn) | +04.10 | −02.15 | +03.50 | −02.35 |
| *Zeegat van Ameland (Terschelling / Ameland)* | | | | |
| Westgat (max. 2 kn) | +04.25 | −01.50 | +04.05 | −02.10 |
| *Friesche Zeegat* | | | | |
| Zoutkamperlaag | | | | |
| N-Spitze (max. 2,5 kn) | +04.10 | −02.15 | +03.50 | −02.35 |
| *Mündung der Ems[3]* | | | | |
| Huibertgat, Westereems, Rifgat | | | | |
| (max. 1,5 kn) | +05.30 | −00.30 | +05.10 | −00.50 |

[1] Das Engelschmangat ist unbezeichnet, verändert sich ständig und ist nur im Notfall zu benutzen.
[2] Das Thomas Smit Gat ist nicht mehr bezeichnet.
[3] Die Strömung setzt zunächst quer zu der äußeren Ansteuerung, dann setzt sie direkt ins Fahrwasser.

### Gezeitenunterschiede und Tidenhub

| Ort | HW (Zeit) | Spring/Nipp (Tidenhub in m) |
| --- | --- | --- |
| *N und S Holland (bezogen auf HW Dover)* | | |
| Scheveningen | +03.40 | 1,9 /1,4 |
| Ijmuiden | +04.20 | 1,8 / 1,3 |
| Den Helder | −03.40 | 1,5 / 1,1 |
| Harlingen | −01.31 | 2,0 / 1,6 |
| *Friesische Inseln / Waddenzee (bezogen auf HW Harlingen)* | | |
| Harlingen | HW | 2,0 / 1,6 |
| Den Helder | −02.09 | 1,5 / 1,1 |
| Den Oever | −01.12 | 1,7 / 1,3 |
| Kornwerderzand | −00.17 | 1,9 / 1,4 |
| Vlieland | −00.56 | 2,1 / 1,5 |
| West Terschelling | −00.22 | 2,1 / 1,4 |
| Nes | +00.34 | 2,5 / 1,8 |
| Schiermonnikoog | +00.38 | 2,6 / 1,8 |
| Lauwersoog | +00.27 | 2,6 / 1,9 |
| Delfzijl | +00.15 | 3,2 / 2,6 |

### Hauptfeuer

| Name | Kennung | Position | Bauwerk |
| --- | --- | --- | --- |
| Richtfeuer Scheveningen | | | |
| 156°, Oberfeuer | Glt.4s22m14sm | 52°05'8N 4°15'7E | grauer Metallmast |
| Unterfeuer | Glt.4s18m14sm | | grauer Metallmast |
| Scheveningen | Blz.(2)10s48m29sm | 52°06'3N 4°16'2E | brauner Metallturm, sichtbarer Sektor 014°−244° |

| Name | Kennung | Position | Bauwerk |
|------|---------|----------|---------|
| Noordwijk aan Zee | Ubr.(3)20s32m17sm | 52°14′9N 4°26′1E | w. viereckiger Steinturm |
| Richtfeuer Ijmuiden | | | |
| 100,5°, Unterfeuer | F.w/r.30m16/13sm | 52°27′8N 4°34′5E | dunkelr. runder Metallturm, Seefunkfeuer, 050°-w.-122°-r.-145°-w.-160° |
| tagsüber | F.4sm | | sichtbarer Sektor 090,5°-110,5° |
| Oberfeuer | Blz.5s52m29sm | | dunkelr. runder Metallturm, sichtbarer Sektor 019°-199° |
| tagsüber | F.4sm | | sichtbarer Sektor 090,5°-110,5° |
| Egmond aan Zee | Glt.w/r.10s36m18/14sm | 52°37′3N 4°37′6E | w. runder Steinturm, 010°-w.-175°-r.-188° |
| Texel, Feuerschiff | Blz. (3+1)20sl6m26sm Horn (3)30s | 52°47′1N 4°06′6E | r. Schiff mit w. Band, Seefunkfeuer |
| Huisduinen/Schulpengat | F.w/r.27m14/11sm | 52°57′2N 4°43′3E | roter viereckiger Steinturm 070°-w.-113°-r.-158°-w.-208° |
| Kijkduin | Blz.(4)20s56m30sm | 52°57′4N 4°43′6E | brauner Metallturm, Unterfeuer in Linie 253,5° mit Den Helder Nieuwe Haven, Westmole, Kopf |
| Richtfeuer Schulpengat | | | |
| 26,5°, Oberfeuer | Glt.4sl8sm (9 sm tags) | 53°00′9N 4°44′5E | Metallgestell, sichtbarer Sektor 024,5°-028,5° |
| Unterfeuer Den Hoorn | Ubr.8sl8sm (9 sm tags) | | Kirchturmspitze, sichtbarer Sektor 024,5°-028,5° |
| Schibolsnol | F.w/r/gn.27m15-11sm | 53°00′6N 4°45′8E | s. Gitterbake, 338°-w.-002°-gn.-035° 035°-w.-038°, Leitfeuer fürs Schulpengat 038°-r.-051°-w.-068,5° |
| Den Helder / Fährhafen | | | |
| Wierhoofdhaven, Richtfeuer | | | |
| in Linie 207° Oberfeuer | Glt.2sl0ml4sm (5 sm tags) | 52°57′8N 4°46′8E | grauer Mast, sichtbarer Sektor 199°-115° |
| Unterfeuer | Glt.2sl4ml4sm (5 sm tags) | | grauer Mast, sichtbarer Sektor 199°-115° |
| Den Helder/Nieuwe Haven | | | |
| Richtfeuer in Linie 191° | | | |
| Unterfeuer | Ubr.gn.5sl6ml4sm (6 sm tags) | 52°57′4N 4°47′2E | sichtbarer Sektor 161°-221° |
| Oberfeuer | Ubr.gn.5s25ml4sm (6 sm tags) | | sichtbarer Sektor 161°-247° |
| Eierland (Texel) | Blz.(2)10s52m29sm | 53°11′0N 4°51′4E | r. runder Backsteinturm |
| Vlieland | Glt.4s53m20sm | 53°17′8N 5°03′6E | brauner runder Metallturm, Seefunkfeuer |
| Terschelling, Brandaristurm | Blz.5s55m29sm | 53°21′7N 5°12′9E | g. viereckiger Steinturm |
| W-Terschelling | | | |
| Oberfeuer in Linie 53° | Glt.5sl4ml9sm | 53°22′0N 5°14′7E | grauer Metallmast, sichtbarer Sektor 045°-061°. |
| Ameland W-Spitze | Blz.(3)15s57m30sm | 53°27′0N 5°37′6E | brauner, runder Metallturm mit w. Bändern, Seefunkfeuer |
| Schiermonnikoog W-Spitze | Blz.(4)20s43m28sm | 53°29′2N 5°09′0E | runder Steinturm, seeseitig dunkelr., landseitig grau, 210°-w.-221°-r.-230° |
| Nebenfeuer | F.w/r.28m15/12sm | | |
| Borkum (großer) | Blz.(2)12s63m24sm | 53°35′4N 6°39′8E | brauner, runder Backsteinturm |
| Borkum (kleiner) | F.30m30sm Blz.3s Blz.(4)10s | 53°34′8N 6°40′1E | r. Turm mit w. Band |
| Fischerbalje | Ubr.(2)w/r/gn.16sl5ml6-11sm | 53°33′2N 6°43′0E | w. runder Turm, oben r. mit Leuchte, steht auf 3 s. Pfeilern, 260°-r.-313°-gn.-014°-w.-068°, sichtbarer Sektor des Richtfeuers zur Westerems, r.-123° |
| Campen | F.62m30sm Blz.5s Blz.(4)15s | 53°24′4N 7°01′0E | r. Turm, Eisenkonstruktion, 2 Laufgänge, w. Mittelkonstr., gn. Laterne, 126,8°-F.-127,1°; 126,3°-Blz.5s-126,8°; 127,1°-Blz.(4)15s-127,6° |

## Funkfeuer

| Name | Frq. | Ken. | Reichw. | Position | Sendefolge |
|---|---|---|---|---|---|
| *Seefunkfeuer* | *(kHz)* | | *(sm)* | | |
| Gruppe Ijmuiden 294,2 kHz A2A | | | | | |
| Ijmuiden | | YM | 20 | 52°27'8N 4°34'6E | 1,4 |
| Hoek van Holland | | HH | 20 | 51°58'9N 4°06'8E | 2,5 |
| Eierland Lt., nur bei Nebel | | ER | 20 | 53°11'0N 4°51'4E | 3,6 |
| Gruppe Vlieland 308 kHz A2A | | | | | |
| Vlieland Leuchtturm | | VL | 70 | 53°17'8N 5°03'6E | 1 |
| Deutsche Bucht | | DB | 10 | 54°10'7N 7°26'1E | 4 |
| Texel Feuerschiff | | HK | 50 | 52°47'1N 4°06'6E | 5 |
| Elbe | | EL | 10 | 54°00'0N 8°06'6E | 6 |
| Gruppe Ameland 298,8 kHz A2A | | | | | |
| Ameland Leuchtturm nur bei Nebel | | AD | 20 | 53°27'0N 5°37'6E | 1, 3, 5 |
| Borkum Kleiner Leuchtturm | | BE | 20 | 53°34'8N 6°40'1E | 2, 4, 6 |
| *Flugfunkfeuer* | | | | | |
| Valkenburg / Scheveningen | 364 kHz A2A | GV | 25 | 52°05'6N 4°15'2E | H24 |
| Den Helder | 109,2 | HDR | | 52°54'5N 4°46'0E | H24 |

## Küstenfunkstellen

Radio Scheveningen ist in den ganzen NL über 17 abgesetzte Stationen zu empfangen. Sie wählen den entsprechenden Kanal der Ihnen nächsten Station und rufen Radio Scheveningen. Die für die Routen im N in Frage kommenden Stationen sind im folgenden aufgelistet.

### UKW-Sprechfunkdienst

Kanal 16 wird von „Netherlands Coastguard" überwacht. Nicht als Anrufkanal benutzen.

| Station | UKW-Kanal | Position |
|---|---|---|
| Scheveningen | 26 , **83**[1] | 52°06'N 4°16'E |
| Wieringerwerf | **27**[1] | 52°54'N 5°03'E |
| Continental Shelf L7 | **28**[1], 84 | 53°34'N 4°12'E |
| West-Terschelling | **25**[1], 78 | 53°21'N 5°13'E |
| Nes | 23[1] | 53°23'N 6°03'E |
| Appingedam | 27[1] | 53°20'N 6°51'E |
| Lelystad | **83**[1] | 52°32'N 5°26'E |

### GW-Sprechfunkdienst
*Scheveningen (PCH, PCG)*

| hört auf | antwortet auf |
|---|---|
| 2520 kHz | 2824 kHz J 3 E |
| 2030 | 1764 |
| 1995 | 2600 |
| 2513 | 1939 |
| 3191 | 3673 |
| 2160 | 1862* |
| **2045**, 2048 | 1890 |
| 2051, 2054 | |
| 2057 | |

* Abgesetzte Station bei Nes (53°24'N 6°04'E)

| Freq.[2] (kHz) | Sammelanruf (Zeit) | Sturmwarnung (Zeit) | Wettervorhersage (Zeit) | Nautische Warnnachrichten (Zeit) |
|---|---|---|---|---|
| 1862[3] | unger. Std.h+05 | nach Eingang | 0340, 0940, 1540, 2140 | 0333, 0733, 1133, 1533, 1933, 2333 |
| 1890 | unger. Std.h+05 | nach Eingang | 0340, 0940, 1540, 2140 | 0333, 0733, 1133, 1533, 1933, 2333 |
| 1939 | | nach Eingang | | |
| 2600 | | nach Eingang | | |
| 2824 | | | 0340 | 0333, 2333 |

*Anmerkungen*

[1.] UKW-Kanal für Sammelanrufe (h+05); Sturmwarnungen h+05; Wetterdurchsagen um 0605, 1205, 1805, 2305 (holländisch), 1 Std. früher während Sommerzeit. Dienstzeit H24.

[2.] Frequenzen, auf denen Sammelanrufe, Sturmwarnungen, Wettervorhersagen und nautische Warnnachrichten (wie aufgelistet) gesendet werden.

[3.] Position von 1862 auf Nes, 53°23'N 6°03'E. 2182 sendet von Nes und Scheveningen.

Verkehrstrennungsgebiet
mit gn. und r. Leuchttonnen bezeichnet

DEUTSCHLAND

NIEDERLANDE

Bremerhaven

Bremen

Wilhelmshaven

Wangerooge
Fl.R.23M +
F.WRG.22M

Spiekeroog
Langeoog
Norderney
Fl(3)20M

Norddeich

Campen

Emden

Delfzijl

Juist

Borkum
Fl(2)12s
24M

Borkumriff
Oc(3)21M

Huibertgat

Schiermonnikoog
Fl(4)20s28M

Lauwersoog
Zoutkamp

Friesche
Zeegat

Leeuwarden

Harlingen

Zeegat van
Ameland
Fl(3)15s30M

Ameland

Brandaris
Fl.5s29M

Terschelling

Zeegat van
Terschelling

Vlieland

Eierland
Fl(5)Y.20s

Eierlandsche
Gat

Texel

Wadden
Zee

IJsselmeer

Den
Helder

Kijkduin
Fl(4)20s30M

Schulpengat

Egmond aan Zee
Iso.WR.10s18.14M

IJmuiden
Fl.5s29M

Noordwijk aan Zee
Oc(3)20s18M

Amsterdam

Scheveningen
Fl(2)10s29M

Hoek van Holland

Rotterdam

VL-Center
Fl.5s

Texel
Fl(3+1)20s26M

Eems

54°
N

30'

53°
N

30'

52°
N

N

9° E

8° E

7° E

6° E

5° E

**Hauptlandmarken**

**Von Hoek van Holland bis zum Schulpengat**
- Kirchtürme von 's Gravenzande, Monster und Ter Heijde S-lich von Scheveningen.
- Türme von Kijkduin.
- Funkmasten im SW von Scheveningen.
- Leuchtfeuer Scheveningen (brauner Metallturm, 30 m).
- Der Vredespaleis-Turm hinter Scheveningen.
- Die Pier von Scheveningen N-lich der Stadt sowie ein Wasserturm O-lich davon.
- 2 Kirchtürme in Katwijk aan Zee sowie eine Offshore-Plattform 6 sm NW von Katwijk.
- Noordwijk aan Zee: Hauptleuchtfeuer (weißer, viereckiger Turm, 25 m).
- Zandvoort: Wasserturm, 2 Kirchen und mehrere hohe Gebäude.
- Ijmuiden: Hauptleuchtfeuer (dunkelroter Turm, 43 m), 2 Schornsteine der Stahlwerke (138 m und 166 m, mit F.r. bezeichnet) N-lich der Einfahrt, 3 Schornsteine landeinwärts (157 m, 155 m und 115 m, mit F.r. bezeichnet), weiter N-lich Funkmasten.
- Wijk aan Zee: 2 Kirchen.
- Egmond aan Zee: Hauptleuchtfeuer (weißer runder Turm, 28 m), Kirchturmspitze.
- Bergen aan Zee: Häuser in den Dünen.
- Petten: Atomkraftwerk mit 2 Schornsteinen (45 m, F.r.).
- Zanddijk: Leuchtfeuer Grote Kaap (17 m und 31 m brauner, runder Turm).
- Leuchtfeuer Huisduinen (roter viereckiger Turm, 18 m) und Leuchtfeuer Kijkduin (brauner Turm, 55 m).
- Den Helder: Rathaus in der Mitte zwischen Kaap Hoofd und der Hafeneinfahrt, im Land dahinter ein Wasserturm sowie eine Kirche weiter O-lich.

**Vom Schulpengat bis Borkum**
- Texel: Das Richtfeuer Schulpengat ist tagsüber sichtbar (auch das Oberfeuer Den Hoorn), ebenso das Leuchtfeuer Schilbolsnol (gn. Turm, 21 m), die Loodmansduin (auffällige Düne WSW-lich der Kirche von Den Hoorn), Mast Den Burg (76 m, F.r.), De Koog-Kirche sowie NW davon ein Mast mit einer rechteckigen Rahmenkonstruktion an der Spitze auf einer Düne, die Nol (auffällige Düne) ca. 1 sm SW-lich des Leuchtturms Eierland (r. runder Turm, 35 m).
- Dünen entlang der Küste Vlielands: Der Leuchtturm Vlieland steht auf der höchsten bewaldeten Düne (brauner, runder Turm, 17 m), Kaap Bol auf der N-Spitze der Insel.
- Terschelling: flacher Sand Noordvaarder (am W-Ende der Insel), Leuchtturm Brandaris (eckiger Turm) im W der Insel, das alleinstehende Gebäude der Rettungsstation 2,6 sm NO-lich der W-Spitze, Spitzen der Kirchtürme von Midsland und Hoorn über den Dünen, Bake Noordkaap (Eisenrahmenkonstruktion) nahe des flachen O-Endes der Insel.
- Ameland: sandige Dünenküste, Leuchtturm (brauner, runder Turm mit w. Bändern, 55 m), Kirchturm Hollom (blinkt auffällig w. in den Dünen) ca. 3 sm O-lich des Leuchtturms, Kirchturm Nes, Bake (Eisenkonstruktion) mit rundem Toppzeichen nahe des flachen O-Endes der Insel, pyramidenförmige Eisenkonstruktion des erloschenen Leuchtturms auf der Engelmansplaat.

- Schiermonnikoog: flaches W-Ende mit Dünen, Leuchtturm (r. runder Turm, 43 m), Signalmast und ein Hotel am Strand in Leuchtturmnähe, ein runder Wasserturm im SO der Insel, ein kleiner Kirchturm von Oosterburen, eine dreieckige Eisenkonstruktion mitten auf der Insel, am flachen O-Ende der Insel steht eine Bake mit Raute über rechteckigen Toppzeichen.
- Simonszand ist eine sehr flache kleine Insel.
- Rottumerplaat hat ein paar Dünen und eine Bake am O-Ende.
- Rottumeroog: ebenfalls Dünen, auf denen eine eiserne Rahmenkonstruktion (Bake) steht, die Grote Kaap.
- Borkum: erste deutsche Insel, wirkt durch die 2 Dünengebiete im N (Ostland) und im S (Westland) wie 2 Inseln, dazwischen befindet sich Borkum-Stadt sowie einige auffällige Objekte, beschrieben in der Reihenfolge von S nach N (an der W-Küste): Kugelbake (dreieckige Bake mit rundem Toppzeichen), Kleiner Leuchtturm (r. Turm mit w. Band, 27 m), Alter Leuchtturm (erloschen), Großer Leuchtturm (brauner, runder Backsteinturm, 60 m), Neue Bake und Große Bake (Rahmenkonstruktionen) sowie ein Wasserturm O-lich der Großen Bake.

*Terschelling: Ansteuerung durch das Noordergat*

# Ansteuerungen

Die 170 sm lange äußere Küstenlinie von Hoek van Holland bis Delfzijl (in der Emsmündung) ist, im Gegensatz zu den zuvor beschriebenen Wasserstraßen im Binnenland, nicht sehr gastfreundlich, d.h. konkret, daß es auf dem N-gehenden, 65 sm langen Küstenabschnitt von Hoek bis zum Zeegat van Texel nur 2 Häfen gibt. Die 105 sm lange, nach NO führende Küstenlinie bis zur Ems besteht aus einer Kette düniger, zum Teil mit Nadelbäumen bewachsener Inseln sowie 6 Zeegats, deren Einfahrten teils mit Sandbarren versperrt sind, und der Emsmündung. 4 Zeegats sowie die Ems führen zu den hinter den Inseln geschützt liegenden Häfen, 1 Zeegat ist nicht zu befahren, und das 6. Zeegat führt nirgendwohin.

**Das Wetter**
Obwohl die Ansteuerungsfahrwasser von See her gut betonnt sind, ist es ratsam, vor dem Auslaufen einen Seewetterbericht zu hören. Der S-liche Küstenabschnitt wird sowohl von den vorherrschend SW-lichen als auch von N-lichen Winden beeinflußt. Der N-liche Abschnitt ist besser geschützt, ist dafür aber den N-lichen und NO-lichen Winden, die im Frühling auftreten, ausgesetzt.

Es gibt keine Sandbänke oder flache Geröllgebiete vor der Küste. Trotzdem entsteht bei auflandigen Winden häufig eine rollende und sich brechende See, die besonders unangenehm wird, wenn die Tide gegen den Wind läuft. In Hafeneinfahrten und Zeegats verstärkt sich der Wind, und es entsteht eine gefährliche See in Barrennähe, beispielsweise in Hoek, Scheveningen und Ijmuiden bei Winden aus NW–NO, im Schulpengat von SW–W, im Molengat von N–NW und in den N-lichen Zeegats bei Winden von NW über N bis NO.

Wenn die Wetterbedingungen schlecht sind, ist es manchmal angebracht, besonders vor der S-Küste, auf See eine Wetterbesserung abzuwarten, bevor man einläuft.

Das Verkehrstrennungsgebiet und der damit verbundene Schiffsverkehr machen dies jedoch an der N-lichen Küste unmöglich, man sollte in diesem Fall hinter den Inseln Schutz suchen.

Durch die Reduzierung der Luftverschmutzung hat die Häufigkeit von Nebel in den letzten Jahren erheblich abgenommen. Nebel tritt meist im Frühjahr und am häufigsten im Gebiet der Friesischen Inseln auf. Vor der S-Küste ist es nicht möglich, bei Nebel zu ankern, ohne zwangsläufig dem Land gefährlich nahe zu kommen. Die Devise heißt, den Landabstand zu halten und den Ansteuerungsfahrwassern, besonders dem Ijmuiden-Geul, fernzubleiben. Entlang der Küste N-lich des Schulpengats ist es häufig möglich, sich mit dem Echolot in flacheres Wasser vorzutasten und fernab vom Schiffsverkehr hinter den Bänken und in den Zeegaten zu ankern.

## Das Verkehrstrennungsgebiet und die Gefahrenzonen

Vor der N-lichen Küste verläuft von Texel bis zu den Ansteue-rungsfahrwassern der Jade und der Weser das Hauptverkehrstrennungsgebiet. Das Richtung O führende, 3 sm breite, parallel zur Küste verlaufende Fahrwasser sollte von allen kleineren Schiffen gemieden und nur gekreuzt werden, wenn unbedingte Notwendigkeit besteht.

Um den Verkehrsfluß besser regulieren zu können, wurde 1987 die Großtonne VL-Centre, Blz.5s 15 sm NW-lich von Vlieland verankert. Hier bleibt entweder die alte Fahrtrichtung erhalten, d.h. man kreuzt das Verkehrstrennungsgebiet, oder man bleibt im Hauptfahrwasser parallel zur Küste und ändert seine Fahrtrichtung um 43°. Dieses rautenförmige Gebiet, in dem sich die von N nach S und die von W nach O verlaufenden Fahrwasser kreuzen, wird als Gefahrenzone (Precautionary Area) bezeichnet.

Die Großtonne VL-Centre liegt genau in der Mitte des Kreuzungsbereiches. Im S trennen gn. Leuchttonnen im Abstand von 6 bis 7,5 sm das Verkehrstrennungsgebiet von der Küstenverkehrszone. Die Tonne Borkumriff liegt in der 2 sm breiten Trennzone zwischen den Hauptfahrwassern 16 sm NW-lich der Emsmündung. Das küstennahe Seegebiet wird offiziell als Küstenverkehrszone bezeichnet und allen Segelschiffen sowie Motorfahrzeugen bis 20 m Länge empfohlen.

10–20 sm N-lich des O-lichen Endes des holländischen Verkehrstrennungsgebietes erstreckt sich, vom Leitfeuer Deutsche Bucht in Richtung W, das deutsche System. Es endet ca. 20 sm NW-lich der Tonne Borkumriff. Auch dieses Gebiet zwischen den beiden Gebieten wird als Gefahrenzone (Precautionary Area) bezeichnet. Die Gefahrenzonen sollten von kleineren Schiffen auf keinen Fall befahren oder gekreuzt werden, da das Verhalten der großen Schiffe oft nicht eingeschätzt werden kann; z.B. unvorhersehbare

*Typisches Plattbodenschiff (Hoogars)*

Drehungen etc. Fahren Sie also in der Küstenverkehrszone, die zwischen den Inseln und der SO-Begrenzung des Verkehrstrennungsgebietes parallel zur Küstenlinie verläuft und 5–12 sm breit ist. Die Tiefen liegen größtenteils bei 10–20 m, die 5-m-Linie ist meist nur 1 sm oder weniger von der Küste entfernt.

Ausnahmen nur in der Nähe der mit Sandbarren versperrten Seegaten.

Der S-liche Küstenabschnitt (S-lich von Texel – N-lich von Hoek) läßt sich ungehindert ansteuern. Es gibt kein Verkehrstrennungsgebiet und keine Barren oder plötzlich auftretende Untiefen. Die 5-m-Linie ist meist weniger als 1 sm vom Land entfernt.

Bei gutem Wetter ist die Ansteuerung der S-Küste also unproblematisch, ebenso das Ansteuern der N-Küste von O. Yachten, die aus Richtung NO, N oder W kommen, sollten sich auf jeden Fall von der Gefahrenzone bei Vlieland freihalten und das Verkehrstrennungsgebiet rechtwinklig kreuzen. Dabei ist die Verkehrsregel 10 unbedingt zu beachten. Zusätzlich oder anstelle von Decca ist es hilfreich, den Ort mit Handpeilkompaß oder Funkpeiler zu bestimmen. Dazu benutzen Sie das Leitfeuer Deutsche Bucht, die Tonne Borkumriff, das Feuerschiff Texel und die Leuchttürme auf den Inseln. Nach der Querung des Trennungsgebietes kann dann das gewünschte Zeegat angelaufen werden.

## Landmarken und Feuer

Bei der Küstenfahrt sowie bei Ansteuerungen ist es wichtig, sich von Untiefen freizuhalten, nicht auf die teilweise trügerische Küstenformation hereinzufallen und sich der Küste nicht zu sehr zu nähern. Das gilt besonders bei auflandigen Winden.

Überprüfen Sie immer wieder Ihren Ort mit dem Handpeilkompaß. Auf dem Land stehende Navigationszeichen und Landmarken sind häufig in den NL-Sportbootkarten zu finden und eindeutig zu identifizieren. Städte, Dörfer, Fabriken, Schornsteine, Wassertürme, Baken, Leuchttürme, auffällige Dünen sowie Kirchtürme und Kirchturmspitzen heben sich gut von der sonst flachen Landschaft ab. Die Stahlwerke im N von Ijmuiden, das Atomkraftwerk von Petten und die verschiedenen Leuchttürme und Baken auf den Inseln sind nicht zu verwechseln.

Entlang der Küste und in der Ems gibt es 12 Hauptfeuer, durchschnittlich nicht weiter als 15 sm voneinander entfernt und mit Reichweiten von 18–20 sm. Außerdem gibt es einige Offshore-Plattformen (z.B. nahe Ijmuiden und SW-lich vom Feuerschiff Texel), bezeichnet mit F.r. und Mo.(U). Die große Anzahl von Quellen, die sich hauptsächlich in der Küstenverkehrszone befinden, ist mit g. Leuchttonnen bezeichnet. Desweiteren bezeichnen viele der Hauptleuchttonnen Schiffswracks, und auch die Ansteuerungen der Hauptseegaten sind mit seitlich benannten Leuchttonnen bezeichnet. So kann man nachts, außer bei sehr großem Küstenabstand, immer sicher den Schiffsort bestimmen.

## Funkfeuer

Entlang der Küste läuft eine Kette von 3 Funkfeuergruppen und 3 Flugfunkfeuern. Besonders bei größerem Küstenabstand ist sie der Navigation sehr dienlich. Vlieland hat eine Reichweite von 70 sm, und das Valkenburg/Scheveningen-Flugfunkfeuer reicht 25 sm.

Die beiden hilfreichsten, dreieckig angeordneten Stations-Gruppen sind: Feuerschiff Texel (50 sm), Den Helder (Flugfunkfeuer) und Ijmuiden (20 sm) sowie Vlieland (70 sm), Ameland (20 sm) und Borkum (20 sm).

Die Küstenfunkstation Scheveningen mit ihren das ganze Gebiet abdeckenden UKW-Sendern sowie Norddeich Radio im äußersten O des Gebietes können hilfreich sein. Scheveningen Radio, das auch das NAVTEX-System mit Informationen füttert, sendet auf Mittelwelle eine englisch- und deutschsprachige Wettervorhersage. Zusätzlich ist der BBC 4-Wetterbericht für die Gebiete Thames, Humber und Deutsche Bucht (German Bight) von Bedeutung.

## Rettungsdienst

Auf UKW-Kanal 16 haben Sie direkten Kontakt zu den Rettungsdiensten. Zusätzlich zu den Posten der Küstenwache gibt es noch 7 Seenotrettungskreuzer, die in Hoek van Holland, Scheveningen, Ijmuiden, Den Helder, West Terschelling, Harlingen und Lauwersoog stationiert sind, so daß der Bereich der Inseln im N nicht sehr gut abgedeckt ist. Es gibt allerdings noch mehrere Stationen der für den Küstenbereich geeigneten Rettungsboote. An der S-Küste sind es 6: Ter Heijde (N-lich von Hoek), Katwijk aan Zee, Noordwijk aan Zee, Wijk aan Zee (N-lich von Ijmuide) und Egmond aan Zee. An der N-Küste sind es 5: Eierland (1,5 km SO-lich des Leuchtturms), Hafen Vlieland, N-Küste von Terschelling, Hollom auf Ameland und Osterburen auf Schiermonnikoog. Viele der Seenotrettungskreuzerstationen haben auch Schiffe für den küstennahen Bereich.

## Tiden und Tidenströmungen

Der Zeitpunkt des HW verschiebt sich zeitlich in Richtung NO: bei Noorderhaaks ist 4 Std. nach Scheveningen HW, in Delfzijl noch einmal 4,5 Std. später. Der Tidenhub ist gering, nimmt aber nach NO hin zu.

Der Springtidenhub beträgt 1,9 m in Scheveningen, 2,1 m bei Terschelling, 2,7 m bei Borkum und 3,2 m in Delfzijl. Beide Tatsachen sind insbesondere für Yachten, die hinter den Inseln über die Wattenhochs (wantij) fahren, von Bedeutung. In Richtung NO kann man den immer späteren HWs folgen.

Die Strömungen laufen hauptsächlich parallel zur Küste, die Flut läuft N-lich und O-lich, die Ebbe S-lich und W-lich. Der Tidenwechsel (mit geringer oder keiner Strömung) dauert im N 1–2 Std., im S verläuft er etwas schneller. Insgesamt sind die Strömungen eher schwach.

Bei mittleren Springtiden läuft der Strom im N mit 1,5 kn, im S mit 2 kn. Bei mittleren Nipptiden setzt der Strom im N mit max. 1 kn, im S mit max. 1,5 kn. An der Ecke bei Texel und Vlieland läuft der Strom mit 2/1,5 kn. Auch in diesem Fall sind Schiffe mit der Fahrtrichtung NO im Vorteil. Die N-, NO-setzende Strömung beginnt in Hoek $7^3/_4$ Std. vor dem Umschlagen der Tide bei Noorderhaaks (65 sm) in Richtung S. Bei Noorderhaaks beginnt der Flutstrom (Richtung N) 10 Std. vor dem Tidenwechsel in der Emsmündung (105 sm) in Richtung W. Der Vorteil für eine durchschnittliche 4–5 kn schnelle Segelyacht ist gering. Sie kann max. 30 sm mit einer Tide laufen. Ein 8 kn schneller Motor-Cruiser dagegen fährt die ersten 65 sm sowie einen Teil der 105-sm-Strecke mit einer Tide.

In Richtung SW verläuft die Fahrt entsprechend langsamer.

Der Tidenwechsel in den Seegatten verläuft ca. zur gleichen Zeit wie vor der entsprechenden Insel. Manchmal erfolgt er etwas früher, und der Strom beginnt sofort nach HW bzw. NW zu laufen. Die befahrbaren Priele zwischen den Sänden verlaufen meist in W-licher Richtung.

Der erste Ebbstrom setzt zunächst N-wärts über die Sände und läuft später in den Prielen in W-licher Richtung. Bei einer Fahrt in Richtung NO ist es ratsam, ein Seegat vor oder bei NW zu verlassen, um den einlaufenden Flutstrom zu meiden. Kurze Touren von einer Insel zur nächsten können häufig innerhalb einer Flut geschafft werden. Bei ähnlich kurzen Touren in die Gegenrichtung (SW) nutzt man am besten den aus dem einen Seegat laufenden Ebbstrom, um in das nächste Seegat mit dem einlaufenden Strom zu fahren.

# Scheveningen

*Tidenhub*
MSpHW 2,2 m, MSpNW 0,4 m, MNpHW 1,8 m, MNpNW 0,3 m

*Sprechfunk (UKW)*
Scheveningen Haven ist zu erreichen auf Kanal 14.
Radar Scheveningen hat Kanal 21.
Hafenmeister Tel. 0 70/52 77 01.

*Einfahrtssignale*
Melden Sie sich über UKW, um Anordnungen zum Einlaufen in den Hafen zu bekommen.

*Signale der Signalstelle*
F.r. über F.w.: Einfahrt verboten.
F.w. über F.r.: Ausfahrt verboten.
Blz.g. landseitig: Schiff läuft ein.
Blz.g. seeseitig: Schiff läuft aus.
*Signale von der W-Seite des Fischmarktes*
Fkl.r.: Schiff im Außenhafen fährt in Richtung Innenhafen.

*Zoll*
Der Zoll ist im Kranenburgerweg 202 zu finden, Tel. 0 70/51 44 81.
*Öffnungszeiten:* Mo–Fr 0700–0100 (des darauffolgenden Tages), Sa, So und Feiertags 0700–2245.

*Ansteuerung und Versorgungseinrichtungen*
Ein 29 sm reichendes Feuer sowie ein Richtfeuer mit einer Reichweite von 6 sm tagsüber und 14 sm nachts führen in den äußeren Hafen. 2 weitere Feuer leiten in den Voorhaven (mit Reichweite von 4 sm am Tag und 11 sm des Nachts). Ebenfalls hilfreich bei der Ansteuerung sind ein paar auffällige Landmarken (siehe Liste). Im Ansteuerungsbereich gibt es auf See keine Hindernisse.
Die Einfahrt ist nach N offen, und bei N-lichen Winden steht hier eine unangenehme See. Die Strömung läuft zu bestimmten Zeiten relativ stark und quer zur Einfahrt, Näheres finden Sie im Stroomatlas j.
Die Einfahrt ist dreifach mit F.r. und F.gn. befeuert, führt durch den Voorhaven, hart an Bb. in den Fischerei-Hafen (mind. 4,8 m tief), dann durch einen kleinen Kanal an Stb. in den 2. Hafen, in dem sich im S die Pontons der Marina befinden (mind. 2,8 m tief). Der WV Marina Scheveningen hat Duschen, Toiletten und Waschmaschinen, Tel. 0 07/52 00 17.
Nebenan im Jachtclub Scheveningen (Tel. 0 70/52 03 08) finden Sie ein Restaurant. Weitere Restaurants gibt es entlang des Hafenbeckens. Reparatur- sowie Kranmöglichkeiten und Händler für

Yachtzubehör sind alle in der Nähe vorhanden. Einen 14-t-Kran hat Hoogenraad en Kuyt, Tel. 0 70/51 43 21.
Scheveningen ist ein lebendiger Badeort mit einem viktorianischen Kasino, einem Erholungszentrum, Stränden und einer Pier. Es gibt eine interessante Einkaufsstraße und einen historischen Fischereihafen. Den Haag, Sitz der niederländischen Regierung und des Internationalen Gerichtshofes, befindet sich ganz in der Nähe und ist mit der Straßenbahn auf dem wunderschönen, baumgesäumten Scheveningenweg zu erreichen. Eine Fülle von Museen, Kunstgallerien, königlichen Palästen und historischen Gebäuden warten auf Ihren Besuch. Der Fährhafen von Hoek ist auch nur eine kurze Reise per Taxi oder Bahn entfernt.

# Ijmuiden

*Tidenhub*
MSpHW 2,1 m, MSpNW 0,4 m, MNpHW 1,7 m, MNpNW 0,3 m

*Sprechfunk (UKW)*
Verkehrsdienst Ijmuiden Kanal 12 ist nur innerhalb von 5 sm zu empfangen.
Hafen Ijmuiden: Kanal 9 (Schleusen bis 5 sm).
Schleuse Ijmuiden: Kanal 9.
Schleuse Ijmuiden: Ijmuiden (in Richtung See): Kanal 11.
Auf diesem Kanal gibt es zu jeder halben Std. eine Durchsage, wenn die Sicht unter 1000 m liegt. Hafenmeister bei den Schleusen ist unter Tel. 0 25 50/6 42 23 zu erreichen.

*Einfahrtssignale*
Ein Kontakt zum Verkehrsdienst (über UKW) ist hilfreich, denn vor der Einfahrt gibt es keine Signale. Die Schleusensignale befinden sich im Hafen auf der S-Seite des Zuider Buitenkanaal. Yachten werden meist zu den 2 kleinen Schleusen (Zuidersluis und Kleinesluis) gelotst. Zum Anlegen sind die unbequemen Pfähle zu benutzen. Dagegen von Vorteil sind die Lautsprecherdurchsagen sowie die Verkehrssignale (siehe unten). Öffnungszeiten rund um die Uhr (siehe unten).

*Tidensignale der Signalstelle*
Rote und gn. Lichter übereinander beziehen sich auf Wassertiefen über 11 m und können außer acht gelassen werden.
F.gn. über F.w.: Flut.
F.w. über F.gn.: Ebbe.
Signaltafel S-lich der Signalstelle mit 9 Anzeigen für den einlaufenden Verkehr. 6 der Anzeigen gelten für die 2 großen Schleusen, die 3 auf der rechten Seite gelten, von oben nach unten, für die Zuidersluis (für die Kleinesluis gibt es keine Anzeige), für den Zuider Buitenkanaal und für Fischereifahrzeuge und Küstenfahrzeuge.
*Zuidersluis*
Blz.gn.: Schleuse ist in Vorbereitung.
F.gn.: Einlaufen erlaubt.
Blz.r.: Schiff läuft aus der Schleuse.
F.r.: Schleuse ist nicht in Betrieb.
*Zuider Buitenkanaal*
Blz.r.: Schiff läuft aus der Schleuse.
F.r.: jeglicher Verkehr verboten.
*Fischerei- und Küstenfahrzeuge*
F.r.: Einfahrt nur mit Erlaubnis.

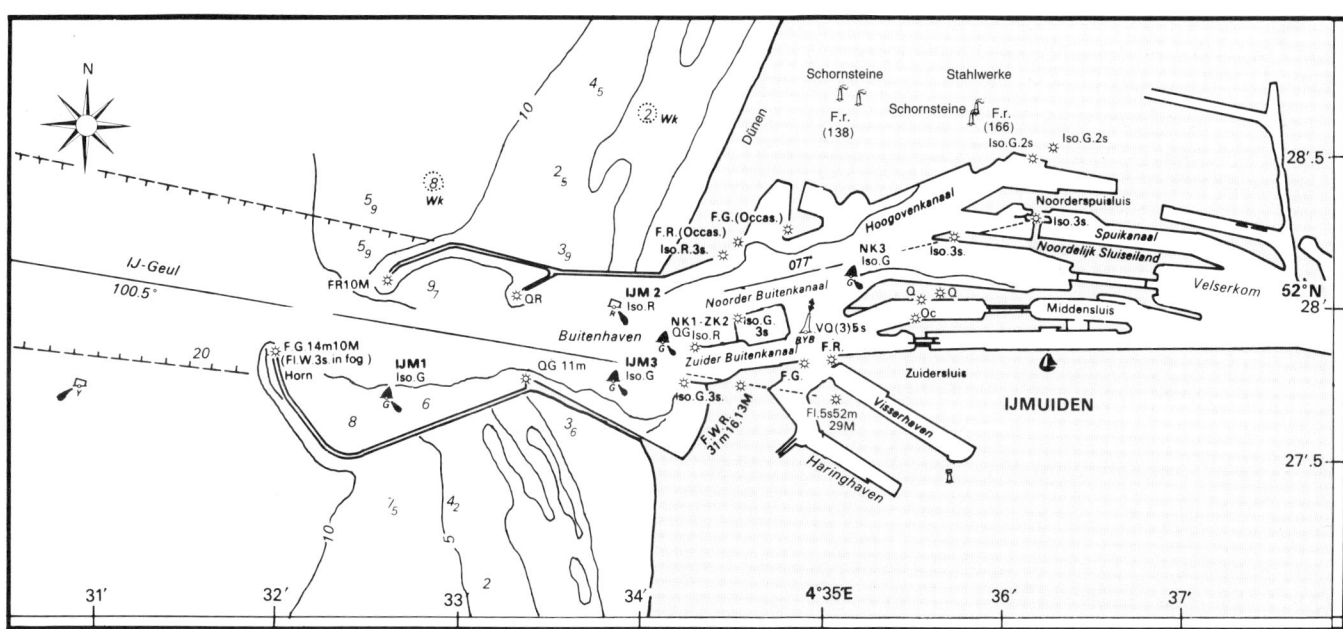

Für den aus dem Zuider Buitenkanaal laufenden Verkehr gelten die 4 Anzeigen oben links.

Blz.r.: von See kommender Verkehr läuft in die Schleuse.

F.r.: Zuider Buitenkanaal ist geschlossen.

*Verkehrsignale der Schleuseneinfahrt*

F.gn. beidseitig: Einlaufen erlaubt.

F.r. beidseitig: Einlaufen verboten.

F.r. neben F.gn. beidseitig: Schleuse in Vorbereitung.

2 F.gn. übereinander: Festmachen auf dieser Schleusenseite.

Alle Sportboote müssen die Kleinesluis benutzen, zumindest vom 1. April–1. Oktober Mo 0600–2400, Di–Sa 0000–2400, So und feiertags 0000–2100. Zu allen anderen Zeiten informiert Sie der Schleusenwärter, welche Schleuse zu benutzen ist.

*Zoll*

Der Zoll befindet sich auf der N-Seite der seewärtigen Einfahrt der Zuidersluis. Man muß an den Pfählen längsseits gehen. Nach dem Einklarieren beim Zoll muß die offizielle Einreise geklärt werden. Dies ist entweder im Büro neben dem Zoll oder in einem Büro in der Straße am S-Ufer O-lich der Schleusen möglich.

*Ansteuerung und Versorgungseinrichtungen*

Das Feuer hat eine Reichweite von 29 sm. Bei Tag sind die Schorn-steine sowie die Rauchschwaden der Stahlwerke meilenweit sichtbar.

Der Bereich der Ansteuerung des Ijmuiden-Geul sowie die Fahr-rinne sind mit g. Spitztonnen auf der S-Seite bezeichnet. Sie sind, wie auch die r/w. Tonne 5 sm vor der Einfahrt, befeuert. Zusätz-lich gibt es ein Richtfeuer in Linie 100,5° mit einer Reichweite von 4 sm am Tag sowie 29 bzw. 16 sm nachts.

Die Einfahrt ist nach N geöffnet, und bei starken N-lichen Winden steht hier eine unangenehme See. Der Gezeitenstrom ist stark und läuft quer zur Einfahrt, siehe Stroomatlas j.

Wie auch in Scheveningen fahren Sie durch eine dreifache Ein-fahrt, die jeweils mit F.r. und F.gn. befeuert ist. Zwischen den 2. Lichtern und dem Kanal fahren Sie zwischen 2 Tonnen hindurch und geradeaus an dem Fischereihafen vorbei in die Schleusen.

Die Tiefe ist im gesamten Hafenbereich über 4,5 m. Die Liege-plätze am S-Ufer des Noordzeekanal sind aufgrund des Schwells der vorbeifahrenden Schiffe sehr unruhig. Häufig muß auch aus Platzgründen an einem Schleppkahn festgemacht werden.

Der Harvinghaven sowie der Vissershaven liegen im Tidenbe-reich. Es herrscht viel Betrieb, denn Ijmuiden hat den größten Fi-schereihafen der Niederlande. Manchmal ist es möglich, bei ei-nem der Schiffe längsseits zu gehen oder sogar am Ponton im Haringhaven festzumachen.

Haben Sie einen akzeptablen Liegeplatz bekommen, können Sie sich in Ruhe dem riesigen Fischmarkt, den Stränden und den ‚De Kennemer Duinen' zuwenden.

# Das Schulpengat

*Sprechfunk (UKW)*

Die Kustwacht Kijkduin ist auf Kanal 12 zu erreichen.

*Ansteuerung*

S-lich der Ansteuerung liegt die Untiefe Pettemer Polder, 4,8 m tief, vor dem Atomkraftwerk Petten. Sie ist mit einer unbefeuerten w. Tonne bezeichnet.

*Außenansteuerung IJmuiden*

Das Atomkraftwerk ist ein viereckiges Gebäude, gesäumt von zwei 45 m hohen Schornsteinen, die mit F.r. bezeichnet sind.

Weiter N-lich beginnt die Ansteuerung bei der Tonne SG Mo.(A)8s. Sie folgen dem engen, mit Leuchttonnen (gn. an Stb. lassen) bezeichneten Fahrwasser in Linie 26,5°. Dann ist Kaap Hoofd zu runden und das Marsdiep in Richtung Den Helder zu befahren. Eine große Leuchttonne liegt W-lich der Spitze von Noorderhaaks an der Kreuzung mit dem Molengat.

# Den Helder

*Tidenhub*
MSpHW 1,8 m, MSpNW 0,5 m, MNpHW 1,6 m, MNpNW 0,2 m

*Sprechfunk (UKW)*
Der Hafenmeister ist auf Kanal 14 über UKW oder über
Tel. 0 22 30/1 12 34 zu erreichen.
Die Moormanbrug hat Kanal 18, die Koopvaardersschutssluis Kanal 22.

*Einfahrtssignale*
Man sollte sich die Erlaubnis zum Ein- oder Auslaufen über UKW einholen.
Die Signalstelle am Anfang der W-Pier des Marinehafens gibt die folgenden Signale, wenn ein Kriegsschiff ein- oder ausläuft:
Einlaufender Verkehr:

    r.   nicht Einlaufen, bleiben Sie 200 m vor
w.    der Einfahrt.

r.
w.    nicht Einlaufen, im ganzen Hafen ist
r.    kein Verkehr erlaubt.

Auslaufender Verkehr:
r.
w.    im Marinehaven kein Verkehr erlaubt.

r.
w.    Kein Verkehr in Nieuwe Diep erlaubt.

r.
w.    w. Kein Verkehr im Marinehaven sowie im Nieuwe Diep
        (N-lich der Moormanbrug) erlaubt.

r.    Nicht Einlaufen. Kein Verkehr im Marine-
w.    haven sowie im Nieuwe Diep erlaubt.
r.

*Zoll*
Es kann im Yachthafen einklariert werden. Der Zoll ist Nieuwe Diep 23, Tel. 0 22 30/1 51 81 od. 3 49 56.

*Ansteuerung und Versorgungseinrichtungen*
Der Hafen hat ein Richtfeuer für den Veerhaven sowie eines für den Marinehaven.
Der Gezeitenstrom läuft mit großer Geschwindigkeit quer zur

Einfahrt des Marinehaven Willemsoord (Tiefe 4,7–9 m), Näheres siehe Stroomatlas j.
Achten Sie auf die aus dem Veerhaven kommenden Fähren, die in Richtung 't Horntje auf Texel fahren.
Die Einfahrt des Haupthafens ist doppelt mit F.r. und F.gn. befeuert. Die äußeren Feuer befinden sich im W auf der Mauer von Harssen sowie im O (die Bake MH6) im N des trockenfallenden Sandes vor der Hafenmauer. Nach den inneren Feuern folgt an Stb. der Yachthafen (hinter der Signalstelle).
Der Koninklijke Marine Jachtclub gehört zur Marine der NL. Meist gibt es ein paar freie Liegeplätze an den Pontons. Im kleinen Klubhaus befinden sich Toiletten und Duschen.
Den Helder ist der größte Marinehafen der NL und wird von Handelsschiffen nur als Schutzhafen sowie zu Reparaturen und Verproviantierung angelaufen.
Die Stadt ist einen 15–30minütigen Fußmarsch in Richtung W entfernt. Es gibt ein modernes Einkaufszentrum. Seit dem 16. Jh. steht Den Helder in Verbindung mit der holländischen Marine.
Zum Noordhollands Kanaal und zu den inneren Yachthäfen fahren Sie im W des Hafens durch die Vice-Admiral Moormanbrug und die Koopvaardersschutsluis in das Nieuwe Diep.

Weitere Informationen zu den Binnenwasserstraßen sowie den Versorgungseinrichtungen in Den Helder siehe Kapitel 9, Route 14.

# Eierlandsche Gat

Die Eierlandsche Gronden sowie das Engelschmangat zwischen Vlieland und Texel haben keine bezeichneten Ansteuerungen. Es gibt keinen Hafen in der Nähe, dafür aber einen großen Bereich mit Untiefen. Einzige Orientierungshilfen sind der Leuchtturm und die Rettungsbootstation im N von Texel. Ortsunkundige sollten das Gat meiden.

# Zeegat van Terschelling

Wegen der vielen Sände mit z.T. trockenfallenden Stellen und Wracks muß das ausgetonnte Fahrwasser benutzt werden. Die Betonnung ändert sich häufig; benutzen Sie eine Seekarte neuesten Datums. Es gibt zwei bezeichnete Fahrwasser, aus W sowie aus NO, beide markiert mit r/w, runden Leuchttonnen.
Zuider Stortemelk ist das tiefste Fahrwasser (5–14 m) und verändert seine Lage nur gering.
Noordgat ist die Verlängerung des Boomkensdiep (3,2 bzw. 5 m tief) und sollte von Ortsunkundigen nicht befahren werden, besonders nicht bei auflandigen Winden, denn die Tiefe variiert jahreszeitlich bedingt, und auch die Betonnung ändert sich.
Das Thomas Smit Gat ist nicht mehr bezeichnet. Trotzdem ist es nicht schwierig, von NO kommend um die äußere Ecke der Gronden herum in das Zuider Stortemelk zu fahren. Benutzen Sie die Leuchttonnen der Bänke sowie die beiden Leuchttürme zur Ortsbestimmung. Außerdem gibt es noch die g. Bake, befeuert mit Blz.(5)g.2s, die 2,5 sm N-lich vom Vlieland-Leuchtturm und N-lich des Fahrwassers steht.
Der innere Teil dieser Ansteuerung ist ein sehr beliebtes Segelrevier.
Berufsschiffahrtsverkehr besteht meist nur aus den häufig verkeh-

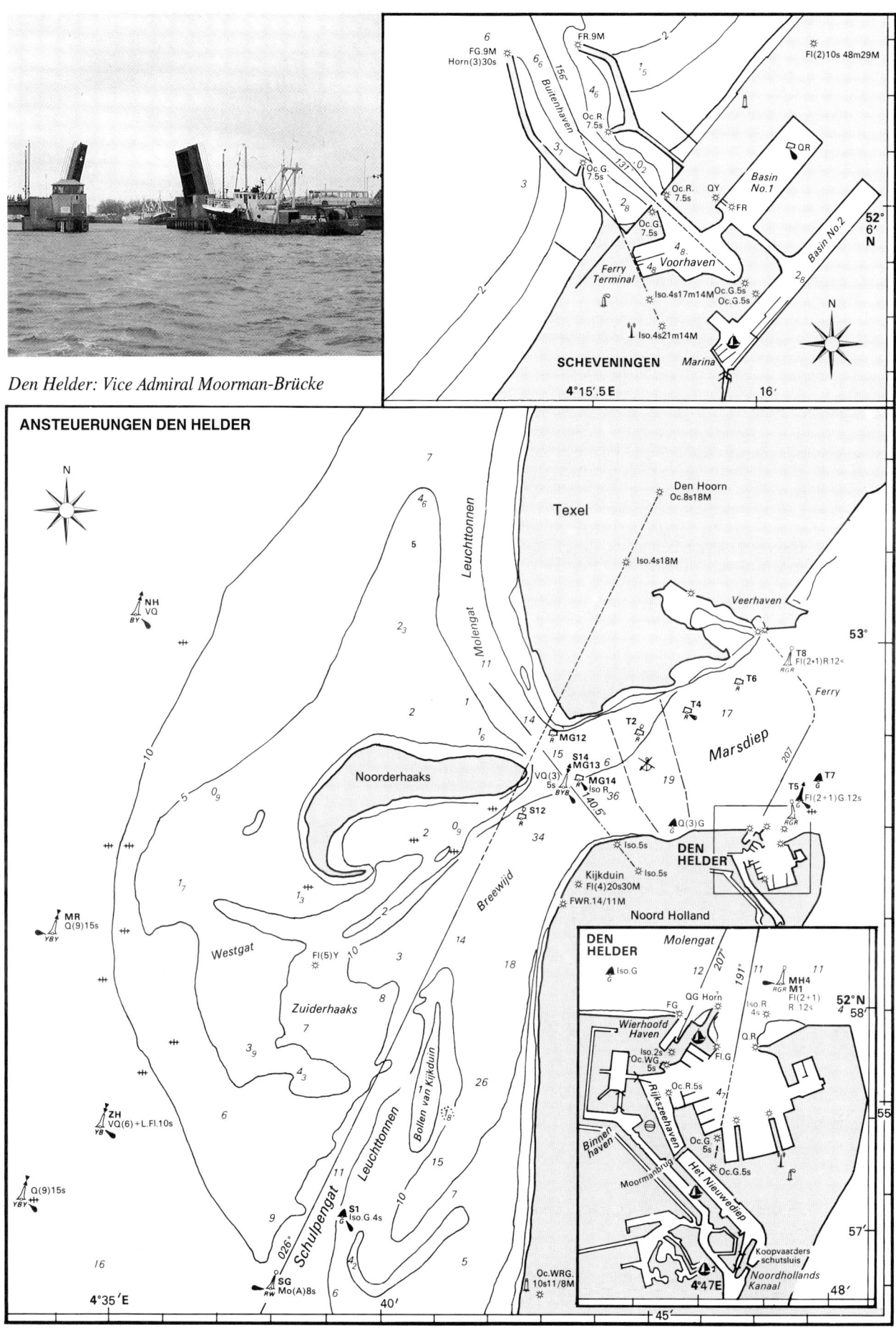

*Den Helder: Vice Admiral Moorman-Brücke*

**SCHEVENINGEN**

FG.9M
Horn(3)30s
FR.9M
Fl(2)10s 48m29M
Oc.R.
7.5s
QR
Basin No.1
Oc.R.
7.5s
Oc.R.
7.5s
QY
FR
52°
6'
N
Oc.G.
7.5s
Basin No.2
Voorhaven
Ferry Terminal
Iso.4s17m14M
Oc.G.5s
Oc.G.5s
Iso.4s21m14M
Marina
N
4°15'.5 E
16'

**ANSTEUERUNGEN DEN HELDER**

N

Texel

Den Hoorn
Oc.8s18M

Iso.4s18M

Leuchttonnen

Molengat

Veerhaven

53°

T8
Fl(2+1)R.12s
RGR

T6
R

Ferry

NH
VQ
BY

T4
R

T2
R

Marsdiep

17

207°

MG12
R

S14
MG13

T5
Fl(2+1)G.12s
RGR

T7
G

Noorderhaaks

VQ(3)
5s
BYB

MG14
Iso.R
36

19

DEN
HELDER

S12
R

Q(3)G
G

Iso.5s

10

5
0.9

Kijkduin
Fl(4)20s30M
Iso.5s

FWR.14/11M

Noord Holland

MR
Q(9)15s
YBY

Breewijd

Westgat

Fl(5)Y

Zuiderhaaks

Bollen van Kijkduin

26

**DEN HELDER**

Molengat
207°
191°

Iso.G
G

MH4
RGR
M1
Fl(2+1)
R.12s

12
11
Iso.R
4s

FG
QG Horn
Q.R

Wierhoofd
Haven

Iso.2s
Oc.WG
5s

Fl.G

Oc.R.5s

Binnen
haven

Oc.G
5s

Oc.G.5s

Rijksteelhaven

Het Nieuwediep

Moormanbrug

ZH
VQ(6)+L.Fl.10s
YB

Koopvaarders
schutsluis

Noordhollands
Kanaal

Q(9)15s
YBY

026°
Schulpengat

Leuchttonnen

S1
Iso.G.4s
G

SG
Mo(A)8s
RW

Oc.WRG.
10s11/8M

4°47 E

4°35' E
40'
45'
48'
55
57'
52°N
4
58'

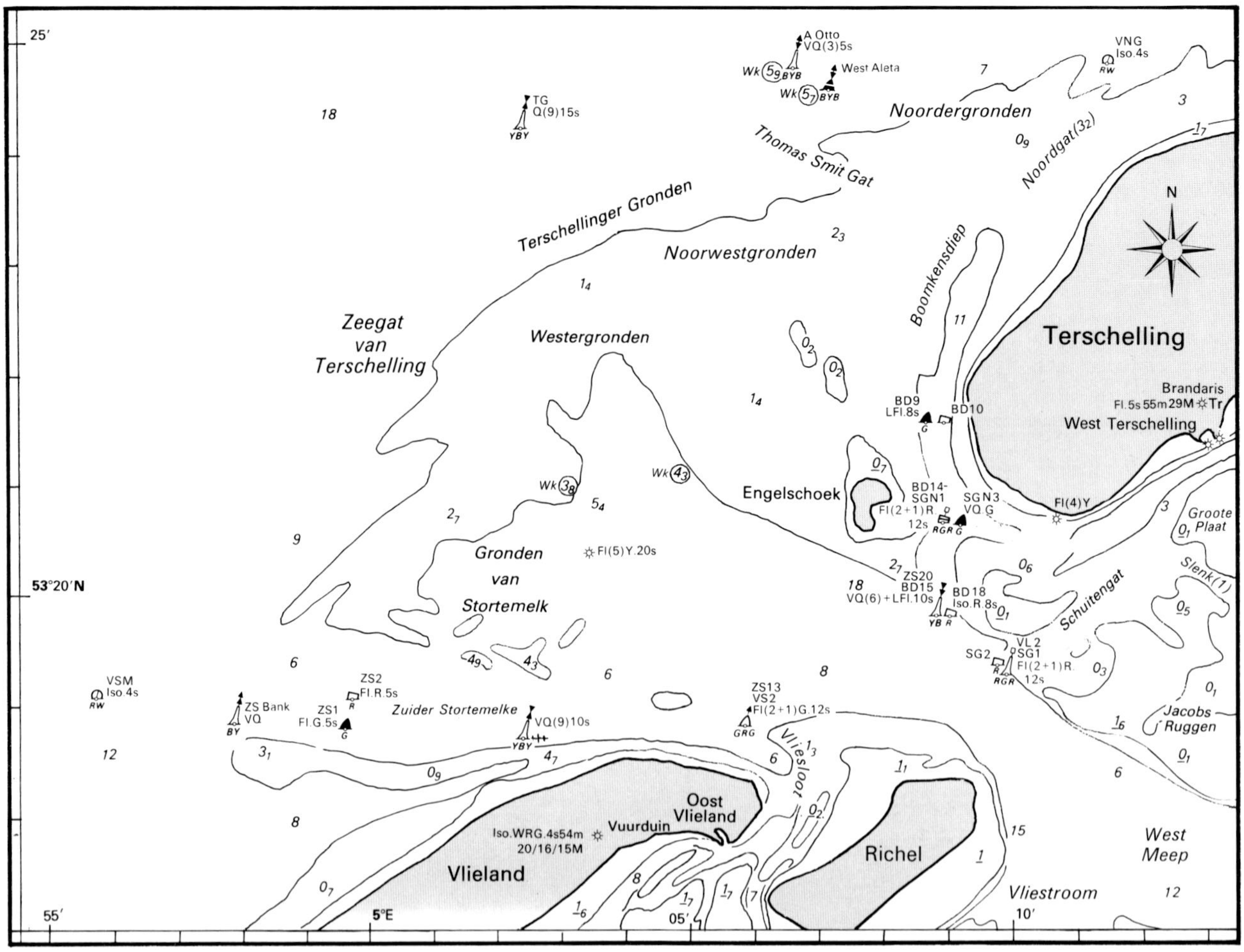

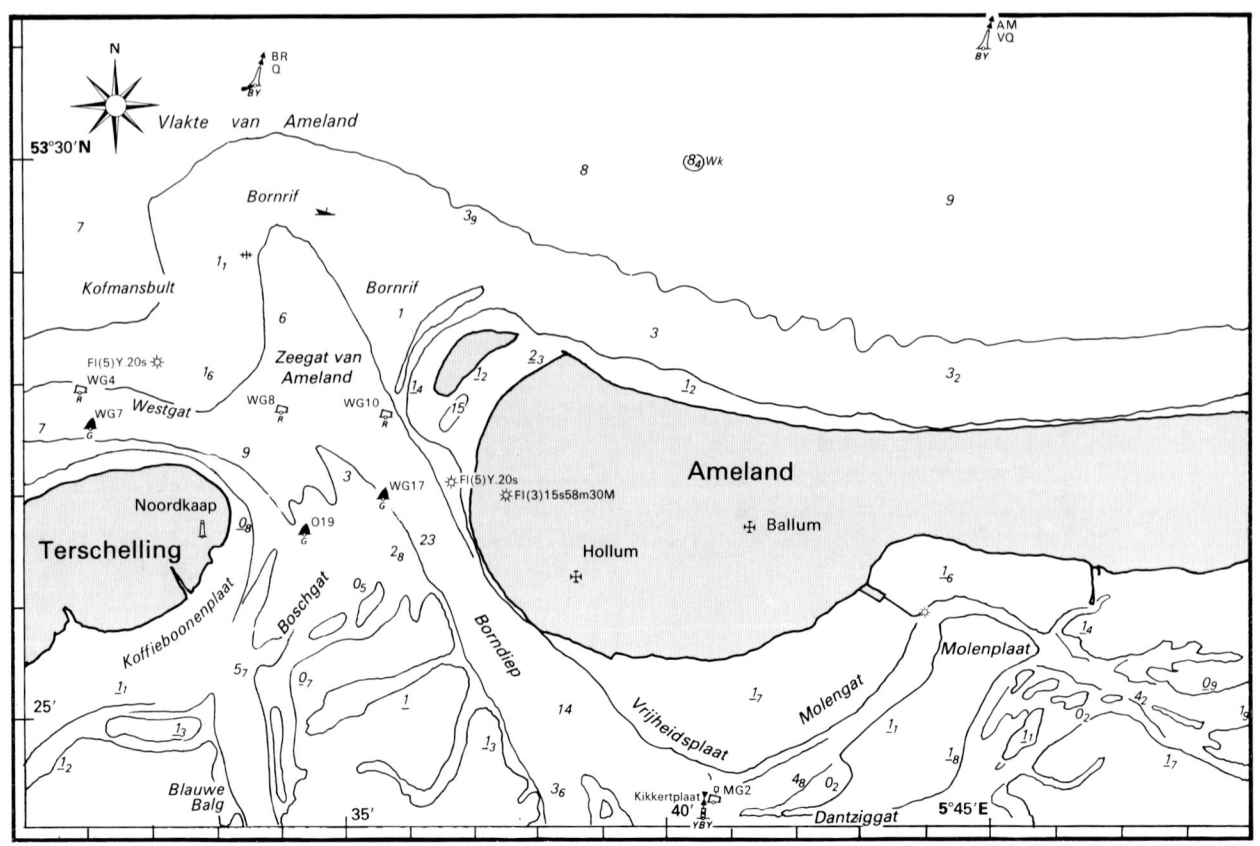

25'

18

TG
Q(9)15s
YBY

A.Otto
VQ(3)5s

Wk⑤₉BYB    West Aleta
Wk⑤₇BYB

VNG
Iso.4s
RW

Noordergronden

7

3

Thomas Smit Gat

0₉    Noordgat(32)    1₇

Terschellinger Gronden

2₃

Noorwestgronden

Boomkensdiep

11

N

Terschelling

1₄

Zeegat
van
Terschelling

Westergronden

0₂
0₂

BD9
LFl.8s    BD10
G

1₄

Brandaris
Fl.5s 55m 29M ☼ Tr

West Terschelling

Wk③₈    Wk④₃

5₄

Engelschoek

0₇

BD14-
SGN1
Fl(2+1)R
12s
RGR G

SGN3
VQ G

Fl(4)Y
☼

3    Groote
Plaat
0₁

2₇

9

Gronden
van

☼ Fl(5)Y.20s

2₇
18    ZS20
BD15
VQ(6)+LFl.10s
YB R

0₆

BD18
Iso.R.8s
0₁

Slenk(1)

0₅

53°20'N

Stortemelk

VL 2
SG2  SG1
Fl(2+1)R
RGR R  12s    0₃

0₁

Jacobs
Ruggen

1₆

0₁

VSM
Iso.4s
RW

6

4₉    4₃

6

8

ZS13
VS2
Fl(2+1)G.12s
GRG

6    West
Meep

12

ZS2
Fl.R.5s
R

ZS Bank
VQ
BY    ZS1
Fl.G.5s
G    Zuider Stortemelke    VQ(9)10s
YBY

4₇

1₃

1₁

0₁

12

3₁    0₉

0₂

15

8

Iso.WRG.4s54m
20/16/15M    Vuurduin
☼

Oost
Vlieland

Richel    1

0₇

Vlieland

8

1₇    1₇  7

Vliestroom    12

55'                5°E              05'            10'

*Zeegat van Terschelling (o.), Zeegat van Ameland (u.)*

AM
VQ
BY

N

BR
Q
BY

Vlakte   van   Ameland

53°30'N

8    ⑧₄Wk

9

7

Bornrif

3₉

1₁

Kofmansbult

6

Bornrif

1

3

3₂

Fl(5)Y.20s ☼

WG4
R

1₆    1₄

Zeegat van
Ameland

WG8
R    WG10
R

2₃

1₅    1₂

1₂

Westgat

WG7
G

9

3    WG17
G

☼ Fl(5)Y.20s
☼ Fl(3)15s58m30M

Ameland

7

Noordkaap

0₈

O19
G

2₈    23

☼ Ballum

1₆

Terschelling

Hollum

1₄

Koffieboonenplaat

Boschgat

0₅

0₇

Borndiep

Molenplaat

0₉

25'

5₇

1    14

1₇

Molengat

0₂    4₂    1₅

1₁

1₃

1₃

3₆

Kikkertplaat  MG2
YBY

40'    Dantziggat    5°45'E

Vrijheidsplaat

1₁

4₈    0₂    1₈

1₇

Blauwe
Balg    35'

1₂

renden Fähren. Aus dem Zuider Stortemelk kann man um die O-Spitze Vlielands in den Vliesloot fahren. Durch das mehrarmige, mit Baken und Tonnen (einigen Leuchttonnen) bezeichnete Fahrwasser kommt man in den kleinen Hafen Oost-Vlieland, einem der hübschesten der Friesischen Inseln.

Der breite, ausgetonnte Vliestrom führt direkt in die Waddenzee mit verschiedenen, verzweigten Fahrwassern, z.B. nach Harlingen. Schließlich gibt es noch zwei beidseitig betonnte Fahrwasser auf der NO-Seite des Stortemelk, die nach West-Terschelling führen.

Eines geht um die Sandbank vor Noordvarder, das Schuitengat führt über den Jacobs Ruggen (aus Richtung SW, Tiefen zwischen 0,6 und 3,2 m).

Bei der Auswahl der Fahrwasser sind immer auch Windstärke und Windrichtung zu berücksichtigen. Beispielsweise ist der Zuider Stortemelk und auch die Einfahrt des Vliestroom bei W-lichen bis NW-lichen Winden sehr ungemütlich.

Oost-Vlieland, West-Terschelling und Harlingen sind im Kapitel „Friesland und Groningen", Route 18, näher beschrieben.

# Zeegat van Ameland

Eine riesige Bank, das Bornrif, ist dem Zeegat van Ameland vorgelagert. Nur ein enges Fahrwasser, das Westgat, führt um die NO-Spitze Terschellings in die Waddenzee.

Das Westgat ist zwar ausgetonnt, es gibt jedoch keine Leuchttonnen, das Gat führt zu keinem Tiefwasserhafen, und bei starken Winden kann eine gefährliche See entstehen. Es ist somit für den Ortsunkundigen nicht zu empfehlen. Unter guten Bedingungen kann es zum Auslaufen aus der Waddenzee genutzt werden, z.B. wenn die Tide vor den Inseln günstiger läuft.

# Friesche Zeegat

Ein großer Komplex mit gefährlichen Bänken, trockenfallenden Sänden und einigen kleinen Inseln liegt vor dem Seegat und erstreckt sich weit hinaus in Richtung N. Das Pinkegat sowie andere, nicht bezeichnete Fahrwasser W-lich der Insel Het Rif sind unter den meisten Bedingungen nicht befahrbar.

Das Westgat ist das einzige mit Leuchttonnen bezeichnete und befahrbare Fahrwasser. Es verläuft in N–S-Richtung und läßt die Kuipersplaat im O sowie die beiden Inseln Het Rif und Engelsmanplaat im W liegen. Die runde r/w Leuchttonne VWG sowie die befeuerte Untiefentonne WRG bezeichnen die N-liche Ansteuerung des Fahrwassers, das auf der Barre (4,2 m tief) beginnt.

Von See her gut sichtbare Landmarken sind der erloschene Leuchtturm auf der Engelsmanplaat sowie der Leuchtturm und der Wasserturm auf Schiermonnikoog. Die Fahrt durch dieses Seegat ist nur bei gutem Wetter zu empfehlen, denn bei stärkeren Winden bricht sich die See auf allen vor den Inseln liegenden Sänden.

Hat man die Barre passiert, so nehmen die Tiefen im Westgat wieder zu (5–16 m). Durch die Verlängerung, das Zoutkamperlaag, erreicht man den Tiefwasserhafen Lauwersoog. Hier können Sie ins Lauwersmeer durchschleusen und erreichen auch die Kanäle in Richtung Friesland und Groningen. Die Berufsschiffahrt ist auf einige Fähren sowie Fischkutter/-dampfer begrenzt.

Das Gat van Schiermonnikoog zweigt im O vom Zoutkamperlaag ab und verläuft im S von Schiermonnikoog. Es ist an seiner N-Seite mit r. Spierentonnen bezeichnet. Es gibt eine r/gn. Abzweigungstonne, die befeuert ist, sowie einige Leuchttonnen und befeuerte Baken zum Ende des Fahrwassers hin. Eine kleine, an Bb. und Stb. mit Pricken bezeichnete Rinne führt aus dem Gat über die Sandbank Siege in einen kleinen Yachthafen. Der Hafen hat eine

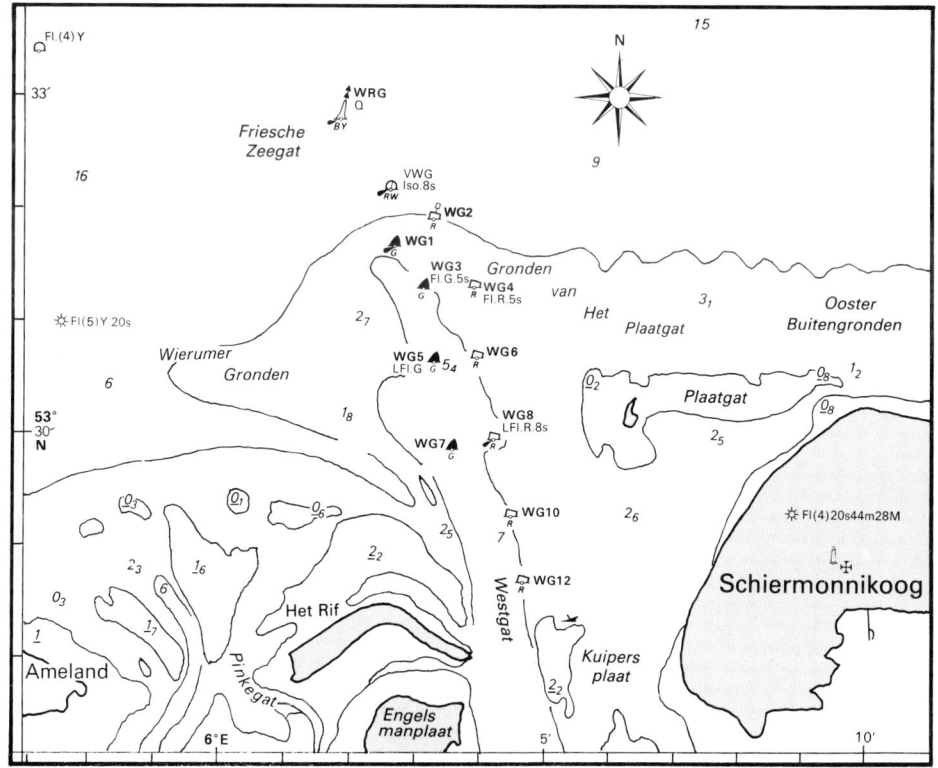

*Das Friesche Zeegat*

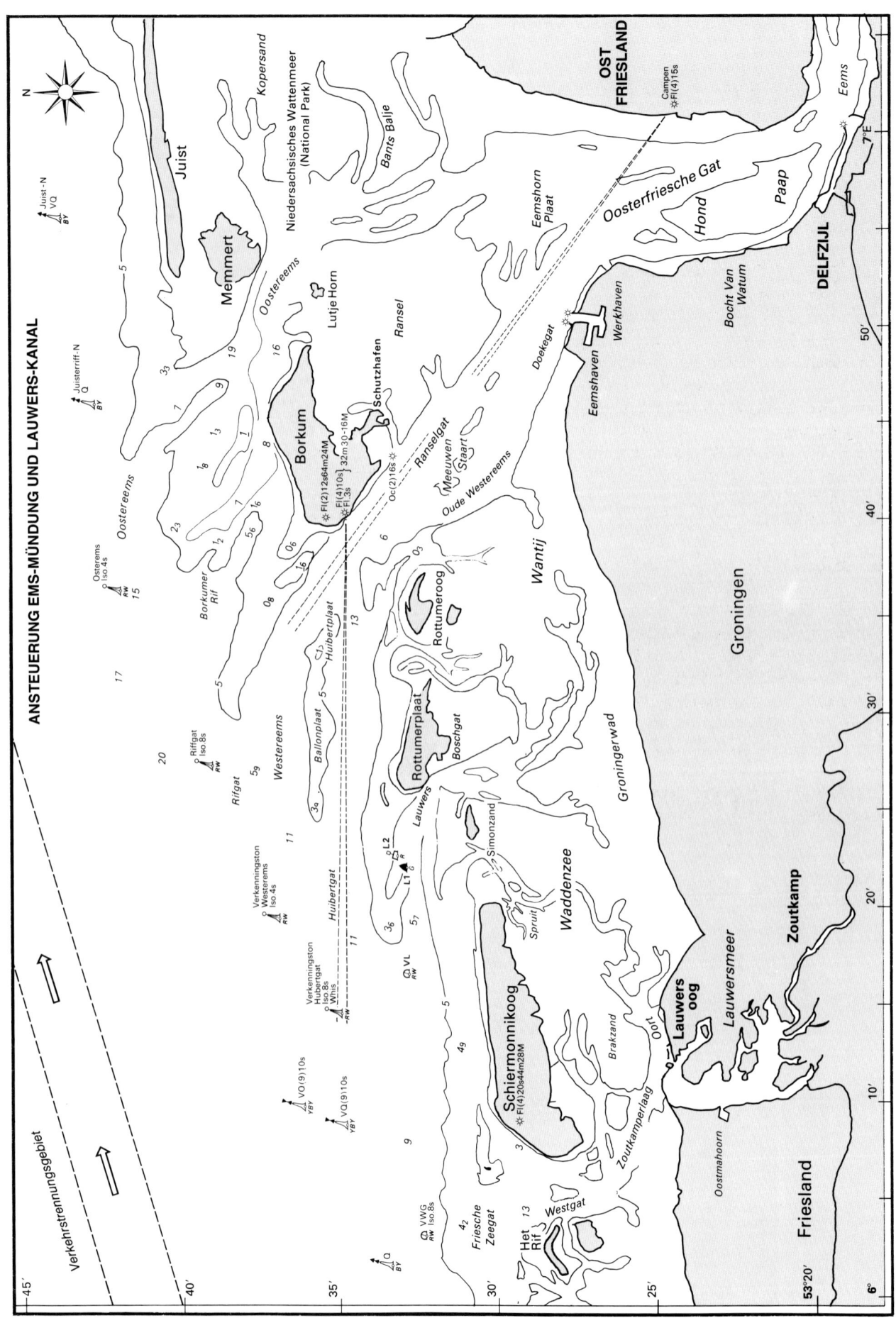

ANSTEUERUNG EMS-MÜNDUNG UND LAUWERS-KANAL

Schwelle, so daß er noch 1–1,6 m Tiefe hat, wenn der Sand trocken-fällt.

Schiermonnikoog, Lauwersoog und das Lauwersmeer sind im Kapitel „Friesland und Groningen", Route 18, sowie im Kapitel „Die Friesischen Inseln und die Waddenzee", Route 21, genauer beschrieben.

# Die Lauwers

Wie auch im Friesche Zeegat sind im Gebiet zwischen Schiermonnikoog und der Rottumerplaat viele trockenfallende Sände sowie eine kleine Insel, Simonszand, zu finden. Die ausgetonnte Lauwers teilt sich SO-lich von Simonszand in Spruit und Boschgat. Der unbezeichnete Eilanderbalg ist unbedingt zu meiden. Die Lauwers ist ein enges Fahrwasser, das von W durch die Gronden van der Lauwers führt, und es gelten dieselben Bedingungen wie für das Zeegat van Ameland – unbefeuerte Tonnen, kein Tiefwasserhafen im Wattengebiet, eine gefährliche See steht bei auflandigen Winden, und die Ansteuerung ist eigentlich nur mit Ortskenntnissen zu meistern.

# Die Eems

*Sprechfunk (UKW)*
Die Radarberatung Borkum auf Kanal 18 oder der Havendienst Delfzijl auf Kanal 14 sind die nächsten Sprechfunkstellen für eine Beratung. Ansonsten sendet der Informationsdienst von Ems Revier stdl. auf H + 50 auf den Kanälen 15, 18, 20 und 21 in deutscher Sprache.

*Ansteuerung*
Wie auch bei den meisten der anderen Seegatten führt ein von W kommendes Fahrwasser durch die dem Seegat vorgelagerten Sände und Bänke. Es verläuft zwischen der trockenfallenden Spitze des Borkumer Riffs im O und den Inseln Rottumeroog und Rottumerplaat mit vorgelagerten, z.T. trockenfallenden Sänden und Untiefen im SW.

Die beiden äußeren Ansteuerungen Westereems und Huibertgat sind durch die Huibert- und Ballonplaat getrennt (Mindesttiefe 1 m).

Sowohl das im S liegende Huibertgat als auch die N-lich liegende Westereems sind mit Leuchttonnen sehr gut bezeichnete Hauptfahrwasser.

Für das Huibertgat gilt das Richtfeuer des Kleinen Leuchtturms Borkum, und das Richtfeuer Campen führt durch das Ranselgat. Das Rifgat, ein ebenfalls mit Leuchttonnen bezeichnetes Nebenfahrwasser, führt über das W-liche Ende des Borkum Riffs in die Westereems.

Die großzügige Betonnung und die vielen Landmarken und Feuer im W Borkums machen die Ortsbestimmung sehr einfach. Vom Ranselgat können Sie dann durch die N-lich abzweigende Fischerbalje in den Schutzhafen Borkum laufen, oder Sie fahren den Fluß weiter nach Emden oder Delfzijl hoch.

Auch hier gelten die Warnungen für die anderen Seegatten. Bei starken Winden von W bis NW und Ebbe kann es in den beiden äußeren Gatten, aber auch im Ranselgat für Yachten gefährlich werden. Bei starken auflandigen Winden bricht sich die See über den Sänden des Rifgats und der Westereems.

Zum Schluß noch eine letzte Warnung: Da es sich hier um Hauptschiffahrtswege zu Häfen wie Emden, Delfzijl und Eemshaven handelt, ist besondere Vorsicht geboten. Beachten Sie die Kollisionsverhütungsregeln.

# Delfzijl

Siehe Kapitel „Friesland und Groningen", Route 18, und Kapitel „Die Friesischen Inseln und die Waddenzee", Route 21.

# Noord-Holland und Amsterdam

## Route 13
## Von Ijmuiden durch
## den Noordzeekanaal nach
## Amsterdam

### Einführung

Diese Route werden Sie schnell hinter sich bringen wollen. Zunächst können Sie in dem eher ländlichen Gebiet nahe Ijmuiden noch segeln, später wird der Wind aufgrund der Industrieansiedlungen im Uferbereich unberechenbar und Sie müssen motoren.

Es gibt nicht ganz so viel Schiffsverkehr, wie z.B. auf dem Nieuwe Waterweg. Trotzdem müssen Sie, gerade in der Nähe Amsterdams, mit vielen Lastkähnen, einigen großen Schiffen und vor allem mit vielen, das Fahrwasser kreuzenden Fähren rechnen.

Ijmuiden ist zwar der größte Fischereihafen der Niederlande, aber für Sie als Yachtbesitzer ist hier nicht so gut gesorgt (siehe auch Kapitel „Die großen Flüsse und der Biesbosch"). Trotzdem sollten Sie dem National-Park De Kennemer Duinen im S der Stadt unbedingt einen Besuch abstatten.

In Amsterdam dagegen gibt es viele Liege- und Versorgungsmöglichkeiten im gesamten Stadtgebiet, so daß Sie in Ruhe alle Seiten dieser schönen Stadt entdecken können. So viele alte Häuser finden Sie sonst nirgendwo in Europa.

Die im Mittelalter erbaute Stadt wird von einem Netz von Kanälen (aus dem frühen 17. Jh.) durchzogen. Es gibt eine fast unendliche Liste von alten Gebäuden, Museen und Plätzen: der königliche Palast auf dem Damplatz, die Nieuwe und die Oude Kerk, das Anne-Frank-Haus, das Rijksmuseum, das Van-Gogh-Museum, das Rembrand-Haus, das Stedelijk-Museum der modernen Kunst, die Diamantenschleifereien, die Brauerei Heineken, das Zentrum des alten Handwerks für Glasbläserei, Käseproduktion, Radierungen etc. ... Diese Liste ließe sich weiter fortsetzen und ist eine Garantie dafür, daß es auch beim nächsten Besuch noch etwas zu entdecken gibt.

Viele Straßencafés beleben das Stadtbild. Am Abend haben Sie ein großes Angebot an Restaurants der verschiedensten Nationalitäten, wie argentinisch, chinesisch, italienisch, griechisch usw. sowie ein paar Fischrestaurants. Danach gilt es, das Nachtleben zu genießen.

Und vergessen Sie nicht, die vielen holländischen Spezialitäten zu probieren: „Pannekoken", „Poffertjes", „Appelgebak" mit „Slagroom" und natürlich Genever.

Der Sixhaven sowie der Hafen des ZV Aeolus sind relativ zentral gelegen, und man erreicht die Stadt mit der Fähre. Der Yachthafen De Ruyterkade befindet sich direkt an der Centraal Station.

*Strecke* 24 km / 13 sm
*Brücken und Schleusen* keine
*Tiden, Durchfahrtshöhen und Tiefenangaben*
Tidenloses Gewässer, Höhen- und Tiefenangaben beziehen sich auf den Kanaalpeil KP.
*Geringe Tiefen auf der Strecke* Tiefe der Fahrwasser im allge-

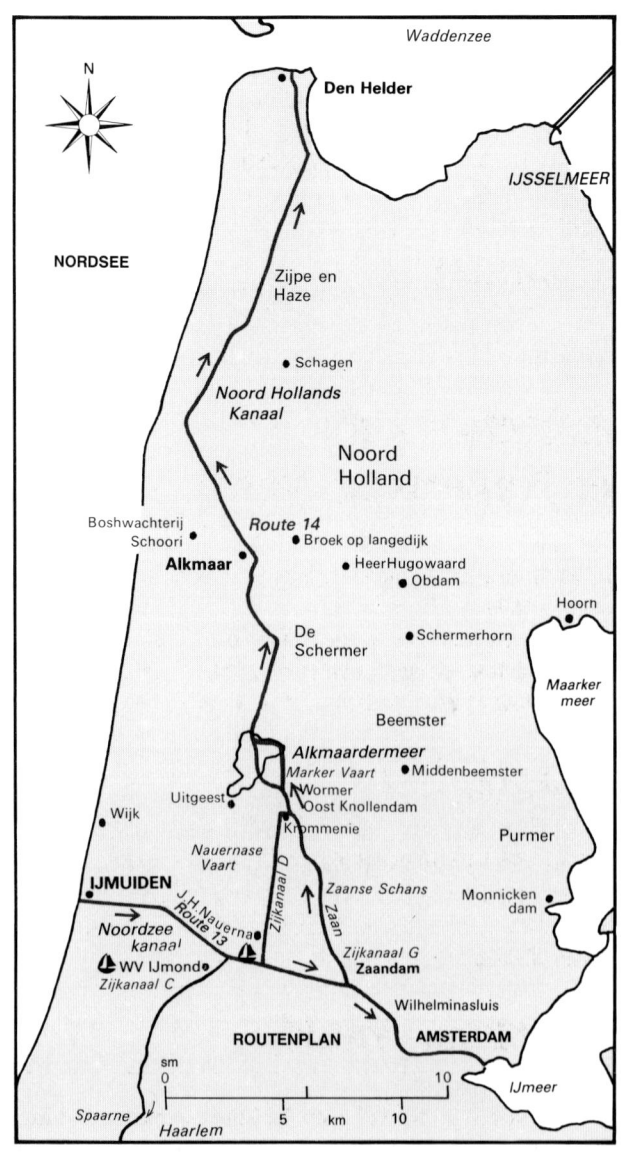

meinen 15 m. Die Yachthäfen sind weniger tief, z.B. der Sixhaven teilweise nur 1,8 m, der WV Aeolus 1,5 m, der Hafen Nauerne 2 m und teils weniger.
*Karten* ANWB-Karte G, NL-Seekarte 1543, Deutsche Seekarte D 216.

## Beschreibung der Route

## Ijmuiden (Schleusen)

Einfahrt und Versorgungsmöglichkeiten siehe Kapitel 8.

## Noordzeekanaal

*9,8 km / 5,3 sm*

# Zijkanaal C (Abzweigung)

am S-Ufer, führt durch 3 bewegliche Brücken und eine Schleuse nach Spaarndam und in die Mooie Nel.
Nach ¼ km / 0,8 sm und einer beweglichen Brücke sind Sie beim WV Ijmond, Näheres Kapitel 6, Route 9.

*2,0 km / 1,1 sm*

# Zijkanaal D (Abzweigung)

am N-Ufer.

# Abstecher auf der Nauernase Vaart

Bei West Knollendam kommen Sie auf die Strecke der Route 14.
*Strecke* 10,6 km / 5,7 sm
Der Jachthaven Nauerna ist nur 700 m von der Einfahrt entfernt und eignet sich somit auch als Hafen für den Nordseesegler.
*Öffnungszeiten* Fr 0900–1200, 1300–2000.

# Zijkanaal D

Tiefe 2 m, Höchstgeschwindigkeit 15 km/h. Yachthafen Nauerna befindet sich auf der W-Seite. Auf dem Schleppkahn gibt es einen Klub. Toiletten, Duschen und ein 2,5-t-Kran sind vorhanden, Tel. 0 29 87/17 22.

# Nauernase Vaart

Tiefe 2 m, Höchstgeschwindigkeit 7,5 km/h. Schleuse und Zugbrücke vor der Einfahrt, Durchfahrtshöhe 2,7 m, Tel. 0 75/16 36 20 od. 35 44 88.
*Öffnungszeiten* 16. April–1. Juni und 1. September–16. Oktober: Mo–Fr 0900–1200, 1300–1800, zusätzlich; Sa 0900–1200, 1400–1900; So und feiertags 1000–1200, 1400–1900. 1. Juni–1. September: täglich 0900–1200, 1300–1700, 1800–2000 (Sa, So und feiertags –1900). 16. Oktober–16. April: Mo–Fr 0900–1200, 1400–1800; Sa 0900–1200 an den ersten beiden Sa des Zeitraums, an anderen Sa müssen Sie mit dem Schleusenwärter sprechen.

*Bewegliche Brücke* Westzaan (Zugbrücke), Durchfahrtshöhe 2,49 m, Tel. 0 29 87/14 48.
*Öffnungszeiten* Mo–Fr 0830–1630; Sa, So und feiertags geschlossen.

# Krommenie

*2 bewegliche Brücken* Eisenbahnbrücke Krommenie und Zugbrücke, Durchfahrtshöhe 0,75 m und 2,6 m.
Die Zugbrücke öffnet wie Brücke Westzaan. Öffnungszeiten der

Eisenbahnbrücke stehen in den Openingstijden Spoorwegbruggen des ANWB, meist 15–30 minütige Wartezeiten sind einzukalkulieren.

*Bewegliche Brücke* **Vaartbrug** (Zugbrücke), Durchfahrtshöhe 1,2 m.
*Öffnungszeiten* Mo–Fr 1000–1230, 1300–1630, Fr auch 1800–2000, Sa, So und feiertags 1000–1200, 1400–1800. Vom 1. Juni–1. September Mo–Fr 0930–1230, 1300–1630, Fr auch 1800–2000; Sa, So und feiertags 0900–1200, 1400–1800.
Vom 16. Oktober–16. April nur nach Absprache, Tel. 0 75/51 28 88 oder UKW-Kanal 20. Mo–Fr 0830–1630, Sa 0900–1200, jedoch nur an den beiden ersten und den beiden letzten Sonnabenden dieser Periode.

# West Knollendam

Rechtwinklige Kurve nach Stb., dann in die Markervaart an Bb. fahren. Richtung Den Helder siehe Route 14.

# Noordzeekanaal

Vom Zijkanaal D fahren Sie weiter auf dem Noordzeekanaal.

*6,3 km / 3,4 sm*

# Zijkanaal G (Abzweigung)

am N-Ufer, führt nach Zaandam und zum Noordhollandskanaal, siehe Route 14.

*5,9 km / 3,2 sm*

# Amsterdam

Yachthafen und Büro De Ruyterkade.
*Adressen* Gem. Havendienst voor de Zeehavens, Havengebouw (16), Amsterdam, Tel. 0 20/2 21-5 15 od. auf UKW-Kanal 14.
Havengelddienst (für Binnenwasserstraßen), James Wattstraat 84, Amsterdam, Tel. 0 20/5 68 36 83.

*Amsterdam: Der Yachthafen an der De Ruyterkade*

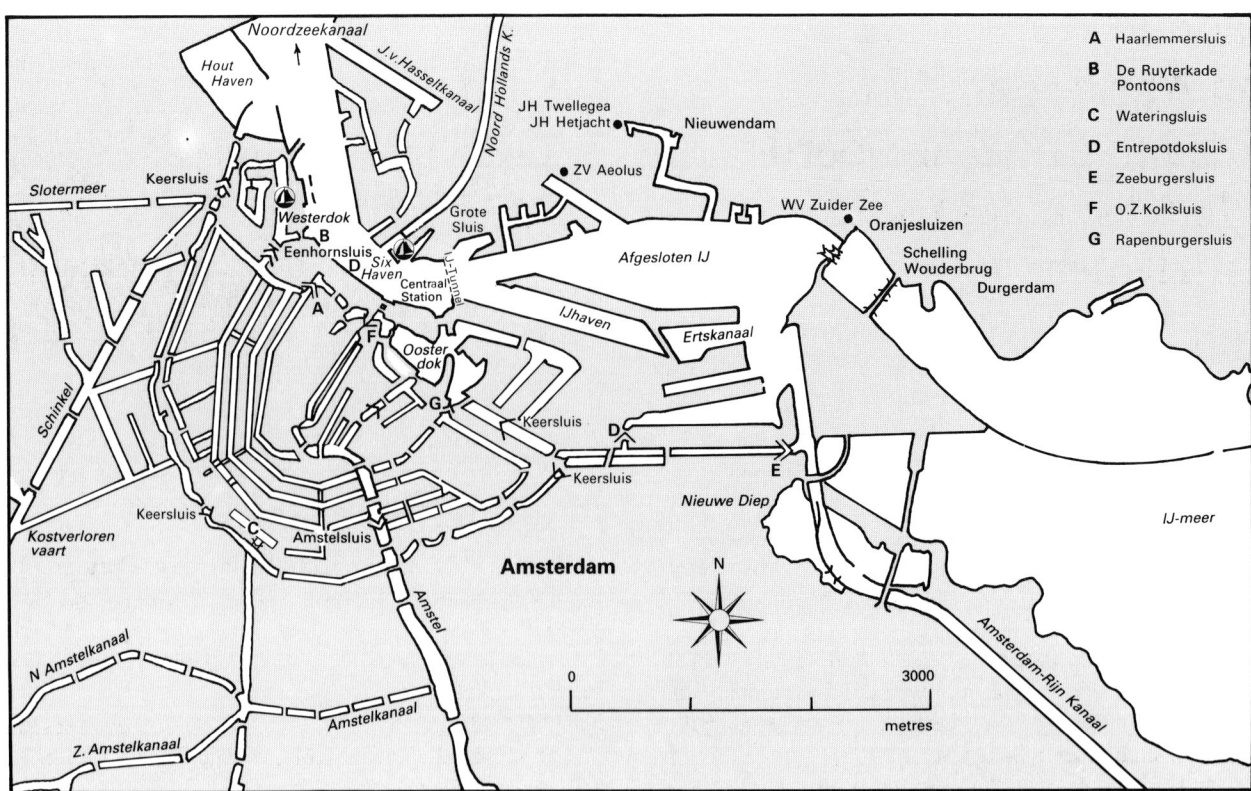

Routeing information Amstelsluis, Tel. 0 20/22 51 13. Nieuwe-meersluis, Amstelschutsluis, Kortjewantbrug und Westerkeer-sluis sind auf UKW-Kanal 22 zu erreichen.

Es gibt viele Liegemöglichkeiten in Amsterdam. Im Folgenden sind nur die wenigen zentralgelegenen in der Reihenfolge von W nach O aufgeführt.

*Yachthafen*   Het Realeneiland mit Toiletten und Duschen befindet sich auf der NW-Seite des Westerdok, die Westerdoksbrug muß passiert werden (Durchfahrtshöhe 2,65 m). Dahinter ist auch der Jachthaven Hollandse Tuin mit Toiletten und Duschen, Tel. 0 20/22 99 62.

*Öffnungszeiten*   Mo–Fr 0000–0700, 0900–1600, 1800–2400, Sa, So und feiertags geschlossen. Um Öffnung außerhalb der Dienstzeiten zu erreichen, müssen Sie sich über UKW-Kanal 22 oder über Tel. 0 20/24 14 57 melden.

Pontons von De Ruyterkade liegen W-lich der Centraal Station und vor dem Hafenamt. Aufgrund des Schwells der vorbeifahrenden Schiffe liegt man dort sehr unruhig.

WVDS Sixhaven befindet sich am N-Ufer gegenüber der Centraal Station, zu der es eine häufig verkehrende Fähre gibt. Vor der S-Ecke der Hafeneinfahrt liegt eine r. Tonne, im O schützt eine Mauer den Hafen vor Schwell. Toiletten, Duschen, eine Bar sowie begrenzte Kranmöglichkeiten sind vorhanden, Tel. 0 20/31 50 97 abends. Zur Fähre und von der Centraal Station zum Stadtzentrum sind es nur ein paar Minuten.

Der ZV Aeolus hat eine kleine Marina im Johan-van-Hasselt-Kanaal-Ost, 1 sm O-lich des Sixhaven am N-Ufer. Toiletten und Waschgelegenheiten sind vorhanden.

Die Yachthäfen Twellegea (3,5 m tief) und Het Jacht befinden sich im Zijkanaal K (Einfahrt ca. 1 km w-lich der Oranjssluizen) am N-Ufer. Im Jachthaven Twellegea gibt es Toiletten, Duschen und einen 30-t-Kran, Tel. 0 20/32 48 77.

Fahrt durch die Oranjesluizen Richtung Ijsselmeer siehe Route 15.

Zufahrten nach Amsterdam über Schiphol und das Nieuwe Meer siehe Route 8.

*Amsterdam: Ausfahrt aus dem Sixhaven*

# Route 14
# Von Amsterdam über
# die Zaan und den Noord-
# Hollandskanaal nach
# Den Helder

## Einführung

Die S-liche Teilstrecke bis Alkmaar gleicht landschaftlich den Routen 8 und 9. Der Kanal windet sich durch das alte Noord-Holland, es gibt keine navigatorischen Schwierigkeiten, dafür aber viele Brücken, einen See, 2 alte Städte und überhaupt an den Kanalufern viel zu sehen.

Der Kanal verläuft parallel und relativ dicht zur Nordseeküste. O-lich des Kanals liegen die aus dem 17. Jh. stammenden, von Windmühlen entwässerten Polder Schermer, Beemster, Wormer und Purmer.

NW-lich von Alkmaar, zwischen Nordsee und Kanal, befinden sich die baumbestandenen Wanderdünen des Boswachterij und Schoorl sowie das Noordhollands Duinreservaat, alle eine Fahrradtour in die entlegeneren Ecken wert.

Die Landschaft beim N-lichen Teil des Kanals, der dort sehr viel näher an der Küste verläuft, ist öder und ungeschützt den Winden der Nordsee ausgesetzt. Die Hauptstraße N9 nach Den Helder läuft im W genau neben dem Kanal her. Trotzdem ist die Kanalfahrt unter vielen Bedingungen der rauhen Nordsee vorzuziehen. Die Uferbebauung im Industriegebiet von Zaanstadt wechselt zwischen Fabriken und Kirchen.

Es bereitet keine Schwierigkeiten, durch die Wilhelminasluis und die beiden dazugehörigen Brücken zu laufen (es muß „Bruggeld" bezahlt werden).

Auch die folgenden 6 Brücken öffnen auf Anfrage sofort, wenn Sie sich nicht sowieso schon einem Konvoi angeschlossen haben.

In Zaandam sollten Sie sich unbedingt Tsaar Pieterhuisje angucken. Hier hat Peter der Große während seiner Schiffbaustudien im 16. Jh. eine Zeitlang gelebt, und das Haus wurde zuletzt vom russischen Zaren im Jahre 1895 restauriert. In Koog an de Zaan gibt es in einem Gebäude des 18. Jh. ein Windmühlen-Museum zu besichtigen, und in Zaanse Schans gibt es mehrere Museumswindmühlen N-lich des in der Nähe gelegenen Jachthaven ZV De Onderlinge am De Poel.

Bei Zaanse Schans gibt es ein ausgetonntes Fahrwasser, das zunächst Untiefen im O und weiter N-lich im W umgeht. Lassen Sie die r. Tonnen an Stb., die gn. Tonnen an Bb. Krommenie im N von Zaandijk ist eines der schönen vorstädtischen Wohngebiete, wie sie häufig an diesem Kanal anzutreffen sind.

Alkmaar ist eine weitere holländische Stadt aus dem 13. Jh. mit ungewöhnlich vielen, aus der alten Zeit erhaltenen Gebäuden, einem Stadtkanal, engen Gassen und Marktplätzen. Machen Sie an der Bierkade fest (im Juli und August sollten Sie besser in den Luttik Oudorp Kanal ausweichen), wachen Sie mit dem Glockenspiel auf, und besuchen Sie dann die alte Waage im Käsemuseum und das Büro der VVV.

Im 14. Jh. als Kapelle gebaut, wurde es seit dem 17. Jh. als Handelshaus genutzt und sieht dennoch aus wie eine Kathedrale. Der Käsemarkt findet, wie in alten Zeiten, vor der öffentlichen Waage

*Windmühlen an der Zaansche Schans*

jeden Freitagmorgen im Sommer statt und bietet alles, was der Tourist erwartet. Ebenfalls lohnenswert sind ein Besuch des Fischmarktes (16. Jh.), der Grote Kerk aus dem 15. Jh. und des Rathauses (16./17. Jh.).

In den Poldern O-lich von Alkmaar gibt es viele historische Kirchen, Windmühlen und Museen in Broek op Langedijk, Heer Hugowaard, Obdam, Schermerhorn, Graft, De Rijp und Middenbeemster. Die Strecken von 3–12 km lassen sich am besten per Fahrrad zurücklegen.

Das Polder-Gebiet N-lich von Alkmaar auf der O-Seite des Kanals stammt schon aus dem Jahr 1461. Der Zijpe- und der Haze-Polder hinter dem friesischen Seedeich entstanden 1552.

Den Helder ist seit Jahrhunderten holländischer Marinehafen und Fährhafen Richtung Texel. Es ist eine großzügige moderne Stadt mit nahen Feriengebieten am Strand, einem großen Einkaufszentrum und 2 Museen. Das Marine-Museum dokumentiert die Zeit von 1813 bis heute, und im Doru Rijkers können Rettungsboote besichtigt werden.

*Strecke* 76 km / 41 sm
*Brücken* 26 bewegliche Brücken (davon 8 in Zaandam, 6 in Alkmaar und 2 Eisenbahnbrücken)
*Schleusen* 2
*Tiden, Durchfahrtshöhen und Tiefenangaben* Tidenfreies Gebiet, Tidengewässer nur in Den Helder N-lich der Koopvaarderschutsluis. Höhen- und Tiefenangaben beziehen sich im Noordzeekanal auf KP, auf den Hauptwasserwegen auf den Sommer-Pegel und in Den Helder auf MSpHW bzw. MSpNW.
*Geringe Tiefen auf der Strecke* Mindesttiefe 3 m, in den Seitenarmen häufig weniger, z.B. 1,8 m in De Poel bei Zaanstad, 1,5 m oder weniger außerhalb des Fahrwassers im Alkmaardermeer, 2,5 m in Alkmaar und 1,5 m im Luttik Oudorp Kanal.
*Karten* ANWB-Karten G und F.
Zusätzlich sinnvoll sind Seekarten für den Noordzeekanal und Den Helder (NL-Sportbootkarte 1811, NL-Seekarten 1543 und 1546).

# Beschreibung der Route

# Amsterdam Sixhaven

Siehe Route 13 für Versorgungseinrichtungen in Amsterdam.

Fahren Sie an Stb. den Noordzeekanaal in Richtung W.

# Noordzeekanaal

Tiefe 15 m, Höchstgeschwindigkeit 8,9 kn.

*6,3 km / 3,4 sm*
# Zijkanaal G / Voorzaan

An Stb. Tiefe 9 m in der Einfahrt, 3 m in den Schleusen, Höchstgeschwindigkeit 4,9 kn.

# Zaandam

Der Hafenmeister ist in der West Kade täglich von 0600–2100 zu erreichen, Tel. 0 75/52 25 24, in Notfällen außerhalb des Dienstes Tel. 0 75/32 32 32.

*Liegeplätze*   Bei der Jachtwerf Th. Hoogmoed im Zijkanaal G. Toiletten und ein 15-t-Bootslift sind vorhanden, Tel. 0 75/ 16 97 46.

*Liegeplätze*   Bei der Scheepswerf Posius im Dirk Metselerhaven, Toiletten und Duschen stehen zur Verfügung.

*Liegeplätze*   Bei Dehler Jachtbouw B.V. auf der O-Seite der Voorzaan.

*Liegeplätze*   Im Passantenhaven auf der W-Seite der Voorzaan an der William Pontbrug.

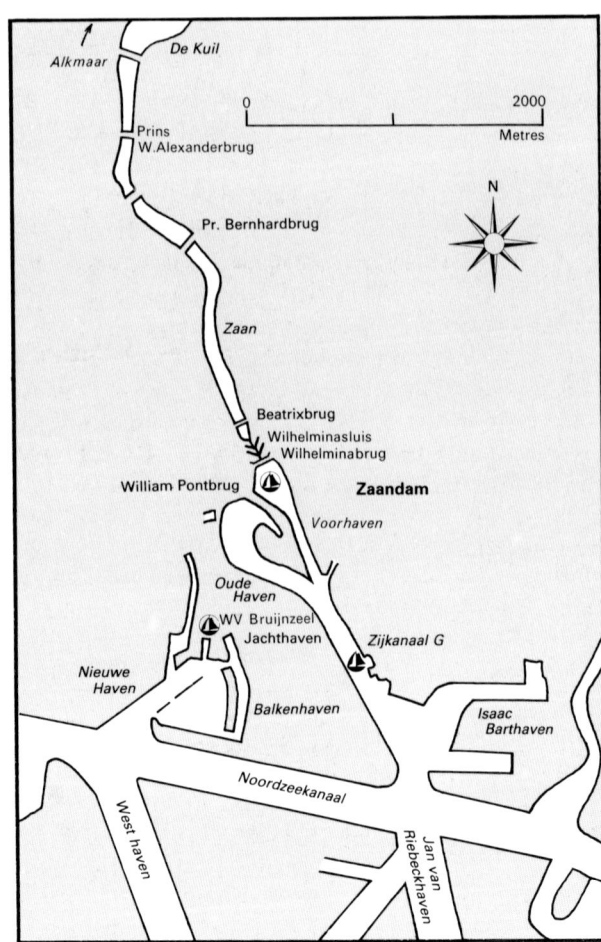

*Zaandam: Prins Willem Alexander-Brücke*

*2,5 km / 1,3 sm*
*Schleuse und 2 bewegliche Brücken*   **Wilhelminasluis** und 2 Klappbrücken, **Wilhelminabrug** und **Prinses Beatrixbrug,** Durchfahrtshöhen 2,9 m / 2,85 m. Sluisgeld muß bezahlt werden, zu erreichen über UKW-Kanal 20.

*Öffnungszeiten der Brücken*   Mo–Fr 0600–1700, 1715–1730, 1750–2145; Sa 0700–1200, 1300–1800; So und feiertags 16. April– 16. Oktober 0800–1030, 1600–1900, 16. Oktober–16. April geschlossen.

# Zaan

Höchstgeschwindigkeit 12 km/h, Mindesttiefe 3 m. Bleiben Sie zwischen Julianabrug und Zaanbrug im ausgetonnten Fahrwasser bis zur Zaanse Schans. Lassen Sie die r. Tonnen im O, die gn. Tonnen im W liegen.

*Bewegliche Brücken*   **Prins Bernhardbrug,** Durchfahrtshöhe 2,25 m.

*Öffnungszeiten*   Mo–Fr 0615–2100; Sa 16. April–16. Oktober 0730–1200, 1300–1645, 16. Oktober–16. April 0730–1200,

*An der Zaan: Das Westufer bei Koog*

1300–1630; So und feiertags 16. April–16. Oktober 0815–0820, 0900–0910, 0955–1000, 1630–1635, 1725–1735, 1825–1830, 16. Oktober–16. April geschlossen.

*Bewegliche Brücke* Eisenbahndrehbrücke, Durchfahrtshöhe 3 m unter dem festen Teil.
*Öffnungszeiten* Im Prinzip wie Prins Bernhardbrug, aber vom Zugverkehr abhängig. Brücke wird außer in der Rush-hour häufig geöffnet.

*Bewegliche Brücke* **Prins Willem-Alexanderbrug,** Klappbrücke, Durchfahrtshöhe 2,85 m unter dem festen Teil. Öffnungszeiten wie Prins Bernhardbrug.

*Bewegliche Brücke* **Brug in de Coentunnelweg,** Durchfahrtshöhe 6,2 m unter dem festen Teil.
*Öffnungszeiten* Mo–Fr 0615–0730, 0830–1200, 1300–1700, 1800–2100; Sa 16. April–16. Oktober 0730–1200, 1300–1645, 16. Oktober–16. April 0730–1200, 1300–1630; So und feiertags 16. April–16. Oktober 0830–0930, 1700–1900, 16. Oktober–16. April geschlossen.
*Yachthafen* Jachthaven ZV De Onderlinge am De Poel, Tiefe 1,8 m. Toiletten und Duschen sind vorhanden. Bis Zaanse Schans Richtung N sind es nur 500 m.

*4 km / 2,2 sm*
*Bewegliche Brücke* **Julianabrug,** Durchfahrtshöhe 3,05 m.
*Öffnungszeiten* Mo–Fr 0615–2100; Sa 16. Arpil–16. Oktober 0730–1200, 1300–1715, 16. Oktober–16. April 0730–1200, 1300–1630; So und feiertags 16. April–16. Oktober 0830–1000, 1600–1900, 16. Oktober–16. April geschlossen.

*Ansteuerung Juliana-Brücke bei Zaansche Schans auf der Zaan*

Ausgetonntes Fahrwasser.

*2,7 km / 1,5 sm*
*Bewegliche Brücke* **Zaanbrug,** Durchfahrtshöhe 2,33 m.
*Öffnungszeiten* Mo–Fr 0600–2100; Sa 16. April–16. Oktober 0730–1200, 1300–1745, 16. Oktober–16. April 0730–1200, 1300–1630; So und feiertags 16. April–16. Oktober 0830–1000, 1600–1900, 16. Oktober–16. April geschlossen.

# West Knollendam

*Yachthäfen* Die 3 Yachthäfen befinden sich am W-Ufer: Het Zwaantje, Jachthaven De Hennewerf und West Knollendam. Alle

*Die Yachthäfen in West Knollendam*

haben Toiletten und Duschen. Einen 6-t-Kran gibt es bei De Hennewerf, Tel. 0 75/28 57 57.

# Tapsloot

Fahrt an Bb. in das Tapsloot.
*3,9 km / 2,1 sm*
*Bewegliche Brücke* **Beatrixbrug,** Durchfahrtshöhe 3,05 m.
*Öffnungszeiten* Mo–Fr 0615–2100; 16. April–16. Oktober Sa 0730–1200, 1300–1900, So und feiertags 0800–1200, 1500–1900; 16. Oktober–16. April Sa 0730–1200, 1300–1630, So und feiertags geschlossen.

# Markervaart

Fahrt nach Stb. in die Markervaart.

*1,9 km / 1,0 sm*
An Bb. bei Stierop Einfahrt in das Alkmaardermeer.

# Alkmaardermeer

Höchstgeschwindigkeit 6,5 kn, Tiefe im Fahrwasser 3 m, außerhalb 1,8 m.
*0,9 km / 0,5 sm*
Erste Fahrwassertonne; r: Tonnen an Stb., gn. Tonnen an Bb. lassen, einige Tonnen sind Leuchttonnen.

*0,7 km / 0,4 sm*
Bake, befeuert mit Glt.gn.6 an Bb. lassen, das Fahrwasser geht weiter Richtung N.

# Abstecher nach Uitgeest

Fahren Sie bei der Bake nach Bb., dort beginnt ein 2,3 km / 1,2 sm langes, ausgetonntes Fahrwasser mit 2,5 m Tiefe (außerhalb 1 m). Zum Ende bei den W-lichen Yachthäfen nur 1,8 m.

*Yachthafen* Zaadnoordijk; Toiletten, Duschen und ein 18-t-Kran stehen zur Verfügung, Tel. 0 25 13/1 90 08 od. 1 23 15.

*Yachthafen*   Zwaansmeerpolder mit WV Uitgeest befindet sich O-lich vom Zaadnoordijk-Hafen und ist über eine Fahrrinne durch das 1,5 m tiefe Gebiet zu erreichen. Toiletten, Duschen und ein 10-t-Kran sind vorhanden bei E. v. Breugel, Tel. 0 25 13/1 35 53.

Von der Bake an folgen Sie dem Fahrwasser über den See. Lassen Sie die Bake Glt.gn.6s bei Nes Kalver Straat an Bb. liegen.

*3,3 km / 1,8 sm*
*Yachthafen*   Laamens, Tiefe 2 m. Toiletten, Duschen und ein 1-t-Kran sind vorhanden, Tel. 0 25 13/1 22 95. Die Jachtwerf Gebr. Verduin hat einen 4,5-t-Kran, Tel. 0 25 13/1 29 70. Beim Alkmaarse R. en Z.V. gibt es einen 5-t-Kran, Tel. 0 25 13/1 39 20.

*0,1 km / 0,05 sm*
Gat van de Meer, Einfahrt in den Noordhollands Kanaal.

# Noordhollands Kanaal

Höchstgeschwindigkeit 10,5 km/h, Tiefe 3,5–4,5 m, 2,5 m im Kanal durch Alkmaar.

*5,9 km / 3,2 sm*
*2 bewegliche Brücken*   **Leeghwaterbrug,** Klappbrücke, Durchfahrtshöhe 4,45 m unter dem beweglichen Teil, 4,71 m unter dem festen Teil.
*Öffnungszeiten*   Mo–Fr 0500–1630, 1730–2300; Sa 0700–1300, 1400–1900; So und feiertags 1. Juni–1. Oktober 1000–1300, 1500–1800, 1. Oktober–1. Juni geschlossen.

# Alkmaar

Fahrt an Bb. durch Alkmaar, an Stb. (geradeaus) umfährt man Alkmaar im Kraspolder Kanaal. Hafenmeister Alkmaar Tel. 0 72/11 71 35 od. 12 05 33.
*Liegeplätze*   An Bb. geht der Luttik Oudorp Stadtkanaal ab (nicht auf der ANWB-Karte), Tiefe 1,5 m, 3 bewegliche Brücken, Liegeplätze. Toiletten und Duschen finden Sie im Büro des Hafenmeisters. Für einlaufende Yachten gibt es vor der Einfahrt an der Bierkade beim Hafenbüro einen Warteplatz.

*Alkmaar: Hier nicht nach links abbiegen*

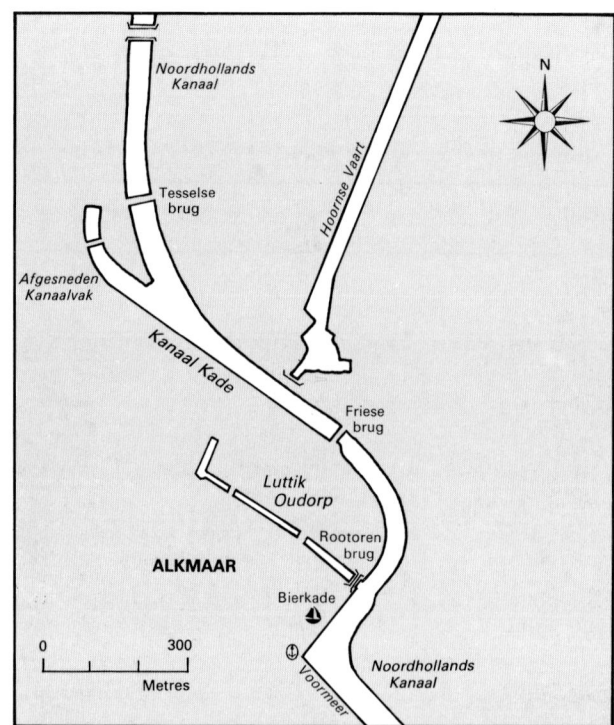

Einen 40-t-Kran hat Nicolaas Witsen B.V., Kraspolderweg 4, Tel. 0 72/11 22 97. Der Waschsalon Cor Vredenburg ist im Luttik Oudorp 60, Tel. 0 72/11 24 06.
*Brückenöffnungszeiten*   Mo–Fr 1000–1600; Sa 1030–1230; So und feiertags geschlossen; vom 1. September–1. Juni wird nur nach Absprache mit dem Hafenmeister geöffnet.
Alle Brücken sind auf UKW-Kanal 20 zu erreichen.

*Bewegliche Brücke*   **Friesebrug,** Klappbrücke, Durchfahrtshöhe 3,84 m.
*Öffnungszeiten*   Mo–Fr 0600–0745, 0845–1200, 1210–1220, 1236–1245, 1257–1610, 1710–2300; Sa 0700–1300, 1400–1900; So und feiertags 1. Juni–1. Oktober 1000–1300, 1500–1800, 1. Oktober–1. Juni geschlossen.

*Liegeplätze*   Nach 500 m an Bb. geht der Afgesneden Kanaalvak ab, es gibt dort Liegeplätze. Toiletten und Duschen werden vom Brückenwärter der Tesselsebrug geführt, zu erreichen über UKW-Kanal 20.
*Bewegliche Brücke*   **Tesselsebrug,** Durchfahrtshöhe 1,95 m, unter den festen Teilen auf beiden Seiten 3 m. Öffnung wie Friesebrug.
*Bewegliche Brücke*   Eisenbahnzugbrücke, Durchfahrtshöhe 2 m unter dem beweglichen Teil, 2,9 m unter dem festen Teil auf der W-Seite. Öffnung ca. 2mal stdl. Genaueres erfahren Sie in den Openingstijden Spoorwegbruggen des ANWB.

*4,4 km / 2,4 sm*
*Bewegliche Brücke* **Huiswaarderbrug,** Durchfahrtshöhe 5,62 m.
*Öffnungszeiten*   Mo–Fr ganzjährig von 0600–2200.
Sa 16. April–16. Oktober 0900–1800, vom 16. Oktober–16. April 0900– 1600.
So und feiertags 0900–1800, 1. Juni–1. September 0900–1900, 16. Oktober–16. April geschlossen.

*Alkmaar – die wunderschön erhaltene mitteralterliche Stadt*

*1,6 km / 0,9 sm*
*Bewegliche Brücke* **Koedijkervlotbrug,** Öffnungszeiten wie Huiswaarderbrug

*6,2 km / 3,3 sm*
*Bewegliche Brücke* **Schoorldammerbrug,** Zugbrücke, Durchfahrtshöhe 1,7 m unter dem sich öffnenden, 2,65 m unter dem festen Teil. Öffnungszeiten wie Huiswaarderbrug.

*5,7 km / 3,1 sm*
*Bewegliche Brücke* **Burgervlotbrug,** Öffnungszeiten wie Huiswaarderbrug.

*4,0 km / 2,2 sm*
*Bewegliche Brücke* **St. Maartensvlotbrug,** Öffnungszeiten wie Huiswaarderbrug.

*3,7 km / 2 sm*
*Bewegliche Brücke* **Stolpen,** Zugbrücke, Durchfahrtshöhe 4,73 m, Öffnungszeiten wie Huiswaarderbrug.

*2,9 km / 1,6 sm*
*Bewegliche Brücke* **Vlotbrug te Het Zand,** Öffnungszeiten wie Huiswaarderbrug.

*7,6 km / 4,1 sm*
*Bewegliche Brücke* Eisenbahnzugbrücke, Durchfahrtshöhe 3,35 m, Öffnung den ganzen Tag über für jeweils 8 Min. nach der vollen und nach der halben Std.

*1,2 km / 0,6 sm*
*Bewegliche Brücke* **De Kooy Zugbrücke,** Durchfahrtshöhe 1,6–1,8 m.
*Öffnungszeiten* Ganzjährig Mo–Do 0600–1610, 1645–1655, 1715–2300; Fr 0600–1540, 1610–1615, 1645–2200; Sa 0700–1300, 1400–1900; So und feiertags 1. Juni–1. Oktober 0900–1300, 1400–1900, 1. Oktober–1. Juni geschlossen.

# Den Helder

Hafenmeister (auf der Harssens-Insel) zu erreichen auf UKW-Kanal 14 od. Tel. 0 22 30/1 12 34.

*2 Yachthäfen* Sie befinden sich 800 m NW-lich der Schleuse an der N-Seite des Binnenhaven, Tiefe 4–5 m, fahren Sie von der Schleuse nach Stb. Der WSOV Breewijd (der Marine Yachtklub) und der WV Helder Willemsoord-Nieuwe Diep haben beide Toiletten und Duschen, einen 500-kg-Kran gibt es bei dem WV-HWN, Tel. 0 22 30/2 44 22.

*Yachthafen und bewegliche Brücke* Zum Jachthaven Den Helder (Tiefe 3 m) im Industriehaven fährt man in eine Einfahrt 600 m NW-lich der Schleuse und durch die **Burgermeester Visser-brug** (bewegliche Brücke, Durchfahrtshöhe 3,58 m). Im Hafen gibt es Toiletten und Duschen sowie einen 35-t-Kran und einen 15-t-Bootslift, Tel. 0 22 30/3 74 44.
Bei der Scheepswerf W. Visser & Zn gibt es einen 5-t-Kran. Waschmaschinen finden Sie im Jachthaven Den Helder und im Binnenhaven 12.
*Brückenöffnungszeiten* Ganzjährig 0000–2400 mit Ausnahme der Hauptverkehrszeiten. UKW-Kanal 22.

*4,4 km / 2,4 sm*
*Schleuse und bewegliche Brücke* **Koopvaarderschutsluis** und Brücke, Durchfahrtshöhe 3,1 m. Öffnung rund um die Uhr nach Bedarf, melden Sie sich über UKW-Kanal 22.

# Nieuwe Diep

Fahrt an Bb. Tiefe bei NNW 5–7 m.
*Bewegliche Brücke* **Vice Admiral Moormanbrug,** Durchfahrtshöhe 2,7 m über MSpHW.
*Öffnungszeiten* 24 Std. tägl., melden Sie sich über UKW-Kanal 18.
Fahrt an Stb. in den Marinehaven Willemsoord, lassen Sie Ubr.r.5s an Stb.

*2,0 km / 1,1 sm*
An Stb. ist der Jachthaven Koninklijk Marine.

# Das Ijsselmeer

## Route 15
## Von Amsterdam über die Westküste des Ijsselmeeres nach Den Helder

### Einführung

Diese Route birgt eigentlich keine Schwierigkeiten, wenn das Wetter mitspielt. Nur bei starken auflandigen Winden entsteht aufgrund der geringen Wassertiefe, besonders in den Buchten und in den Ecken der Dämme, eine kabbelige See.

Im N-lichen Ijsselmeer gibt es viele motorisierte Rettungsboote (z.B. in Enkhuizen, Hindeloopen, Lemmer und Urk), aber auch im S befinden sich einige Rettungsstationen, wie in Marken und in der Hollandse Brug.

In und auch außerhalb der in den Seekarten blau schraffierten Gebiete wird mit Netzen gefischt, die wie Gardinen im Wasser hängen und mit Fähnchen markiert sind. Im Notfall kann man dicht bei den Fähnchen in Luv passieren.

Auch in und in der Nähe der Oranjesluizen ist Vorsicht geboten, denn es wimmelt dort von Lastkähnen und, besonders am Wochenende, von im Ijsselmeer beheimateten Yachten.

Nachts zu segeln ist durchaus möglich, denn das Gebiet ist gut befeuert, und viele der Häfen haben Richtfeuer.

Die Häfen dieser Route haben alle eine bewegte Vergangenheit, angefangen im Goldenen Zeitalter der Zuiderzee im 17. Jh. über die Fertigstellung des Noord-Hollands-Kanaal 1824 bis zum Afsluitdijk des Jahres 1932, in dem auch der Tourismus an Bedeu-

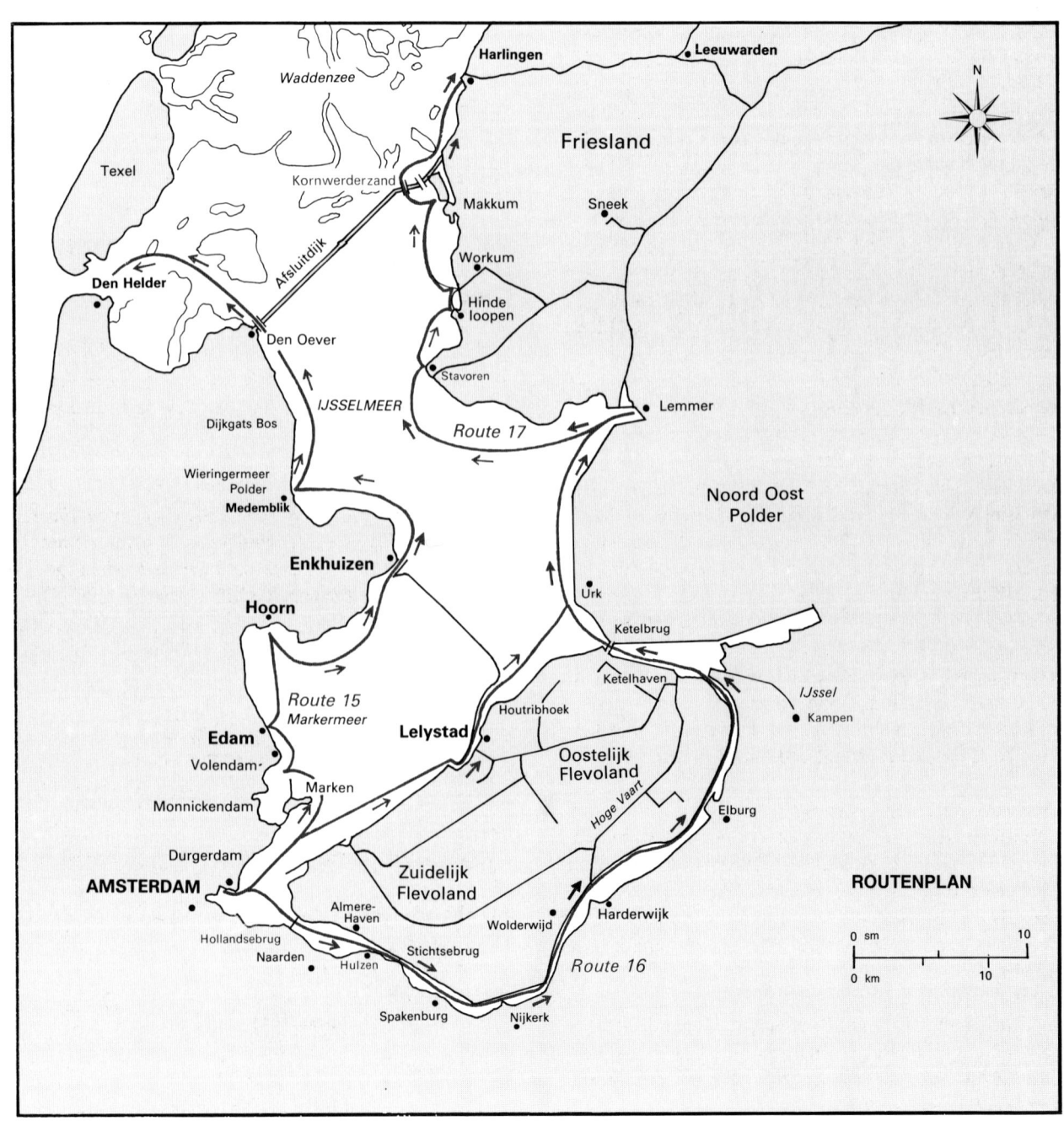

tung zunahm. Alle Häfen sind einen Besuch wert, und überall gibt es gute Versorgungsmöglichkeiten für Sportboote.

In fast allen Orten der Gouwzee und in Marken, bis 1957 noch Insel, gehören die alten Trachten zum alltäglichen Erscheinungsbild und werden ebensogern gezeigt wie die traditionellen Fischerhäuser, die auch in ihrem Inneren sorgfältig erhalten werden und Besuchern offen stehen.

Auch Monnickendam hat sich seinen alten Charme mit den engen Gassen erhalten, obwohl es in den umliegenden Yachthäfen von Yachten und Menschen wimmelt. Am Hafen gibt es viele Aalräuchereien, im alten Haus der Stadtwaage ist ein Restaurant, und ein archäologisches Museum gibt es im Speeltoren.

Ganz in der Nähe von Edam gibt es den anziehenden Hafen von Volendam. Edam war eine blühende Stadt des Schiffbaus, bis es im 16. Jh. zum Zentrum der Käseherstellung wurde. Es gibt hier eine prunkvolle Kirche, ein Rathaus des 18. Jh., ein Museum in einem Haus aus dem 16. Jh. mit einem zu flutenden Keller sowie viele schöne alte Häuser entlang der Kanäle zu besichtigen.

Hoorn war die Hauptstadt des Handels der Ost-Indien-Gesellschaft und ein bedeutender Herings-Fischereihafen. Auch hier gibt es viele schöne erhaltene Gebäude, wie die alte Waage, den Schießpulver-Turm oder das Versammlungshaus der 7 Städte Noord-Hollands von 1632, das jetzt das Westfries-Museum beherbergt.

Enkhuizen war ebenfalls ein Hafen der Ost-Indien-Gesellschaft. Sie sollten hier auf jeden Fall das große Zuiderzee-Museum besuchen. Dazu gehört ein altes Dorf sowie das Peperhuis, früher Hauptsitz der Ost-Indien-Gesellschaft. Daneben sind der Oude Hafen mit dem alles überragenden Drommedaris Wassertor, das städtische Museum im Haus der alten Waage, das Wapen-Museum, das Rathaus und die Kirchen einen Besuch wert.

Medemblik ist eine sehr alte und wunderschöne Stadt mit einem baumgesäumten Hafen, einer Burg des 13. Jh. – dem Kasteel Radboud – sowie malerischen Giebel- und Landhäusern. Hier finden internationale Jollenregatten statt.

Der künstlich angelegte Fischereihafen von Den Oever ist über die Schleusen im W des Afsluitdijk zu erreichen. Der alte Ort ist einer der vier der ehemaligen Insel Wieringen (neben Oosterland, Hypolytushoef und Westerland), und es gibt viele alte Häuser und Kirchen. Wieringen wurde 1924 mit einem das Amstelmeer abschließenden Deich an das Festland angeschlossen, 1930 wurde der Wieringermeerpolder im S an Medemblik gebunden. 1945 wurde der Deich von der deutschen Armee zerstört und somit der Polder geflutet. Der Schaden konnte aber schon 1946 wieder behoben werden. Der dabei entstandene kleine See und der Dijkgats Bos sind heute ein Naturreservat und lohnen einen Ausflug per Fahrrad.

Außerhalb des Afsluitdijk in den Fahrwassern der Waddenzee ist dann die Aufmerksamkeit des Navigators wieder stark gefordert. Es gibt starke Gezeitenströmungen und viele trockenfallende Sände. Aber glücklicherweise ist das Gebiet sehr gut ausgetonnt.

*Strecke*   119 km / 64 sm. Im Gouwzee zusätzlich 18,6 km / 10 sm.

*Brücken*   6 bewegliche Brücken einschließlich der in Edam und Medemblik.

*Schleusen*   3

*Tiden, Durchfahrtshöhen und Tiefenangaben*   S-lich von Den Oever beziehen sich die Höhen- und Tiefenangaben auf IJZP, d.h. Ijsselmeer Zomerpeil und entspricht NAP – 0,2 m. IJWP Winterpeil entspricht NAP – 0,4 m.

Im Noordzeekanaal beziehen sich die Angaben auf den Kanalpeil.

N-lich von Den Oever, im Tidengebiet, beziehen sich die Tiefenangaben auf NNW und die Durchfahrtshöhen auf MSpHW. Bei mittlerer Springtide erreicht die Strömung eine Geschwindigkeit von bis zu 3,5 kn (bei Den Helder), so daß es sich auszahlt, die 12 sm von Den Oever nach Den Helder mit der Ebbströmung zu fahren.

*Geringe Tiefen auf der Strecke*   Die Mindesttiefe zwischen Marken und Den Oever kann bei nur 2 m liegen sowie in den Fahrwassern des Gouwzee bei 2,2 m. Mit 1,6 m Tiefe ist Durgerdam der flachste Hafen. Die Kanten der Fahrwasser Wierbalg und Malzwin in der Waddenzee fallen trocken. Der Wierbalg, in der Karte mit mind. 1,7 m angegeben, verändert sich ständig, so daß Sie vorsichtigerweise die Zeit des höchsten Wasserstands zur Passage nutzen sollten.

*Karten*   ANWB-Karte G für das Auslaufen aus Amsterdam, NL-Sportbootkarten 1810 und 1811, dt. Seekarten D 215, 214, 85, 86, 90, Stroomatlas HP 17 für das Tidengebiet außerhalb des Ijsselmeers.

# Beschreibung der Route Amsterdam Sixhaven

Versorgungsmöglichkeiten und Details siehe Route 13.

# Het Ij

Höchstgeschwindigkeit 8,9 kn, Mindesttiefe 9,5 m im Fahrwasser, 2,5 m außerhalb. Fahren Sie O-wärts und kreuzen die Einfahrt des Ijhaven N-lich.

*3,7 km / 2,0 sm*

*Schleuse*   **Oranjesluizen,** besteht aus 3 Schleusen. Für Yachten gibt es zu beiden Seiten der nördlichen Schleuse je einen Warteschlengel mit eigener Signal- und Gegensprechanlage. UKW-Kanal 18. Öffnung rund um die Uhr.

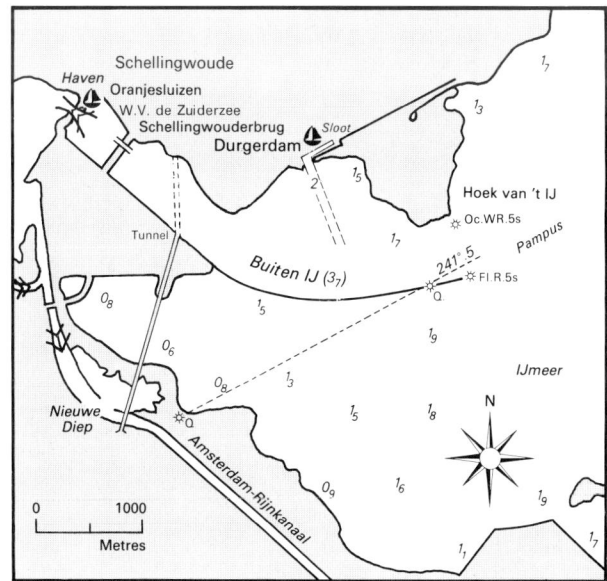

*Hoek van't Ij vor der Ansteuerung nach Amsterdam*

*Yachthafen* der WV Zuiderzee befindet sich 200 m NO der Schleusen.

*0,5 km / 0,3 sm*
*Bewegliche Brücke* **Schellingwouderbrug,** Klappbrücke, Durchfahrtshöhe 8,9 m.
*Öffnungszeiten* jeweils zur vollen und zur halben Std. Mo–Fr 0600–0700, 0900–1600, 1800–2200, Sa 0600–2200, So und feiertags 1. April–1. November 0900–2100, 1. November–1. April geschlossen. Bei Windstärken von 7 und mehr bleibt die Brücke ebenfalls geschlossen.

# Buiten Ij

Keine Geschwindigkeitsbegrenzung. Tiefe 2 m und mehr im ausgetonnten Fahrwasser, außerhalb sowie in der Nähe des im S liegenden Damms 1,5 m.

# Durgerdam (Yachthafen)

Ein schmales Fahrwasser mit 1,8 m Tiefe führt in den Hafen. Die Feuer in Linie (F.r., rw. 335°) sind O-lich der gn./r. Tonne P19/D2 zu sehen. Mindesttiefe des Hafens 1,6 m. Im ZV Het Ij gibt es Toiletten und Duschen. Der WV Durgerdam ist zu erreichen unter Tel. 0 29 04/2 28.
Fahren Sie im Fahrwasser von Buiten Ij bis zum Feuer von Hoek van Het Ij und dann ins Ijsselmeer.

*3,5 km / 1,9 sm*
Feuer von Hoek van Het Ij, Ubr.w/r.16m 9 sm.

# Ijsselmeer

Keine Geschwindigkeitsbegrenzung.

# Pampusgeul

Mindesttiefe 3 m, Untiefe von 1,5 m befindet sich N-lich von Hoek. Verlassen Sie das Fahrwasser an der roten Tonne P10/IjM33. Mindesttiefe in Richtung Marken dann 2,2 m, am O-Ufer des Markermeers Mindesttiefe 3 m.

*Leuchtturm „Het Paard van Marken"*

*13,4 km / 7,2 sm*
Leuchtfeuer Marken mit Ubr.8s 16 m 9 sm. Folgen Sie den unbefeuerten gn. Spierentonnen in Richtung NW und halten sich auf ihrer NO-Seite.

*4,8 km / 2,6 sm*
Gn/r. Leuchttonne MN1/GZ2.

# Abstecher in die Gouwzee

Gesamtlänge 18,6 km / 10 sm. Es gibt, außer im Fahrwasser bei Monnickendam mit 4,3 kn, keine Geschwindigkeitsbegrenzung. Mindesttiefe 2,2 m in den ausgebaggerten Fahrwassern und außerhalb meist 1,6 m, in Ufernähe nur 1 m. Die Spierentonnen sind oft nur schwer auszumachen.

Fahren Sie im Fahrwasser Richtung SW am Kopf des Leitdammes von Marken vorbei, der mit Glt.4s6m6sm befeuert ist.

*Eine der Spierentonnen in der Gouwzee*

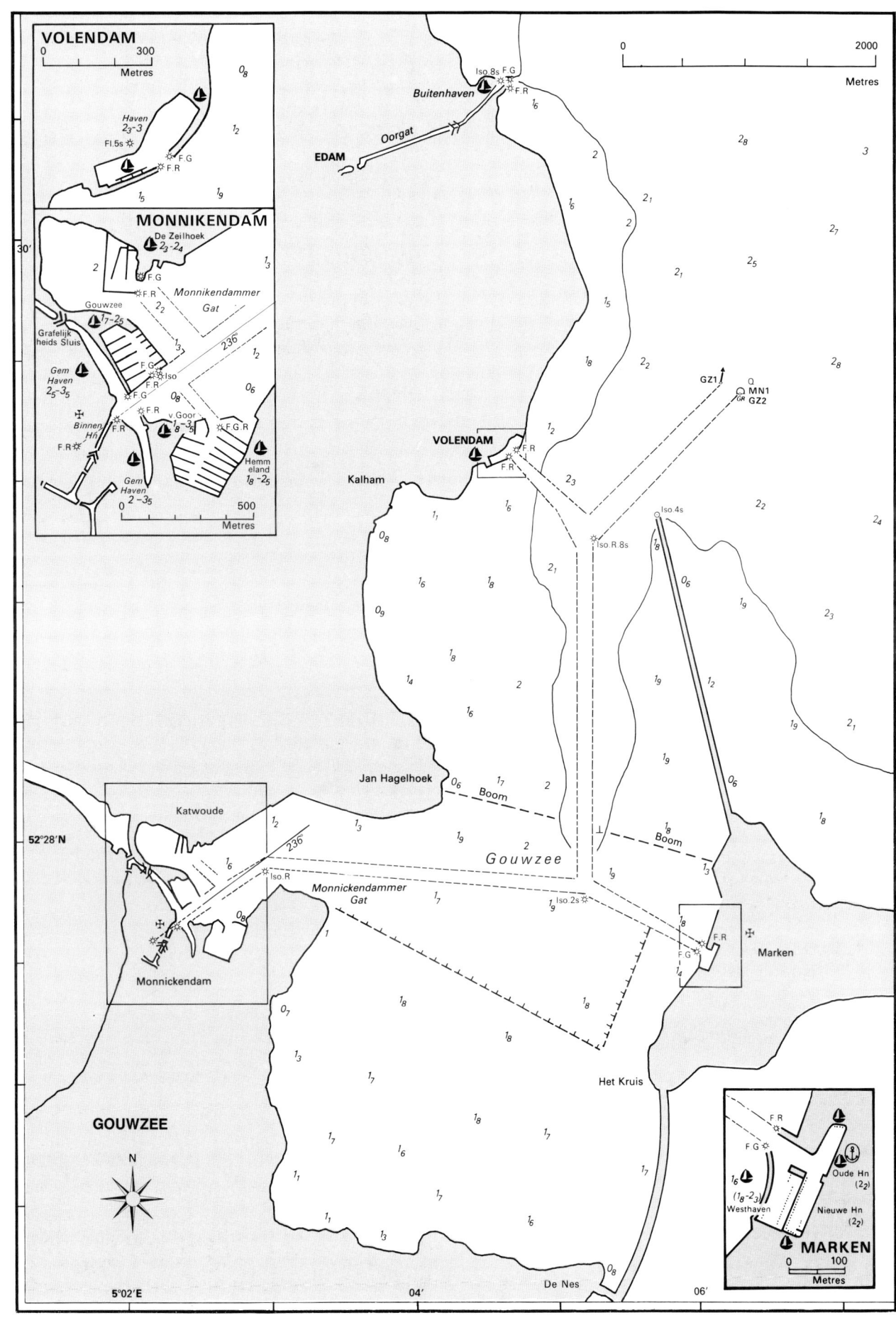

VOLENDAM

0         300

Metres

*Haven* 2₃-3
Fl.5s ☼
F.G
☼ F.R

MONNIKENDAM

De Zeilhoek 2₃-2₄
☼ F.G
☼ F.R    *Monnikendammer Gat*
Gouwzee 1₇-2₅
Grafelijk heids Sluis
F.G
☼ F.R
Gem Haven 2₅-3₅
F.G
v.Goor
☼ F.R
Binnen Hfn
F.R ☼
F.R☼
☼ F.G.R
Hemm eland 1₈-2₅
Gem Haven 2-3₅

0      500

Metres

0            2000

Metres

EDAM

*Oorgat*

Buitenhaven   Iso.8s F.G
☼ F.R

VOLENDAM    ☼ F.R
☼ F.R

Kalham

GZ1    Q   MN1
GR   GZ2

Iso.R.8s ☼

Iso.4s

30'

52°28'N

Jan Hagelhoek    0₆   Boom

*Gouwzee*    Boom

Katwoude

236

*Monnickendammer Gat*    Iso.R ☼

Iso.2s ☼

F.R
Marken

Monnickendam

GOUWZEE

N

Het Kruis

MARKEN

F R
☼
F G ☼
Oude Hn (2₂)
(1₈-2₃)
Westhaven    Nieuwe Hn (2₂)

0     100

Metres

De Nes

5°02'E                      04'                     06'

*1,6 km / 0,9 sm*

Unbefeuerte gn. Tonne GZ5, nehmen Sie dann das Fahrwasser Richtung NW (Tiefe 2,4 m) nach Volendam. Die Einfahrt ist mit F.r. und F.gn. bezeichnet, und es gibt ein Richtfeuer in Linie 313°. Es ist möglich, eine Abkürzung zur Tonne VD1 mit 2,2 m Tiefe zu fahren.

*0,8 km / 0,4 sm*

# Volendam

Einfahrt befeuert mit F.r. und F.gn. Liegemöglichkeit entlang der Hafenmolen, Tiefe 2,3–3 m. Toiletten und Duschen stehen zur Verfügung, Hafenmeister Tel. 0 29 93/6 41 22.

Fahrwasser Richtung SO nehmen.

*0,8 km / 0,4 sm*

Gn/r. Tonne GZ7 und r. Leuchttonne GZ8. Fahren Sie nach S, Fahrwassertiefe 2,2 m.

*2,7 km / 1,5 sm*

Gn/r. Leuchttonne GZ17/MO2. Das Fahrwasser Richtung OSO, mind. 2,2 m tief, führt nach Marken. Das Richtfeuer F.w. in Linie 116° führt in die mit F.r. und F.gn. befeuerte Einfahrt.

*1,1 km / 0,6 sm*

# Marken

Einfahrt befeuert mit F.w., das in der Mitte von F.r. und F.gn. zu halten ist. Liegeplätze finden Sie im Oude Haven im N (städtisch, gratis). Der WV Marken ist im Nieuwe Haven im SO, der ZV Het Ij im Westhaven, Tiefe mind. 1,8 m. Hafenmeister Tel. 0 29 96/16 36.

Das Fahrwasser Richtung W führt nach Monnickendam, Tiefe mind. 2,2 m, Richtfeuer F.r. in Linie 236° führt ab der r. Leuchtbake MO10 in die Einfahrt, befeuert mit F.r. und F.gn.

*Hafeneinfahrt Marken*

*4,4 km / 2,3 sm*

# Monnickendam

*Liegeplätze* im Städtischen Hafen im N und im S, Einfahrt befeuert mit F.r. und F.gn., Tiefe 2–3,5 m, Hafenmeister Tel. 0 29 95/16 16.

*Ansteuerung (o.) und Yachthafen (u.) Monnickendam*

*Yachthäfen*   Lage aus der kl. Karte ersichtlich.
Jachthaven De Zeilhoek, Tiefe 2,2–2,4 m, Toiletten, Duschen, Waschmaschine sowie ein 2-t-Kran stehen zur Verfügung, Hafenmeister Tel. 0 29 95/14 63.
Städtischer Yachthafen Hemmeland, Tiefe 2–2,5 m. Hier befinden sich der WV Monnickendam sowie der WV Ark. Es gibt Duschen, Toiletten und einen 20-t-Bootslift, Tel. 0 29 95/46 77.
Jachthaven Van Goor, Tiefe 2–2,25 m, Toiletten, Duschen und ein 20-t-Bootslift sind vorhanden, Tel. 0 29 95/20 00.
Watersportcentrum Gouwzee, Toiletten, Duschen sowie ein 6,5-t-Kran stehen zur Verfügung, Tel. 0 29 95/37 51.
Der Waschsalon Hoogland ist im Kalversteeg 1.

*7,2 km / 3,9 sm*

Rückkehr zur gn/r. Leuchttonne MN1/GZ2 durch die oben beschriebenen Fahrwasser.
Behalten Sie den Kurs bis zur unbefeuerten Spierentonne E1 an der Einfahrt nach Edam bei. Mindesttiefe 2,2 m, von den Untiefen in Ufernähe freihalten.

*2,8 km / 1,5 sm*

# Edam

*Liegeplätze*   Folgen Sie den Spierentonnen durch die mit F.r. und F.gn. befeuerte Einfahrt in den Buitenhaven, am Anfang der N-Mole befindet sich Glt.8s. Bis in den Buitenhaven sind es ab Einfahrtsfeuer 1,1 km, Tiefe 2,4–3,4 m. Fahren Sie 1,9 km weiter durch die Schleuse in den Nieuwe Haven, Tiefe 1,8 m, an den Kanten flacher.

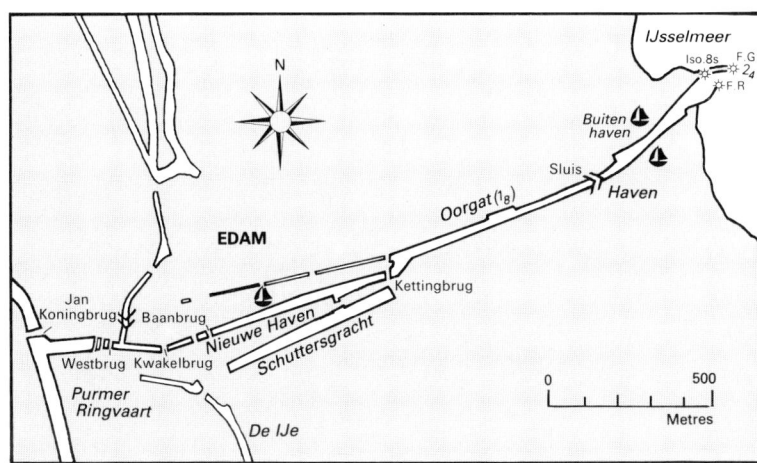

*Edam: Brücke über das Oorgat*

Hafenmeister Tel. 0 29 93/7 10 92. Einen 6-t-Kran gibt es bei Corba Watersport, Tel. 0 29 93/7 24 51. Der Loots-Waschsalon ist in der Lingerzijde 34 im Camping Strandbad.

Fahren Sie direkt zur Einfahrt von Hoorn, Mindesttiefe 2,5 m.

*12,6 km / 6,8 sm*

# Hoorn

Einfahrt befeuert mit F.r. und F.gn., auf der W-Mole Glt.4sl5m 10sm. Hafen über UKW-Kanal 10 zu erreichen, Hafenmeister Tel. 0 22 90/1 40 12.

*Yachthafen* Im De Nieuwe Haven W-lich der Einfahrt, Tiefe 2–2,5 m, Toiletten, Duschen und Waschmaschine sind vorhanden. Im W bei Hoogland gibt es einen 10-t-Kran, Tel. 0 22 90/1 60 46.

*Weitere Yachthäfen* des WV Hoorn im Vluchthaven, Tiefe 1,8–2,5 m, Duschen und Toiletten stehen zur Verfügung, Tel. 0 22 90/1 35 40. Zusätzlich Ankermöglichkeit im Buitenhaven, Tiefe 2 m, NO-lich der Einfahrt sowie im städtischen Binnenhaven an den Mauern mit Toiletten und Duschen, Tiefe 2,7 m.

*4,8 km / 2,6 sm*

Fahren Sie direkt zur Leuchttonne Nek gn. Iso.8s. Mindesttiefe 3 m, folgen Sie der Küste bei mind. 2 m Wassertiefe.

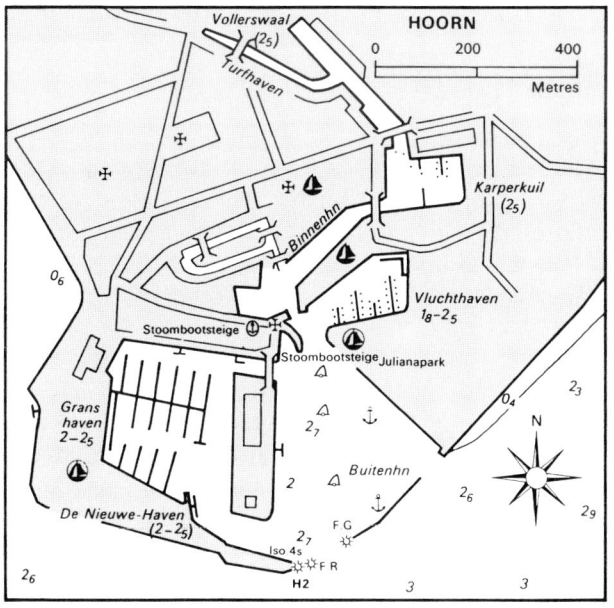

*11,2 km / 6,0 sm*

Leuchttonne KG 33 gn. Iso.8s. Nehmen Sie das Fahrwasser nach Enkhuizen. Der Broekerhaven liegt 1,2 km W-lich der Fahrrinne und hat eine feste Brücke mit einer Durchfahrtshöhe von 3,5 m. Der Leuchtturm Lekkerhoek mit Sektorenfeuer Blz.r/w6s 12 m 11/9 sm ist eine gute Landmarke.

*Der Binnenhaven in Hoorn*

*2,6 km / 1,4 sm*

# Enkhuizen

Einfahrt befeuert mit F.r. und F.gn. Den inneren Molenkopf, zunächst an Bb., dann an Stb. sichtbar und mit Glt.4s befeuert, runden und zur Schleuse fahren.

*1,1 km / 0,6 sm*

*Schleuse und bewegliche Brücke* **Krabbersgatsluizen** und Zugbrücke, Durchfahrtshöhe 6,3 m, Schleuse auf UKW-Kanal 22 zu erreichen, Hafenmeister Tel. 0 22 80/1 24 44 od. 1 31 22.

*Öffnungszeiten von Schleuse und Brücke* Mo–Fr 0300–2300; 1. April–16. Oktober Sa 0300–2300, So und feiertags 0800–2000, 16. Oktober–1. April Sa 0300–1900, So und feiertags 0900–1700. Bei Nacht führen sehr helle Gleichtaktfeuer in Linie mit rw. 230° bzw. 39° vor die Schleuse. Höchstgeschwindigkeit im Krabbersgat 12 km/h. Das Fahrwasser ist mind. 3,2 m tief.

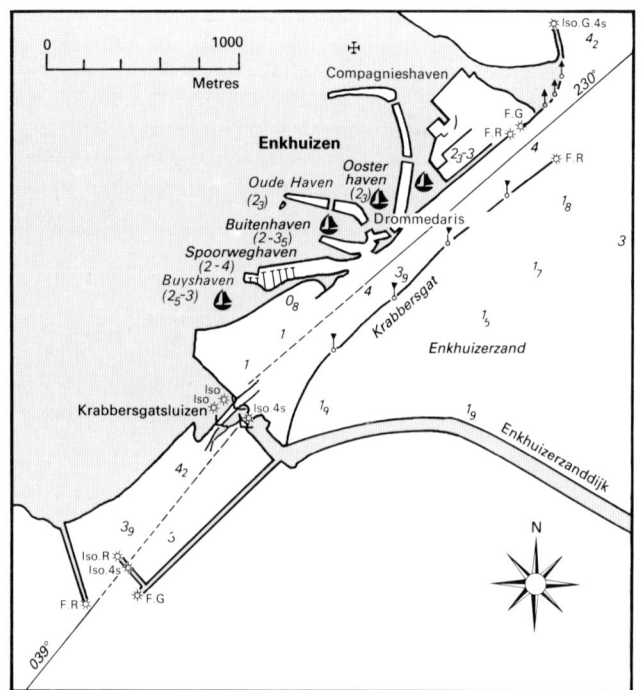

*Hafeneinfahrt Enkhuizen mit Drommedaris-Turm*

*4 bewegliche Brücken* **Drommedarisbrug** mit Keersluis (Durchfahrtshöhe 2,6 m), Wilhelminabrug (2 m), Blauwpoortsbrug (2,1 m) und Compagniesbrug (1,2 m), alle 4 Zugbrücken.
*Öffnungszeiten* Mo–Fr 0800–1200, 1300–1800; Sa, So und feiertags geschlossen.

*Yachthafenkomplex O-lich der Schleuse* Lage siehe kl. Karte, von S nach N. Spoorhaven auf der O-Seite, 2–4 m tief, Liegemöglichkeit nach Absprache mit dem Hafenmeister.
Buyshaven auf der W-Seite des Spoorhaven, mit Toiletten und Duschen, Tel. 0 22 80/1 56 60. Blz.g. auf der N-Pier des Hafens verbietet jeglichen Verkehr, Fähre läuft ein oder aus.
Buitenhaven, Tiefe 2–3,5 m, städtische Liegeplätze. 2 F.r. auf der S-lichen Hafenmole bedeutet, daß der Hafen voll ist.
Oude Haven, Tiefe 1,9 m, durch die Drommedarisbrug zu erreichen, städtische Liegeplätze.
Oosterhaven, durch die Blauwpoortsbrug fahren, Liegeplätze auf der W-Seite.
Jachthaven aan het Krabbersgat im Compagnieshaven, die Molenköpfe sind mit F.r. und F.gn. befeuert; Toiletten, Duschen und Waschmaschine sowie Bootstankstelle sind vorhanden. Tel. 0 22 80/1 33 53.
*Bootslifte* H.J. van den Berg Bootsservice, 30 t, Tel. 0 22 80/1 38 30, und Klerk Yacht Service, 20 t, Tel. 0 22 80/1 38 30.

*Enkhuizen: Die Krabbersgat-Schleuse von NO*

*2,0 km / 1,1 sm*
Ausfahrt aus dem Krabbersgat zur r. Tonne KG4. Richtung De Ven halten Sie sich O-lich der gn., den Kooizand bezeichnenden Spierentonnen in mind. 3 m tiefem Wasser. Der Kooizand ist befeuert mit gn.Iso.4s.

*4,6 km / 2,5 sm*
De-Ven-Leuchtturm, Sektorenfeuer Fl. r/w/r 10s/17m/11/8M fahren Sie Richtung Medemblik im Fahrwasser mit mind. 4 m Tiefe, in Nähe der Hafeneinfahrt nur 2,5 m.

# Andijk

*Yachthafen* 6,5 km / 3,5 sm Richtung Medemblik, dann 1,7 km / 0,9 sm Richtung S befindet sich die Andijk/Kerkbuurt Marina mit 2–3 m Tiefe.
Der Jachthaven Buurtjeshaven (WV de Kreupel) hat Toiletten, Duschen und einen 10-t-Kran. Tel. 0 22 89/23 50 od. 22 27.
Der Stichting Jachthaven Andijk hat Toiletten, Duschen, eine Waschmaschine und einen 20-t-Kran, Tel. 0 22 89/30 75 od. 14 81.

*12,0 km / 6,5 sm*
# Medemblik

Einfahrt befeuert mit F.r. und F.gn., dahinter auf der N-Mole Ubr.5s 16 m 8 sm. Höchstgeschwindigkeit im Hafen 2,4 kn.
Der Oosterhaven wird ausschließlich kommerziell genutzt, zeitlich begrenzte Liegemöglichkeit im Oosterhaven an den Hafenmauern, Mindesttiefe 2,5 m. Hafenmeister des Oosterhaven Tel. 0 22 74/16 86 od. 16 66 od. auf UKW-Kanal 9.

*Bewegliche Brücke* **Kwikkelsbrug** (Zugbrücke, Durchfahrtshöhe 1,9 m), Durchfahrt zum Westerhaven.
*Öffnungszeiten* 16. April–16. Oktober Mo–Fr 0700–1200, 1300–1800, 1900–2000; Sa, So und feiertags 0730–1200, 1300–1800, 1900–2130. 16. Oktober–16. April Mo–Fr 0700–1200, 1300–1700; Sa 0800–1200, 1300–1700; So und feiertags geschlossen.

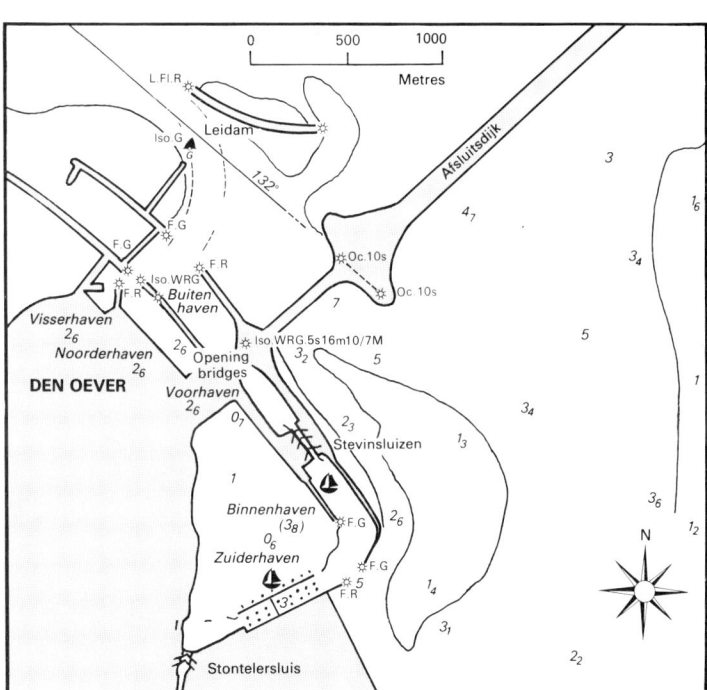

*Einfahrt Medemblik*

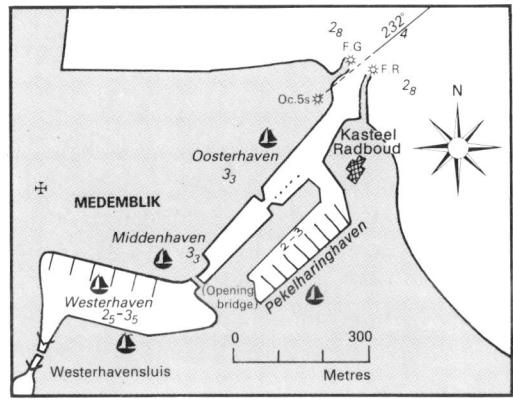

Mindesttiefe im Westernhaven 2,5 m. Dort befindet sich der Stichting Jachthaven Medemblik mit Toiletten, Duschen, Waschmaschine und einem 3-t-Kran, Tel. 0 22 74/18 61. Der Medemblik Yacht Service hat einen 25-t-Bootslift, Tel. 0 22 74/17 69.

Weiterfahrt Richtung Zeughoek, Mindesttiefe 2,5 m beim Auslaufen, später 3,5 m.

*8,1 km / 4,4 sm*
Zeughoek Leuchtturm, befeuert mit Sektorenfeuer Iso.10s.r/w/r, 17m/10/9M. Fahrt mit 1 km Landabstand Richtung Den Oever, Fahrwassertiefe 2,4 m, in 1,5–2 km Entfernung vom Land gibt es Untiefen.
Tiefergehende Schiffe bis 7 m Tiefgang können zwischen Enkhuizen und Den Oever die alte Schiffahrtsroute aus der Zeit vor dem Dammbau benutzen.

*7,9 km / 4,3 sm*
# Den Oever

Die r. Leuchttonne WP8 Iso.8s ist die erste Fahrwassertonne der Ansteuerung von Den Oever. Mindesttiefe 3,4 m, bezeichnet mit r. und gn. Spierentonnen, r. Tonnen sind an Stb. zu lassen. Eine unbefeuerte gn/r. Tonne liegt O-lich des Fahrwassers. Bei den Untiefen O-lich der Fahrrinne ist mind. 1 m Wasser.
Die Einfahrt des Binnenhaven ist mit F.r. und F.gn. befeuert.

*Yachthafen* Am südlichen Ufer des Zuiderhaven befinden sich die Liegeplätze des Jachthaven Den Oever. Toiletten, Duschen und ein 8-t-Kran sind vorhanden, Tel. 0 22 46/11 16.

*3,2 km / 1,7 sm*
*Schleuse und 2 bewegliche Brücken* **Stevinsluis** und 2 Zugbrücken (Durchfahrtshöhe 3 m). Sluis Den Oever ist auf UKW-Kanal 20 oder Tel. 0 22 71/13 83 zu erreichen. Schiffe mit mehr als 1,7 m Tiefgang müssen sich anmelden!
*Öffnungszeiten der Schleuse und der Brücke* Mo–Sa 0500–2100; So und feiertags 1. Mai–1. Oktober 0830–1100, 0130–1700, 1. Oktober–1. Mai geschlossen.
*Liegeplätze* Vorübergehend an den Kais des Vissershaven und des Noorderhaven, Mindesttiefe 2,6 m bei NNW, Absprache mit Hafenmeister ist nötig, Tel. 0 22 71/13 03. Auf der Werft gibt es einen 40-t-Kran. MSpHW 2,0 m, MSpNW 0,3 m, MNpHW 1,9 m, MNpNW 0,6 m.

# Waddenzee

Keine Geschwindigkeitsbegrenzung, Tiden siehe Einführung.
Hinter den Schleusen nach Stb. durch die mit F.r. und F.gn. befeuerte Einfahrt fahren und im w. Sektor von Iso.r/w/gn.2s des Feuers achteraus auf der Hafenmole bleiben. Mindesttiefe des Fahrwassers 2,2 m. Es führt zwischen r. (an Stb. lassen) und gn. Tonnen nach Bb., und man halte achteraus die weißen Feuer auf dem Damm in Linie auf rw.131°.

# Wierbalg

Mindesttiefe 1,7 m. Folgen Sie sorgfältig dem ausgetonnten, oft weniger als 200 m breiten Fahrwasser (einige Spierentonnen, einige Leuchttonnen). Die Bänke außerhalb des Fahrwassers fallen trocken.
Befahren Sie den Wierbalg am besten zur Zeit des höchsten Wasserstandes, denn er verändert sich ständig.

*11,1 km / 6,0 sm*
N-liches Ende des Wierbalg bei der gn. Leuchttonne W1, Einfahrt in den breiteren Malzwin.

# Malzwin

Folgen Sie dem Fahrwasser nach Bb. Es ist hauptsächlich mit gn. Tonnen der Serie M bezeichnet, einige Leuchttonnen sind vorhanden. Das Amsteldiep wird gekreuzt. Halten Sie sich vom trockenfallenden Balgzand frei.

*9,3 km / 5,0 sm*
Die r/gn. Leuchttonne MH4/M1 liegt vor der Einfahrt von Den Helder. Ansteuerung, Versorgungsmöglichkeiten etc. siehe Den Helder.

# Route 16
# Von Amsterdam über die Randmeren nach Urk

### Einführung
Diese Strecke ist auch bei schlechtem Wetter gut zu befahren. Eine zusätzliche Versicherung ist eine Reihe von Rettungsstationen, in der Karte bezeichnet mit „Reddingsbrigade", z.B. in Hollandse Brug, Huizen, Stichtsebrug, N-lich der Hardersluis, bei Bremerbergse Hoek und in Elburg.
Die Fahrwasser sind teilweise mit Leuchttonnen und -baken bezeichnet, auch die meisten Einfahrten sind befeuert, so daß Nachtfahrten möglich sind. Vorsicht ist bei den Stellnetzen geboten, die häufig nur wenig außerhalb der ausgetonnten Fahrwasser anzutreffen sind.
Ist Ihre Schiffshöhe über 12,5 m, so müssen Sie von N durch die bewegliche Ketelbrug in die Randmeren einlaufen. Sie kommen so bis zur Stichtsebrug (Durchfahrtshöhe 12,9 m, feste Brücke) ca. 13 km vor das W-liche Ende der Randmeren.
Yachten unter 12,5 m Höhe queren das Ijmeer hinter der Insel Pampus und folgen dem früheren S-Ufer der Zuiderzee den Fahrwassern der Randmeren bis zur Sandbank Flevoland. An Stb., im früheren Wattgebiet, sind die alten Handels- und Fischereihäfen des „Oude Land" zu finden, an Bb. ist das „Nieuwe Land", das erst 1957 bzw. 1967 dem Meer abgerungen wurde. Hier stehen die Bäume in ordentlichen Pflanzungen, die Abfallbehälter in Reih und Glied, und in den Yachthäfen gibt es überall passende Klampen und baumbeschattete Anlegemöglichkeiten. Die wenigen ortsansässigen Fischer schauen Ihnen gelassen zu.
An Stb. dagegen stehen die Bäume noch in Gruppen; Sie können Ihren „gerokt paling" (geräucherten Aal) mit den Fingern essen, von Menschen wimmelnde alte Marktplätze besuchen oder am Hafen an den gut erhaltenen Fischkuttern vorbeischlendern.
Naarden ist die besterhaltenste Festungsstadt der Niederlande, liegt aber 2 km vom Hafen entfernt, so daß Sie zum Besuch ein Fahrrad brauchen werden. Obwohl die Stadt als uneinnehmbar galt, wurde sie 1752 von den Spaniern besetzt und unterworfen. Unter den Wällen befindet sich ein Museum, ebenso sehenswert wie die prunkvolle Grote Kerk.

Am anderen Ufer, im krassen Gegensatz, ist der Almere-Haven, Hollands jüngste Stadt, ein Wohngebiet mit viel Grün.
Huizen ist eine schnell gewachsene Stadt, die noch einen alten Fischereihafen hat, deren Yachthafen aber schon nicht mehr zu den malerischen gehört, allerdings eine gute Versorgung zu bieten hat.
Spakenburg ist ein wirklich schöner, enger traditioneller Fischereihafen mit einer Reihe gut erhaltener „Botter" (Plattbodenschiffe aus der Fischerei), die noch nicht zu Yachten umgebaut wurden. Und es gibt hier ein weites Marktgebiet.
Eine weitere alte Stadt mit einer Kirche aus dem 15. Jh. und einer alten Stadtwaage, in der jetzt das Elektrizitäts-Museum untergebracht ist, die aber über 2 km vom Hafen entfernt liegt, ist Nijkerk.
Der künstlich angelegte Yachthafen Wolderwijd befindet sich in der Nähe von Zeewolde, einem neuen landwirtschaftlichen Zentrum, das 1982 gegründet wurde und sich zum Wohn- und Erholungsgebiet entwickelt hat.
Ein alter Hansehafen des 12. Jh. ist Harderwijk, dessen Niedergang im 18. Jh. in der Versandung der Zuiderzee begründet war. Besuchenswert sind der Fischereihafen, die Stadtmauern, das Delphinarium und das Veluwe Museum van Oudheden.
Eine ebenfalls perfekt erhaltene, von Wällen umgebene Festungsstadt des 13. Jh. ist Elburg. In das im Rechteck erbaute Stadtgebiet gelangen Sie vom Hafen her über die verzierte Vispoortbrug. Markt und Einkaufszentrum finden sich innerhalb der Mauern.
Ketelhaven ist ein Yachthafen, in dessen Nähe sich das Museum voor Scheepsarchäologie befindet.
Hinter der Ketelbrug kommen Sie in die schönste aller Städte hier, nach Urk. Zusammen mit dem O-lichen Nachbarn Schokland war es früher eine Insel in der Zuiderzee, die im Rahmen der Trockenlegung des NO-Polders 1942 ans Festland angeschlossen wurde. Bis 1945 blieb der Polder unbebaut und wurde so, wie auch der Biesbosch, zum Unterschlupf der holländischen Widerstandsbewegung.
Schokland wurde schon 1859 geräumt, und nur die Kirche ist heute als Museum erhalten geblieben.
Urk ist die einzige Erhebung im gesamten Gebiet des Ijsselmeeres. Es hat einen entzückenden Fischereihafen, in dem die kleine, noch verbliebene Fischkutterflotte dümpelt. Auf der Landzunge, auf der ehemals die Fischerfrauen die Rückkehr der Kutter erwarteten, gibt es ein Denkmal für die auf See Gebliebenen mit Gedenktafeln, auf denen der Schiffsname sowie die Namen des Kapitäns und der Angehörigen zu lesen sind.
*Strecke* 113 km / 61 sm
*Brücken* 6 bewegliche Brücken, davon hat die Ketelbrug geschlossen eine Durchfahrtshöhe von 12,9 m. Die 2 festen Brücken haben ebenfalls Durchfahrtshöhen von 12,9 m.
*Schleusen* 4, einschließlich der Hauptschleuse Oranjesluizen.
*Tiden, Durchfahrtshöhen und Tiefenangaben* Alle Angaben beziehen sich auf IJZP (Ijsselmeer Zomerpeil entspr. NAP – 0,2 m, Winterpeil entspr. NAP – 0,4 m). Tidenfreies Gewässer.
*Geringe Tiefen auf der Strecke* Die ausgetonnte Fahrrinne ist auf mind. 3 m ausgebaggert. Außerhalb davon bezeichnen Baken die 1,3-m-Linie. Im Ketelmeer und im Ijsselmeer ist es tiefer als 3 m. Die Tiefen der Häfen sind entsprechend. Der flachste Hafen ist der Vissershaven von Harderwijk mit 1,6 m.
*Karten* NL-Sportbootkarte 1810. Zusätzlich für Binnen- und Buiten-Ij von Amsterdam aus die ANWB-Karte I, H 1543 oder D 215.

# Beschreibung der Route

## Amsterdam Sixhaven

Für diesen Teil der Strecke siehe Route 15.

*7,7 km / 4,2 sm*
Leuchtturm Hoek van't Ij mit Oc.w/r5s18m/14/11M.

## Ijsselmeer

Keine Geschwindigkeitsbegrenzung.

## Pampusgeul

Mindesttiefe 3 m. Untiefe von 1,5 m befindet sich N-lich von Hoek, sonst außerhalb des Fahrwassers 1,5 m Tiefe.

*3,5 km / 1,9 sm*
Bei der gn./r. Leuchttonne P10/IJM33 nach Stb. in das Richtung SO führende Fahrwasser zur Hollandse Brug einbiegen. Fahrwassertiefe mind. 3 m, außerhalb zum Teil sehr flach.

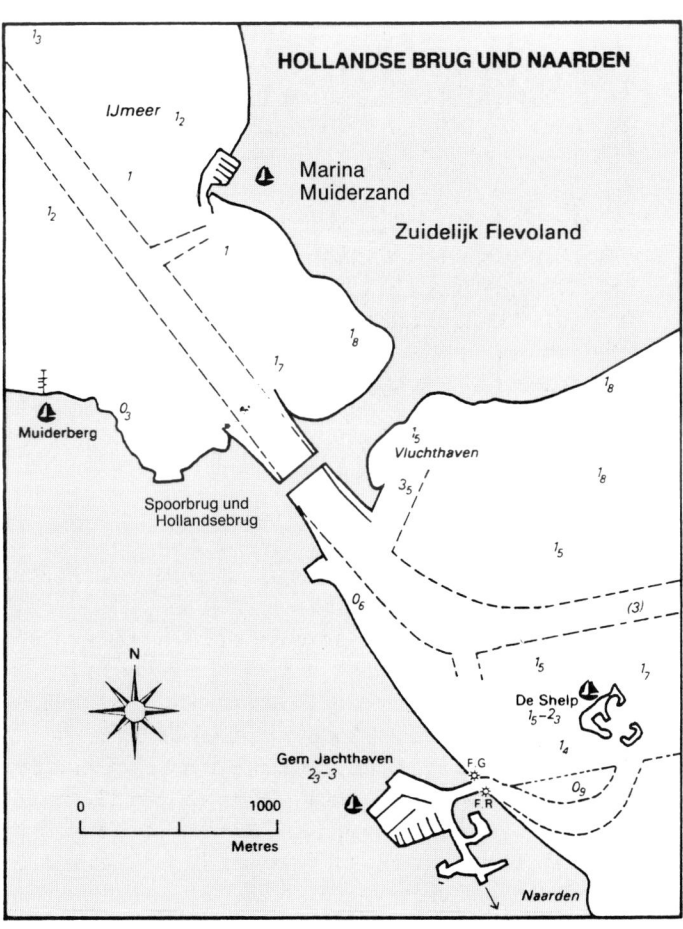

## Marina Muiderzand

Einfahrt bei Tonne IJM7/JH2. Moderne Marina mit allen erforderlichen Einrichtungen, auch für Service und Reparatur.

*8,1 km / 4,4 sm*
*Feste Brücke* **Hollandse Brug,** Durchfahrtshöhe 12,9 m, ein Höhenpegel ist an der Brücke angebracht.

## Randmeren

Höchstgeschwindigkeit 16 km/h im Fahrwasser sowie 9 km/h außerhalb.
Das Fahrwasser ist mit Leuchttonnen bezeichnet und bis zum Ketelmeer mind. 3 m tief. Außerhalb des Fahrwassers ist die 1,3-m-Linie mit r/w. oder gn/w. Spierentonnen bezeichnet. Die meisten Untiefen befinden sich S-lich sowie O-lich des Fahrwassers.

*1,1 km / 0,6 sm*
## Gooimeer

Beginn des Fahrwassers bei der r/gn. Tonne JHN1/GM54 sowie der Leuchbake etwas W-lich davon.
*Yachthafen*   Ein Fahrwasser geht im S ab und führt zum 800 m entfernten städtischen Yachthafen von Naarden, Tiefe 2,3 m und geringer. Vorhanden sind Toiletten, Duschen, Waschmaschine und ein 16-t-Kran, Tel. 0 21 59/4 21 06.

*4,9 km / 2,2 sm*
## Almere-Haven

Einsteuerung beginnt bei der gn. Leuchtbake GM25 an der N-Seite.
*Yachthafen*   Einfahrtsrinne führt bei 1,8 m Wassertiefe von der Bake 400 m direkt zu den Molen, befeuert mit F.r. und F.gn. Der WV Almere-Haven bietet Toiletten, Duschen, Waschmaschine und einen 30-t-Kran.

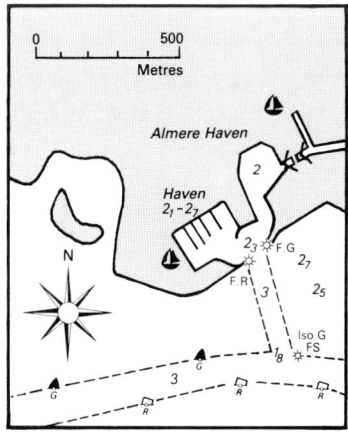

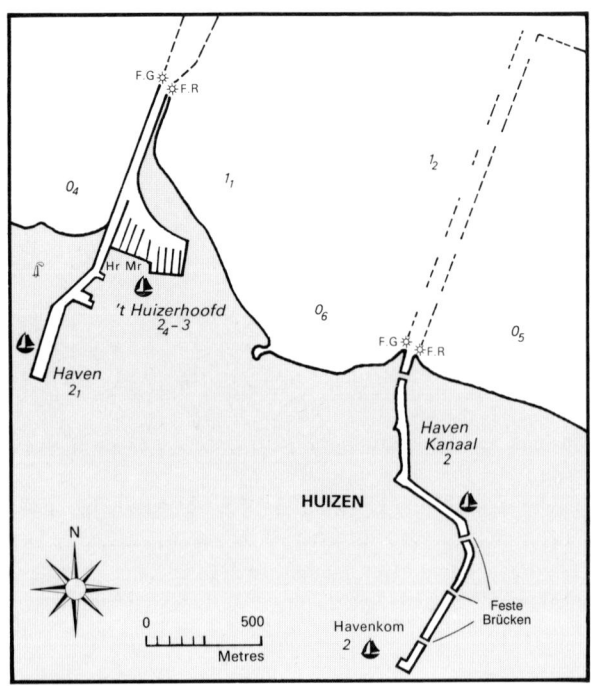

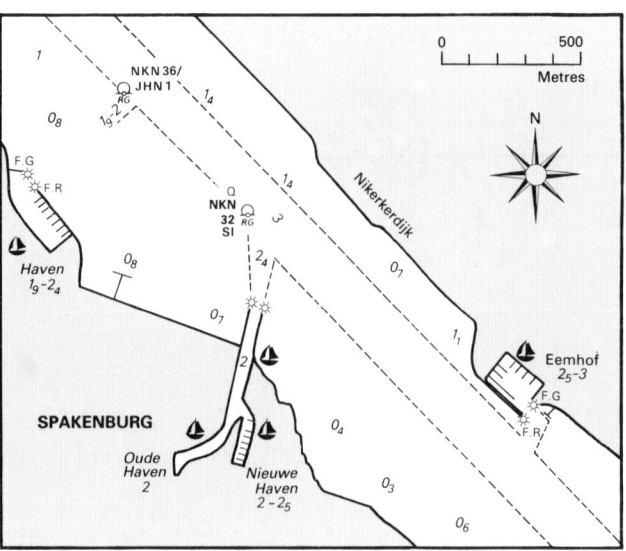

*2,2 km / 1,2 sm*

# Huizen

Einfahrtsrinne zum S-Ufer beginnt zwischen der r/gn. Tonne GM22/H1 und der r. Leuchttonne 20. Das Fahrwasser, 1,3 km lang und 2,1 m tief, führt zu den folgenden
*3 Yachthäfen* Stichting Jachthaven Huizen / Huizerhoofd im O, Toiletten, Duschen und ein 10-t-Kran sind vorhanden, Tel. 0 21 52/5 86 22.
Städtischer Yachthafen, auf der O-Seite beim Hafenbüro, Toiletten und Duschen stehen zur Verfügung, Tel. 0 21 52/5 86 22 od. 5 71 18.
Huizer Marina, Toiletten und Waschgelegenheit sowie ein 20-t-Bootslift sind vorhanden, Tel. 0 21 52/5 11 59.

*4,7 km / 2,5 sm*
*Feste Brücke* **Stichtsebrug,** Durchfahrtshöhe 12,9 m, an der Brücke ist ein Höhenpegel angebracht.

# Eemeer

*5,9 km / 3,2 sm*

# Spakenburg

Abzweigung Richtung S-Ufer bei der gn/r. Tonne NKN36/YHN1.
*Yachthafen* Jachthaven Gebr. Nieuwboer, Ansteuerungsfahrwasser 0,6 km lang, 1,9 m tief, Einfahrt befeuert mit F.r. und F.gn. Tel. 0 34 99/8 23 06 od. 8 43 89.

*0,9 km / 0,5 sm*
Gn/r. Leuchttonne NKN32/S1. Abzweigung des Fahrwassers mit mind. 2,1 m Tiefe zum Nieuwe Haven, Tiefe 2–2,5 m, Molenfeuer F.r. und F.gn. Der Jachthafen de Eendracht bietet Toiletten, Du-

schen, Waschmaschine und einen 6-t-Kran, Tel. 0 34 99/8 17 55. Abzweigung zum Oude Haven, 500 m lang, 2 m tief, Toiletten und Duschen stehen zur Verfügung, Tel. 0 34 99/8 17 82 od. 8 55 33.
Der Jachthafen Eemhof (Tiefe 2,5–3 m) liegt am N-Ufer etwas O-lich von Spakenburg. Toiletten, Duschen und eine Waschmaschine sind vorhanden, Tel. 0 32 41/5 21.

*Restaurierte Fischerfahrzeuge in Spakenburg*

*5,8 km / 3,1 sm*

# Nijkerk

Abzweigung bei der gn/r. Leuchttonne NKN4 zum S-Ufer.
*2 Yachthäfen* Zum Jachthaven Z & MV De Zuidwal führt eine 300 m lange, 3 m tiefe Fahrrinne, Hafentiefe 1,7–2,3 m, Toiletten, Duschen und eine 17,5-t-Helling, Tel. 0 34 94/5 30 33.
Der offene Yachthafen Hameland liegt NW-lich der Einfahrt am N-Ufer, Tiefe 1,5–2 m.

*0,5 km / 0,3 sm*
*Schleuse und bewegliche Brücke* **Nijkerksluis** und Brücke mit Durchfahrtshöhe von 7,4 m, zu erreichen über UKW-Kanal 18 od. Tel. 0 34 94/5 12 78.
*Öffnungszeiten* Mo–Sa 1. April–16. Oktober 0700–1230,

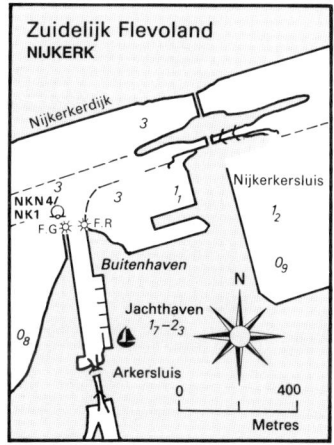

*Nijkerk mit Schleuse*

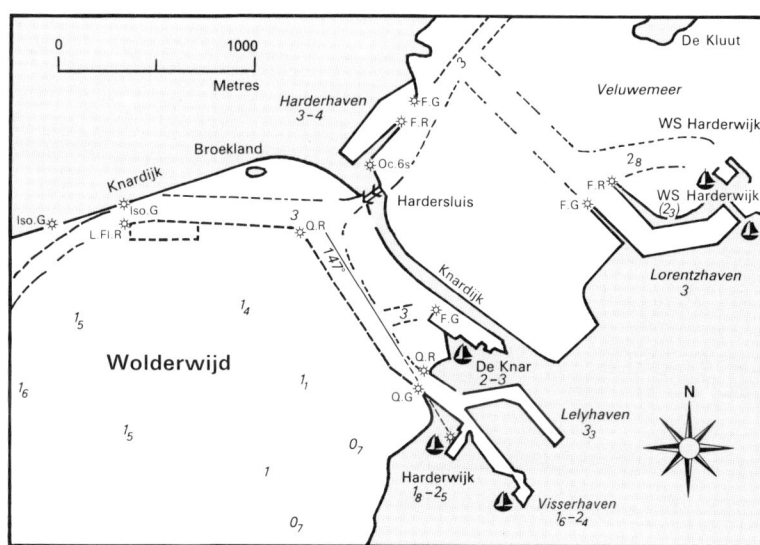

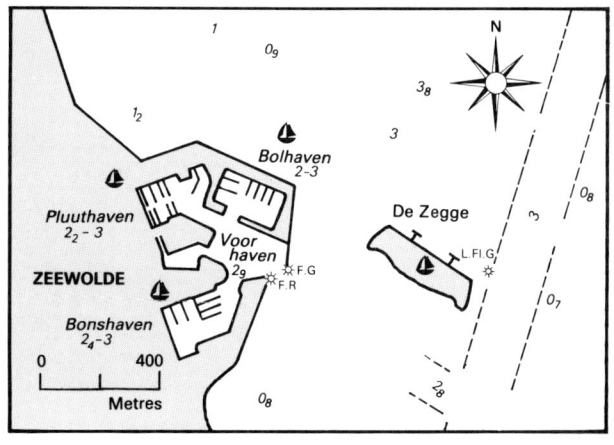

*Einfahrt Nijkerk*

1300–1900, 16. Oktober–1. April 0800–1230, 1300–1900 (Sa –1800); So und feiertags 1. April–16. Oktober 1000–1230, 1330–1900, 16. Oktober–1. April geschlossen.

*4,1 km / 2,2 sm*
# Nuldernauw

*Yachthafen* Jachthaven WV Nulde am S-Ufer, Einfahrt befeuert mit F.r. und F.gn. Hafen nur für Yachten unter 12 m Länge und max. 1,6 m Tiefgang, bietet Toiletten, Duschen und einen 10-t-Bootslift, Tel. 0 34 18/5 27 32.

*4,5 km / 2,4 sm*
Gn/r. Tonne NN1 / JHZ2, Abzweigung zum 400 m entfernten Recreatiecentrum Zeewolde, Hafentiefe 1,8 m.

*2,1 km / 1,1 sm*
# Wolderwijd

Gn/r. Tonne WW31/JHW2 Abzweigung zum Jachthaven Wolderwijk im Bonshaven, Fahrrinne von 800 m Länge mit 2,6 m Tiefe führt S-lich der Insel De Zegge zur mit F.r. und F.gn. befeuerten Einfahrt. Toiletten, Duschen, Waschmaschine und ein 20-t-Bootslift sind vorhanden, Tel. 0 32 42/12 20.
Der WV van Zeewolde befindet sich im Bolhaven N-lich der Einfahrt und bietet Toiletten und Duschen, Tel. 0 32 42/15 83.
Der WV Ark ist im Pluuthaven zu finden.

# Nuldernauw

*4,6 km / 2,5 sm*
Einfahrt nach Harderwijk, befeuert mit F.r. und F.gn., polderseitig.

*1,2 km / 0,6 sm*
Der Schleuse gegenüber führt eine Fahrrinne an Stb.-Seite in den Hafen Harderwijk.

# Abstecher nach Harderwijk

1,7 km / 0,9 sm bis in den Vissershaven.
*Die Yachthäfen* werden in Reihenfolge von N nach S beschrieben.
Jachthaven de Knar N-lich der Fahrrinne, 2–3 m tief, bietet Toiletten, Duschen, Waschmaschine und einen 7-t-Kran, Tel. 0 34 10/2 32 71.
Jachthaven Zegers (Harderwijk) S-lich der Fahrrinne, 1,6–2,2 m tief, mit Toiletten, Duschen und einem 35-t-Bootslift, Tel. 0 34 10/1 35 86.

*Harderwijk: Das auffällige Hochhaus und das Delphinarium*

Vissershaven, mit Liegemöglichkeit im S. Ein Waschsalon befindet sich in der Nähe.

Fahren Sie weiter in die Hardersluis.

*Schleuse und 2 bewegliche Brücken* **Hardersluis** und 2 Zugbrücken, Durchfahrtshöhe 1,4 m. Schleusenwärter Tel. 0 32 02/4 51.
*Öffnungszeiten* Mo–Sa 1. April–16. Oktober 0700–1230, 1300–1900, 16. Oktober–1. April 0800–1230, 1300–1800 (Sa nur 0800–1230); So und feiertags 1. April–16. Oktober 1000–1230, 1330–1900, 16. Oktober–1. April geschlossen.

*0,8 km / 0,4 sm*

# Veluwemeer

Bei der Leuchttonne VM82/IH1 Q/R. zweigt das Fahrwasser ab zum Lorentzhaven und zum Watersportcentrum Harderwijk. Nach 700 m zweigt die Fahrrinne zum Watersportcentrum (600 m) ab. Mindesttiefe 2,3 m, Toiletten, Duschen und ein 11-t-Kran sind vorhanden, Tel. 0 34 10/1 76 54.

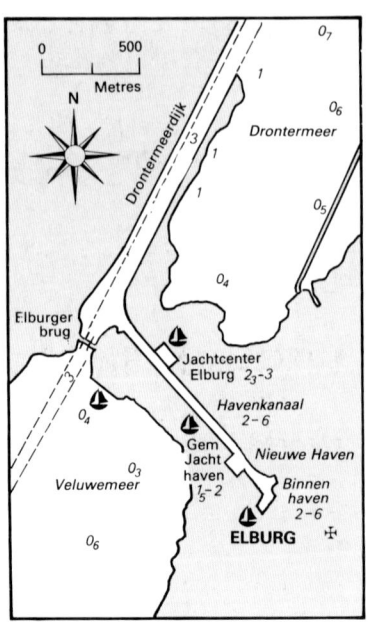

*2,6 km / 1,4 sm*
Gn/r. Leuchttonne VM73/JHF2. Abzweigung zum Jachthaven Flevostrand, Tiefe 1,8–2,5 m. Einfahrt zwischen r. und gn. Pfahl. Der Hafen bietet Toiletten, Duschen und einen Waschsalon in 500 m Entfernung sowie einen 10-t-Kran, Tel. 0 32 02/4 57 od. 4 80.

*8,8 km / 4,4 sm*
Der Jachthaven Bremerbergse Hoek befindet sich am N-Ufer, Tiefe 1,8–2 m, Toiletten sind vorhanden.
Verschiedene Liegemöglichkeiten sind am NW-Ufer zu finden. Wassertiefe 1,9–2,1 m.

*7,0 km / 3,8 sm*
*Bewegliche Brücke* **Elburgerbrug**, Durchfahrtshöhe 5,9 m, Öffnung wie Hardersluis, Tel. 0 52 50/13 45.

# Drontermeer

# Abstecher nach Elburg

Bis zum Binnenhaven sind es 1,2 km / 0,6 sm. Direkt hinter der Brücke beginnt am S-Ufer der Havenkanaal, Tiefe 2,6 m.
*Yachthäfen von N nach S*
Jachtcenter Elburg am N-Ufer, Tiefe 2,3–3 m, Toiletten, Duschen und ein 32-t-Kran stehen zur Verfügung, Tel. 0 52 50/28 00.
Gemeinde-Yachthafen, Tiefe 1,4–1,8 m am Südufer des Havenkanaal und im Binnenhaven Tiefe 2–2,4 m. Hafenmeister Tel. 0 52 50/21 00.

# Drontermeer

Fahren Sie weiter im Drontermeer. Verschiedene Liegemöglichkeiten gibt es am W-Ufer. Beachten Sie die Wassertiefe.

*Netzpfähle im Drontermeer*

*9,4 km / 5,1 sm*
Gn/r. Tonne DM4/JH R1, Abzweigung der Fahrrinne zum Jacht-haven Roggebotsluis am O-Ufer, mit r. und gn. Pfählen bezeich-net, 1,8 m tief. Hafeneinfahrt befeuert mit F.r. und F.gn., Tiefe 1,7–2,3 m. Der Hafen bietet Toiletten, Duschen und einen 8-t-Kran, Tel. 0 52 02/1 24 02.

*0,7 km / 0,4 sm*
*Schleuse und bewegliche Brücke*   **Roggebotsluis** und Zug-brücke, Durchfahrtshöhe 5,6 m, Öffnungszeiten wie Hardersluis.

*Die Roggebot-Schleuse mit Hubbrücke*

# Vossemeer

*Yachthafen*   Direkt hinter der Schleuse an der W-Seite befindet sich ein Ponton, auf der O-Seite ein kleiner Yachthafen mit 1,7–2 m Tiefe. Einfahrt zwischen r. Tonne VoM36 und r/gn. Tonne VoM38/JHL1, bleiben Sie im 1,7 m tiefen Fahrwasser.

*7,0 km / 3,8 sm*
Ende des Fahrwassers bei r. Tonne VoM6 und gn. Leuchtbake mit Glt.2s am S-Ufer. Fahren Sie N-wärts bis zum Keteldiep, das nach Stb. führt. Fahren Sie nach Bb. in die ausgetonnte Ansteuerung des Keteldiep. Halten Sie sich vom Strand im S frei, und beobach-ten Sie den starken Verkehr der Lastkähne im Keteldiep.

*0,7 km / 0,4 sm*
Bei Tonne WK9/KH2 (gn/r) Abzweigung mit 2,6 m Tiefe zum Ke-telhaven.

# Ketelhaven

Folgen Sie dem ausgetonnten Fahrwasser zu den im Süden liegen-den Yachthäfen Ketelmeer und Intermarina Ketelhaven, Länge 0,3 km, Tiefe 2,2–2,5 m. Hafeneinfahrt ist nicht befeuert, Toiletten und Duschen sind vorhanden, Tel. 0 32 10/22 71.

# Ketelmeer

Folgen Sie dem Fahrwasser bis zur gn. Leuchttonne WK1, und halten Sie dann auf die Brücke zu, Mindesttiefe 3 m.

*8,7 km / 4,7 sm*
*Bewegliche Brücke*   **Ketelbrug,** Durchfahrtshöhe 9,5 m unter bewegl. Teil im S, 12,9 m unter dem festen Teil. Zu erreichen über UKW-Kanal 18 od. Tel. 0 32 12/16 07.
*Öffnungszeiten*   15. April–15. Oktober 0830–1200, 1330–1600, 1830–2030, 15. Oktober–15. April[1] 1330–1600.
[1] Auf Anfrage 24 Std. im voraus unter Tel. 0 32 00/6 11 11.
Bei Windstärke 8 und mehr wird die Brücke nur bei Tageslicht ge-öffnet.

*Jachthaven Ketelmeer bei Ketelhaven*

# Ijsselmeer

Direkter Kurs zur Hafeneinfahrt Urk bei Mindesttiefe 3,5 m.

*5,9 km / 3,2 sm*
# Urk

Einfahrt befeuert mit einem weißen Feuer Iso.4s, das beim Einlau-fen zwischen F.r. und F.gn. zu halten ist. Leuchtturm mit Blz.5s steht auf der Huk W-lich der Einfahrt. Ein Nebelhorn (3) 30s gibt es auf der W-Mole. Hafenmeister Tel. 0 52 77/13 94.
Der Jachthaven WV Zuiderzee liegt hinter der O-Mole im S des Hafenbeckens. Im Werkhaven gibt es mehrere Werften.
Kurzzeitige Liegemöglichkeiten gibt es in West-, Oost- und Nieu-we Haven nach Absprache mit dem Hafenmeister (N-Seite des Oost Haven).
Auf der Mole zwischen Oost und Nieuwe Haven befindet sich ein Häuschen mit Toiletten und Duschen. Die Schepswerf Metz im Werkhaven hat einen 2-t-Kran, Tel. 0 52 77/17 41.

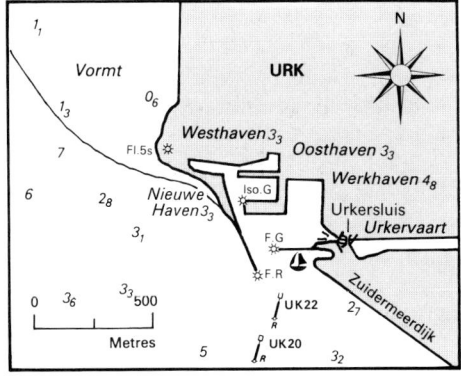

*Leuchtturm Urk (o.) und Gedenktafeln für die auf See gebliebenen Fischer (u.)*

# Route 17
# Von Amsterdam über das O-Ufer des Ijsselmeeres nach Harlingen

**Einführung**

Wie Route 15 entlang des W-Ufers ist auch diese Strecke relativ unproblematisch.

Es gelten die gleichen Vorsichtsmaßnahmen: Starken auflandigen Wind sollte man meiden, und nach den häufig nicht in der Karte verzeichneten Stellnetzen ist Ausschau zu halten.

In der Oranjesluizen ist viel Verkehr von Lastkähnen und an Wochenenden von Yachten, besondere Vorsicht ist auch hier geboten. Nachts zu segeln, ist möglich, da alle wichtigen Stellen gut befeuert sind und viele Häfen Richtfeuer haben. Motorisierte Rettungsboote gibt es in Enkhuizen, Hindeloopen, Lemmer und Urk.

Lelystad lohnt sich vor allem wegen des Informationzentrums Nieuwe Land (siehe Kapitel 1) S-lich der Schleuse sowie wegen des Zoos Naturpark Lelystad.

Der Houtrijbhaven, 500 m nordöstlich der Schleusen, ist sehr gut ausgerüstet. Die Flevo-Marina, 1,5 sm weiter nördlich, ist eine sehr große, moderne Marina, die jeden Komfort, alle Versorgungs-, Reparatur- und Service-Einrichtungen bietet. Die neue Stadt hat dem Touristen ansonsten nichts zu bieten.

Zu Urk lesen Sie bitte die Einführung in Route 16.

Lemmer, einer der Ausgangshäfen des friesischen Kanalsystems, hat umfassende Versorgungsmöglichkeiten. Bei Sonnenschein hat der Stadtkanal Zeilroede mit seiner Häuserzeile und den Cafés am Wasser eine beinahe mediterrane Ausstrahlung.

Stavoren ist eine kleine, malerische Stadt und liegt zwischen 2 Häfen, von denen der N-liche der schönere ist. Stavoren war schon lange vor dem Goldenen Zeitalter des Handels mit Ostindien ein erfolgreicher Handelshafen.

Hindeloopen hat eine ähnliche Geschichte und war ein wohlhabendes Mitglied der Hanse. Es ist eine wunderschöne kleine Stadt. Zu besichtigen ist das Hidde-Nijland-Museum im Rathaus und die Stadtwaage mit alten Trachten und Möbeln. Die Stadt ist berühmt für ihre bemalten Möbel und die Töpferwaren.

Das nahe Workum ist ebenfalls interessant. Bekannt ist es durch die Töpferware und den Aalexport nach London. Die Waage (17. Jh.), das Rathaus (18. Jh.), die St. Gertrudiskerk (16. Jh.) und die Schiffswerft De Hoop sind einen Besuch wert.

Eine weitere friesische Töpfer- und Steingutstadt ist Makkum. Ausstellungen dazu gibt es in der alten Waage. Die königliche Töpferei- und Fliesenfabrik arbeitet seit 300 Jahren, und eine Führung durch die Fabrik sollte man nicht versäumen.

Harlingen ist die größte Stadt auf der Strecke. Es ist Fährhafen nach Terschelling und Vlieland. Schöne Giebelhäuser sowie die Lagerhäuser der Ost-Indien-Gesellschaft stehen am Noorderhaven, in dem Sie wahrscheinlich liegen werden. Zu besichtigen sind das städtische Museum im Hannemahuis und das Rathaus aus dem 18. Jh.

*Strecke*   164 km / 89 sm
*Brücken*   7 bewegliche Brücken einschließlich Stavoren.
*Schleusen*   4, einschließlich Stavoren.
*Tiden, Durchfahrtshöhen und Tiefenangaben*   Im Gebiet S-lich des Kornwerderzand beziehen sich die Höhen- und Tiefenangaben auf den IJZP (Ijsselmeer Zomerpeil entspr. NAP – 0,2 m, Winterpeil entspr. NAP – 0,4 m). N-lich davon, im Tidengebiet, beziehen sich die Angaben auf NNW (Tiefenangaben) bzw. MSpHW (Durchfahrtshöhen). Im Noordzeekanaal beziehen sich die Angaben auf den Kanaalpeil.
*Geringe Tiefen auf der Strecke*   Sie befahren den tiefsten Wasserweg durch das Ijsselmeer. Dennoch gibt es im Gebiet von Lemmer bis Kornwerderzand einige Untiefen an der N-Küste des „Alten Landes".
Im Boontjes (Fahrwasser nach Harlingen) haben Sie bei NNW nur 1,6 m Tiefe. Es ist daher ratsam, das Boontje etwa zur Zeit des höchsten Wasserstands zu befahren, am besten vor HW bei noch steigendem Wasser.
Die Flutströmung fließt N-wärts Richtung Harlingen, beginnt ca. 5$^{1}$/$_{2}$ Std. vor und endet bei HW Harlingen. Die meisten Häfen sind 2 m und tiefer. Nur der Noorderhaven in Harlingen ist teilweise nur 1,1 m tief.

*Karten*   NL-Sportbootkarten 1810 und 1811. Deutsche Seekarten D 215, 214. ANWB-Karte B.
Stroomatlas HP 17 gilt für das Tidengebiet.

# Beschreibung der Route
# Amsterdam Sixhaven

Siehe Route 15.

*7,7 km / 4,2 sm*
Leuchtturm Hoek van't Ij mit Oc.5s.w/r18m/14/11M.

# Pampusgeul

Mindesttiefe 3 m im Fahrwasser und außerhalb meist 2 m (bis auf die Untiefe von 1,5 m N-lich vom Hoek van't Ij), so daß Sie eben außerhalb des Fahrwassers fahren können, um den Lastkähnen auszuweichen.

# Markermeer

Kurs weiter NO bis zu den 3 r/w. Leuchttonnen nach 2,5–3,5 sm. Tiefe 3 m und mehr bis Lelystad.

*28,9 km / 15,6 sm*
# Lelystad

Die r/w. Leuchttonne L-S liegt vor der Einfahrt in den Handelshafen, Einfahrt befeuert mit F.r. und F.gn.
Fahren Sie außerhalb der Hafenmole bis zur für Sportboote reservierten Einfahrt, die sich wenig S-lich der Schleuse befindet.

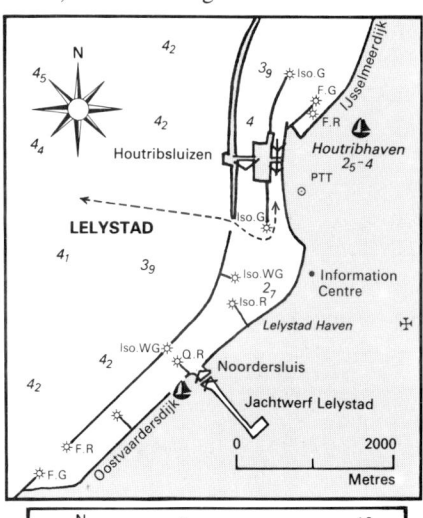

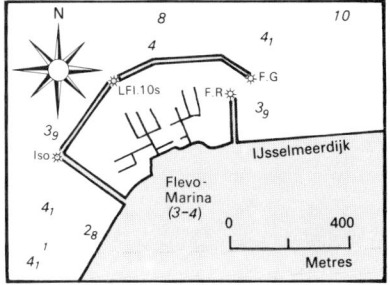

*Marina Lelystad (Flevomarina)*

*3,9 km / 2,1 sm*
Einfahrt für Sportboote (unbefeuert) an Stb.-Seite, Kurs SO bis zum mit Iso.gn.2s befeuerten Molenkopf, der zu runden ist. Achten Sie auf auslaufende Schiffe.

*1,4 km / 0,8 sm*
*Schleuse und bewegliche Brücke* **Houtribsluizen** und Zugbrücke, Durchfahrtshöhe 7,2 m.
*Öffnung*  Ganzjährig, rund um die Uhr. Zu erreichen auf UKW-Kanal 20 od. Tel. 0 32 00/6 11 11.
*2 Schleusen*  Melden Sie sich über UKW an, und beachten Sie die Einlaufsignale: Zwei weiße Lichter (F. u. Q.) zeigen die zu benutzende Schleuse an.
*Yachthafen*  Nach 0,6 km an Stb. hinter der O-Mauer der Schleuse befindet sich der WV Lelystad im Houtribhaven. Runden Sie F.gn. Tiefe 2,5–4 m, Toiletten, Duschen, Waschmaschine sowie ein 9,5-t-Kran sind vorhanden, Tel. 0 32 00/6 01 98.
*Schleuse und bewegliche Brücke* **Noordersluis,** 3 km S-lich der Houtribsluizen, Einfahrt in das Kanalsystem Flevolands. Weitere Einfahrten sind die Zuidersluis / Vaartsluis im S sowie die Ketelsluis /Kampersluis im N an der Küste Flevolands.
Der Yachthafen 500 m hinter der Schleuse (Jachthaven Scheepskoopers) bietet Toiletten, Duschen und einen 32-t-Bootslift, Tel. 0 32 00/6 08 54 od. 6 05 02.
*Öffnungszeiten von Schleuse und Brücke*  Mo-Fr 0700–1200, 1300–1900 (–1800 16. Oktober–1. April), Sa 0700–1230, So und feiertags geschlossen.

Nach der Houtribsluizen Kurs N zwischen Houtribdijk und Ijsselmeerdijk halten. Mindesttiefe 3,9 m.

# Ijsselmeer

*3,0 km / 1,6 sm*
Flevo-Marina. Fahren Sie an der Hafenmole (Iso.4s, r. und LFl 10s, r.) entlang und laufen von Osten in die mit F.r. und F.gn. befeuerte Einfahrt. Die Marina bietet Toiletten, Duschen, Waschmaschine und einen 50-t-Bootslift, Tel. 0 32 00/2 10 00.

Fahren Sie direkt zur Hafeneinfahrt Urk.

*15,2 km / 8,2 sm*
# Urk

Leuchtturm Urk mit Fl.5s27m18M steht auf der Huk. Hafeneinfahrt befeuert mit F.r. und F.gn. Details und Versorgungseinrichtungen von Urk siehe Route 16.

Umfahren Sie die mit r. Tonnen (2 Leuchttonnen) bezeichnete Untiefe Vormt N-lich von Urk, und bleiben Sie außerhalb der 2-m-Linie. Von der r. Leuchttonne UK10 führt der Kurs N um das Rotterdamse Hoek bei einer Mindesttiefe von 4 m.

*14,6 km / 7,9 sm*
Rotterdamse Hoek, befeuert mit Iso.w/r. 10s13m8/5M. Danach Kurs NO in 1 km Küstenabstand entlang der Tonnen, Mindesttiefe 3 m, bis zum Friese Hoek.

*8,9 km / 4,8 sm*
Friese Hoek, befeuert mit Iso.4s w/r/w 12m8/5M. Dann fahren Sie mit Kurs O durch das Lemstergeul, bezeichnet mit r. und w. Baken, Mindesttiefe 3 m. Feuer in Linie Iso.8s rw. 38° und Feuer in Linie Iso.4s rw. 83° führen nach Lemmer.

# Lemstergeul

*7,7 km / 4,2 sm*
# Lemmer (Einfahrt in den Buitenhaven)

Einfahrt befeuert mit F.r.
*Schleuse* Nach Rundung von F.r. fahren Sie im 4 m tiefen Buitenhaven Kanaal bis zur Lemstersluis, Höchstgeschwindigkeit 4,9 kn.
Weitere Häfen sind der Industriehaven (Tiefe 3–4 m) und der Yachthafen W-lich des Buitenhaven (Tiefe 2,5 m).
*Öffnungszeiten der Schleuse* 1. Mai–1. Oktober Mo-Sa 0800–2000, So und feiertags 0900–1300, 1400–1730, 1800–2000. 15. März–1. Mai Mo-Sa 0800–1200, 1300–1800, Sa bis 1700, So und feiertags 0900–1100, 1600–1800. 15. November–15. März nur auf Anforderung Mo–Fr 0800–1800, Sa 0800–1200, So geschlossen.
UKW: Prinses Margrietsluis Kanal 20, Lemstersluis und Havendienst Kanal 11. Hafenmeister Kanal 11, Tel. 0 51 46/16 04.

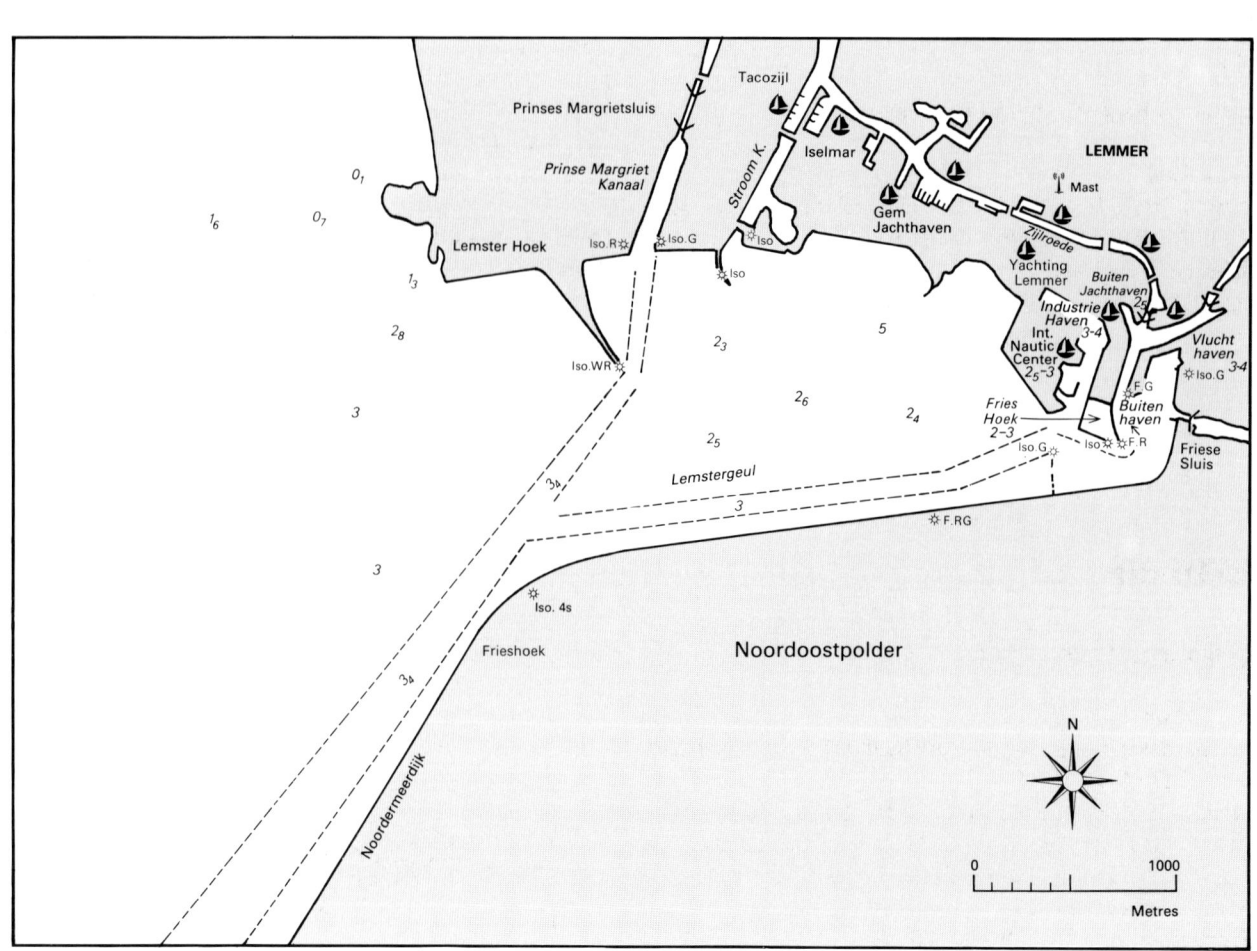

Die Hauptversorgungseinrichtungen vor der Schleuse sind folgende:

Jachthaven Friese Hoek Bb. von F.r., 2–3 m tief, Toiletten, Duschen, Waschmaschine und 30-t-Bootslift stehen zur Verfügung, Tel. 0 51 46/16 50.

a) Jachthaven „Nautic Lemmer" im S des Industriehaven bietet einen 40-t-Bootslift, Tiefe 2,5–3 m, Tel. 0 51 46/21 00.

   Jachtwerf Maronier im Industriehaven hat Toiletten, Duschen und einen 12-t-Bootslift, Tel. 0 51 46/33 00.

b) „Marina Lemmer" im Industriehaven hat ebenfalls Toiletten, Duschen und einen 12-t-Bootslift, Tel. 0 51 46/15 00.

c) De Buiten Jachthaven W-lich der Lemstersluis bietet Toiletten und Duschen, Tel. 0 51 46/33 43.

   Jachthaven Slump O-lich der Lemstersluis, Tel. 0 51 46/27 25.

   3 weitere Werften befinden sich im Industriehaven.

d) Einkaufsmöglichkeiten findet man hinter der Lemstersluis in der Zijlroede. Liegeplätze an der Zijlroede, Waschsalon Wasserette bei der Zijlroedebrug.

   Städtischer Yachthafen am S-Ufer W-lich der Brücken, Tel. 0 51 46/19 79.

   Jachthaven Iselmar am S-Ufer am Ende der Zijroede bietet Toiletten, Duschen und Waschmaschine, Tel. 0 51 46/29 24.

   WS Tacozijl am Ende der Zijlroede im Stroomkanaal hat ebenfalls Toiletten, Duschen und eine Waschmaschine, Tel. 0 51 46/20 03.

   WS Caravanpark Lemmer am Stroomkanaal im Grote Bekken stellt Toiletten, Duschen, Waschmaschine und einen 12-t-Bootslift zur Verfügung, Tel. 0 51 46/21 15.

# Lemstergeul

Fahrt aus dem Buitenhaven ins Lemstergeul.

*8,9 km / 4,8 sm*
Leuchtturm Friese Hoek mit Iso.4s.w/r/w 12m8/5M. Halten Sie dann Kurs W und lassen die Tonnen der Serien SB und später VZ N-lich liegen. Nach Rundung des Vrouwezand (Tiefe 1,3 m, Stellnetze und Reusen befinden sich auf der Landseite der Tonnen). N-lich fahren Sie zur r. Leuchttonne VZ2 Iso.4s.

*24,2 km / 13,0 sm*
R. Leuchttonne VZ2 Iso.4s.

Fahrt mit Kurs NO nach Stavoren, Richtfeuer in Linie 30°.

# Stavoren

S-liche Einfahrt, Höchstgeschwindigkeit 4,9 kn.

*4,3 km / 2,3 sm*
Molenköpfe befeuert mit F.r. und F.gn. Städtischer Hafenmeister Tel. 0 51 49/17 66 od. 17 57.
*Liegeplätze*  Im Nieuwe Voorhaven, Tiefe 2,5–4 m. Im Nieuwe Voorhaven liegt man unruhig und hat keine Landverbindung.
*Schleuse und bewegliche Brücke*  **Johan Frisosluis** und Brücke mit Durchfahrtshöhe 1,9 m.
*Öffnungszeiten*  1. Mai–1. Oktober Mo–Sa 0700*–2100, Sa bis

*Stavoren: Einfahrt in den Nordhafen (Oude Haven)*

2000, 15. März–1. Mai und 1. Oktober–15. November 0700–1900, Sa 0700*, 1700–1900, 15. November–15. März 0700*–1700, bis 2000*, Sa 0600–1900**
* Eine Stunde früher oder eine Stunde länger auf Anfrage.
** Anfragen Tel. 0 58/92 58 88 oder 0 58/12 24 22.
So und feiertags Mai und September 0900–1200, 1300–1800, Juni und August 0900–2000, April und Oktober 0900–1100, 1600–1800. November bis März geschlossen.
*Yachthafen und Liegeplätze*  direkt hinter der Schleuse und im Stadtkanal bieten Toiletten und Duschen.
Im Stadtkanal nach 600 m an Stb. befindet sich die Marina Stavoren mit Toiletten, Duschen, Waschmaschine und einem 2-t-Kran sowie einem 24-t-Bootslift, Tel. 0 51 49/15 66.

Der Johan Frisokanaal (Tiefe 3,5 m) führt in das friesische Kanalsystem (siehe Route 19) und zum Prinses Margriet Kanaal.

N-liche Einfahrt von Stavoren in den Buitenhaven und den Spoorhaven. Staatlicher Hafenmeister Tel. 0 51 49/12 16. Ein Leuchtturm mit Iso.4s.15m12M steht am Anfang der N-Mole.
*Liegeplätze*  finden sich im SW des Oude Vissershaven, Einfahrt befeuert mit F.r. und F.gn., Hafentiefe 2,3–3,2 m.
Ausfahrt aus dem Buitenhaven, dann direkt Kurs halten auf die Leuchttonne H2/W1 (r/gn r.) vor der Einfahrt nach Hindeloopen und Workum.

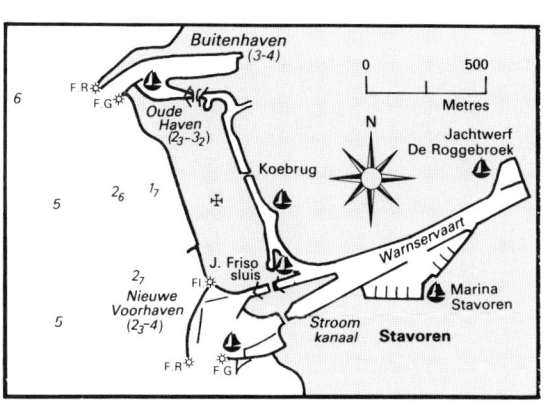

*Kirchturm Hindeloopen*

8,5 km / 4,6 sm
Gn./r. Leuchttonne H2/W1.
Richtung Hindeloopen ist es möglich, vorher abzukürzen, s.u.

# Hindeloopen

Der W-liche Molenkopf ist mit Oc.3s.9m8M befeuert. Bei Tageslicht ist eine Abkürzung ab gn. Tonne H1 in das ausgetonnte Fahrwasser nach Hindeloopen möglich; bleiben Sie im min. 2 m tiefen Wasser.
Das Fahrwasser verläuft Richtung SO und ist 1,9 m tief und von Tonne H2 bis zur Einfahrt 1,7 km lang. An Bb.-Seite der Einfahrt ist der Jachthaven Hindeloopen, 2,2–3 m tief, mit allen erdenklichen Einrichtungen, einschl. Schwimmbad, Sauna, Kinderhort, Fitneß-Center, Kegelbahn und Tennisplätzen. Tel. 0 51 42/20 09 oder 18 66.
An Stb.-Seite der Einfahrt befindet sich der WV Hylper Haven mit Toiletten und Duschen, Tel. 01 42/20 09 od. 24 37.

# Workum

Folgen Sie dem mit Tonnen und Baken bezeichneten Fahrwasser, gn. Baken stehen auf der zeitweilig überfluteten S-Mole. Kurs O ab Tonne H2. Das Fahrwasser ist nur 35–50 m breit. Am Beginn von Het Zool steht im S ein kleiner Ausguckturm sowie 2 F. Tiefe 2,2 m, Het Zool 1,7–1,9 m. Von N ist das Fahrwasser sehr schwierig anzulaufen, von den nur 1-m-Untiefen N-lich muß man sich freihalten.
*Yachthafen*   Der Jachthaven It Soal / Het Zool 2,2 km hinter der Einfahrt befindet sich am N-Ufer, Hafeneinfahrt befeuert mit F.r. und F.gn., Tiefe 2,3–3,2 m, Toiletten, Duschen, Waschmaschine und ein 40-t-Kran sind vorhanden, Tel. 0 51 51/29 27 od. 12 22.
*Liegeplätze und Yachthafen*   Sie liegen am Ende von Het Zool. Der Jachthaven Anne Wever B.V. hat Toiletten, Duschen und einen 30-t-Kran, Tel. 0 51 51/23 61 (vor der Schleuse).
Het Zool ist eine weitere Einfahrt in die friesischen Kanäle und Seen (Tiefe nur 1,7 m). Hinter der Schleuse und der Klappbrücke befinden sich 4 bewegliche Brücken und 4 Yachthäfen, alle mit Toiletten und Duschen ausgerüstet, die im folgenden von der Noorderbrug bis zur Klitrak beschrieben werden.
Jachthaven Schaap hat einen 6-t-Kran, Tel. 0 51 51/17 28.
Jachthaven T. Bouma hat einen 8-t-Kran, Tel. 0 51 51/17 97.
Jachthaven Bouwsma hat einen 20-t-Bootslift, Tel. 0 51 51/20 04.

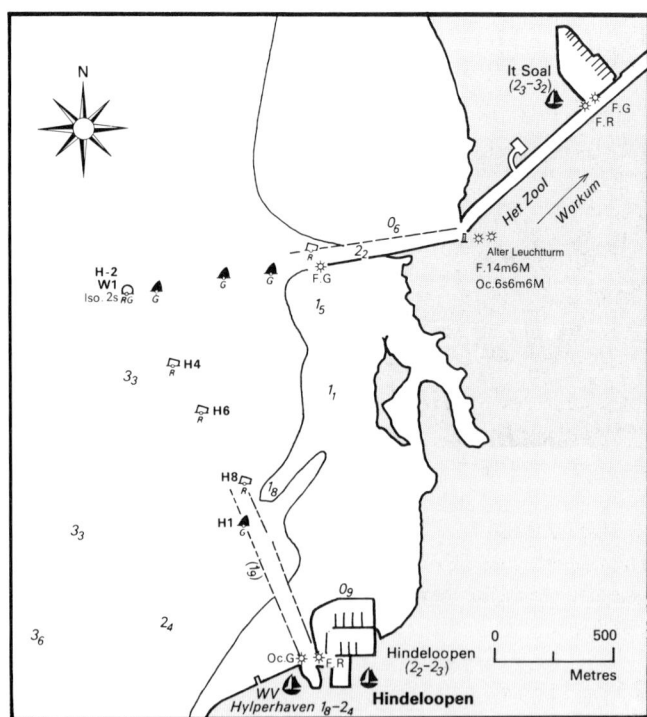

Der Workumer Jachthaven hat ebenfalls einen 20-t-Bootslift, Tel. 0 51 51/18 55.
*Öffnungszeiten der Schleuse sowie der meisten Brücken*   Mo–Sa 1. Mai–1. Oktober 0800–0930, 1000–1200, 1300–1500, 1530–1700, 1800–2000, 1. Oktober–15. November und 15. März–1. Mai 0800–0930, 1000–1200, 1300–1500, 1530–1800 (Sa –1700), 15. November–15. März 0800–1800 (Sa –1700), aber nur nach spezieller Anmeldung unter Tel. 0 51 51/12 41.
So und feiertags im April und Oktober 0900–1100, 1600–1800, im Mai und September 0900–1200, 1400–1500, 1530–1800, 1. Juni–1. September 0900–1200, 1400–1500, 1530–1700, 1800–2000, 1. November–1. März geschlossen.

*Die Einfahrt nach Workum*

Fahren Sie von der Tonne H2/W1 mit rw 282° zur Leuchttonne VF14, Iso.4s.r.
*4,5 km / 2,4 sm*
Leuchttonne VF 14, Iso.4s.r. Kurs rw 06° bis zur Leuchttonne VF5 Iso.8s.gn. Halten Sie sich von den Stellnetzen, im O mit g. Tonnen bezeichnet, frei.

*Makkum: Einfahrt zum Makkumer Diep*

**2,2 km / 1,2 sm**

Die Leuchttonne VF5 Iso.8s.gn. ist die erste gn. Tonne des Fahrwassers nach Kornwerderzand. Fahren Sie mit Kurs NO nach Makkum.

**2,5 km / 1,3 sm**

# Makkum

Die Leuchttonne MA7 Iso.4s.gn. ist die erste Fahrwassertonne des Makkumer Diep.

Im SO befindet sich eine Untiefe mit 0,6 m, bezeichnet mit r/w. Spierentonnen mit Toppzeichen. Folgen Sie dem Fahrwasser mit Feuern in Linie r.u.gn., 90,5°, bezeichnet mit Baken und F.r. und F.gn. auf den vorderen Molenköpfen bis zum Vissershaven an Stb., F.r. an Bb. lassen.

Liegemöglichkeiten findet man (einlaufend) bei

WV Makkum, etwa 2 m tief, kleiner Clubhafen am Südufer, ruhig gelegen, jedoch weiter Weg zum Dorf.

Marina Makkum, moderne, komfortable Marina am Südufer mit allen notwendigen Einrichtungen, jedoch weiter Weg zum Dorf.

Prins-Yachtclub, am Südufer. Sehr komfortabel und gut eingerichtet.

Gemeinde-Yachthafen im Visserhafen und nördlich davon.

In Makkum können alle Reparatur- und Servicearbeiten durchgeführt werden.

Fahren Sie direkt zu den Schleusen von Kornwerderzand.

# Kornwerderzand

Molenköpfe der Einfahrt sind befeuert mit F.r. und F.gn.

*Schleuse und 2 bewegliche Brücken* **Lorentzsluizen** und 2 Brücken mit Durchfahrtshöhe von 4,2 m, Öffnung rund um die Uhr, zu erreichen auf UKW-Kanal 18. Hafenmeister Tel. 0 51 77/4 41. Es gibt keinen Zoll, der nächste Zoll befindet sich in Harlingen.

*Liegeplätze* finden Sie im Binnenhaven und im Voorhaven. In

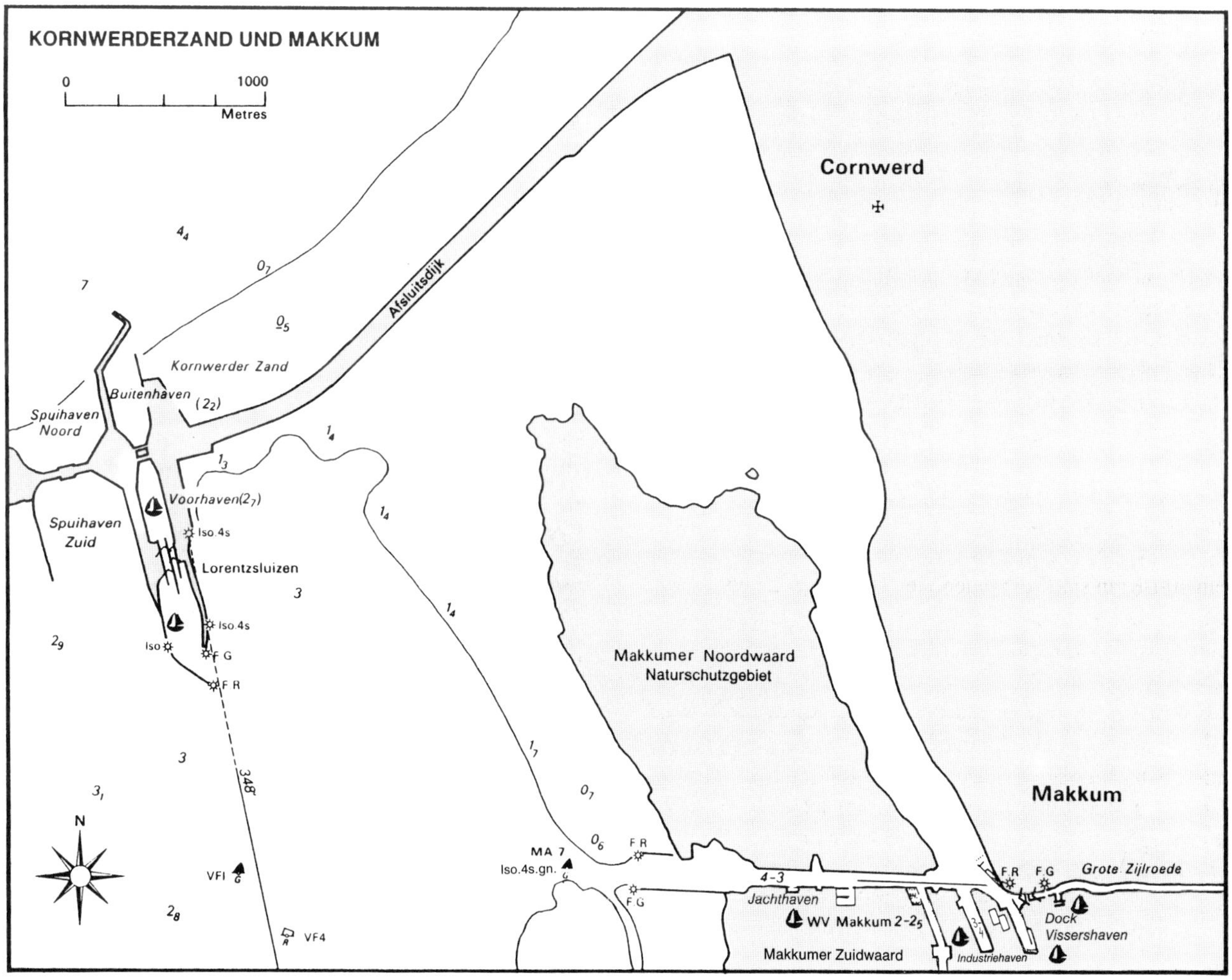

## KORNWERDERZAND UND MAKKUM

0 — 1000 Metres

Cornwerd

4,4

0,7

7

0,5

Afsluitsdijk

Kornwerder Zand

Buitenhaven (2,2)

Spuihaven Noord

1,4

1,3

Voorhaven(2,7)

Iso.4s

Spuihaven Zuid

Lorentzsluizen

1,4

3

2,9

Iso.4s

Iso

F G

F R

3

348

3,1

1,7

0,7

N

MA 7
Iso.4s.gn.

F R

0,6

Makkumer Noordwaard
Naturschutzgebiet

Makkum

Grote Zijlroede

F R   F G

4-3

VFI

F G

Jachthaven

2,8

VF4

WV Makkum 2-2,5

Dock
Vissershaven

Makkumer Zuidwaard

Industriehaven

Makkum

beiden Häfen dürfen Yachten nicht unbemannt liegen und müssen nachts ein weißes Licht führen.

*3,0 km / 1,6 sm*
Ausfahrt, Molenköpfe befeuert mit F.r. und F.gn.

# Waddenzee

Keine Geschwindigkeitsbegrenzung, Tide siehe Einführung. Fahren Sie Kurs NO und lassen die gn. Bake KZ1 an Bb. , die r. Bake KZ4 an Stb. liegen. Runden Sie die Kardinaltonne BO11/KZ2 (Leuchttonne), und folgen Sie dem ausgetonnten Fahrwasser Richtung O und N.

# Boontjes

Das Fahrwasser ist mit Tonnen und Baken bezeichnet, einige sind befeuert. Beiderseits gibt es einige bei NW trockenfallende Stellen.
*Tiefen*   mind. 2,5 m bis km 6, weniger als 2 m bis km 10, bis zu 6 m vor Harlingen.

*12,0 km / 6,5 sm*
# Harlingen

Einfahrt befeuert mit Iso.6s. auf dem westlichen Molenkopf sowie F.r. und F.gn.
MSpHW 2,2 m, MSpNW 0,2 m, MNpHW 1,9 m, MNpNW 0,4 m.
In der Einfahrt gibt es keine Verkehrssignale. Informationen erhalten Sie auf UKW-Kanal 11 von Mo 0000 bis Sa 2200. Hafenmeister Tel. 0 51 78/1 25 12.

*Zoll*   Zuiderhaven 73, Tel. 0 15 78/1 87 50.
*Einfahrt*   Die Untiefe nördlich des Pollendam wird durch den roten Sektor eines Richtfeuers abgedeckt. 2 Feuer, Iso.6s. stehen rw.112° in Linie und bezeichnen das Fahrwasser südlich des Pollendam. 1987 wurde eine O-Mole gebaut, deren 2 Molenköpfe mit F.r. (N) sowie Glt.r. (S) befeuert sind. Der Oude Binnenhaven liegt östlich des Voorhaven.
*Schleuse und bewegliche Brücke*   **Keersluis** (meist geöffnet, wenn nicht der Wasserstand + NAP + 1,1 m bzw. NNW + 2,28 m) und Keersluisbrug, einer doppelten Drehbrücke mit Durchfahrtshöhe 4,5 m.
*Bewegliche Brücke* **Prins Hendrikbrug,** Klappbrücke mit Durchfahrtshöhe 1,6 m, Einfahrt in den Noorderhaven. Wartemöglichkeit ist vorhanden.
*Öffnungszeiten der beiden Brücken*   Mo–Sa 0600–2200 jede volle und halbe Std. außer 0900, 1400 (Sa auch nicht 0800, 1300); So und feiertags 1. April–1. Oktober 0730–0800, 0930–1000, 1130–1200, 1300–1330, 1530–1600, 1730–1800, 1930–2000, 2130–2200, 1. Oktober–1. April nur nach Absprache mit Jachthaven Noorderhaven.
*Yachthafen*   ist im Noorderhaven, Tiefe 1,1 m, Toiletten, Duschen und eine Waschmaschine sind vorhanden, Tel. 0 51 78/1 56 66. Die Fa. Th. W. Nauta hat einen 10-t-Kran, Noorderhaven 21.
In anderen Teilen der Stadt gibt es weitere Yachthäfen. Alle sind mit Toiletten und Duschen ausgestattet.
Binnenjachthaven des WV Harlingen an der Noordergracht hat einen 9-t-Kran, Tel. 0 51 78/1 68 98.
Der Yachthafen Atlantic hat einen 20-t-Bootslift, Tel. 0 51 78/ 1 76 58.
Einen 10-t-Kran gibt es bei Harlinger Jachtbouw, Tel. 0 51 78/1 40 53.
Die beiden letzteren befinden sich in der Harlinger / Franekertrekvaart. Dort gibt es noch mehrere Bootswerften.

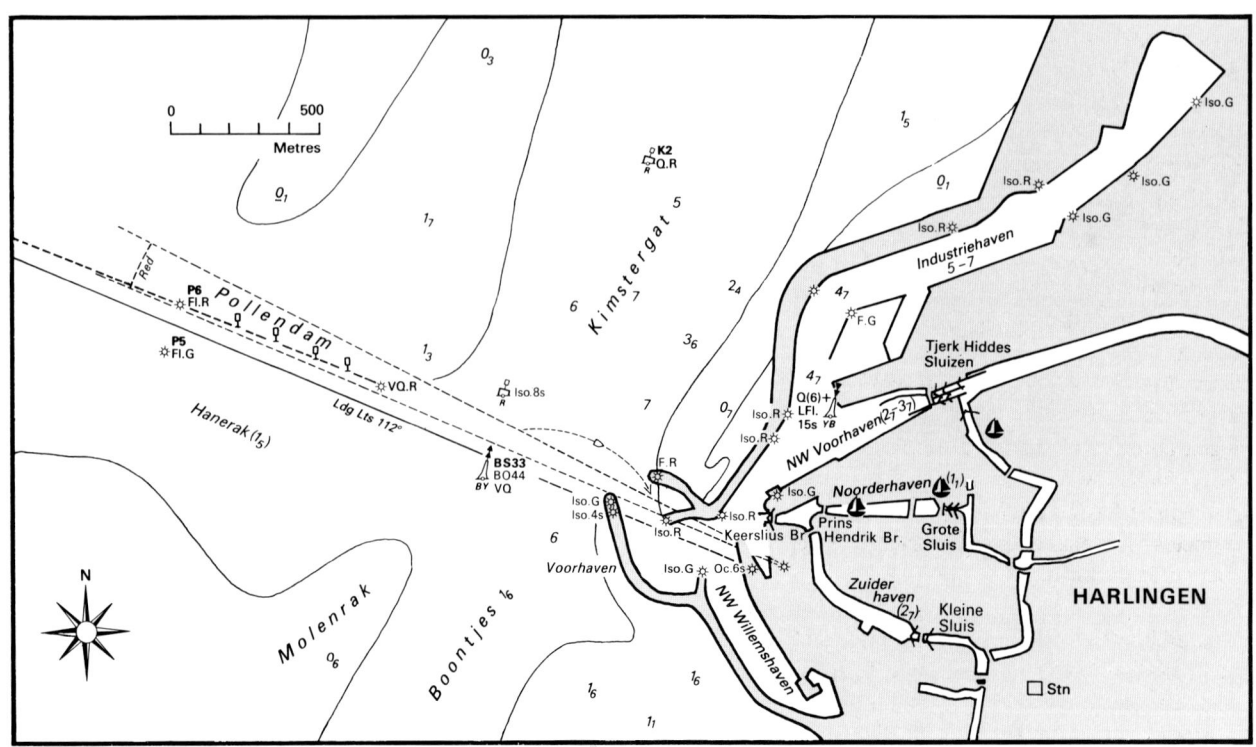

# Friesland und Groningen – Flüsse, Seen und Kanäle

## Route 18
## Von Harlingen durch die Kanäle und das Lauwersmeer nach Delfzijl

### Einführung

Eingedenk der vielen Brücken und Schleusen muß man schon ein enthusiastischer Kanalfahrer sein, um die gesamte Strecke abzufahren. Alternativen wären die Routen 20 und 21, die durch die Waddenzee zu den deutschen Ostfriesischen Inseln führen. Die Route ist für Schiffe bis zu 6 ft Tiefgang möglich. Es gibt keine Höhenbeschränkung, da alle Brücken zu öffnen sind.

Landschaftlich reizvoll ist die Strecke bis nach Groningen. Sie führt durch gewundene Flüsse und das Lauwersmeer, durch alte Städte und Dörfer. Dagegen wird es im schnurgeraden Eems-Kanal bis zum Industriehafen von Delfzijl einfacher, aber auch langweiliger zu fahren.

Zu Harlingen siehe Route 17.

Die Universität von Franeker wurde zwar von Napoleon unterdrückt, dafür hinterließ dieser aber auch die älteste holländische Studentenkneipe, die De Bogt Fan Gune, die zu besuchen sich lohnt. Ein Stadtmuseum gibt es im Coopmanhuis, dem früheren Professorenhaus. Ebenfalls zu besichtigen sind die Stadtwaage, das Renaissancerathaus sowie das aus dem 18. Jh. stammende Planetarium mit Uhrwerkantrieb.

Leeuwarden ist die blühende Hauptstadt Frieslands. Es gibt 2 Museen zu besichtigen: das Friesische und den Princessehof. Neben dem Rathaus aus dem 18. Jh. und der Stadtwaage aus dem 16. Jh. ist noch der schiefe Oldehove-Turm (Turm einer nie fertiggestellten Kathedrale) sehenswert.

In Dokkum werden 3 Brücken von einem Brückenwärter bedient. Er fährt mit dem Fahrrad von einer Brücke zur nächsten und sammelt das „Bruggeld" mit einem Holzschuh ein, der an einer Angel herabgelassen wird.

Der Hafen, erbaut auf einer Reihe von „terpen", war Sitz der Friesischen Admiralität, bis die Ansteuerung versandete und Harlingen zum Hauptsitz wurde.

Es gibt alte Burgwälle und -gräben, ein Rathaus des 17. Jh., eine Stadtwaage des 18. Jh., 2 besonders schöne Windmühlen und im ehemaligen Haus des Marineministeriums ein Museum.

Die Geschichte der Waddenzee ist das Thema der Expo-Zee in Lauwersoog. Die Ausstellung behandelt auch die Eindeichung des Lauwersmeers, und man sollte sie besuchen, wenn sowieso ein Abstecher in Richtung N vorgesehen ist (oder im Rahmen der Route 21).

Die Fähre nach Schiermonnikoog fuhr früher von Oostmahorn, einem kleinen Hafen, der seine Bedeutung durch die Eindeichung verlor, dessen Ruf aber mit Erskine Childers „Rätsel der Sandbank" verewigt wurde. Sie werden vermutlich in der nahegelegenen großen Marina liegen. Auf keinen Fall sollten Sie eine Radtour durch das Land der „terpen" versäumen.

In Groningen, Zentrum der Provinz, wird immer noch in der alten Universität studiert. Mit seinem Zugang zur See durch das Reitdiep war es früher Mitglied der Hanse. Aus dieser Zeit stammen eine ganze Reihe gut erhaltener Gebäude, darunter der 100 m hohe Martinitoren, der unbedingt bestiegen werden muß, sowie mittelalterliche Armenhäuser od. „hofjes" und das Rathaus. Dazu gibt es 6 Museen.

Delfzijl ist ein großer Nordseehafen. Die Stadt hat sich seit der Entdeckung von Gas- und Salzvorkommen ganz in ihrer Nähe sehr schnell entwickelt. Außer einer Windmühle auf der alten Stadtmauer gibt es nichts, was einen Touristen anziehen könnte.

*Strecke*  138 km / 74 sm

Abstecher zu den Friesischen Seen und nach Lemmer siehe Route 19. Gesamtstrecke von Lemmer nach Harlingen beträgt 89 km / 48 sm, nach Delfzijl 177 km / 96 sm.

*Brücken*  49 bewegliche; 5 davon befinden sich in Leeuwarden, 3 in Dokkum, 13 in Groningen, und die restlichen 28 Brücken verteilen sich auf die übrige Strecke. Es gibt eine Eisenbahnbrücke.

*Schleusen*  3. Zusätzlich 2 meist offene Schleusen.

*Tiden, Durchfahrtshöhen und Tiefenangaben*  Tidenfrei bis auf die Häfen außerhalb der Seeschleusen von Harlingen und Delfzijl. Höhen- und Tiefenangaben beziehen sich auf die Standard-Pegel: Fries zomerpeil, Lauwersmeer zomperpeil, Westerkwartierpeil und Winschoterpeil.

*Geringe Tiefen auf der Strecke*  2,1 m in Leeuwarden und 1,95 m im Dokkumergrootdiep sind die flachsten Stellen. Dennoch ist bei einigen Yachthäfen und Liegemöglichkeiten an den Ufern Vorsicht geboten.

In der Provinz Groningen werden viele Schleusen und Brücken von Sonnabend abend bis Montag früh nicht bedient.

*Karten*  Erforderlich ist die ANWB-Karte A, die in gebundener Form das ganze Gebiet einschließlich der Ems abdeckt.

# Beschreibung der Route

# Harlingen Noorderhaven

Einfahrt und Versorgungseinrichtungen siehe Route 17.

*0,9 km / 0,5 sm*

*Schleuse und bewegliche Brücke*  **Tjerk Hiddessluizen** und Klappbrücke mit Durchfahrtshöhe 6,6 m.

*Öffnungszeiten von Brücken und Schleusen im gesamten Hafengebiet von Harlingen*  Für Sportboote Mo–Sa 2 x stdl. in der Zeit von 0600–2200, So und feiertags 0730–2200, 2 x stdl.

Genaue Zeiten werden an den Brücken/Schleusen ausgehängt.

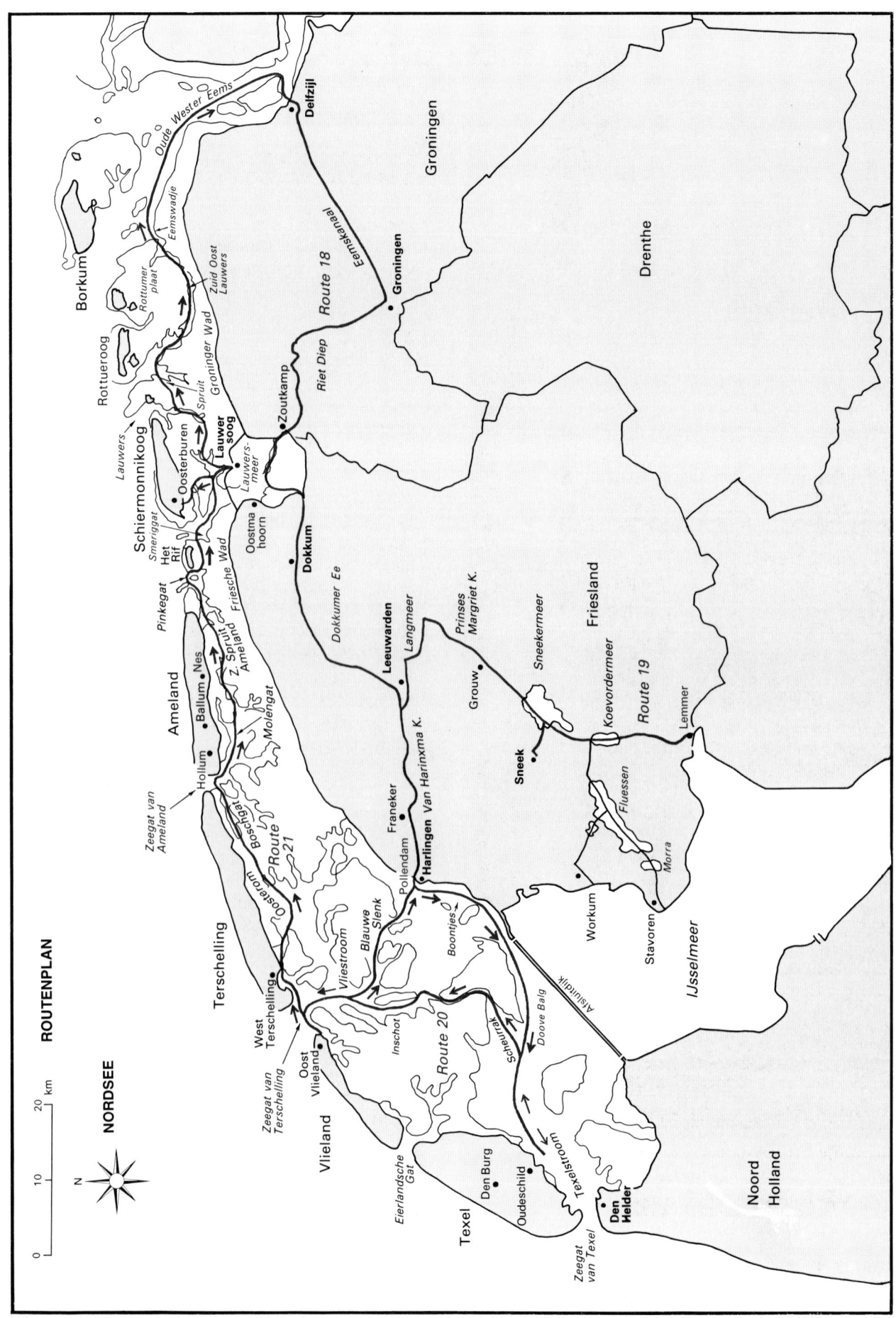

*Öffnungszeiten* Mo–Sa 1. Mai–1. Oktober 0600–0700[1], 0700–2100 (Sa –2000), 1. Oktober–15. November und 15. März–1. Mai 0600–0700[1], 0700–1900, 1900–2000[1] (Sa 0600–0700[1], 0700–1800, 1800–1900), 15. November–15. März 0600–0700[1], 0700–1700, 1700–2000 (Sa 0600–1900); So und feiertags ganzjährig geschlossen.

[1] Nur nach Absprache mit Prov. Waterstaat Friesland, Tel. 0 58/ 92 58 88, nach Dienstschluß 1 22 24 22 .

*4,3 km / 2,3 sm*
*Bewegliche Brücke* **Kiesterzijlbrug,** Drehbrücke, Durchfahrtshöhe 5,3 m, Öffnung wie Koningsbrug.

*2,0 km / 1,1 sm*
# Franeker

Höchstgeschwindigkeit 3,2 kn in der Stadt.
*Yachthafen* Franeker WV am N-Ufer. Einen 10-t-Kran gibt es bei T. Bodewes, Tel. 0 51 70/52 00.

*1,1 km / 0,6 sm*
*Bewegliche Brücke* **Stationsbrug,** Zugbrücke, Durchfahrtshöhe 0,75 m.
*Öffnungszeiten* (können durch die Ankunft von Zügen am nahen Bahnhof eingeschränkt sein) 1. Mai–1. Oktober Mo–Fr 0500–2100, Sa 0500–2000, So und feiertags 0830–0930, 1900–2000; 1. Oktober–1. Mai Mo–Fr 0600–2100, Sa 0600–1900, So und feiertags geschlossen.

*6,8 km / 3,7 sm*
*Bewegliche Brücke* **Dronrijp,** Klappbrücke, Durchfahrtshöhe 5,3 m, Öffnung wie Koningsbrug.

*6,2 km / 3,3 sm*
*Bewegliche Brücke* **Deinum-Klappbrücke,** Durchfahrtshöhe 5,3 m, Öffnung wie Koningsbrug. Abzweigung an Stb. nehmen.

*0,8 km / 0,4 sm*
*Bewegliche Brücke* **Ritzumazijl-Klappbrücke,** Durchfahrtshöhe 5,3 m, Öffnung wie Koningsbrug.

*Harlingen: Tjerk Hiddes-Schleuse (o.), der Noorderhaven (u.)*

# Van Harinxmakanaal

Höchstgeschwindigkeit 12,5 km/h, Tiefe 3–4 m.
*1,6 km / 0,9 sm*
*Bewegliche Brücke* **Koningsbrug,** Klappbrücke mit Durchfahrtshöhe 5,3 m.

*Franeker: Yachthafen am van Harinxma-Kanal*

# Harlingertrekvaart

*0,7 km / 0,4 sm*
Abzweigung in die Harlingertrekvaart an Bb.

*0,9 km / 0,5 sm*
Abzweigung nach Stb. nehmen.

# Leeuwarden

Höchstgeschwindigkeit 4,8 kn in der Stadt. Tiefe 2,1 m. Hafenmeister Tel. 0 58/44 97 66.
*0,4 km / 0,2 sm*
Dauernd offenstehende Eisenbahnbrücke.
*Bewegliche Brücke* **Hermesbrug,** Durchfahrtshöhe 1,07 m.
*Öffnungszeiten* Mo–Fr 0600–0715, 0830–1215, 1330–1600, 1730–2030 (1. Oktober–1. April –1930); Sa 0730–1215, 1330–1830 (1. Oktober–1. April –1700); So im Mai u. September 0900–1100, 1600–1800, 1. Juni–1. September 0900–1100, 1800–2000, 1. Oktober–1. Mai geschlossen; feiertags geschlossen.
*Bewegliche Brücke* **Verlaatsbrug,** Durchfahrtshöhe 1,07 m, Öffnung wie Hermesbrug.
Fahren Sie in die Westerstadsgracht an Bb., die Zuiderstadsgracht ist an Stb.

# Westerstadsgracht

*Liegeplätze* Sie befinden sich am städtischen Kai am O-Ufer, WC, Duschen, Wasser sind vorhanden. Im O der Stadt gibt es einige Yachthäfen an der Widje Greuns. Sie sind nur über einen langen Umweg durch den Harlingertrekvaart und im S um die Stadt herum durch den Van Harinxmakanaal zu erreichen, denn nur hier sind die Brücken zu öffnen.
Im Nieuwe Leeuwarder Jachthaven gibt es Duschen und einen 10-t-Kran, aber auch er liegt im O der Stadt.

*Leeuwarden: Die Vrouwenpoorts-Brücke über die Westerstadsgracht*

*2,1 km / 1,1 sm*
*Bewegliche Brücke* **Vrouwenpoortsbrug,** Durchfahrtshöhe 1,85 m, Öffnung wie Hermesbrug.

# Noorderstadsgracht

*Liegeplätze* am städtischen Kai am O-Ufer.
*Bewegliche Brücke* **Noorderbrug,** Durchfahrtshöhe 1,35 m, Öffnung wie Hermesbrug.

*1,0 km / 0,5 sm*
# Dokkumer Ee

Abzweigung an Bb. in die Dokkumer Ee, Höchstgeschwindigkeit 9 km/h, Mindesttiefe 2,1 m.

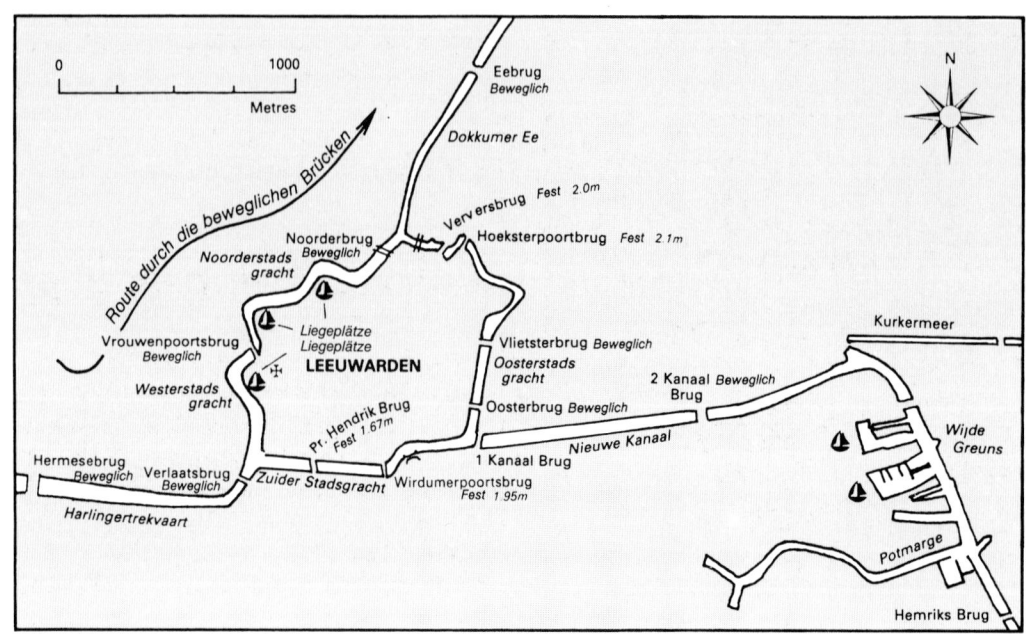

*0,8 km / 0,4 sm*
*Bewegliche Brücke* **Eebrug,** Durchfahrtshöhe 1,3 m, Öffnung wie Eebrug.

*11,0 km / 5,9 sm*
*Bewegliche Brücke* **Van Steenhuizenbrug,** Durchfahrtshöhe 1,4 m.
*Öffnungszeiten* Mo–Sa 1. Mai–1. Oktober 0700–0800, 0830–1200, 1300–1700, 1800–2000, 1. Oktober–15. November und 15. März–1. Mai 0700–0800, 0830–1200, 1300–1800 (Sa –1700[1]); So und feiertags im Mai und September 1000–1200, 1500–1700, 1. Juni–1. September 1000–1200, 1700–1900, 1. Oktober–1. Mai geschlossen.
[1] Nur nach Absprache mit Prov. Waterstaat Friesland, Tel. 0 58/ 92 58 88 od. 12 24 22.

*0,5 km / 0,3 sm*
*Bewegliche Brücke* **Birdaard Nieuwe Brug,** Zugbrücke, Durchfahrtshöhe 1,5 m, Öffnung wie Steenhuizenbrug.

*4,0 km / 2,2 sm*
*Bewegliche Brücke* **Klaarkampsterbrug,** Durchfahrtshöhe 1,47 m, Öffnung wie Steenhuizenbrug.

*4,1 km / 2,2 sm*
# Dokkum

*Bewegliche Brücke* **Eebrug,** Klappbrücke, Durchfahrtshöhe 0,8 m.
*Öffnungszeiten* 1. Mai–1. Oktober Mo–Sa 0700–0800, 0830–1200, 1300–1615, 1715–1800, 1830–2000 (Sa –1900); 1. Oktober–1. Mai Mo–Sa 0700–0800, 0900–1200, 1300–1615, 1715–1800 (Sa –1700); so- und feiertags im Mai und September 0900–1200, 1400–1700, 1. Juni–1. September 0900–1200, 1400–700, 1800–2000, 1. Oktober–1. Mai geschlossen.

*Bewegliche Brücke* **Altenabrug,** Zugbrücke, Durchfahrtshöhe 0,9 m, Öffnung wie Eebrug.

Abzweigung an Stb. in die Zuidergracht.

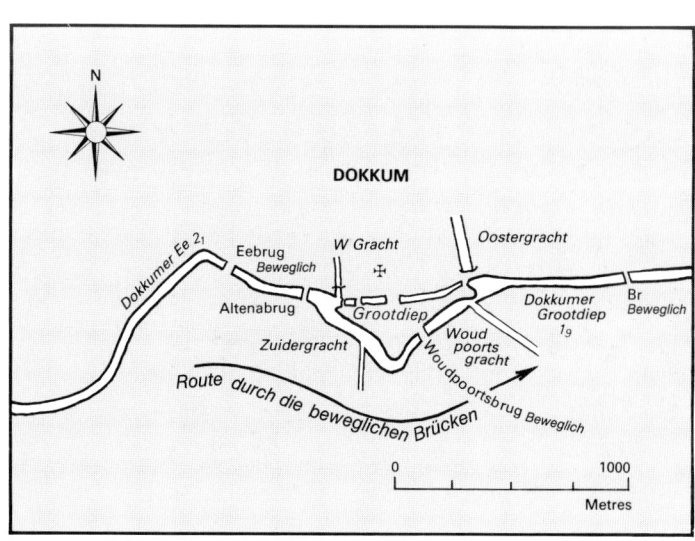

*Dokkum: Die Altena-Brücke (o.) und die Woudpoorts-Brücke (u.)*

# Zuidergracht

*Liegeplätze* am Kai. Toiletten und Duschen finden Sie in der Nähe der Sportanlage an der N-Seite des Dokkumergrootdiep, O-lich der Halvemaanspoortbrug.

*Bewegliche Brücke* **Woudpoortsbrug,** Zugbrücke, Durchfahrtshöhe 1 m, Öffnung wie Eebrug.

*2,5 km / 1,4 sm*
# Dokkumer Grootdiep

Abzweigung an Stb., Mindesttiefe 1,9 m.
*Yachthafen* Am N-Ufer ist der WV Dokkum, Tel. 0 51 90/ 40 88. Toiletten und Duschen gibt es auf dem Campingplatz O-lich des Yachthafens. Eine Kranmöglichkeit bis 20 t hat der Watersportbedrijf F. v. d. Zwaag.

*6,8 km / 3,7 sm*
*Bewegliche Brücke* **Brug te Ee / Ir. D. F. Woudabrug,** Durchfahrtshöhe 1,67 m.

*Öffnungszeiten* Mo–Sa 1. Mai–1. Oktober 0700–0800, 0830–1200, 1300–1700, 1800–2000; 1. Oktober–1. Mai 0700–0800, 0830–1200, 1300–1800 (Sa –1700, Sa 1. Dezember–1. März nur auf Anfrage); So und feiertags im Mai und September 0900–1200, 1400–1700, 1. Juni–1. September 0900–1200, 1400–1700, 1800–2000, 1. Oktober–1. Mai geschlossen.

*2,7 km / 1,5 sm*
*Bewegliche Brücke* **Brug te Engwierum,** Durchfahrtshöhe 1,28 m.
*Öffnungszeiten* Mo–Sa 1. Mai–1. Oktober 0700–0800, 0830–1200, 1300–1700, 1800–2000, 1. Oktober–15. November und 15. März–1. Mai 0700–0800, 0830–1200, 1300–1800 (Sa –1700); 15. November–15. März Mo–Fr 0700–1800[1], Sa 0700–1700[1]. So und feiertags im Mai und September 0900–1200, 1400–1700, 1. Juni–1. September 0900–1200, 1400–1700, 1800–2000, 1. Oktober–1. Mai geschlossen.
[1] Öffnung nur nach Absprache mit Prov. Waterstaat Friesland, Tel. 0 58/92 58 88 od. 12 24 22.

*1,2 km / 0,6 sm*
*Schleuse und bewegliche Brücke* **Dokkumer Nieuwezijlen,** Nieuwe Sluis und Zugbrücke, Durchfahrtshöhe 4,26 m, befinden sich an der S-Seite der Einfahrt ins Dokkumerdiep.
*Öffnung* wie Brug te Engwierum außer So und feiertags im Mai und September 0900–1200, 1400–1800.

# Dokkumer Grootdiep/ Dokkumerdiep

Höchstgeschwindigkeit 9 km/h. Tiefe 2,3–4 m. Das Fahrwasser ist mit Bb.- und Stb.-Pricken bezeichnet (Toppzeichen: Spitze nach unten an der O-Seite) und einigen Tonnen (r. Tonnen auf der O-Seite). Die Pricken bezeichnen die 1,3-m-Linie.
*Yachthafen* Lunegat ist am S-Ufer außerhalb der Schleuse, Tiefe 1,8–2,4 m. Hafenmeister Tel. 0 51 12/3 03. Toiletten, Duschen und ein 4-t-Kran sind vorhanden.

*3,5 km / 1,9 sm*
Gabelung, fahren Sie an Stb. O-lich um die Insel Senneroog.

*2,8 km / 1,5 sm*
Abzweigung S-lich der Tonne DD2-S1, Kurs jetzt SO ins Slenk.

# Lauwersmeer

Höchstgeschwindigkeit 9 km/h. In durchgehenden Fahrwassern 12 km/h. Fahren Sie im Slenk Richtung O und halten sich N-lich der Stb.-Pricken (Toppzeichen: Spitze nach oben), Tiefe 4–5 m.
*Yachthäfen* Entweder Sie fahren 2,2 km N-lich in den Jachthaven Oostmahorn oder 6,5 km in Richtung N nach Lauwersoog in den Noordergat Jachthaven, siehe auch Route 21.

*2,1 km / 1,1 sm*
Gabelung, fahren Sie nach Stb. (bei der gn. Bake) in das Zoutkamperril-Fahrwasser, mit Tonnen und Pricken bezeichnet (r. Tonnen sowie Pricken mit Toppzeichen. Spitze nach oben an Stb. lassen), Tiefe 2,6–4,5 m.

# Zoutkamp

*Yachthafen* Am N-Ufer vor der Schleuse ist der Jachthaven Hunzegat mit Toiletten und Duschen.

*7,2 km / 3,9 sm*
*Schleuse und bewegliche Brücke* **Keersluis und Reitdiepbrug,** Durchfahrtshöhe 3,5 m, befinden sich im mittleren der 3 Kanäle. Die Schleuse bleibt meist geöffnet.
*Öffnungszeiten der Brücke* Mo–Sa 0700–1200, 1300–1800 (vom 1. Juni–1. September –1900); So und feiertags 1. Mai–1. Oktober 0900–1100, 1500–1700, 1. Oktober–1. Mai geschlossen.

# Reitdiep

Höchstgeschwindigkeit 9 km/h, Tiefe 2,8 m.
*Yachthafen* Er ist im Oude Binnenhaven am N-Ufer in der Nähe der Schleuse, hat Toiletten und Duschen. Einen 20-t-Kran hat die Jachtwerf Gruno, Tel. 0 5956/20 57. Einen 30-t-Kran gibt es bei D. Bouma, Tel. 0 59 56/21 82 od. 18 28.
*Yachthafen* Electra befindet sich vor der Electrasluis am S-Ufer.

*5,0 km / 2,7 sm*
*Schleuse und bewegliche Brücke* **Electrasluis,** Zugbrücke, Durchfahrtshöhe 1,3 m. Schleusentore sind meist geöffnet.
*Öffnung der Brücke* Mo–Sa 1. Juni–1. September 0700–1200, 1300–1900; 1. September–1. Juni 0700–1200, 1300–1800; So und feiertags nur vom 15. Mai–16. September 0830–1200, 1400–1600, 1830–2000, ansonsten geschlossen. Toiletten und Duschen sind vorhanden.

*5,5 km / 3,0 sm*
*Bewegliche Brücke* **Roodehaanbrug,** Zugbrücke, Durchfahrtshöhe 0,9 m, Öffnung wie Electrabrug. UKW-Kanal 22 für die folgenden Brücken, die mit Anlegern und einem Melde-Druckknopf für die Fernbedienung versehen sind.

*0,5 km / 0,3 sm*
Schleuse und bewegliche Brücke te Dorkwerd. UKW-Kanal 20.

*7,2 km / 3,9 sm*
*Bewegliche Brücke* **Garnwerdbrug,** Zugbrücke, Durchfahrtshöhe 1,8 m, Öffnung wie Electrabrug.
Der Jachthaven Garnwerd liegt S-lich der Brücke. Toiletten und Waschgelegenheit stehen zur Verfügung.

*3,4 km / 1,9 sm*
*Bewegliche Brücke* **Brug te Adorp,** Durchfahrtshöhe 2,4 m, Öffnung wie Electrabrug.

*1,2 km / 0,6 sm*
*Bewegliche Brücke* Durchfahrtshöhe 3,68 m, Öffnung wie Electrabrug.

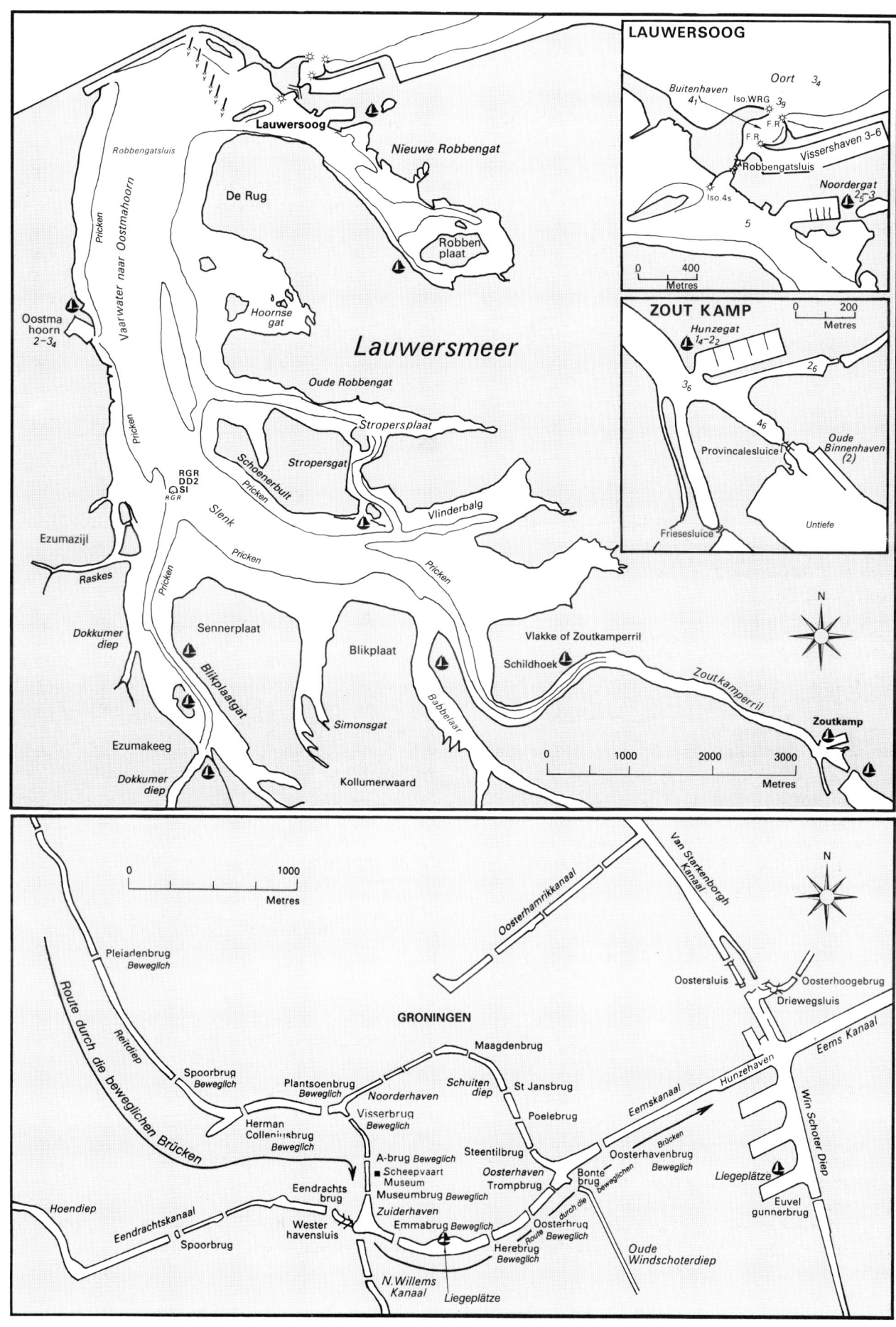

**LAUWERSOOG**

Oort 3₄

*Buitenhaven* 4₁  Iso.WRG 3₉

F R

F R

Vissershaven 3-6

Robbengatsluis

*Noordergat* 2₅-3

Iso.4s

5

0    400
Metres

**ZOUT KAMP**

0    200
Metres

*Hunzegat* 1₄-2₂

3₆

2₆

4₆

Provincalesluice

*Oude Binnenhaven* (2)

Friesesluice

*Untiefe*

Robbengatsluis

**Lauwersoog**

*Nieuwe Robbengat*

De Rug

*Robben plaat*

*Vaarwater naar Oostmahoorn*

Pricken

*Hoornse gat*

Oostma hoorn 2-3₄

**Lauwersmeer**

*Oude Robbengat*

pricken

*Stropersplaat*

Schoenerbult

*Stropersgat*

RGR
DD2
SI
*RGR*

Slenk

Pricken

Vlinderbalg

Pricken

Pricken

Pricken

Ezumazijl

Raskes

Pricken

*Dokkumer diep*

Sennerplaat

Blikplaat

Vlakke of Zoutkamperril

Schildhoek

Zoutkamperril

N

Blikplaatgat

Babbelaar

Ezumakeeg

*Simonsgat*

**Zoutkamp**

*Dokkumer diep*

Kollumerwaard

0    1000    2000    3000
Metres

*Oosterhamrikkanaal*

*Van Starkenborgh Kanaal*

N

Pleiadenbrug
*Beweglich*

Oostersluis

Oosterhoogebrug

Driewegsluis

*Route durch die beweglichen Brücken*

*Reitdiep*

**GRONINGEN**

Maagdenbrug

*Eems Kanaal*

Spoorbrug
*Beweglich*

Plantsoenbrug
*Beweglich*

*Schuiten diep*

St Jansbrug

Eemskanaal

Hunzehaven

*Noorderhaven*

Poelebrug

Brücken

*Win Schoter Diep*

Herman Colleniusbrug
*Beweglich*

Visserbrug
*Beweglich*

Steentilbrug

Oosterhavenbrug
*Beweglich*

A-brug *Beweglich*

■ Scheepvaart Museum

Museumbrug *Beweglich*

*Oosterhaven*
Trompbrug

Bonte brug *beweglich*

*Liegeplätze*

*Hoendiep*

Eendrachts brug

*Zuiderhaven*

Euvel gunnerbrug

Wester havensluis

Emmabrug *Beweglich*

Oosterhrug *Beweglich*

Route durch die *Beweglich*

*Oude Windschoterdiep*

Eendrachtskanaal

Spoorbrug

Herebrug
*Beweglich*

*N.Willems Kanaal*

*Liegeplätze*

0    1000
Metres

Kreuzung mit dem Van Starkenborgkanaal.

*0,5 km / 0,3 sm*
*Schleuse und bewegliche Brücke*   **te Dorkwerd,** Durchfahrtshöhe 3,9 m, Öffnung wie Electrabrug.

# Groningen

Mindesttiefe 2,75 m, Höchstgeschwindigkeit in den Stadtkanälen 3,2 kn. Hafenmeister Tel. 0 50/12 02 06 od. 12 57 77.
Vom 16. Mai–16. September werden zwischen der Pleiadenbrug und der Museumbrug Konvois organisiert, und zwar an So und Feiertagen an der Pleiadenbrug um 1005, 1405 und 1805, an der Museumbrug 0900, 1300, 1700.

*3,4 km / 1,8 sm*
*Bewegliche Brücke*   **Plataanbrug,** Durchfahrtshöhe 4,75 m.
*Öffnungszeiten* 0600–0730, 0900–1200, 1400–1600, vom 1. Juni–1. September zusätzlich 1730–1900.
*Bewegliche Brücke*   **Pleiadenbrug,** Durchfahrtshöhe 0,9 m, Öffnung wie Plataanbrug.
*Bewegliche Brücke*   Eisenbahnbrücke, Durchfahrtshöhe 0,9 m.
*Öffnungszeiten* 1–2mal pro Std. Mo-Sa 0630–1150, 1430–1900 (1. Juni–1. September 1740). Genaueres siehe Openingstijden Spoorbruggen.
*Bewegliche Brücke*   **Herman Colleniusbrug,** Durchfahrtshöhe 1,2 m.
*Bewegliche Brücke*   **Plantsoenbrug,** Durchfahrtshöhe 1,4 m, Öffnung wie Plataanbrug.

Fahren Sie an Stb. in den Zuiderhaven.

*Bewegliche Brücke*   **Vissersbrug,** Durchfahrtshöhe 1,6 m, Öffnung wie Plataanbrug.
*Bewegliche Brücke*   **A-Brug,** Durchfahrtshöhe 1,8 m, Öffnung wie Plataanbrug.
*Bewegliche Brücke*   **Museumbrug,** Durchfahrtshöhe 1,1 m, Öffnung wie Plataanbrug.

Abzweigung an Bb. in den Verbindingskanaal.

*Groningen: Im Zuider Hafen*

*Bewegliche Brücke*   **Emmabrug,** Durchfahrtshöhe 3,2 m, Öffnung wie Plataanbrug.
*Yachthafen*   Liegeplätze finden Sie am N-Kai. An den Pontons des Groninger MBC gibt es Toiletten und Duschen.
*Waschsalons*   Was-O-Net am Rademarkt 25 und Ged. Zuiderdiep 125 sowie Fa. Lefferts, Meeuwerderweg 30 / Nieuwe Boteringstraat 46 / Bedumerweg 14.
*Bewegliche Brücke*   **Herebrug,** Durchfahrtshöhe 4,1 m.
*Bewegliche Brücke*   **Oosterbrug,** Durchfahrtshöhe 3,2 m.
*Bewegliche Brücke*   **Trompbrug,** Durchfahrtshöhe 3 m.
*Bewegliche Brücke* **Oosterhavenbrug,** Durchfahrtshöhe 3,8 m.
*Öffnungszeiten*   Alle Brücken öffnen wie Plataanbrug.
*Hunzehaven*   Einen 6-t-Kran gibt es beim Gemeentelijk Havenbedrijf, Tel. 0 50/12 03 06 od. 12 57 57.
*Liegeplätze*   Sie sind bei der Jachtwerf Groeneveld 700 m S-lich des Hunzehaven im Finsehaven zu finden. Anleger befinden sich an der N-Seite vor dem Winschoterdiep.

*Typischer Abschnitt am Eems-Kanal*

*6,2 km / 3,3 sm*
# Eemskanaal

Höchstgeschwindigkeit 13,5 km/h, Tiefe 4,5 m.
Kreuzung mit dem Van Starkenborgkanaal/Winschoter Diep.

*1,3 km / 0,7 sm*
*Bewegliche Brücke*   **Driebondsbrug,** Durchfahrtshöhe 6,8 m. Zu erreichen auf UKW-Kanal 18 od. Tel. 0 50/41 00 97.
*Öffnungszeiten* Mo 0400–2400, Di–Fr 0000–2400, Sa 0000–2000, So und feiertags geschlossen.

*1,5 km / 0,8 sm*
*Bewegliche Brücke*   **Borgbrug,** fernbedient, Melder am Bollwerk, Durchfahrtshöhe 1,75 m, zu erreichen auf UKW-Kanal 18. Öffnung wie Driebondsbrug außer 1. Mai–1. Oktober Mo–Fr 0700–0830, 1600–1800 2mal stdl.

*9,3 km / 5,0 sm*
*Bewegliche Brücke*   **Bloemhofbrug,** Durchfahrtshöhe 1,75 m, zu erreichen auf UKW-Kanal 10, Öffnung wie Driebondsbrug; So und feiertags geschlossen.

*Bloemhof-Brücke über den Eems-Kanal*

*7,3 km / 3,9 sm*
*Bewegliche Brücke* **Woldbrug,** Durchfahrtshöhe 1,75 m, UKW-Kanal 10, Öffnung wie Driebondsbrug.

*3,0 km / 1,6 sm*
Abzweigung in den Eemskanaal an Stb.

*2,5 km / 1,3 sm*
# Delfzijl

Hinter der Einfahrt in den Oosterhornkanaal halten Sie sich an Bb.
*Schleuse und 2 bewegliche Brücken* zu erreichen auf UKW-Kanal 14, Tel. 0 59 60/4 04 77 (Havendienst) UKW-Kanal 11, Tel. 0 59 60/1 23 93. *Zoll* Auf der Schleuse.
*Öffnung* Mo–Sa rund um die Uhr, So und feiertags geschlossen.

*1,5 km / 0,8 sm*
*Yachthafen* Balkenhaven. Der ZV Neptunus ist im NW der Seeschleuse, Mindesttiefe 3,5 m, Hafenmeister Tel. 0 59 60/1 50 04 od. 1 92 60. Karte, Versorgungseinrichtungen und Seeansteuerung siehe Route 21.

# Route 19
# Von Lemmer durch die Friesischen Seen nach Leeuwarden

## Einführung
Sie sind jetzt in einem wirklichen Segelrevier. Die Strecken sind kurz, und es gibt viele Seen, die allerdings nur mit einem nicht sehr tiefgehenden Schiff befahren werden können.
Wenn Sie nicht so lange im Landesinneren bleiben wollen, können Sie vom N-lichen Ende des Koevordermeer durch den Johan Friso Kanaal und die 3 Seen Heegermeer, Fluessen und Morra ins Ijsselmeer (bei Stavoren) zurückkehren. Überall finden Sie sehr gute Versorgungseinrichtungen, denn diese Route führt durch das Segelrevier par excellence der holländischen Sportschiffahrt.

Näheres zu Lemmer und Harlingen siehe Route 17.
Sneek ist eine niedliche Stadt und bestens eingerichtet für den Yachtsportler. Es gibt eine Reihe schöner Gebäude aus dem 15.–18. Jh., darunter der 2türmige Waterpoort, die Martinikerk, das Rathaus und ein Seefahrtsmuseum. Wie auch Lemmer bietet Sneek im Sommer an seinen Stadtkanälen und auf den Straßen ein beinahe mediterranes Ambiente.

*Strecke* 64 km / 35 sm
Weiterfahrt nach Harlingen oder Delfzijl siehe Route 18. Strecke von Lemmer nach Harlingen 89 km / 48 sm, nach Delfzijl 177 km / 96 sm.
*Brücken* 19 bewegliche, davon 3 Eisenbahnbrücken. Bei den Abstechern kommen 4 bewegliche Brücken hinzu.
*Schleusen* 1 sowie eine immer geöffnete.
*Tiden, Durchfahrtshöhen und Tiefenangaben* Tidenfreies Gebiet. Alle Angaben beziehen sich auf den Fries Zomerpeil.
*Geringe Tiefen auf der Strecke* 2,1 m in der Zijlroede von Lemmer. 1,5 m, teilweise weniger als 1 m außerhalb der betonnten Fahrwasser der Seen (Grote Brekken, Koevordermeer, Sneekermeer). 1,65 m in Teilen der Yachthäfen von Sneek. Längsseits der Ufer und Hafenmolen ist ebenfalls besondere Vorsicht geboten.
*Karten* ANWB-Karte B, einen Plan von Leeuwarden bietet die ANWB-Karte A. Die NL-Sportbootkarte 1810 beinhaltet einen Plan von Lemmer.

# Beschreibung der Route

# Lemmer (Einfahrt)

Einfahrt und Versorgungseinrichtungen von Lemmer s. Route 17.

*Lemmer: Vor der Lemstersluis*

# Zijlroede

Höchstgeschwindigkeit 9 km/h, Tiefe 2,1 m.
*Liegeplätze* N-lich der Schleuse an beiden Ufern.

*0,8 km / 0,4 sm*
*Bewegliche Brücke* **Oude Sluisbrug,** Durchfahrtshöhe 1,82 m, Öffnung wie Lemstersluis (Route 17).
*Liegeplätze* an beiden Ufern.

*0,5 km / 0,3 sm*
*Bewegliche Brücke* **Flevobrug,** Durchfahrtshöhe 0,74 m, Öffnung wie Lemstersluis.
*Liegemöglichkeit* besteht am N-Ufer.

*0,4 km / 0,2 sm*
*Bewegliche Brücke* **Zijlroedebrug,** Durchfahrtshöhe 0,85 m, Öffnung wie Lemstersluis.
*Liegemöglichkeiten* bestehen in dem städtischen Yachthafen am S-Ufer. Waschmöglichkeit ist vorhanden, Tel. 0 51 46/19 79.
*Yachthafen* Am S-Ufer befindet sich auch der Jachthaven Iselmar; Toiletten, Duschen und Waschmaschine sind vorhanden, Tel. 0 51 46/29 24.

*1,3 km / 0,7 sm*
Fahren Sie nach Stb. in den Stroomkanaal.

# Stroomkanaal

Tiefe 3,1 m.
*Yachthafen* S-lich der Abzweigung an der N-Seite des Kanals befindet sich das Watersportcentrum Tacozijl, Toiletten, Duschen und Waschmaschine stehen zur Verfügung, Tel. 0 51 46/20 03.
N-lich davon zieht sich an der O-Seite das Watersportcentrum Caravanpark bis zum Grote Brekken hin. Auch hier gibt es Toiletten, Duschen und Waschmaschine, Tel. 0 51 46/21 15.

*1,0 km / 0,5 sm*
Abzweigung an Stb. ins Grote Brekken.

# Grote Brekken

Höchstgeschwindigkeit 12,5 km/h im Fahrwasser, 9 km/h außerhalb. Mindesttiefe im Fahrwasser 3 m, außerhalb meist 1,5 m. Das Fahrwasser ist mit r. und gn. Tonnen bezeichnet, es gibt einige Leuchttonnen.

*4,5 km / 2,4 sm*
Gn/r. Tonne sowie Feuer Fl. gn. am Stb.-Ufer. Einfahrt in den Prinses Margriet Kanaal.

# Prinses Margriet Kanaal

Höchstgeschwindigkeit 12,5 km/h, Tiefe 3,6 m.

*1,7 km / 0,9 sm*
*Bewegliche Brücke* **Spannenburgerbrug,** Klappbrücke, Durchfahrtshöhe 7,3 m.
*Öffnungszeiten* Mo–Sa im Mai und September 0600–0800[1], 0800–2000; 1. Juni–1. September 0600–0800[1], 0800–2100 (Sa –2000); 1. Oktober–15. November sowie 15. März–1. Mai

*Prinses Margriet-Kanal mit Spannenbrugerbrücke*

0600–0800[1], 0800–1900, 1900–2000[1] ((Sa 0600–0800[1], 0800–1800, 1800–1900[1]); 15. November–15. März 0600–0800[1], 0800–1200, 1300–1700, 1700–2000[1] (Sa 0600–1900[1]). So und feiertags im Mai und September 0900–1200, 1400–1800; 1. Juni–1. September 0900–1200, 1400–1700, 1800–2000; 1. Oktober–1. Mai geschlossen.
[1] Nur auf Anfrage bei Prov. Waterstaat Friesland, Tel. 0 58/12 24 22.

*2,5 km / 1,3 sm*
Einfahrt in das Koevordermeer

# Koevordermeer

Höchstgeschwindigkeit 12,5 km/h im Fahrwasser, 9 km/h außerhalb. Tiefe des Fahrwassers 3,5 m, jedoch nur 1 m und weniger außerhalb. Bleiben Sie im mit gn. und r. bezeichneten Fahrwasser.
*Yachthafen* Abstecher Richtung O durch das Idskenhuistermeer (ausgetonntes Fahrwasser) und einen Einfahrtskanal (Tiefe 1,5 m, Höchstgeschwindigkeit 3,2 kn) führt zum Recreatiepark Idskenhuizen, Strecke 1,5 km. Toiletten, Duschen und Waschmaschine sind am Yachthafen vorhanden.
*Yachthafen* Am O-Ufer des Koevordermeer, kurz hinter der Einfahrt, befindet sich der Jachthaven De Koevoet. Auch hier gibt es Toiletten, Duschen und eine Waschmaschine.

*3,5 km / 1,8 sm*
F.gn. an Stb., Wiedereinfahrt in den Prinses Margriet Kanaal, Tiefe 3,6 m, Höchstgeschwindigkeit 6,7 kn.

*2,2 km / 1,2 sm*
Fahren Sie an Stb. an der O-Seite der Insel vorbei, folgen Sie dem ausgetonnten Fahrwasser in das Westerbrugsloot.

*1 km / 0,5 sm*

# Westerbrugsloot (Prinses Margriet Kanaal)

*Bewegliche Brücke* **Uitwellingergabrug,** Klappbrücke, Durchfahrtshöhe 7,3 m. Öffnung wie Spannenburgerbrug s.o.

# Uitwellingerga (Abstecher)

Kleine Abstecher in die Seitenkanäle N-lich und S-lich des Westerbrugsloot führen zu den folgenden Yachthäfen:
Watersportbedrijf Cantecleer mit Toiletten, Duschen und einem 9-t-Kran.
Jachthaven Krekt oer't Wetter mit Toiletten, Duschen und einem 5-t-Kran.
Jachthaven WSC / Bomotel Hart van Friesland mit Toiletten, Duschen und Waschmaschine.
Jachthaven De Horse Watersport mit Toiletten, Duschen und einem 15-t-Bootslift, Tel. 0 51 53/3 56.
Fahren Sie weiter auf dem Prinses Margriet Kanaal (Modderige Geeuw).

*4,0 km / 2,1 sm*
Abzweigung nach Bb. in den Houkesloot

# Abstecher nach Sneek

Städtischer Hafenmeister Tel. 0 51 50/8 55 55.

*Geschwindigkeitsbegrenzungen* 12,5 km/h im Houkesloot, 6 km/h im Zomerak, ansonsten max. 9 km/h erlaubt.

### Rundfahrt von 8,4 km / 4,5 sm
Fahren Sie nach Bb. in den Houkesloot. Nach 3,5 km Abzweigung an Stb. in den Burg de Hoop Kanaal und nach 0,5 km Abzweigung nach Bb. Hier befindet sich der Jachthaven De Domp Nos I und II (0,2 km O-lich). I bietet Toiletten und Duschen, Tel. 0 51 50/ 1 25 59. Im II. gibt es einen 5-t-Kran und einen 25-t-Bootslift bei Mendes de Jong B.V., Tel. 0 51 50/1 90 25. Der Sneeker Jachthaven ist 200 m W-lich davon, Tel. 0 51 50/1 30 89.

### Abstecher von 10,4 km / 5,6 sm (Rundfahrt)
Fahren Sie nach Bb. in den Houkesloot. Nach 3,5 km Abzweigung an Bb.-Seite ins Zomerak (Liegeplätze nur für 24 Std.). Nach 0,8 km Abzweigung an Bb. Liegeplätze sind im N an der Oosterkade.
*3 bewegliche Brücken* Fahren Sie in die Stadtgracht unter 3 Brücken hindurch zu den Liegeplätzen beim Waterpoort (0,9 km).

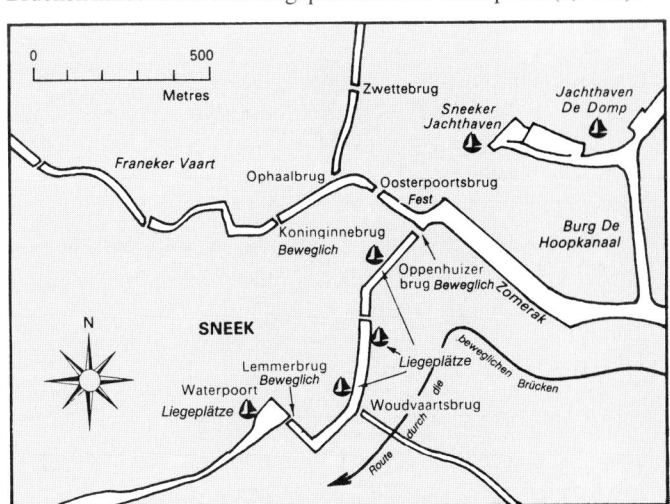

*Der Waterpoort in Sneek*

*Waschsalons* Gebr. Bakker B.V. bei Woudvaart, Tante Sidonia sowie im Kleinzand 54.
*3 bewegliche Brücken* **Oppenhuizerbrug** (Durchfahrtshöhe 0,78 m), **van Harinxmabrug** (1,24 m) und **Lemmerbrug** (0,9 m). Bei jeder Brücke gibt es Liegemöglichkeiten.
*Öffnungszeiten* Mo–Sa 1. April–1. November 0700–0800, 0900–1200, 1300–1700, 1800–2000 (vom 1. Juni–1. September –2100); 1. November–1. April auf Anfrage bei Tel. 0 51 50/ 1 36 58 od. 1 23 23. So und feiertags im Mai und September 0800–0900, 1200–1300, 1800–2000; 1. Juni–1. September 0800–0900, 1400–1700, 1800–2000; 1. Oktober–1. Mai geschlossen. Rückweg entspr. Hinfahrt.

Gn. Tonne PM72/HO1 an Bb. lassen, Einfahrt ins Sneekermeer.

# Sneekermeer

Höchstgeschwindigkeit 12,5 km/h im Fahrwasser, 9 km/h außerhalb, 3 km/h in den kleinen Fahrwassern zu den Poelen. Tiefe meist 1,2 m, das ausgetonnte Fahrwasser geht tiefer. Von den gn. und r. Fahrwassertonnen sind einige befeuert.
*Liegeplätze* Pontons gibt es auf Starteiland am O-Ufer. Paviljoen Sneekermeer, Abzweigung nach 400 m in ein 1,2 km langes Fahrwasser; Duschen, Toiletten, Waschmaschine und 3,5-t-Kran sind vorhanden, Tel. 0 51 50/1 39 55.

*4,1 km / 2,2 sm*
*Schleuse* **Terhornstersluis.** Schleusentore meistens offen.

# Abstecher nach Terhorne

Abzweigung nach Stb. hinter der Schleuse. Folgen Sie dem ausgetonnten Fahrwasser ins und durch die Brücke des Nieuwe Zandsloot. Die Oude Zandsloot-Brücke wird nicht mehr vom Yachthafen verwaltet.

*Yachthäfen* Toiletten und Duschen gibt es im Jachthaven van Sjerp de Vries.

Der Jachthaven Oksewiel hat einen 10-t-Kran, Tel. 0 56 68/2 77. Die Jachtwerf Rijpkema hat ebenfalls einen 10-t-Kran, Tel. 0 56 68/3 40. Einen 2-t-Kran hat W. Dam, Tel. 0 56 68/5 38. Der Watersportbedrijf De Horne hat einen 2,5-t-Kran, Tel. 0 56 68/2 64.

*Liegeplätze* Es gibt am S-Ufer des Zandsloot, O-lich der alten Brücke sowie im Terhornster und Terkaplester Poelen Liegemöglichkeiten.

*Öffnungszeiten* **Zandslooter Zugbrücke** (Durchfahrtshöhe 2,45 m): Mo–Sa 1. Mai–1. Oktober 0700–0800, 0830–1200, 1300–1730, 1800–2100 (Sa –2000); 1. Oktober–15. November und 15. März–1. Mai 0700–0800, 0830–1200, 1300–1730, 1800–1900 (Sa –1800); 15. November–15. März Mo–Fr 0700–1200, 1300–1700. Nur auf Anfrage Mo–Fr 0600–0700, 1700–2000, Sa 0700–1700 unter Tel. 0 58/92 58 88 od. 12 24 22. So und feiertags im Mai und September 0900–1200, 1400–1800; 1. Juni–1. September 0900–1200, 1400–1700, 1800–2000; 1. Oktober–1. Mai geschlossen.

Fahren Sie weiter im Nieuwe Wetering.

# Nieuwe Wetering (Prinses Margriet Kanaal)

Höchstgeschwindigkeit 12,5 km/h, Tiefe 3,6 m.

*2,4 km / 1,2 sm*
*Bewegliche Brücke* **Oude Schouw,** Klappbrücke, Durchfahrtshöhe 7,3 m, Öffnung wie Spannenburgerbrug.

*3,5 km / 1,8 sm*
*2 bewegliche Brücken* **Grouw Eisenbahnbrücke** (Durchfahrtshöhe 4,85 m) und Straßenbrücke (Durchfahrtshöhe 5,3 m). *Öffnungszeiten* Mo 0400–2400, Di–Fr 0000–2400, Sa 0000–2000; So und feiertags 5. Mai–1. Oktober 0830–2000, 1. Oktober–5. Mai geschlossen. Mit 20–40 Min. Wartezeit ist zu rechnen, Uhr am Brückenbüro zeigt die nächste Öffnung an, sonst UKW-Kanal 18 benutzen (Spoorbrug te Grouw).

*2,0 km / 1,1 sm*
Fl. gn. an Stb., Einfahrt ins Pikmeer.

# Pikmeer

Mindesttiefe im Fahrwasser 3,6 m, außerhalb 1,8 m (Pikmeer und Grouw). Fahren Sie im mit r. und gn. Tonnen bezeichneten Fahrwasser. Blz.gn. am N-Ende am Stb.-Ufer bezeichnet den Einfahrtskanal ins Biggemeer.

# Grouw

*Yachthafen* Der WV Grouwster Watersport hat Toiletten und Duschen.

Weitere städtische und private Anlegemöglichkeiten finden Sie in der Stadt sowie im N und W in der Nauwe Galle und der Rechte Grouw.

Einen 20-t-Kran hat die Jachtwerf De Polle B.V., einen 4-t-Bootslift A.E. Wester en Zn, Tel. 0 56 62/13 35.

*0,8 km / 0,4 sm*
Einmündung in das Lang Deel: Nach Stb. Richtung Leeuwarden, Tiefe 3,95 m, nach Bb. in Richtung Wartena, Tiefe 2,15 m.

*1,4 km / 0,7 sm*
# Biggemeer

Gn. Tonne (unbefeuert) an Stb. lassen.

Abzweigung in den Direihuister Sloot, geradeaus finden Sie schöne Anlegeplätze am Rengerspolle.

*2,1 km / 1,1 sm*
Wiedereinfahrt in den Prinses Margriet Kanaal. Fahren Sie weiter in Richtung Nordost bis km 53,8.

*1,7 km / 0,9 sm*
Einfahrt zu den Seen Saiterpetten und Princenhof mit vielen Ankerplätzen und Anlegestegen.

*2,1 km / 1,1 sm*
Kreuzung Prinses Margriet Kanaal / Rogsloot / Lange Sloot. Im NW Dorf Wartena, im SO Seengebiet Princenhof.

# Abstecher nach Wartena

6 km/h Höchstgeschwindigkeit
*Yachthafen* An Bb.-Seite, 500 m in den Rogsloot hinein, befindet sich der Jachthaven Wartena, Tiefe 3,5 m, Toiletten und Duschen sind vorhanden, Tel. 0 51 05/18 70.

*3 km / 1,6 sm*
*Bewegliche Brücke* **Fonejachtbrug,** Klappbrücke, Durchfahrtshöhe 7,3 m, Öffnung wie Spannenburgerbrug.

*0,5 km / 0,2 sm*
Abzweigung nach Bb. ins Schalke Diep, Tiefe 3,95 m. Höchstgeschwindigkeit 12,5 km/h.

# Leeuwarden

Hafenmeister Tel. 0 58/13 14 41. Höchstgeschwindigkeit 9 km/h in den Stadtkanälen. Yachten, die ihren Mast nicht legen, müssen einen langen Umweg in den W der Stadt sowie durch die Harlingertrekvaart in Kauf nehmen und umfahren so die festen Brücken.

*1,7 km / 0,9 sm*
Abzweigung des Van Harinxmakanaal nach Bb.

*1,2 km / 0,6 sm*
*Kreuzung mit der Nauwe Greuns / Wijde Greuns.*

# Abstecher zu den Yachthäfen von Leeuwarden

*Bewegliche Brücke und Yachthafen* 1,3 km Richtung N vor der O-Seite der Wijde Greuns und durch die bewegliche Brücke fahren Sie zum Jachthaven Leeuwarder Watersport und zum Nieuwe Leeuwarder Jachthaven mit Toiletten und Duschen.
**Hemriksbrug** (beweglich, Durchfahrtshöhe 2,52 m) oder **Greunsbrug** (fest, Durchfahrtshöhe 3,08 m).
*Öffnungszeiten* Mo–Fr 0600–0715, 0830–1215, 1400–1730, 1815–2015 (1. Oktober–1. April –1915); Sa 0830–1215, 1330–1630, 1800–1915 (außer 1. Oktober–1. April); 1. Mai–1. Oktober So 0930–1115, 1800–1900; feiertags 0800–1000, 1930–2030; 1. Oktober–1. Mai So und feiertags geschlossen.

# Van Harinxmakanaal

Höchstgeschwindigkeit 6,7 kn, Tiefe 3,95 m.

*1,4 km / 0,8 sm*
*Bewegliche Brücke* **Drachtsterbrug,** Durchfahrtshöhe 5,3 m.
*Öffnungszeiten* Mo–Sa 1. Mai–1. Oktober 0600–0700[1], 0700–2100 (Sa –2000); 1. Oktober–15. November und 15. März–1. Mai 0600–0700[1], 0700–1900, 1900–2000[1] (Sa 0600–0700[1], 0700–1800, 1800–1900[1]); 15. November–15. März 0600–0700[1], 0700–1700, 1700–2000[1] (Sa 0600–1900[1]). So und feiertags geschlossen.
[1] Nur auf Anfrage bei Prov. Waterstaat Friesland, Tel. 0 58/ 92 58 88.

*Bewegliche Brücke* **Footbrug,** Durchfahrtshöhe 5,3 m und Öffnungszeiten wie Drachtserbrug.

*1,4 km / 0,7 sm*
*Bewegliche Brücke* **Eisenbahnbrücke,** Höhe 5,3 m. Öffnung wie Drachtserbrug mit Einschränkung durch den Zugverkehr. Zeiten siehe ANWB-Broschüre „Openingstijden van Spoorwegbruggen".

*0,6 km / 0,3 sm*
**Kreuzung mit Zwette / Zwettehaven.**

*0,7 km / 0,4 sm*
*Bewegliche Brücke* **Eisenbahnbrücke,** Höhe 5,3 m. Öffnung wie Drachtserbrug mit Einschränkung durch den Zugverkehr. Zeiten siehe ANWB-Broschüre „Openingstijden van Spoorwegbruggen".

*0,8 km / 0,4 sm*
Abzweigung an Stb., fahren Sie O-wärts in die Harlingertrekvaart.

*0,9 km / 0,5 sm* Gabelung, Richtung Stadt an Stb.

# Leeuwarden

Brücken und Versorgungseinrichtungen siehe Route 18.

*2,5 km / 1,3 sm*
**Vrouwenpoortsbrug** (Ende der Route).

# Die Friesischen Inseln und die Waddenzee

## Route 20
## Eine Rundreise in der südlichen Waddenzee

### Einweisung

Diese Route führt durch den tieferen Teil der Waddenzee. Sie werden hier sowohl viele der faszinierenden großen, alten holländischen Plattbodenschiffe als auch die tiefgehenden modernen Segelyachten antreffen. Im allgemeinen ist man in den Fahrwassern zwischen den vielen trockenfallenden Sänden recht gut geschützt. Dennoch ist anzumerken, daß es in den beiden Seegatten bei starken N-lichen bis W-lichen Winden sowie dann, wenn der Wind gegen den Strom steht, sehr unangenehm werden kann.

Die Inseln bestehen aus großen Dünengebieten im W sowie Weideland und Nadelbaumpflanzungen im windabgewandten O.

Auf allen Inseln können Fahrräder gemietet werden.

Texel hat eine sehr vogelreiche W-Küste, die Sie per Fahrrad erkunden können. Oudeschild ist ein angenehmes Dorf mit 2 Kirchen und einem Rettungsboot-Museum in der Nähe der über dem Hafen thronenden Windmühle. Im N-Teil des Hafens liegen einige Schlengel. Im neuen O-Teil darf man nur drei Tage liegen.

Die mit viel Grün angelegte Stadt Den Burg ist die Hauptstadt Texels. Man erreicht sie nach einer halbstündigen Fahrradtour durch das Weideland im Inselinneren. Den Burg ist kreisförmig um das Einkaufszentrum herumgebaut und besitzt auch ein Museum.

Oost Vlieland, das Juwel der Inseln, hat einen kleinen Hafen, der sich in der Nähe der langen, baumbestandenen Hauptstraße mit Restaurants und kleinen Läden befindet. In den bewaldeten Dünen steht ein kleiner Leuchtturm.

Besuchern ist es nicht erlaubt, ihre Autos mit auf die Insel zu bringen. Es gibt spezielle Fahrradwege, die sich durch die Wälder schlängeln und zu den Stränden an der N-Seite führen.

Probieren Sie den Preiselbeerwein, eine Inselspezialität.

Terschelling bietet mit seinem Wald, der Heide sowie den Dünen und Stränden eine ähnliche Landschaft, ist aber eine größere Insel, deren Hauptstadt eine gute Auswahl an Restaurants sowie ein kleines Museum aufzuweisen hat.

Im Leuchtturm Brandaris auf Terschelling wurde der „Centrale Meldepost Waddenzee" eingerichtet, der über UKW-Kanal 4 zu erreichen ist und das gesamte Wattenmeer abdeckt. Er ist rund um die Uhr besetzt und soll bei Bränden, Verunreinigungen, beschädigten Verkehrszeichen usw. informiert werden (Ruf: Brandaris). Für Notfälle hört die Küstenwache auf Kanal 16.

Zu Harlingen lesen Sie die Einführung in Route 17.

*Strecke*  153 km / 82 sm
Die vier Teilstrecken sind: Harlingen–Texel 26 sm, Texel–Vlieland 31 sm, Vlieland–West-Terschelling 7 sm, West-Terschelling–Harlingen 19 sm.
*Brücken*  2 bewegliche Brücken in Harlingen.
*Schleusen*  1 offenstehende Keersluis in Harlingen.
*Tiden, Durchfahrtshöhen und Tiefenangaben*  Tidengewässer. Die Tiefenangaben in den NL-Sportbootkarten beziehen sich auf NNW. Obwohl der Tidenhub gering ist (1,4 m bei Nipp-, 2 m bei Springtiden), läuft in den Seegatten eine Strömung von teilweise 3,5 kn und mehr, so daß es sich durchaus lohnt, die jeweils günstigste Tide abzupassen.

*Von Harlingen nach Texel (26 sm)*  Das untiefe Fahrwasser Boontjes benutzen Sie am besten mit dem letzten Flutstrom, um dann mit dem Ebbstrom vom Kornwerderzand nach Texel zu fahren.

*Von Texel nach Vlieland (31 sm)*  Mit der zweiten Fluthälfte kommt man bis ins Scheurak. Im Inschot und Vliestroom fährt man am besten mit dem Ebbstrom und muß vielleicht nur die letzte Meile gegenanmotoren.

*Von Vlieland nach West-Terschelling (7 sm)*  Das Zeegat ist am Ende der Flut zum Zeitpunkt der geringsten Strömung (Stauwasser) zu passieren.

*Von West-Terschelling nach Harlingen (19 sm)*  Es ist zu empfehlen, mit dem Flutstrom zu laufen.

*Geringe Tiefen auf der Strecke*  Das Boontjes-Fahrwasser mit 1,6 m Tiefe bie NNW und trockenfallenden Sänden auf beiden Seiten befährt man bei auflaufendem Wasser. Tiefergehende Yachten sollten nahe HW fahren. Ansonsten können Sie auf dieser Strecke mit einer Wassertiefe von mehr als 2 m rechnen.

*Karten*  NL-Sportbootkarte 1811 sowie Stroomatlassen HP 17 und 18. Deutsche Seekarten D 214, 85, 86.

## Beschreibung der Route

## Harlingen Noorderhaven

*Yachthafen*  Einfahrt und Versorgungseinrichtungen siehe Route 17.

Es gibt keine Verkehrssignale. Ausfahrt zwischen r. Leuchttonnen (bezeichnen die O-Seite des Fahrwassers) und der W-Mole, dann Rundung des W-lichen Molenkopfs. Wassertiefe in Einfahrtsnähe mind. 3,2 m.

*Harlingen: Die Keerschleuse vor dem Oude Binnenhaven*

*1,5 km / 0,7 sm*
Untiefen-Leuchttonne BS33/BO44 vor der Ansteuerung von Harlingen an Stb. liegenlassen und Richtung S ins Boontjes fahren.

# Boontjes

Fahren Sie im mit Tonnen und Baken bezeichneten Fahrwasser bei auflaufendem Wasser.
Vor Harlingen Mindesttiefe 6 m, 1,6–2 m in den folgenden 4 km, später mind. 2,5 m Tiefe in den letzten 6 km.
Das Fahrwasser ist schmal, und auf beiden Seiten befinden sich trockenfallende Sände. Fahren Sie im N an der Einfahrt der Schleusen von Kornwerderzand vorbei. Beachten Sie, daß die 2-m-Linie im N im Fahrwasser verläuft und der Bereich der S-lichen Fahrwasserbegrenzung das tiefste Wasser bietet.

*14,6 km / 7,9 sm*
Untiefen-Leuchttonnen KWZ an Stb. liegenlassen und an Bb. in das Richtung SW führende Fahrwasser Doove Balg fahren.

# Doove Balg

Ausgetonntes Fahrwasser, einige Leuchttonnen, Tiefe 4,4 m.
Folgen Sie dem betonnten Fahrwasser von der Leuchttonne D24 Iso.8s.r. bis zur Leuchttonne D2-S01Fl(2+1)12s am Texelstroom.

# Texelstroom

Das Fahrwasser ist ausreichend betonnt und befeuert. Die Tonnen sind mit T bezeichnet. Im Fahrwasser zwischen 6 und 25 m tief.

# Oudeschild

MSpHW 1,8 m, MSpNW 1,5 m, NNW NAP 1,2 m.
*Den Helder* MSpHW 1,8 m, MSpNW 0,2 m, MNpHW 1,6 m, MNpNW 0,5 m.

*12,8 km / 6,9 sm*
*Hafeneinfahrt* Molenköpfe befeuert mit F.r. und F.gn., auf dem S-lichen Molenkopf zusätzlich zwischen 0600 und 2200 Uhr Nebelhorn (2)30s. Das Richtfeuer mit Oc.6s. führt auf rw 291° in den Hafen, wenn man es beim Einlaufen in der Mitte zwischen den F.r. und F.gn. hält. 350 m OSO-lich der Einfahrt liegt eine r. Leuchttonne. Tiefe des Handelshafens 3,2–4,2 m.

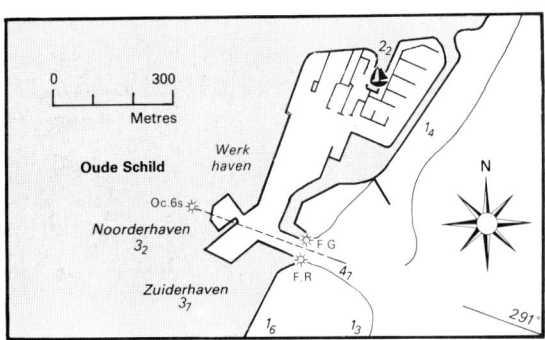

*Einfahrt Oudeschild (o.) und Zuiderhaven (u.)*

Im N des Hafenbeckens ist der Jachthaven Oudeschild, Tiefe 2,2 m. Der WV Texel stellt Toiletten und Duschen zur Verfügung. UKW: Küstenwache (Ruf Kustwacht Eierland) Kanal 67. Hafenmeister Kanal 9, Zoll vom 1. April–1. November am Hafen. Dienstzeit 0830–2000 oder in Den Helder.

# Texelstroom

Fahren Sie O-wärts in das mit Leuchttonnen bezeichnete Fahrwasser (s.o.).

*12,8 km / 6,9 sm*
R/gn/r. Leuchttonne D2/SO1 S-lich liegenlassen und mit Kurs ONO ins Scheurrak halten.

# Scheurrak, Omdraai, Oude Vlie

Ausgetonnte Fahrwasser, allerdings keine Leuchttonnen, deshalb nur bei Tageslicht zu befahren.
Gewundenes Fahrwasser, Tiefe mind. 3 m, an den Kanten trockenfallende Sände, zum N-lichen Ende hin weniger als 200 m breit.

*20,4 km / 11,0 sm*
Tonne IN17/SO48 an Bb. lassen und nach NW ins Inschot fahren.
Halten Sie sich von den trockenfallenden Landspitzen beiderseits
der Abzweigung frei. Die Betonnung ändert sich: gn. Tonnen an
Bb., r. an Stb. liegenlassen.

# Inschot

Mit Tonnen bezeichnetes Fahrwasser, viele Leuchttonnen, Mindesttiefe 3 m. Folgen Sie den Fahrwassertonnen entlang der W-
Seite des Wolfshoek beim N-lichen Ende des Fahrwassers.

*10,4 km / 5,6 sm*
Gn/r/gn. Leuchttonne BS1/IN2, Beginn des Vliestroom Richtung N.

# Vliestroom

Ausgetonntes Fahrwasser, viele Leuchttonnen, Mindesttiefe 7 m.
Fahren Sie N-lich der Insel Richel bis zur Einfahrt ins Vliesloot N-
lich von Oost Vlieland.

*11,9 km / 6,4 sm*
Einfahrt in den Vliesloot zwischen den Leuchttonnen ZS14-
LFI.8s.r. und ZS13-VS2, FI (2+1)12s.gn.

# Vliesloot

Betonntes Fahrwasser, einige Leuchttonnen. Die gn. Tonnen der
W-Seite liegen dicht an Vlieland, bleiben Sie deshalb dicht an den
r. Tonnen auf der O-Seite des Fahrwassers und lassen die gn.
Leuchtbake W-lich liegen. Mindesttiefe 3,6 m.

*2,6 km / 1,4 sm*

# Oost Vlieland

MSpHW 2,3 m, MSpNW 0,2 m, MNpHW 2,0 m, MNpNW
0,5 m.

Die Molenköpfe der Einfahrt sind mit F.r. und F.gn. befeuert. Ha-
fenmeister Tel. 0 56 21/15 63, Hafenmeister des Jachthaven Tel.
0 56 21/17 29.
*Zoll*  vom 1. Mai bis 1. November im NW des Yachthafens.
*Yachthafen*  Mindesttiefe 1,8 m, im Werkhaven 2,4 m. In beiden
Becken gibt es Liegemöglichkeiten. In der Hochsaison ist der Ha-
fen häufig überfüllt, so daß im Fahrwasser geankert werden muß.
Toiletten, Duschen und ein 10-t-Kran sind vorhanden.

*2,6 km / 1,4 sm*
Von den Leuchttonnen ZS14-LFI.8s.r.und ZS13/VS2, FI(2+1)
12s.gn. auf direktem Kurs über die Gronden van Stortmelk zu den
Leuchttonnen ZS20-BD17, VQ(6) + LFI.10s. und BD14-SG1 und
dann in das Schuitengat.

# Schuitengat

Fahrwasser mit Leuchttonnen und Leuchtbaken bezeichnet, sehr
schmal, Mindesttiefe 2,6 m. Folgen Sie den Tonnen Richtung NO.

*4,3 km / 2,3 sm*
Gn. Leuchtbake SG13 S-lich liegenlassen. Ein Richtfeuer
Oc.5s.w. führ auf rw 53° vor die Einfahrt, der die Leuchttonne
SG15, LFI.8s.gn. gegenüberliegt.

# West-Terschelling

MSpHW 2,2 m, MSpNW 0,1 m, MNpHW 1,9 m, MNpNW 0,5 m.
Die Küstenwache ist auf UKW-Kanal 16, 2 zu 67 zu erreichen.

*1,4 km / 0,8 sm*
Das Feuer auf dem Brandaris-Turm (Fl.5s.) soll beim Einlaufen
zwischen den Feuern F.r. und F.gn. gehalten werden. Auf der
Westmole steht ein Nebelhorn (15s.). Fahren Sie entlang der O-
Mole, die mit weißen Feuern (Lfl. und Q) bezeichnet ist, zum N-
Ende des Hafens (Dellewal), in dem sich die Liegeplätze befin-
den, 2,6 m tief. Toiletten, Duschen und Waschmaschine sind vor-
handen. Hafenmeister Tel. 0 56 20/22 35.
Mindesttiefe des S-lichen Hafenteils 4,1 m.

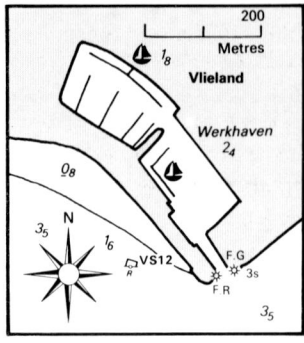
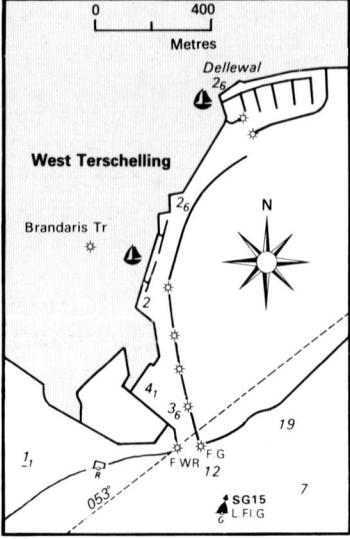

*Oost Vlieland (o.)*
*und West Terschelling (re.)*

*West Terschelling: Liegeplätze an der Westpier*

*Zoll*  Nur vom 1. Mai–1. November im Havenkantoor, Dellewal 1, Tel. 0 56 20/28 84.

*1,4 km / 0,8 sm*
Gn. Leuchtbake SG13 dicht S-lich liegenlassen und ins Schuitengat Richtung SW fahren.

# Schuitengat

Fahren Sie zurück mit Kurs SW im mit Leuchttonnen bezeichneten Fahrwasser.
*4,3 km / 2,3 sm*
Leuchttonne BD13-SG1 dicht W-lich liegenlassen und mit Kurs S
in den Vliestroom laufen.

# Vliestroom

Fahren Sie mit Kurs S in dem mit Leuchttonnen bezeichneten
Fahrwasser.

*9,3 km / 5,0 sm*
Gn/r/gn. Leuchttonne BS1/IN2 und r. Leuchttonne BS2. Fahren
Sie zwischen diesen beiden Tonnen in das Fahrwasser Blauwe
Slenk an Bb.-Seite.

# Blauwe Slenk

Folgen Sie dem gewundenen, mit Tonnen (einige Leuchttonnen)
bezeichneten Fahrwasser. Mindesttiefe 3 m, steil abfallende,
trockenfallende Kanten.

*10,9 km / 5,9 sm*
R. Leuchttonne BS28 und gn. Leuchttonne BS27. Beginn des
Fahrwassers Pollendam.

# Pollendam

Das Sektorenfeuer von Harlingen (Glt.r.4s) bezeichnet die gefährliche N-Seite des Pollendam. Folgen Sie auf der S-Seite des
Damms dem w. Sektor als Richtfeuer in Linie 112° (Glt.w.4s), Unterfeuer Glt.4s, Oberfeuer Ubr.6s auf s/w. Masten. R. Baken (einige befeuert) bezeichnen den Damm. Gn. Leuchtbaken in großem
Abstand begrenzen das Fahrwasser im S. Das Fahrwassser ist sehr
schmal. Mindesttiefe in der Einfahrt nach Harlingen 3,2 m.

# Hanerak

Fahrwasser, das S-lich des oben beschriebenen verläuft, nur 1,5 m
Tiefe, mit r. und gn. (dicht aufeinanderfolgend) bezeichnet.

*6,9 km / 3,7 sm*
G/s/g. Untiefentonne BS33/BO44 vor der Einfahrt von Harlingen
dicht S-lich liegenlassen.

*1,5 km / 0,8 sm*
# Harlingen Noorderhaven

*Yachthafen*   siehe Route 17.

# Route 21
# Die nördliche Waddenzee: Im Prickenweg von Terschelling nach Delfzijl

### Einführung
Während diese Route in Delfzijl endet, ist es wahrscheinlicher,
daß der Leser nach Borkum und an den anderen deutschen Ostfriesischen Inseln vorbei Richtung Elbe oder Nord-Ostsee-Kanal
läuft. Die Fahrwasser sind bis zu den Enden der Tiefwasserwege
mit Tonnen, dazwischen mit Pricken bezeichnet. Die Tonnen sind
dem Fahrwasser entsprechend beschriftet und durchnummeriert
(z.B. ZSA9 bedeutet Zuider Spruit Ameland Nr. 9).
Beachten Sie, daß die Markierung der Fahrwasser oft über die
Wattenhochs hinaus reicht, d.h. Bb.- und Stb.-Zeichen nicht
wechseln, sondern so weiterlaufen, wie es der Markierung in den
Seekarten entspricht.
Die Richtung der Betonnung ist in den Karten mit rotumrissenen
Pfeilen verzeichnet. Dasselbe gilt auch für die Pricken. Bb.-
Pricken sind meist ungebunden (Toppzeichen: Spitze nach unten)
und haben ein r., bei Anstrahlung aufleuchtendes Band. Nur teilweise werden die Fahrwasser zusätzlich mit Stb.-Pricken bezeichnet, die nach untengebundene Zweige (Toppzeichen: Spitze nach
oben) haben und mit einem gn. reflektierenden Band am Stamm
ausgestattet sind.
Um die Fahrwasser möglichst lange nutzen zu können, fahren Sie
am Fahrwasseranfang und -ende mit einiger Entfernung zu den
Pricken, während Sie in Wattenhochnähe, wenn das Fahrwasser
schmaler wird, sich immer dichter an den Pricken halten müssen,
um max. Tiefe zu haben. Schenken Sie den realen Markierungen
und nicht den in der Karte verzeichneten Tiefenlinien Glauben.
Über Terschelling lesen Sie in der Einführung der Route 20.
Ameland, einst vom Walfang abhängig, lebt heute fast ausschließlich vom Tourismus.
Im O der Insel erstreckt sich weites Weideland, das nur mit ein
paar Bäumen bestanden ist. In der Nähe von Nes gibt es ein Vogelschutzgebiet, das Natuurmuseum Ameland. Wenn Sie Ihre Yacht,
auf festen Grund gesetzt und an die Hafenmauer gelehnt, verlassen, sollten Sie mit einem gemieteten Fahrrad die 3 alten Dörfer
Ballum, Hollum und Buren besuchen.
In Hollum gibt es ein kleines Museum in einem der alten Kapitäns-
häuser. Ende des 19. Jh. scheiterte der Versuch, Ameland mittels
eines bei NW trockenfallenden Damms an das Festland anzu-
binden.
Über Lauwersoog lesen Sie in der Einführung der Route 18.
Schiermonnikoog ist eine kleine, faszinierende Insel. Der Hafen,
nicht mehr als ein von Spundwänden umgebenes Wasserloch, befindet sich am Ende des Damms, der über den Sand führt.

Es gibt wenig Autos, da Besucher ihre Fahrzeuge auf dem Festland lassen müssen; Nadelbaumwälder, Weideland und Dünen sowie ein Vogelschutzgebiet im O der Insel laden zu einer der Gesundheit dienlichen Fahrradtour ein.

Über Delfzijl lesen Sie in der Einführung der Route 18.

*Strecke*   164 km / 88 sm
Aufteilung in 3 einzelne Touren:
Von West-Terschelling nach Nes (26 sm), von Nes nach Lauwersoog (20 sm) und von Lauwersoog nach Delfzijk (43 sm).
*Schleusen*   1 Schleuseneinfahrt nach Lauwersoog.
*Tiden, Durchfahrtshöhen und Tiefenangaben*  Tidengewässer, außer dem Abstecher ins Lauwersmeer, wo sich Höhen- und Tiefenangaben auf LZP (Lauwersmeer Zomerpeil entspr. NAP –0,9 m) beziehen.
Ansonsten beziehen sich die Durchfahrtshöhen auf MSpHW, die Tiefenangaben auf NNW.
*Geringe Tiefen auf der Strecke*   Der Tidenhub in der Waddenzee nimmt in Richtung NO geringfügig zu.
Die Spring-/Nipptidenhübe sind die folgenden: West-Terschelling 2,1 / 1,4 m, Harlingen 2,0 / 1,5 m, Nes 2,5 / 1,8 m, Lauwersoog 2,5 / 1,7 m, Schiermonnikoog 2,6 / 1, 8 m, Borkum 2,7 / 2 m, Delfzijk 3,2 / 2,5 m.
Das höchste Wattenhoch (auf holländisch wad od. wantij) hat bei MHW 1,5 m Wassertiefe und fällt bei NNW 0,7 m trocken.
Mit einer Yacht mit 1,25 m bzw. 4,1 ft Tiefgang sollten Sie die Passage in der Zeit von Springtiden machen, selbstverständlich bei HW.
Gewöhnlich haben die Schwertyachten (Plattbodenboote) der Region einen Tiefgang von 0,5 m. Es ist wünschenswert, eine starke Maschine zu haben; einerseits um zügig voranzukommen, andererseits um nach eventuellem Auflaufen wieder freizukommen.
Die Wattenhochs sollten Sie immer bei auflaufend Wasser passieren, so daß Sie, wenn Sie auflaufen, auf jeden Fall mit dem steigenden Wasser wieder freikommen. Sollten Sie nicht gleich unter Maschine freikommen, so können Sie ankern und ein wenig abwarten.
Auf der Strecke von West-Terschelling nach Nes ist dies leicht einzuhalten, zumal Nes nur 1–2 Std. vor und nach HW anzulaufen ist und bei NW trockenfällt.
Von Nes nach Lauwersoog ist es schon schwieriger, da man erst kurze Zeit vor HW auslaufen kann, es sei denn, man läuft bei Ebbe aus und wartet, vor dem Hafen im Fahrwasser ankernd, auf die Flut.
Die letzte Teilstrecke von Lauwersoog nach Delfzijl ist am schwierigsten zu meistern, denn es gilt nicht nur, in den 26 sm in der Waddenzee gleich mehrere Wattenhochs zu passieren. Zusätzlich müssen Sie die letzten 17 sm die Ems gegen den Ebbstrom hochlaufen.
Besonders bei Springtiden ist dann ein starker Motor nötig.
Sollten Sie Delfzijl aus irgendeinem Grund nicht erreichen können, bleibt Ihnen noch Borkum als Ausweichziel.
*Karten*   NL-Sportbootkarten 1811 und 1812 sowie Stroomatlassen HP 17 und 18. Deutsche Seekarten D 85, 86, 90, 91.

# Beschreibung der Route

## West-Terschelling

MSpHW 2,2 m, MSpNW 0,1 m, MNpHW 1,9 m, MNpNW 0,5 m. Einzelheiten über Einfahrt und Versorgungseinrichtungen siehe Route 20.

Aus der Einfahrt kommend laufen Sie in Richtung Ost in die Oosterom.

## Oosterom

Fahrwasser mit unbefeuerten Tonnen und Baken bezeichnet, nur bei Tageslicht zu befahren.
Lassen Sie die Wracktonne 3 km/1,6 sm vor der Einfahrt an Bb. liegen und folgen Sie dem betonnten Fahrwasser bis zu der r/w. Tonne NB14-O15. Dort überqueren Sie das Fahrwasser Noorder Balgen und fahren ab Tonne O20 wieder in der Oosterom weiter nach O bis zur Einmündung in das Boschgat bei der gn./r. Tonne O15A-BB2.
Das Wattenhoch fällt bei NNW trocken, Tiefe ca. 1,5 m bei MHW.

## Boschgat

Bei ruhigem Wasser können Sie im Boschgat nach Norden bis zu der gn./r. Tonne WG11-O72 und von dort mit dem Flutstrom ins Borndiep einlaufen.
Das Westgat, bei auflandigem Wind sehr gefährlich, kann umgangen werden, wenn man von der gn./r. Tonne O15A-BB2 das mit roten Tonnen (BB2A – WG21-BB22) und einigen Pricken bezeichnete Wattfahrwasser (bei NW 0,2 m tief) zum Borndiep befährt.

## Borndiep

Mit Tonnen bezeichnetes Fahrwasser, dessen Kanten steil abfallen. Mindesttiefe 5 m.
Im O sehen Sie den Leuchtturm Ameland. Eine Leuchtbake, Fl(5) Y20s. steht 1 km vor der Einfahrt in das Molengat und bezeichnet die trockenfallende Vrijheidsplaat. Die gn/r/gn. Leuchttonne WG31/VH50 bezeichnet das Ende des Borndiep im S.

*9,1 km / 4,9 sm*
R. Tonne MG2 an Bb. liegenlassen und mit Kurs NO ins Molengat laufen.

## Molengat und Brandgat

R. unbefeuerte Tonnen bezeichnen die N-Seite des Fahrwassers. Am Ende des Leitdamms von Ameland steht die Leuchtbake mit BB, Iso.4s.r. Es folgen gn. Tonnen, die an Stb. liegenzulassen sind, sowie eine Leuchtbake Fl(5) Y20s. im N des Fahrwassers. Mindesttiefe 3,4 m.

*7,6 km / 4,1 sm*

# Nes

MSpHW 2,7 m, MSpNW 0,2 m, MNpHW 2,4 m, MNpNW 0,6 m.
Die r/gn/r. Leuchtbake MG28-R1, Fl(2+1)11s. an Stb. liegenlassen und durch das mit Pricken bezeichnete Reegeul zum Hafen Nes fahren.
Ungebundene Pricken (Toppzeichen: Spitze nach unten) an Bb., gebundene Pricken (Toppzeichen: Spitze nach oben) an Stb. liegenlassen. Die Stb.-Seite des Fahrwassers wird zusätzlich durch zwei Leuchtbaken R3,Iso.4s.gn. und R5,QR5, gn. bezeichnet. Der mit Iso.6s. befeuerte Molenkopf ist an Bb. liegenzulassen.
*Liegeplätze* fallen trocken. Melden Sie sich beim Hafenmeister, Tel. 0 51 91/23 04 od. 43 05 od. 27 29. Toiletten und Duschen sind vorhanden. Im Hafen (etwa 30 Boote) darf man bis zu 3 Tagen liegen, jedoch das Boot nicht unbemannt liegen lassen.

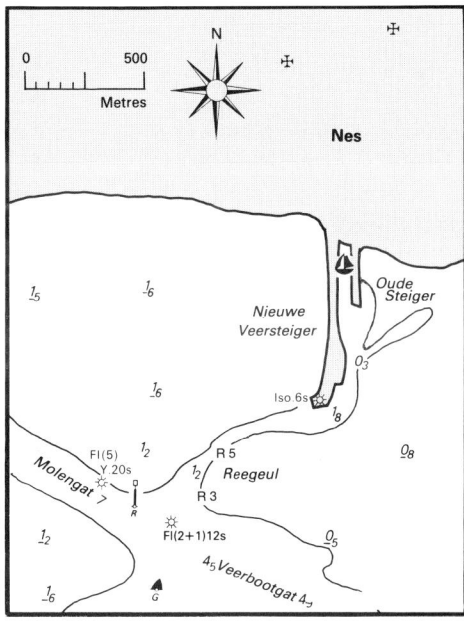

# Veerbootgat

Mit Tonnen bezeichnetes Fahrwasser (1 Leuchttonne), r. Tonnen an Bb., gn. Tonnen an Stb. liegenlassen. Mindesttiefe 3 m.

*1,5 km / 0,8 sm*
R/gn/r. Tonne KG18/ZSA1 sowie gn. Tonne ZSA3 S-lich liegenlassen (liegen N-lich eines trockenfallenden Sandes).

# Zuider Spruit Ameland

Bleiben Sie dicht an den Fahrwassertonnen, r. Tonnen an Bb., gn. Tonnen an Stb. passieren.
2 Paare gelber Spierentonnen bezeichnen Ein- und Ausfahrt des Pipelinegebiets.
Die Überreste des alten Deichs zum Festland befinden sich auch hier. Das Fahrwasser führt durch ein Loch im Deich, und zwar zwischen den beiden Tonnenpaaren ZSA8, ZSA17 und ZSA10,

ZSA19. Ab der r. Tonne ZSA16 bezeichnen ungebundene Pricken den Weg über das Wattenhoch, die an Stb. zu passieren sind. Das Wattenhoch fällt bei NW trocken, Wassertiefe bei MHW ca. 1,5 m.

*10,7 km / 5,8 sm*
S-lich der Tonne ZSA16 beginnt der Prickenweg bis zur Tonne HB2.

# Holwerderbalg

Bezeichnet mit Fahrwassertonnen der Serie HB, verläuft Richtung O, r. Tonnen an Bb., gn. Tonnen an Stb. lassen. Wassertiefe nimmt ab r. Tonne HB10 zu, mind. 2,2 m.
Das andere, später nicht weiter bezeichnete Fahrwasser ins Friesche Zeegat ist nicht zu empfehlen.

*7,2 km / 3,9 sm*
Untiefentonne. Fahren Sie an Stb. N-lich der Tonne ins Pinkegat.

# Pinkegat

Fahrwasser hauptsächlich mit gn. Tonnen bezeichnet, die an Bb. zu passieren sind. Die r. Tonne an Stb. passieren. Bei NNW stehen im Pinkegat noch 0,7 m Wasser.

*2,6 km / 1,4 sm*
Untiefentonne Smeriggat dicht S-lich passieren und dann im Richtung N verlaufenden Fahrwasser weiterfahren.

# Smeriggat

Bezeichnet mit unbefeuerten gn. Baken, die an Stb. zu lassen sind. Fällt bei NNW beinahe trocken.

*3,7 km / 2,0 sm*
Gn/r/gn. Tonne WG13/SG2. Fahren Sie an Stb. weiter ins Westgat.

# Westgat und Zoutkamperlaag

Fahrwasser mit Leuchttonne bezeichnet, mindestens 2,9 m tief, Kanten steil abfallend. Ansteuerung des Hafens von N nach der gn. Tonne Z15.

*10,8 km / 5,9 sm*
# Lauwersoog

MSpHW 2,9 m, MSpNW 0,4 m, MNpHW 2,6 m, MNpNW 0,9 m.
Molenköpfe des Buitenhaven sind mit F.r. und F.gn. befeuert, ein Nebelhorn (2)30s ist auf der W-Mole. Fahren Sie an der im N mit F.r. befeuerten Einfahrt des Vissershaven vorbei zur Schleuse.
Zoll vom 1. Mai–1. Oktober an der Schleuse während der Betriebszeiten. Falls die Schleuse geschlossen ist: Liegeplätze in der

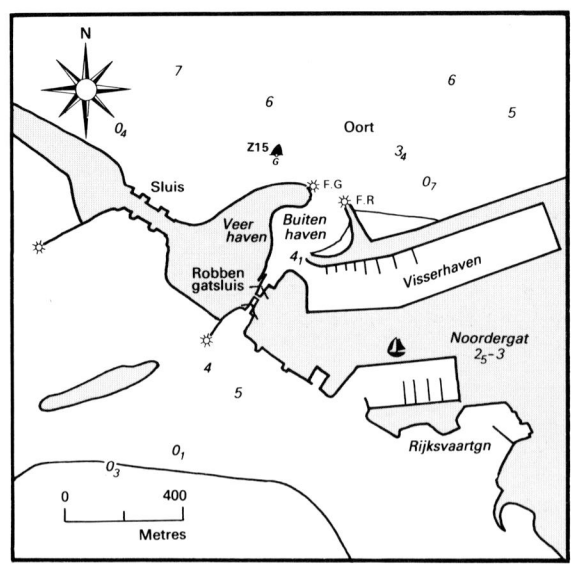

*Einfahrt Lauwersoog bei Niedrigwasser*

äußersten SO-Ecke des Vissershaven. UKW Vissershaven Kanal 9.

*Schleuse* Robbengatsluis, auf UKW-Kanal 22 zu erreichen.

*Öffnungszeiten* Mo–Fr 1. Mai – 1. Oktober 0700–1200, 1300–2000; 1. Oktober–1. Mai 0700–1200, 1300–1800. Sa 1. Mai –1. Oktober 0700–1200, 1300–1900; 1. Oktober–1. Mai 0700–1200, 1300–1700. So und feiertags 1. Mai–1. Oktober 0900–1200, 1400–1830, 1. Oktober – 1. Mai geschlossen.

*Yachthafen* O-lich hinter der Schleuse findet sich der Jachthaven Noordergat. Toiletten, Duschen, Waschmaschine und ein 15-t-Bootslift stehen zur Verfügung, Tel. 0 51 93/90 40.

*Strecke* 3,9 km.

*Yachthafen* Jachthaven Oostmahorn, Mindesttiefe 2,5 m. Toiletten, Duschen und Waschmaschine sind vorhanden, Tel. 0 51 93 / 14 45 od. 18 80.

# Schiermonnikoog (Abstecher)

N-lich von Lauwersoog. MSpHW 2,8 m, MSpNW 0,2 m, MNpHW 2,4 m, MNpNW 0,6 m.

Kustwacht Schiermonnikoog zu erreichen auf UKW-Kanal 5, UKW-Arbeitskanäle 16 und 67.

# Abstecher nach Oostmahorn

S-lich von Lauwersoog. Halten Sie sich S-lich der Insel. Austonnung des Lauwersmeer Richtung O und S. R. ungebundene Pricken an Bb., gn. gebundene Pricken an Stb. lassen. Folgen Sie dem Vaarwater naar Oostmahorn an der W-Seite des Lauwersmeers bis zum Yachthafen.

*Oostmahorn: Einfahrt in den Fährhafen*

Hafenmeister Tel. 0 51 95/15 44. In der Hochsaison ist der Hafen häufig überfüllt, fragen Sie daher vorher an, ob noch freier Platz vorhanden ist (1. Mai–1. Oktober).

Queren Sie das Zoutkamperlaag Richtung NW bis zur r/gn/r. Leuchttonne Z8/GL1, Fl(2+1)10s.r.

Das Geul van Brakzand ist bezeichnet, fällt aber trocken. Die Glinder hat bei NW noch etwa 1,2 m Wasser. Laufen Sie im Gat van Schiermonnikoog bis zu Leuchttonne GvS7/Q.gn. und dann bei der Tonne r/gn/r. GS2 in den Prickenweg (gebundene Pricken an Stb., ungebundene an Bb. lassen) über den Siegewal (Gebiet fällt trocken bei NW) zur Hafeneinfahrt (nicht befeuert).

*Lauwersoog: Seewärtige Einfahrt in die Schleuse*

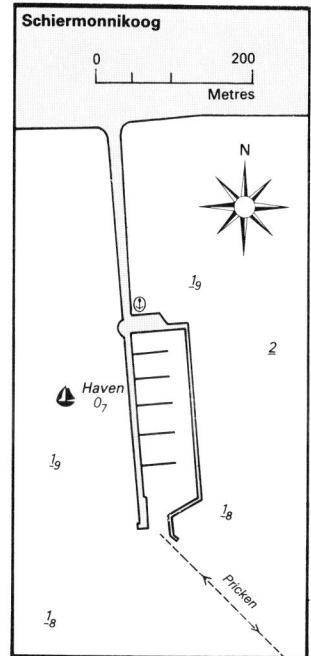

*Strecke*   10 km / 5,4 sm

Vorzugsweise bei auflaufendem Wasser zu befahren, ab 2 Std. vor HW.

*Yachthafen*   Der Jachthaven De Oude Veerdam ist mind. 0,7 m tief. Sie liegen an Schlengeln, Toiletten und Duschen sind vorhanden.

Weiterfahrt von Lauwersoog in Richtung O zum Fahrwasser Oort.

*Schiermonnikoog: Einfahrt in den Yachthafen*

# Oort

Ausgetonntes Fahrwasser. Lassen Sie die gn. Tonnen an Stb. liegen. Mindesttiefe 3,6 m.

*5,0 km / 2,7 sm*
Gn. Leuchttonne O11 an Stb. runden und die weiteren gn. Tonnen an Stb. liegenlassen.

# Lutjewad

Unbefeuerte Fahrwassertonnen der Serie LW, r. Tonnen an Bb., gn. Tonnen an Stb. liegenlassen. Das Lutjewad ist bis zur Tonne

LW10 bei NW etwa 2 m tief, fällt danach fast trocken. Nach Bb. geht der Eilanderbalg ab, lassen Sie die r/gn/r. Tonne LW12/EB1 N-lich liegen. Südlich des Fahrwassers steht eine Reihe gelber Leuchtbaken, die das Schießgebiet Lauwersoog begrenzen.

# Hornhuizerwad

Fahren Sie im Prickenweg weiter Richtung O. Die ungebundenen Pricken an Bb. lassen. Fällt bei NNW trocken, Wassertiefe bei MHW ca. 1,5 m.

*3,5 km / 1,9 sm*
R. Tonne SP2 an Bb. liegenlassen.

# Spruit

Fahrwasser mit Tonnen der Serie SP bezeichnet, Bb.-Tonnen sind r., Stb.-Tonnen gn. Anfangs beinahe trockenfallend, später zunehmende Tiefen bis 8 m.

Das Fahrwasser über das Pieterburen Wad ist besonders für kleinere Fahrzeuge zu empfehlen. Bei HW steht dort 1,2–1,4 m Wasser. Es ist 3 sm kürzer, erspart meist 3 sm Fahrt gegen den Tidenstrom und ist bei auflandigen Winden ruhiger zu befahren.

# Zuidoost Lauwers

Fahrwassertonnen der Serie ZOL, Untiefen

# Uithuiserwad / Eemswadje

Fahren Sie S-lich der ungebundenen Pricken bis zur r. Tonne R2 und folgen dann dem betonnten Fahrwasser (r. Tonnen an Bb., gn. Tonnen an Stb. lassen). Das Wattenhoch fällt trocken bei NNW, Wassertiefe 1,5 m bei HW.

*6,9 km / 3,7 sm*
R/w. Tonne VR an Stb. lassen und Kurs SO halten.

# Oude Westereems

Fahrrinne mit Mindesttiefe von 6 m. Folgen Sie den gn. Tonnen (einige Leuchttonnen), so daß Sie etwas S-lich des Tonnenstrichs und somit außerhalb des Großschiffahrtsweges bleiben. Fahren Sie am – für die Sportschiffahrt geschlossenen – Eemshaven vorbei, der nur im Notfall angelaufen werden darf (Havendienst Eemsland auf UKW-Kanal 14 zu erreichen).

# Doekegat und Oostfriesche Gaatje

Folgen Sie den gn. Tonnen, und bleiben Sie eben außerhalb des

Tonnenstrichs. Halten Sie sich von den Untiefen S-lich des Fahrwassers frei. Mindesttiefe 3,2 m bis zur Hafeneinfahrt von Delfzijl. Bleiben Sie N-lich der gn/r/gn. Leuchttonne PS3/BW26, um in Linie 203° in den Hafen zu laufen.

# Bocht van Watum

Ist als Alternative zum Hauptfahrwasser nicht zu empfehlen, denn die Barre im N des Fahrwassers verändert sich ständig. Die zu fahrende Strecke ist nicht wesentlich kürzer als die vorherige.

*31,1 km / 16,8 sm*
# Delfzijl

MSpHW 3,4 m, MSpNW 0,2 m, MNpHW 3,1 m, MNpNW 0,6 m. Die Molenköpfe der Hafeneinfahrt sind mit F.r. und F.gn. befeuert, auf dem O-lichen Molenkopf gibt es ein Nebelhorn 15s. Der Hafenmeister ist über den Havendienst Delfzijl zu erreichen, entweder auf UKW-Kanal 14 od. Tel. 0 59 60/4 04 77.
*Zoll*  Auf der Schleuse, Tel. 0 59 60/1 50 60.

Fahren Sie an Stb. in den Zeehavenkanaal, Mindesttiefe 5 m. Am N-Ende an Stb. ist der Balkenhaven.

*5,0 km / 2,7 sm*
*Yachthafen*  Balkenhaven, Mindesttiefe 3,5 m. Hier befindet sich der ZV Neptunus, Tel. 0 59 60/1 50 04 od. 1 92 60.

*Delfzijl: Der Zeehavenkanaal*

An der Handelskade West gibt es den 15-t-Kran von H.S. Hunfeld, Tel. 0 59 60/1 34 46 und den 30-t-Kran des Havenschap Delfzijl, Tel. 0 59 60/1 49 66.
Einen Waschsalon finden Sie in 1 km Entfernung bei H.K. Kleinhuis, Oranjestraat 5, Tel. 0 59 60/1 27 95.

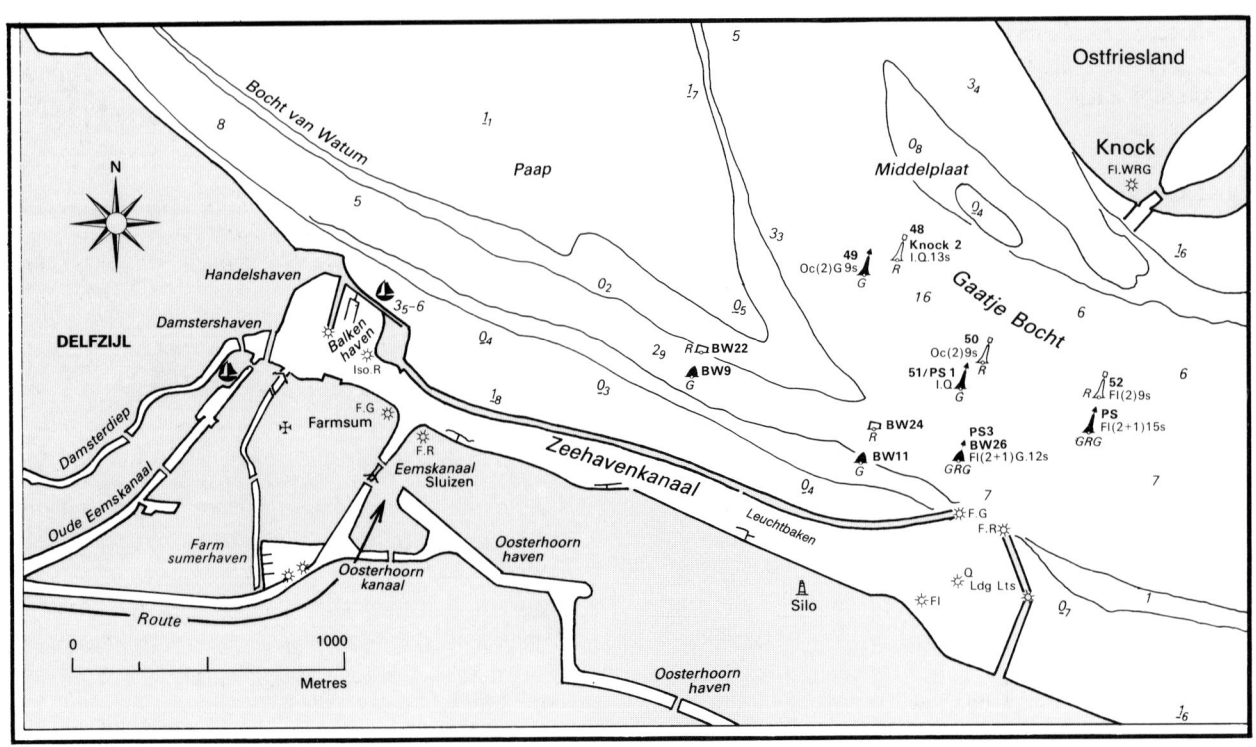

# Anhang

## Seekarten, Karten der Wasserstraßen und Tidenatlanten

### Admiralty Charts

Zu benutzen im Zusammenhang mit dem Heft 5011, „Symbols and Abbreviations used on Admiralty Charts" (und mit „Karte 1": Zeichen, Abkürzungen, Begriffe in Deutschen Seekarten).

| Karten-nummer | Titel | Maßstab |
|---|---|---|
| 110 | Oosterschelde – Westkapelle to Goeree | 1:75 000 |
| 112 | Terschellinger Gronden and approaches to Harlingen | 1:50 000 |
| 120 | Westerschelde –Flushing to Zandvlietsluis | 1:50 000 |
|  | Terneuzen | 1:30 000 |
| 122 | Approaches to Europoort and Hoek van Holland | 1:15 000 |
|  | Scheveningen | 1:50 000 |
| 124 | Noordzeekanaal incl. Ijmuiden, Zaandam and Amsterdam | 1:20 000 |
|  | Continuation of Noordzeekanaal | 1:15 000 |
| 132 | Nieuwe Waterweg and Europoort, Hoek van Holland to Vlaardingen | 1:20 000 |
| 133 | Nieuwe Maas and Oude Maas, Vlaardingen to Ijsselmonde and Dordrecht | 1:20 000 |
| 137 | Dordtse Kil, Hollandsch Diep and Dordtsche Kil | 1:25 000 |
| 139 | Westerschelde – Valkenisse to Antwerp | 1:25 000 |
| 191 | Zeegat van Texel | 1:50 000 |
|  | Den Helder Nieuwediep harbour | 1:12 000 |
| 192 | Oosterschelde | 1:40 000 |
|  | Wemeldinge | 1:10 000 |
|  | Tholen – Bergen op Zoom | 1:25 000 |
| 325 | Westerschelde – Oostende to Westkapelle | 1:50 000 |
|  | Vlissingen | 1:25 000 |
| 1405 | Texel to Esbjerg | 1:375 000 |
| 1406 | Dover and Calais to Orfordness and Scheveningen | 1:250 000 |
| 1408 | Harwich to Terschelling and Cromer to Rotterdam | 1:300 000 |
| 2182A | North Sea – southern sheet | 1:750 000 |
| 2322 | Goeree to Texel | 1:150 000 |
| 2593 | Texel to Borkum | 1:150 000 |
| 3371 | Gabbard and Galloper banks to Europoort | 1:150 000 |
| 3509 | Approaches to Die Ems | 1:50 000 |
| 3510 | Die Ems – Dukegat to Papenburg | 1:25 000 |
|  | Emden | 1:15 000 |
|  | Groningen | 1:40 000 |
|  | Pogum to Papenburg | 1:50 000 |
| 3761 | Borkumriff to Helgoland | 1:150 000 |

### Imray Charts

| Karten-nummer | Titel | Maßstab |
|---|---|---|
| C25 | Harwich to River Humber and Holland Oudeschild, Scheveningen, Ijmuiden, Den Helder | 1:343 000 |
| C30 | Thames to Holland and Belgium Harwich and North Foreland to Hoek van Holland and Calais. Dunquerque, Oostende, Zeebrugge, Vlissingen, Nieuwpoort, Breskens, Blankenberge | 1:182 000 |

### Niederländische Sportbootkarten

| Karten-nummer | Titel | Maßstab |
|---|---|---|
| 1801 | Noordzeekust. Oostende tot Den Helder; 8 Karten, 7 Hafenpläne | 1:375 000 bis 1:15 000 |
| 1803 | Westerschelde. Vlissingen tot Antwerpen; 9 Karten, 6 Hafenpläne | 1:250 000 bis 1:10 000 |
| 1805 | Oosterschelde, Veerse Meer en Grevelingenmeer; 9 Karten, 17 Hafenpläne | 1:250 000 1:10 000 |
| 1807 | Zoommeer, Volkerak, Spui, Haringvliet, Hollandsch Diep; 9 Karten, 21 Hafenpläne | 1:250 000 bis 1:25 000 |
| 1809 | Nieuwe Waterweg, Nieuwe / Oude Maas, Spui en Noord, Dordtsche Kil, Brielse Meer; 10 Karten, 5 Hafenpläne | 1:250 000 bis 1:10 000 |
| 1810 | Ijsselmeer met Randmeren; 6 Karten, 34 Nebenkarten größeren Maßstabs | 1:210 000 bis 1:30 000 |
| 1811 | Waddenzee (Westblad) en Aangrenzende Noordzeekust; 9 Karten, 8 Nebenkarten größeren Maßstabs | 1:250 000 1:5000 |
| 1812 | Waddenzee (Oostblad) en Aangrenzende Noordzeekust; 9 Karten, 8 Hafenpläne | 1:200 000 bis 1:7500 |

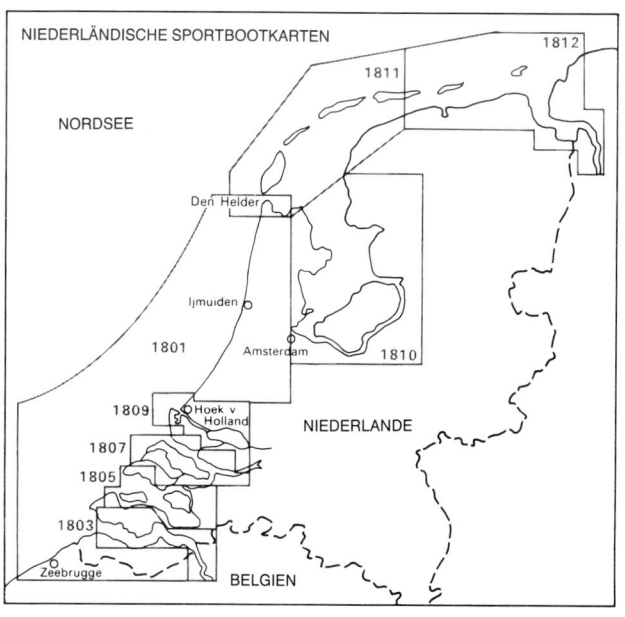

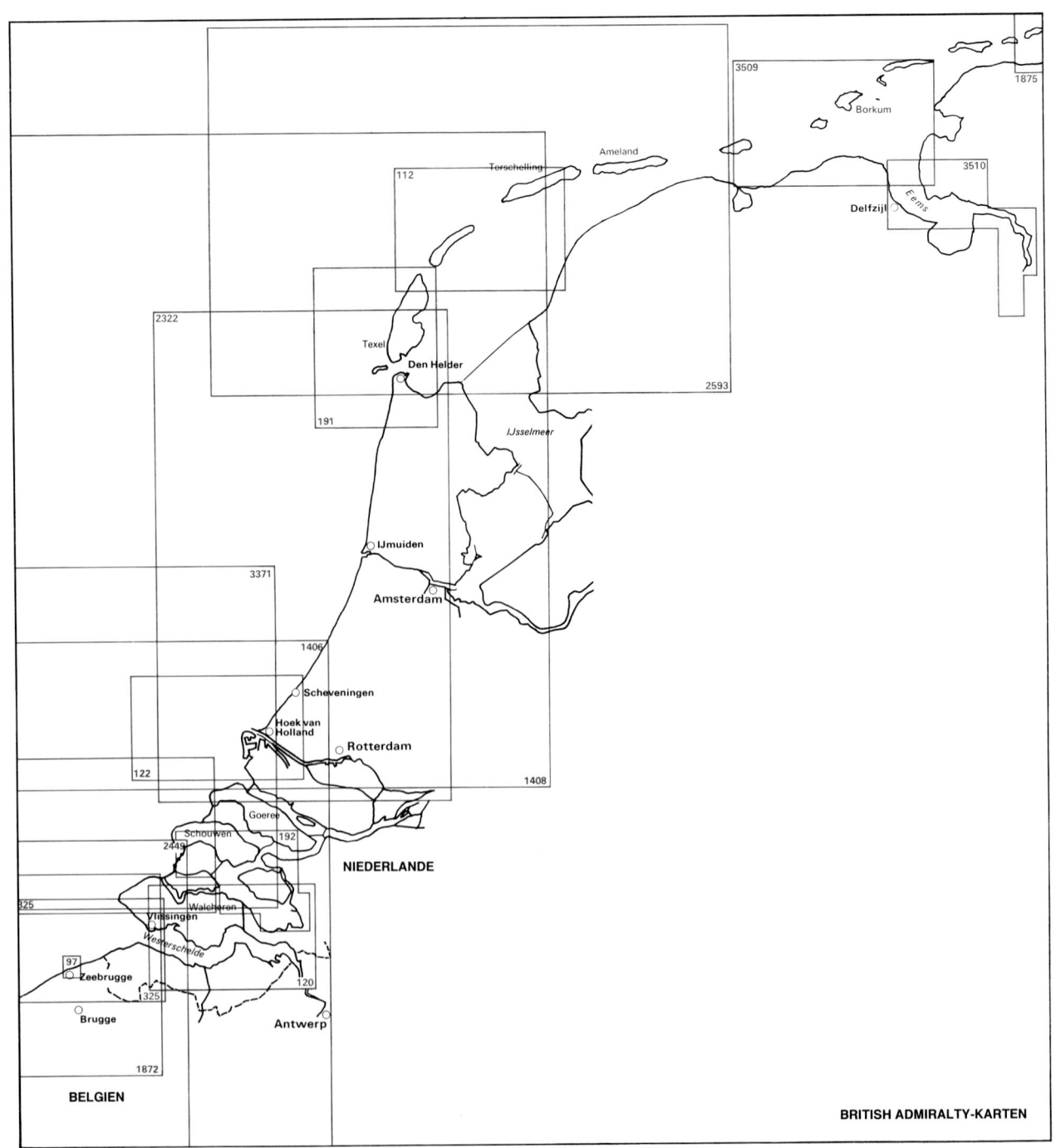

## Niederländische Seekarten

Zu benutzen im Zusammenhang mit dem Heft „Tekensen afkortingen No. 1" (entspricht der deutschen „Karte 1").

| Karten-nummer | Titel | Maßstab |
|---|---|---|
| 1014 | Noordzee Zuidblad | 1:750 000 |
| 1035 | Noordzee. Dungeness en Cap Gris Nes tot Doggerbank en Terschelling | 1:375 000 |
| 1037 | Noordzee. Deutsche Bucht | 1:375 000 |
| 1350 | Noordzee. Nederlandse Kust. Goeree tot Texel | 1:150 000 |
| 1351 | Ijsselmeer; 1 Karte, 16 Hafenpläne | 1:100 000 bis 1:10 000 |

| Karten-nummer | Titel | Maßstab |
|---|---|---|
| 1352 | Noordzee. Texel tot Borkum | 1:150 000 |
| 1442 | Noordzee. Belgisch-Nederlandse Kust. Monding van de Westerschelde; van Oostende tot Westkapelle 3 Hafenpläne | 1:60 000 bis 1:15 000 |
| 1444 | Westerschelde. Van Vlissingen tot Baalhoek met Kanaal van Terneuzen naar Gent; 2 Hafenpläne | 1:40 000 bis 1:25 000 |
| 1448 | Noordzee. Westkapelle tot Stellendam en Maasvlakte; 2 Hafenpläne | 1:75 000 bis 1:40 000 |
| 1449 | Noordzee. Aanloop Europoort en Hoek van Holland | 1:50 000 |

| Karten-nummer | Titel | Maßstab |
|---|---|---|
| 1450 | Noordzee. Aanloop Scheveningen en Ijmuiden; 1 Hafenplan | 1:50 000 bis 1:1000 |
| 1454 | Waddenzee. Molengat tot Harlingen. Toegangen tot het Ijsselmeer; 3 Hafenpläne | 1:50 000 bis 1:15 000 |
| 1456 | Noordzee. Terschellinger Gronden tot Harlingen; 1 Hafenplan | 1:50 000 bis 1:15 000 |
| 1458 | Noordzee. Bornrif tot Monden van de Eems; 1 Hafenplan | 1:50 000 bis 1:25 000 |
| 1460 | Noordzee. Monden van de Eems | 1:50 000 |
| 1538 | Dordtsche Kil, Hollandsch Diep tot Noordschans | 1:25 000 |
| 1540 | Nieuwe Waterweg en Europoort. Hoek van Holland tot Vlaardingen | 1:20 000 |
| 1541 | Nieuwe Maas en Oude Maas. Vlaardingen tot Ijsselmonde en Dordrecht | 1:20 000 |
| 1543 | Ijmuiden, het Noordzeekanaal en havens van Zaandam en Amsterdam | 1:20 000 bis 1:15 000 |
| 1546 | Noordzee. Zeegat van Texel en Rede Den Helder; 1 Hafenplan | 1:30 000 bis 1:15 000 |
| 1555 | Eems en Dollard. Doekegat tot Delfzijl und Emden; 1 Hafenplan | 1:40 000 bis 1:25 000 |

## Waterkarten des ANWB

| Karten-nummer | Titel | Maßstab |
|---|---|---|
| A | Groningen – Noord Friesland | 1:125 000 |
| B | Friese Meren | 1:50 000 |
| C | Noordwest – Overijssel | 1:50 000 |

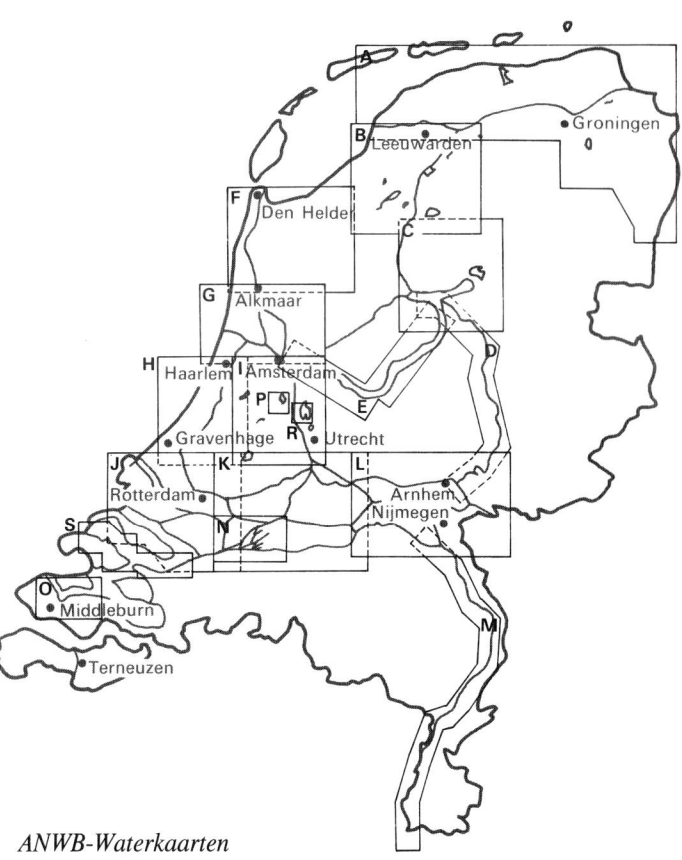

*ANWB-Waterkaarten*

| Karten-nummer | Titel | Maßstab |
|---|---|---|
| D | Gelderse Ijssel | 1:25 000 |
| E | Randmeren-Flevoland | 1:50 000 |
| F | Alkmaar – Den Helder | 1:50 000 |
| G | Amsterdam – Alkmaar | 1:50 000 |
| H | Hollandse Plassen | 1:50 000 |
| I | Vechtplassen | 1:50 000 |
| J | Grote Rivieren, Westblad (Hoet tot Ijsselmonde) | 1:50 000 |
| K | Grote Rivieren, Mittenblad (Ijsselmonde tot Wijk bij Duurstede) | 1:50 000 |
| L | Grote Rivieren, Oostblad (Wijk bij Duurstede tot Lobith) | 1:50 000 |
| M | Limburgse Maas | 1:50 000 |
| N | Biesbosch | 1:25 000 |
| O | Veerse Meer | 1:25 000 |
| P | Vinkeveense Plassen | 1:10 000 |
| R | Loosdrechtse Plassen | 1:15 000 |
| S | Grevelingenmeer | 1:25 000 |

## Niederländische Tidenatlanten (stroomatlassen)

| Atlas | Titel |
|---|---|
| HP 15 | Westerschelde-Oosterschelde |
| HP 16 | Benedenrevieren en aanlopen: Hoek van Holland Scheveningen Ijmuiden Texel, Den Helder |
| HP 17 | Waddenzee, west |
| HP 18 | Waddenzee, oost |
| HP 19 | Noordzee |

## Deutsche Seekarten

| Karten-nummer | Titel | Maßstab |
|---|---|---|
| 84D | Texel bis Borkum mit Decca-Kette 9B | 1:150 000 |
| 85 | Zeegat van Terschelling bis Harlingen | 1:50 000 |
| 86 | Zeegat van Ameland und Friesche Zeegat | 1:50 000 |
| 90D | Emsmündung mit Decca-Kette 9B | 1:50 000 |
| 91 | Die Ems vom Dukegat bis Pogum | 1:25 000 |
| 208D | Mündung der Westerschelde | 1:50 000 |
| 209 | Westerschelde von Vlissingen bis Nauw van Bath und Oosterschelde, innerer Teil, mit Veerse Meer | 1:50 000 |
| 210 | Die Schelde von Nauw van Bath bis Antwerpen | 1:30 000 |
| 211D | Westkapelle bis Stellendam und Maasvlakte mit Decca-Kette 2E | 1:75 000 |
| 212 | Hellevoetsluis und Roompot bis Dordtsche Kil | 1:50 000 |
| 214 | Zeegat van Texel bis Harlingen | 1:50 000 |
| 215 | Ijsselmeer | 1:150 000 |
| 216 | Ijmuiden, Noordzeekanaal und Häfen von Zaandam und Amsterdam | nur Pläne |
| 237 | Nieuwe Waterweg und Europoort, Hoek van Holland bis Vlaardingen | 1:20 000 |

| Karten-nummer | Titel | Maßstab | Karten-nummer | Titel | Maßstab |
|---|---|---|---|---|---|
| 238 | Nieuwe Maas und Oude Maas, Vlaardingen bis Ijsselmonde und Dordrecht | 1:20 000 | 246D | Dunkerque bis Hoek van Holland | 1:150 000 |
| 244D | Hoek van Holland bis Texel | 1:150 000 | 247D | Ansteuerung von Hoek van Holland und Europoort mit Decca-Kette 2E | 1:150 000 |

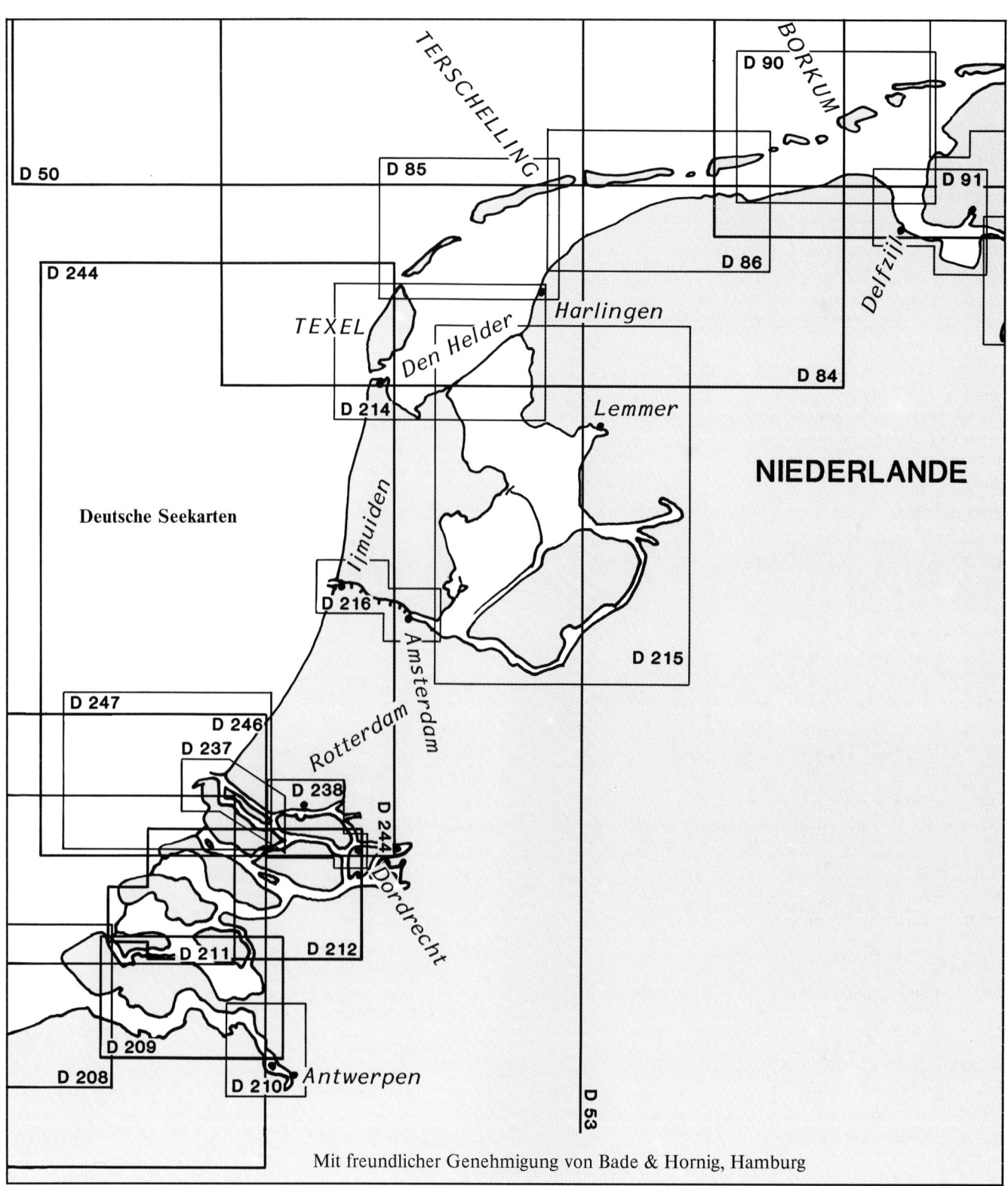

Mit freundlicher Genehmigung von Bade & Hornig, Hamburg

# Daten in den Karten der Binnenwasserwege

## Strömungsfreie Gewässer

### Lauwersmeer
Der Sommerpegel „zomerpeil" entspricht NAP – 0,9 m; auf ihn beziehen sich die Angaben in den Sportbootkarten; der Winterpegel „winterpeil" entspricht NAP – 1 m.

### Wasserstraßen in Friesland
Der „fries streefpeil" entspricht NAP – 0,66 m und ist Bezugsgröße in der Karte 8 des ANWB; der „fries zomerpeil" entspricht NAP – 0,51 m.

### Rietdiep
Der „westkwartierpeil" entspricht NAP + 0,83 m im Sommer und ist Bezugsgröße der Karte A des ANWB.

### Groningen / Eemskanaal
Der „winterschoterpeil" entspricht NAP + 0,62 m und ist Bezugsgröße der Karte A des ANWB.

### Ijsselmeer
Der Sommerpegel „zomerpeil" entspricht NAP – 0,2 m und ist Bezugsgröße der Sportbootkarten; der „winterpeil" entspricht NAP – 0,4 m.

### Noord-Holland
Der „reverentiepeil" ist die Bezugsgröße der Karte F des ANWB. Der Pegel schwankt um ± 0,3 m. Tidenpegel finden Sie an allen Schleusen und an einigen Brücken. Da die Wassertiefen leicht variieren, werden die Kanaltiefen meist in einem Bereich angegeben, z.B. D35–45 (Dezimeter) in Noordhollands Kanaal.

### Grevelingenmeer
Die Sportbootkarten rechnen mit einem Pegel von NAP – 0,2 m.

### Verse Meer
Der „zomerpeil" entspricht NAP und ist die Bezugsgröße der Sportbootkarten; der „winterpeil" entspricht NAP – 0,4 m.

### Volkerak
Der „volkerakpeil" entspricht NAP und liegt den Sportbootkarten zugrunde.

### Andere Karten des ANWB
Für die anderen strömungsfreien Gewässer hinter den Wehren werden Wassertiefen und Durchfahrtshöhen auf den KP (holl.: kanaalpeil), SP (stuwpeil, weirpeil), oder PP (polderpeil) bezogen. Diese Pegel sind von Ort zu Ort verschieden und haben unterschiedliche Größen bezüglich NAP.

### Anmerkung
Auf einer Tour durch die Binnengewässer ist es hilfreich, die in den Karten angegebenen Wassertiefen und Durchfahrtshöhen ei-

niger wichtiger Orte mit den selbstgeloteten bzw. abgelesenen Werten zu vergleichen und die eventuell bedeutenden Unterschiede auf die noch folgenden Brücken etc. zu übertragen.

## Tidenbeeinflußte Gewässer und tidenfreie Flüsse

In den Karten des ANWB für tidenbeeinflußte Wasserstraßen beziehen sich Höhen und Durchfahrtshöhen auf MHW, Tiefenangaben auf MHW, Tiefenangaben auf MNW. Diese Bezugsgrößen gelten auch für die vom Schleusenprogramm Haringvliet beeinflußten Gebiete.

Der Tidenhub auf dem Rhein und seinen Mündungsflüssen nimmt flußaufwärts in dem Maße ab, wie die Flußströmung (flußabwärts) an Stärke zunimmt.

Die Unterschiede von NAP zu MHW und MNW sind in den Karten in kleinen Kästchen verzeichnet.

| Ortsangabe | Unterschiede zu NAP | | |
| | MHW | MNW | Tidenhub |
| | in m | in m | in m |
| **Nieuwe Waterweg** | | | |
| Hoek van Holland | +0,9 | –0,7 | 1,6 |
| Vlaardingen | +1,0 | –0,6 | 1,6 |
| Rotterdam / Ijsselmonde | +1,0 | –0,5 | 1,5 |
| **Lek (O-lich von Rotterdam)** | | | |
| Streefkerk | +1,0 | –0,3 | 1,3 |
| Langerak | +1,2 | 0,0 | 1,2 |
| Vianen | +1,4 | +0,3 | 1,1 |

Wehr und Schleuse Hagestein sowie oberhalb: hier gilt der „stuwpeil" entspr. NAP +(2–3 m)

| | MHW | MNW | Tidenhub |
| --- | --- | --- | --- |
| **Noord (zw. Dordrecht und der Lek)** | | | |
| N-lich v. Papendrecht | +1,1 | –0,4 | 1,4 |
| **Oude Maas, Merwede und Waal (O-lich v. Vlaardingen)** | | | |
| Hoogvliet | +1,1 | –0,5 | 1,6 |
| Oud-Beijerland | +0,7 | –0,2 | 0,9 |
| Zwijndrecht | +1,0 | +0,1 | 0,9 |
| Werkendam | +0,9 | +0,6 | 0,3 |
| Herwijnen | +1,4 | +1,0 | 0,4 |
| Heesselt | +3,5 | +3,3 | 0,2 |
| **Spui (zw. Oude Maas und Haringvliet)** | | | |
| Nieuw-Beijerland | +0,6 | +0,1 | 0,5 |
| **Dordtse Kil (zw. Oude Maas bei Dordrecht und Hollands Diep)** | | | |
| ca. auf halber Strecke | +0,8 | +0,3 | 0,5 |

### Haringvliet und Hollands Diep
Im Grunde ist dieses Gebiet tidenfrei, und der Pegel wird durch das Schleusenprogramm konstant gehalten.
Da die Schleusungen aber immer nur um NW herum stattfinden, kann es doch zu einem „scheinbaren" Tidenschub kommen, der in

Extremfällen von NAP – 0,5 m bis NAP + 1,55 m geht, normalerweise aber nur von NAP + 0,25 m bis NAP + 0,5 m.
Die Tiefenangaben in der Sportbootkarte 1807 beziehen sich auf NAP, die Durchfahrtshöhen auf MHW (NAP + 0,7 m).

**Amer, Nieuwe Merwede und Maas (O-lich von Hollands Diep)**
Ähnlich wie das Haringvliet sind die Flüsse eigentlich tidenfrei.

| Ortsangabe | Unterschiede zu NAP | | |
|---|---|---|---|
| | MHW | MNW | Tidenhub |
| | in m | in m | in m |
| bis Huisden | +0,7 | +0,5 | 0,2 |
| im Biesbosch | +0,5 | +0,4 | 0,1 |
| bei Kessel | +1,1 | +1,0 | 0,1 |

oberhalb des Wehrs von Lith gilt der „stuwpeil" mit NAP + 0,5 m

**Anmerkungen**
1. Wenn Sie den entsprechenden Tidenhub der obigen Liste entnehmen und eine Höhenangabe für NW bzw. eine Tiefenangabe für HW brauchen, brauchen Sie nur den Tidenhub zu den in den Karten gemachten Angaben zu addieren.
2. Für die HW- bzw. NW-Zeiten auf der Lek bis Hagestein und auf der Waal bis Heesselt finden Sie in den Getijtafels eine Tabelle, die die halbstündigen HW- und NW-Unterschiede zu Hoek van Holland angibt. Diese Tabelle beinhaltet keine Angaben für das Haringvliet, Hollands Diep und die Maas, da die Werte weniger aussagekräftig sind.

# Die Rettungsstationen in den Niederlanden

Neben der Küstenwache, die vom Staatlichen Lotsenverband betrieben wird und ihre Stationen meist in der Nähe der Hauptleuchtfeuer hat, gibt es in den Niederlanden noch eine Seenotrettungsgesellschaft.
Diese wird von zwei Organisationen betrieben und hat eine ganze Reihe von Seenotrettungskreuzern sowie Rettungsboote für den küstennahen Bereich, die alle über UKW-Kanal 16 zu erreichen sind. An der äußeren Küstenlinie befinden sich 23 Rettungsstationen, die 10 Seenotrettungskreuzer und 18 Küstenrettungskreuzer zur Verfügung haben. Es folgt eine Liste der Stationen entlang der Küste in der Reihenfolge von S nach N.

1. Cadzand nahe der belgischen Grenze
2. Breskens
3. Burghsluis, innerhalb des Oosterscheldedamms am N-Ende
4. Stellendam, im Buitenhaven vor der Goereeesluis
5. Outdorp, innerhalb des Brouwersdams am N-Ende
6. Hoek van Holland
7. Ter Hijde, N-lich von Hoek
8. Scheveningen
9. Katwijk aan Zee
10. Noordwijk aan Zee
11. Zandvoort
12. Ijmuiden
13. Wijk aan Zee

*Niederländische
Seenotrettungsstationen*

14. Egmond aan Zee
15. Den Helder
16. Eierland, ca. 1,5 km SO-lich des Leuchtturms
17. Hafen Vlieland
18. West Terschelling
19. N-Küste Terschelling, 2,6 sm NW-lich von West Terschelling
20. Harlingen
21. Hollum auf Ameland
22. Oosterburen auf Schiermonnikoog
23. Lauwersoog

# Literatur

Nordsee-Handbuch, südlicher Teil; D 2007
Leuchtfeuerverzeichnis Teil IIIA, Nordsee, südlicher Teil; D 2102
Gezeitentafeln Band I, Europäische Gewässer; D 2115
Jachtfunkdienst Nord- und Ostsee; D 2155
Manfred Fenzl, Zeeland mit dem Delta von Rhein, Maas und Schelde; Hamburg
Hafenhandbuch Nordsee, Hrsg. KA des DSV; Hamburg
Karel Heijnen / Manfred Fenzl, Das Ijsselmeer; Hamburg
Jan Werner, Holland mit dem Boot; Bielefeld
Jan Werner / Helmut Jahn, Holländische Häfen aus der Luft; Bielefeld

# Register

Die Autoren und der Verlag übernehmen für Irrtümer, Fehler oder
Weglassungen keinerlei Gewährleistung oder Haftung. Die Pläne dienen
zur Orientierung und nicht zur Navigation; sie ersetzen also keineswegs
Seekarten und Seehandbücher.

## Impressum

Die Deutsche Bibliothek – CIP-Einheitsaufnahme

**Navin, Brian:**
Binnengewässer der Niederlande : 20 ausgewählte Routen /
Brian Navin. [Übers.: Christiane Hauert]. – 2. Aufl. / bearb.
von Manfred Fenzl. – Hamburg : Ed. Maritim, 1992
(Nautischer Reiseführer)
Einheitssacht.: Cruising guide to the Netherlands <dt.>
ISBN 3-89225-188-6
NE: Fenzl, Manfred [Bearb.]

© für die deutsche Ausgabe: DK Edition Maritim GmbH 1990,
Stubbenhuk 10, D-2000 Hamburg 11

Titel der englischen Originalausgabe: Cruising Guide to the Netherlands
© Brian Navin
Imray, Laurie, Norie & Wilson Ltd., St. Ives,
Huntingdon / Cambridgeshire

Übersetzung: Christiane Hauert, Hamburg
Umschlag: Jan Buchholz und Reni Hinsch, Hamburg
Fotos: Brian Navin, bis auf Titel- und Rückseitenfoto, S. 49 o., 51 re. u.,
70 re., 85, 86 re. o., 110, 134 re., 135, 145 re : Manfred Fenzl, Hamburg
Satz und Druck: Grafisches Zentrum Hess GmbH, Hamburg
Bindearbeiten: Hollmann GmbH, Darmstadt

Titelfoto: Hoorn, Hoofdtoren
Rückseitenfoto: Kagerplassen

Printed in Germany 1992

Alle Rechte vorbehalten! Ohne ausdrückliche Erlaubnis des Verlages darf
das Werk, auch nicht Teile daraus, weder reproduziert, übertragen noch
kopiert werden, wie z.B. manuell oder mit Hilfe elektronischer und
mechanischer Systeme incl. Fotokopieren, Bandaufzeichnung und Daten-
speicherung.

**Karel Heijnen / Manfred Fenzl**
**Das Ijsselmeer**

**Manfred Fenzl**
**Zeeland**
**mit dem Delta von Rhein, Maas und Schelde**

Die Sportboothäfen und Marinas rund um das niederländische Ijsselmeer sind in den letzten Jahren vorbildlich ausgebaut und ausgestattet worden.

Dies und die romantische Kulisse historischer Städte wie Hoorn, Enkhuisen und Medemblik haben das Ijsselmeer zu einem der beliebtesten Reviere für westdeutsche Segler und Motorbootfahrer werden lassen.

Jährlich chartern hier zehntausende von Wassersportlern von Rhein und Ruhr oder fahren auf eigenem Kiel.

Dieser Führer beschreibt die über 50 Häfen und Marinas mit allen notwendigen Informationen, gibt Tips und Hinweise zu den Sehenswürdigkeiten der teilweise jahrhundertealten Städte sowie zu den speziellen Fahrtbedingungen dieses holländischen Binnenreviers.

Als besonderen Service erhalten die Leser Beschreibungen der Wasserwege zwischen der Bundesrepublik und dem Ijsselmeer.

120 Seiten, 59 Pläne, 64 Fotos, Format 24 x 18 cm, farbiger Einband.

Durch eines der ehrgeizigsten Projekte der niederländischen Wasserbauverwaltung, dem Delta-Plan, entstand an der holländischen Küste ein Revier, das seinen besonderen Reiz dem Nebeneinander von Tidengewässern und stehenden Wasserwegen verdankt.

Dieses Gebiet zieht immer mehr Wassersportler an, die die Vielseitigkeit dieses Reviers sowie unterschiedliche Liegemöglichkeiten in modernen, komfortablen Marinas oder historischen, pittoresken Städten schätzen.

In diesem Führer findet der Leser neben allen wichtigen nautischen Informationen zu Ansteuerung, Fahrwasserverläufen, Wasserständen, Schleusen und Brücken sowie deren Durchfahrtshöhen und Öffnungszeiten Angaben zu den Häfen, Versorgungsmöglichkeiten sowie Hinweise zu touristischen Sehenswürdigkeiten.

176 Seiten, 105 Pläne, 125 Fotos, Format 24 x 18 cm, farbiger Einband.

überall im Buchhandel erhältlich